Über dieses Buch

Dem zweibändigen Funk-Kolleg »Literatur« liegt der für die Buchausgabe überarbeitete und erweiterte Text der gleichnamigen Hörfunksendungen zugrunde, die 1976–1977 als Vorlesungsreihe über den Hessischen (federführend), den Saarländischen, den Süddeutschen Rundfunk sowie den Südwestfunk und Radio Bremen ausgestrahlt wurden. Auch dieses Funk-Kolleg knüpft in seinem Bemühen um wissenschaftliche Qualifikation für jedermann an die Tradition der erfolgreichen vorangegangenen Funk-Kollegs an.
Die harten Auseinandersetzungen um den Literaturunterricht, die gerade in den letzten Jahren weitere Kreise zogen als jede Diskussion über ein anderes Schulfach, sind ein Beweis dafür, wie sehr der Umgang mit Literatur zu den lebensformenden, gegebenenfalls aber auch zu privilegierenden Fähigkeiten innerhalb unserer Gesellschaft gerechnet wird. Die Teilnehmerzahl am Funk-Kolleg Literatur unterstreicht diese Bedeutung. Unter den mehr als 30000 eingetragenen Kollegiaten waren vorwiegend Lehrer, Erzieher und Studenten, sehr viele Eltern, interessierte Laien und schließlich Schüler. Für diesen breitgestreuten Interessentenkreis ist auch die vorliegende Buchausgabe bestimmt – als Nachschlagewerk für diejenigen, die bereits an den Funk-Vorlesungen teilgenommen haben, als Grundlagenkursus für alle ohne diese systematische Vorausbildung.
Ergänzend zu diesen Funk-Kolleg-Bänden Literatur gibt es im Fischer Taschenbuch Verlag die Bände »Reader zum Funk-Kolleg Literatur 1 und 2« (Band 6324 und 6325).

Die Herausgeber

Helmut Brackert, geb. 1932, Professor für deutsche Philologie an der Universität Frankfurt.
Eberhard Lämmert, geb. 1924, Professor für deutsche Philologie und allgemeine Literaturwissenschaft an der Universität Heidelberg.
Jörn Stückrath, geb. 1941, Mitarbeiter am Deutschen Seminar der Universität Frankfurt.

Funk-Kolleg Literatur

Eine Sendereihe des Hessischen Rundfunks,
des Saarländischen Rundfunks,
des Süddeutschen Rundfunks und des Südwestfunks
in Verbindung mit Radio Bremen,
mit Studienbegleitbriefen
des Deutschen Instituts für Fernstudien an der Universität Tübingen,
Studienbegleitzirkeln der Volkshochschulen
und Prüfungen der Kultusministerien der Länder
Baden-Württemberg, Bremen, Hessen, Rheinland-Pfalz
und Saarland

Wissenschaftliche Leitung:
Professor Dr. Helmut Brackert
Professor Dr. Eberhard Lämmert

Fischer
Taschenbuch
Verlag

Funk-Kolleg

Literatur

Band 1

In Verbindung mit Jörn Stückrath
herausgegeben von
Helmut Brackert und Eberhard Lämmert

Mit Beiträgen von
Helmut Brackert
Ludwig Fischer
Hans Ulrich Gumbrecht
Knut Hickethier
Johannes Janota
Leo Kreutzer
Eberhard Lämmert
Jürgen Link
Hans Jörg Neuschäfer
Jürgen Peters
Klaus Reichert
Karl Riha
Marianne Schuller
Armin Staats
Karlheinz Stierle
Christian W. Thomsen
Friedrich Voit
Harald Weinrich

Fischer
Taschenbuch
Verlag

Die überarbeitete Fassung der Studienbegleitbriefe
(= Studientexte) zum Funkkolleg Literatur
erscheint als ›BELTZ-Lehrgang‹ im Verlag Julius Beltz,
Weinheim

Fischer Taschenbuch Verlag
September 1977
Originalausgabe
Umschlagentwurf: Rainer Winter
Fischer Taschenbuch Verlag GmbH, Frankfurt am Main

Gesamtherstellung: Hanseatische Druckanstalt GmbH, Hamburg
Printed in Germany
780-ISBN-3-596-26326-3

Inhalt

IV. Textauslegung

Einleitung

Wer wird nicht einen
Klopstock loben?
Doch wird ihn jeder lesen? –
Nein.
Wir wollen weniger erhoben
und fleißiger gelesen sein.

Der alte Autorenwunsch, den Lessing im 18. Jahrhundert wieder aufnahm, hat auch heute nichts von seiner Aktualität verloren. In dem Jahr, in dem der junge Goethe seinen »Werther«-Roman unter die Leute brachte und leidenschaftliche Debatten unter seinen Lesern hervorrief, hatte er selbst für die Rezensenten, die raisonierend mit Literatur umgehen, nur ein ziemlich grobes Wort: er wünschte sie schlicht erschlagen.

Warum also ein Funkkolleg, das mit seinen Hörern viele Stunden lang den Umgang mit Literatur erörtert, in einer Zeit, in der es für jedermann Gelegenheit mehr als genug gibt, sich mit Lesestoff direkt zu versorgen? Und warum, einmal mehr, einen Band wie diesen, der am Ende doch nichts enthält als Literatur über Literatur?

Auch wenn die Entfaltung einer Literatur zu den Erscheinungsformen jeder entwickelteren Gesellschaft gehört, so ist doch der Umgang mit ihr eher eingeschränkt als selbstverständlich gewesen. Noch bis zum Ende des vorigen Jahrhunderts war es nur ein kleiner Kreis von Gebildeten, der mit Büchern umzugehen verstand oder gar die Feder führen konnte. Und auch heute belehren Statistiker jeden Auskunftsuchenden rasch, daß sich die Lesegewohnheiten höchst ungleich über eine Bevölkerung verteilen, die dem Anschein nach gleichmäßigen Zugang zu jeder Art von Literatur und also auch zu ihren lesersuchenden Autoren hat. Selbst unter den Gebildeten bricht obendrein periodisch, wie wir gerade in den letzten Jahren sattsam erfahren konnten, hitziger Streit darüber aus, wozu der Umgang mit Literatur eigentlich – und ob er am Ende überhaupt etwas – taugt.

Zwei Merkmale, die der Literatur anhaften, machen es tatsächlich immer wieder nötig, sich auch *über* Literatur neu zu verständigen: Die Herausbildung eines Kanons erwünschter oder sogar gebotener Literatur und dessen stillschweigende oder kämpferische Veränderung im Laufe der Geschichte fordern immer neu zu

Diskussionen und auch zu handfesten Interessenkämpfen darüber heraus, was denn eigentlich Literatur sei – oder besser: sein dürfe. Mehr noch als dieser immer wieder auflebende Streit hält die Eigenschaft aller Literatur, unberechenbar auslegungsfähig zu sein, immer wieder dazu an, auch über Literatur zu reden.
Der Wechsel im Kanon »gehöriger« Literatur garantiert ihre Lebendigkeit und gibt den Schreibenden ihre Existenzgrundlage. Die immer neue Auslegungsfähigkeit von Literatur hält die Lesenden in Atem und ist zugleich eine Garantie dafür, daß Lektüre auf andere, neue, unerwartete Gedanken bringen und damit den Lebenshorizont erweitern kann.
Die harten Auseinandersetzungen um den Literaturunterricht, die gerade in den letzten Jahren weitere Kreise zogen als jede Diskussion über ein anderes Schulfach, sind ein Beweis mehr, wie sehr der Umgang mit Literatur zu den lebensformenden, gegebenenfalls aber auch zu privilegierenden Fähigkeiten innerhalb unserer Gesellschaft gerechnet wird. Der Streit aber verdeckt eher und macht beinahe vergessen, daß der heute von jedem geforderte Umgang mit Literatur nicht erst bei unseren klassischen oder auch modernen Autoren der »schönen« Literatur anfängt, sondern eben dort, wo keiner ohne sie auskommt: nämlich bei den meisten schlichten Verrichtungen unseres täglichen Lebens. Man braucht sich kaum auszudenken, wo einer in unserer Gesellschaft seinen Platz fände, der weder lesen noch schreiben könnte. Deshalb muß auch der Kanon für eine Beschäftigung mit Literatur, der heute gelten oder sich entwickeln soll, anders aussehen als in den Zeiten, da es nur für einen kleinen Teil der Bevölkerung nötig oder auch nützlich war, Schriftzeichen entziffern zu können. Ein Kanon muß heute sowohl die Texte, mit denen alle täglich umgeben sind, von der Verordnung, ohne die man im Straßenverkehr Lebensgefahren ausgesetzt ist, bis zum Werbetext, vor dem Aufmerksamkeit oder auch Immunisierung geboten ist, ebenso umfassen wie die Werke der Weltliteratur, die auf uns kommen, damit wir die heutigen menschlichen Verhältnisse in ihnen bespiegeln und uns neu in ihnen erkennen können. Ein umfassender Auftrag also, dem heute der Literaturunterricht ebenso nachkommen muß wie ein Funkkolleg Literatur.
Dieses Kolleg wird deshalb ansetzen bei den alltäglichen Formen des Umgangs mit Literatur und muß den auszeichnenden Platz, den die schöne Literatur auch neuerlich im Kanon der literarischen Gegenstände einnehmen soll, neu begründen. Es muß schließlich auch so selbstverständlich erscheinende, weil selbstherrlich sich gebende Einrichtungen wie Literaturkritik und Literaturwissenschaft nach ihrer historischen Rolle und ihren aktuel-

len Aufgaben innerhalb des allgemeinen kulturellen Lebens neu befragen. Es muß schließlich und vor allem den ausgepichten Kennern für den selbständigen Umgang mit Literatur etwas bieten und denjenigen, die es neu zu solcher Beschäftigung werben möchte. Ein weit ausgreifendes Programm, für das 28 Stunden oder auch zwei solcher Taschenbücher, wie sich zeigen wird, eher ein zu enger als zu weiter Spielraum sind.

Warum aber, wenn es vom Klassenzimmer bis zum Taschenbuchvertrieb schon so viele Gelegenheiten gibt, Literatur über Literatur zu verbreiten, nun auch ein *Funkkolleg* über Literatur?

Weniger als je zuvor kann die Orientierung über die Lebensbedingungen in einer modernen Gesellschaft heute und künftig schon mit der Schulzeit hinreichend abgeschlossen sein. Die rasche Veränderung unserer Lebensgewohnheiten fordert immer mehr zu andauerndem Lernen und Umlernen heraus. Die Beschäftigung mit Literatur mag müßiger und entbehrlicher scheinen als die Beschäftigung mit dem Brotmesser, dem Schraubstock oder auch dem Computer. Aber in einer immer komplexer anspruchsvollen Zivilisation wird der Zugang nicht nur zum Computer, sondern auch zu den einfacheren »Forderungen des Tages« in immer größerem Maße von der Fähigkeit abhängig, sich ständig neu unterrichten, sich mit neuen Techniken und auch mit neuen Einsichten vertraut machen zu können. Die Vermittlung von Kenntnissen und Einsichten über Medien, die möglichst viele Menschen in möglichst kurzer Zeit erreichen, wird deshalb immer wichtiger, um Zusammenleben zu ermöglichen und Konflikte lösbar zu halten, mit einem Wort: Verständigungsmittel als Bedingung des sozialen Lebens nehmen aller Voraussicht nach in Zukunft an Wichtigkeit eher noch zu.

So ist es auch für eine Orientierung über Literatur heute angemessen, es nicht beim pflichtschuldigen Absolvieren eines Schulpensums oder bei Hörsaal-Veranstaltungen in unseren Universitäten bewenden zu lassen, sondern auch die Medien zu nutzen, die am ehesten dazu taugen, gleichzeitig einen weiten Kreis von Interessierten und zu Interessierenden zu erreichen.

Dabei stellen sich allerdings für diejenigen, die eine solche Diskussion über Literatur auf dem Funkwege führen – oder besser vorführen – wollen, eine Reihe neuer und nicht leicht zu lösender Probleme:

Hörer mit sehr unterschiedlicher Vorbildung und mehr noch, mit sehr unterschiedlichen Interessen an Literatur, müssen mit einem Einweg-Text angesprochen werden.

Der Versuch, die Themen dieses Funkkollegs in Gesprächsgegenstände aufzulösen, verschiedene Sprecher an ihrer Vermittlung zu beteiligen, ist daher gewiß nur ein Behelf gegenüber dem Wunsch, mit vielen Hörern ins Gespräch zu kommen, ihre Fragen oder auch Verständnisschwierigkeiten kennenzulernen und ihre Interessen wirklich zu treffen. Arbeitskreise, die in Volkshochschulen und in Universitätsseminaren zu diesem Funkkolleg eingerichtet wurden, und insbesondere Studienbegleitbriefe, in denen schon während der Sendezeit Gelegenheit geboten wurde, sich das übergänglich Gehörte vor Augen halten und ergänzen zu können, sollten hier wirksame Hilfe sein: das letztere übrigens ein ungesuchtes Beispiel mehr dafür, daß auch heute im Konzert der Medien gedruckte Texte und damit das Medium Literatur als didaktisches Medium ganz unentbehrlich bleibt. Besondere Feedback-Sendungen, in denen Teilnehmer des Funkkollegs und Hörer durch Telefonanruf spontan zu Wort kommen konnten, sollten weiterhin dazu verhelfen, aus den fingierten Gesprächen tatsächliche zu machen.

Der Aufbau des Funkkollegs durfte nicht den Einteilungen folgen, die eine Fachwissenschaft sich in generationenlanger Entwicklung für die Ausbildung zu wissenschaftlichem Umgang mit Literatur eingerichtet hat; ein Funkkolleg mit Anspruch auf einen breiteren Hörerkreis mußte vielmehr auch in seinem Aufbau auf die allgemeinen Umgangsformen mit Literatur Rücksicht nehmen.

Als sich das wissenschaftliche Team im Spätherbst 1974 daran machte, für das Funkkolleg Literatur ein Curriculum zu entwikkeln, verbot es sich daher von vornherein, den Gesamtplan als Aufriß einer Einzelphilologie, etwa der Germanistik, zu verstehen. Vielmehr schien es sinnvoll, an einem Punkt anzusetzen, an dem sich die Erfahrungen der beteiligten Wissenschaftler fruchtbar machen, zugleich aber auch Wünsche und Bedürfnisse des zu erwartenden Teilnehmerkreises in Arbeitsschritte umsetzen ließen. Einen Schnittpunkt solchen gemeinsamen Interesses glaubte das Team darin gefunden zu haben, daß das Funkkolleg die »Literatur« so zu einem Gegenstand machte, wie die Kollegiaten sie in ihrem Lebensumkreis vorfinden. Das Kolleg sollte seine Teilnehmer zunächst für literarische Erscheinungen ihres täglichen Umgangs und dann für andere, »eigentliche« Formen von Literatur interessieren. Darüber hinaus sollten sie an der Lektüre von literarischen Werken neues Vergnügen finden, die eigenen Schreib- und Leseerfahrungen intensivieren und lernen, effektiv und kritisch mit Texten umzugehen. Der Aufbau des Funkkollegs versucht, den beschriebenen Überlegungen Rechnung zu tragen.

Vom *Lesen- und Schreiben*können in den verschiedenen Lebens-

situationen handelt das erste Themenkapitel. Dort also ist von ersten Leseerlebnissen die Rede, und wem zuliebe man eigentlich liest. Welche Behinderungen, welche Förderungen erhalten Kinder, aber auch Erwachsene durch verordneten, selbstgewählten oder ergatterten Lesestoff, und wie weit wird ihr Ort in unserer Gesellschaft mitbestimmt durch die verfügbare Lektüre und durch die Fähigkeit, sich schreibend äußern zu können.
Sehr schnell stellt sich dabei heraus, daß Literatur ein Ausdruck des gemeinmenschlichen Verlangens ist, mit anderen Menschen Nachrichten und Gedanken auszutauschen und in Kommunikation mit ihnen zu leben; daher behandelt das zweite Kapitel des Funkkollegs die *kommunikativen Funktionen von Sprache und Literatur*, und zwar sowohl die direkten Formen des literarischen Austausches wie etwa Gespräch oder Brief als auch die indirekten Wege der Kommunikation wie etwa Buch, Theater oder Massenmedien.
Gerade die sehr verschiedenen Spielarten, in denen Literatur, poetische wie nicht-poetische, heute unter die Leute gelangt und genutzt werden will, lassen die Frage immer offener und zugleich schwieriger werden: Was ist eigentlich ein Text? Eine Antwort darauf versucht das dritte Kapitel des Funkkollegs *Textkonstitution* zu geben, das den Text als eine Sprachhandlung versteht und dieses Text-Verständnis an nicht-fiktionalen wie fiktionalen, an erzählenden wie lyrischen Texten erprobt.
Das vierte Kapitel führt ein in die Praxis der *Textinterpretation*. An der Auslegung der Bibel, mit der das Kapitel einsetzt, läßt sich zeigen, daß und wie die abendländische Auslegungstradition sich historisch aus der Bibelinterpretation entwickelt hat. Die anschließende Interpretation von Gesetzestexten macht darüberhinaus nicht nur deutlich, daß der Literaturbegriff heute wesentlich weiter gefaßt ist als früher, sondern auch, daß literaturwissenschaftliche Interpretationsverfahren durchaus für Textsorten genutzt werden können, die sich unter dem Begriff »Gebrauchstexte« zusammenfassen lassen. Im Zentrum dieses Kapitels steht sodann doch die poetische Literatur – die Interpretation eines Dramas, die vergleichende Auslegung zweier Romane und die Erläuterung von mehrdeutigen lyrischen Texten – und dies, weil nach wie vor die reicher strukturierten poetischen Texte mit gutem Grund als die zentralen Gegenstände der Literaturwissenschaft angesehen werden.
Wer schreibt, wer verbreitet, wer liest Literatur? Diese Fragen wirft dann das fünfte Kapitel des Funkkollegs auf. Hier soll Literatur in ihren verschiedenen historischen Erscheinungsformen und Wirkungsweisen vorgestellt werden; dabei finden so-

wohl die bewahrenden als auch die innovativen Funktionen von Literatur besondere Aufmerksamkeit. Einblicke in die Geschichte des sozialen Wandels und in den Wandel der Bildungseinrichtungen sowie Blicke auf ältere wie gegenwärtige Kulturformen lassen dabei die unterschiedlichen ästhetischen und sozialen Bedingungen erkennen, unter denen schriftstellerische Arbeiten entstehen und unter denen literarische Bildung sich vollzieht.

Das sechste Kapitel setzt sich mit dem Thema *Literaturgeschichte* das nicht eben leicht erreichbare Ziel zu klären, was denn das sein mag: Geschichtlichkeit von Literatur. Die Geschichte der Literatur wird vor allem in ihren Beziehungen zur allgemeinen Geschichte dargestellt. Sozial- und funktionsgeschichtliche Aspekte stehen deshalb im Vordergrund, wobei besonders der rezeptions- und wirkungsgeschichtliche Ansatz, sowie die Untersuchung von Gattungsgeschichte und Epochenbildung den vielschichtigen Zusammenhang von Literatur und Gesellschaft im historischen Prozeß deutlich werden lassen. Eine kurze kritische Bestandsaufnahme bisheriger und heutiger Literaturgeschichtsschreibung macht deren enge Verbindung mit einzelnen Strömungen der Literaturwissenschaft deutlich.

Das siebte Kapitel *Literaturkritik und Literaturwissenschaft* zeigt, und dies im Rückgriff auf frühere Zusammenhänge des Funkkollegs, weshalb eine literaturkritische und eine wissenschaftliche Beschäftigung mit Texten nötig ist. Hatte das dritte Kapitel die Frage aufgeworfen: »Was ist eigentlich ein Text?«, so lautet hier zunächst die Frage: »Wie läßt sich der Wortlaut eines Textes sichern?«, d. h. welche Methoden hat die Literaturwissenschaft ausgebildet, um einen überlieferten Text authentisch herzustellen? Insbesondere werden in diesem Kapitel aber auch der Funktionswandel und der Aufgabenbereich der Literaturkritik beschrieben sowie an Hand wichtiger Paradigmen in der Literaturwissenschaft Verfahren präsentiert und problematisiert, die der Interpretation von Texten dienten bzw. heute noch dienen. In der letzten Lektion dieser Reihe geht es dann um das Selbstverständnis der gegenwärtigen Literaturwissenschaft, insbesondere im Hinblick auf ihre gesellschaftspolitische Funktion. In diesem Zusammenhang werden auch mögliche Konsequenzen für eine zukünftige Literaturwissenschaft diskutiert.

Schließlich das achte Kapitel: Hier soll versucht werden, eine Antwort zu geben auf die Frage: *Was ist, was soll, was kann Literatur?* Dabei werden die Normen eine wichtige Rolle spielen, aber auch jene Funktionen von Literatur, die mit Stichworten wie »Utopie«, »Aufklärung«, »Unterhaltung und Vergnügen«, »Simulationstechnik im vorpraktischen Raum« umschrieben werden können. Ging das Funkkolleg aus von den Alltagserfahrungen mit Literatur, so mündet es folgerichtig in eine Erörterung über den praktischen Wert, den viele verschiedene Teilnehmer am literarischen wie am öffentlichen Leben der Literatur heute beimessen: Es läßt nicht nur Wissenschaftler zu Wort kommen, deren Beruf es ist, über Literatur zu reden, sondern auch Autoren, Leser, Kritiker, Lehrer und Politiker. Es will die verschiedenen Wünsche und Forderungen, die an ein zeitgemäßes literarisches Leben gestellt werden, zur Geltung bringen und damit am Ende selbst mehr sein als ein bloßer Schnittkurs zur Handhabung literarischer Texte: ein Organ des literarischen Lebens selbst, das sich konstituiert aus möglichst vielen und möglichst unterschiedlichen Stimmen.

In allen Kapiteln des Funkkollegs wird der Leser verschiedene Ansichten und verschiedene Arten, mit Literatur umzugehen, vorgeführt finden. Widerspruchsfreiheit zu erzwingen, war nicht die Absicht; eine nach vielen Denkrichtungen hin offene Anlage war die Bedingung, unter der die Planungskommission – vor allem bestehend aus Vertretern der Länder, der Rundfunkanstalten, der Volkshochschulen – den Auftrag für die Planung dieses Funkkollegs erteilt hatte. Tatsächlich zeigte sich in den Verhandlungen bald, daß ein Rundfunkkolleg es sich nicht erlauben kann, nach einer konsistenten Ordnung und Gewichtung der Themen zu verfahren, wie es bei der Lehre vom Universitätskatheder her möglich und sogar vorteilhaft ist, um den Gang der Lehre überschaubar zu halten. Die ungleich größere und konkurrenzlose Verbreitung der Lehre durch den Rundfunk zwingt vielmehr kulturpolitisch viel unbedingter zu einer »verordneten« Pluralität der Methoden und Anschauungen auch bei der Behandlung ein und desselben Gegenstandes. »Ausgewogenheit« und »roter Faden« wurden so unverhofft und vielfach zu gegenläufigen Prinzipien.

Die Herausgeber haben aus diesem Grunde in vielen Beratungsrunden Abstimmungen zwischen den Autoren angeregt, ohne sie jedoch zum Einschwenken auf einheitliche Grundvoraussetzungen zu zwingen. Sie haben darüber hinaus durch eingerückte Überleitungen den Stellenwert der im übrigen uneingeschränkten Autorenbeiträge näher bestimmt.

Zum Schluß noch ein Wort zur Einrichtung der Bände: Im allgemeinen wird der Wortlaut der Sendungen abgedruckt; in einzelnen Fällen sind Glättungen, Verbesserungen, Änderungen vorgenommen. Nur bei zwei Texten meinte es der Autor nicht verantworten zu können, die Funkfassung unter seinem Namen abzudrucken, und daher hat er auf frühere, noch nicht »funkisch«

eingerichtete Versionen zurückgegriffen. Bei den ersten beiden Sendungen ergab sich ein anderes Problem: die Autoren wollten die sehr stark dem Medium Funk adaptierte Darstellung auf jeden Fall erhalten wissen; anderseits fürchteten sie, beim Übergang in das neue Medium ihre Intentionen nicht voll zur Geltung bringen zu können. Es war ihnen deshalb überaus daran gelegen, daß Teile, die ursprünglich nicht in der Sendung, sondern nur im Studienbegleitbrief enthalten waren, als Mittelteil in die beiden Sendungen einbezogen würden (A. 1. Der arme Mann im Tockenburg, A. 2. Torquato Tasso, B. Lesen heute, C. In diesem Land kann jeder schreiben). Die Herausgeber haben sich schließlich damit einverstanden erklärt, obwohl sie sahen, daß damit das Prinzip der Gleichbehandlung aller Autoren durchbrochen wurde und die ersten beiden Lektionen auf diese Weise unverhältnismäßig umfangreich ausfallen.
In der Regel haben die Autoren davon Gebrauch gemacht, die Sprechereinteilung aufzuheben und einen durchgängig einheitlichen Lesetext zu schaffen. Bei den eng-gesetzten Abschnitten, die am Anfang bzw. Schluß eines Kapitels erscheinen, handelt es sich um Zwischenüberlegungen, die wir als Leiter des Funkkollegs zur Orientierung der Kollegiaten, d. h. zur Verdeutlichung des Aufbaus und zur Verklammerung der einzelnen Teile, angestellt haben. Sie sind in die Bände aufgenommen, weil sie möglicherweise auch im veränderten Medium ihre ursprüngliche Funktion noch auszuüben vermögen.

Juni 1977 — Die Herausgeber

I Lesen und Schreiben in der alltäglichen Erfahrung

Literatur wird geschrieben und gelesen. Dies scheinbar Selbstverständliche, stets Vorausgesetzte haben wir in den ersten beiden Sendungen des Funkkollegs Literatur zum Thema gemacht. Wir haben, es zu behandeln, die Form des Hörspiels gewählt.

Diese Form hat, was die Produktion und die Rezeption betrifft, spezifische mediale Möglichkeiten, sie hat aber auch ihre Grenzen. In einem Hörspiel können *einzelne* über Erfahrungen sprechen.

Das ließ hier eine Systematisierung des Gegenstandes – seine historische Herleitung, seine soziologische Strukturierung – nicht zu. Die Position der Autoren wird so als eine wissenschaftliche nicht explizit erkennbar, der Gegenstand erscheint als nicht eigentlich wissenschaftlich erfaßt. Die beiden Sendungen und ihre Thematik wurden deshalb vielfach als lediglich ›motivierend‹ verstanden.

Eine Reihe historischer und systematischer Hinweise hatten wir im schriftlichen Begleitmaterial des Funkkollegs gegeben. Die Präsentation unseres Themas in dem vorliegenden Buch bliebe irritierend unvollständig, würde das Thema dem *Leser* hier in den Grenzen vermittelt, die durch die Form des Hörspiels gesetzt waren. Aus diesem Grunde rücken wir zwischen die beiden Hörspieltexte Auszüge aus dem schriftlichen Begleitmaterial ein.

L. K./J. P.

1. Leo Kreutzer, Jürgen Peters

Vom Lesen

SECHS STIMMEN kommen vor:
ZWEI MÄNNER sprechen miteinander über wirkliche und mögliche Erfahrungen mit dem Lesen (im zweiten Hörspiel: mit dem Schreiben). Mit den beiden – hinter denen sich bestimmt nicht die Autoren verstecken – verhält es sich so: mal hat der eine recht, mal der andere; manchmal irren beide, manchmal haben beide fast recht.
Am Gespräch nimmt außerdem eine Reihe von Experten teil: Schriftsteller vom 18. Jahrhundert bis zur Gegenwart. Deren Aussagen sind ziemlich widersprüchlich, sie werden von einer WEIBLICHEN STIMME vorgetragen.
Außerdem stören: READIE und WRITEY.
Die sechste Stimme ist die eines AUSRUFERS. Er macht sich wichtig, aber vielleicht auch ein wenig nützlich, indem er jeweils ankündigt, was als nächstes kommt.

In diesem Land kann jeder lesen.
Lesen lernt man in der Schule.
In diesem Land muß jeder lesen können.
Hausordnungen lesen.
Zeitungen lesen.
Betriebsanleitungen lesen.
Verkehrsschilder lesen.
Preistafeln lesen.
Strafmandate lesen.
Bücher lesen.
Manche Leute lesen, weil sie mal so richtig aus dem Alltag aussteigen wollen.
Manche, weil ihnen Lesen Spaß macht.
Manche Leute lesen, weil es Sachen gibt, die man einfach gelesen haben muß.
Manche lesen, weil sie weiterkommen wollen.
Müssen.
Manche lesen, weil sie dann anderen etwas voraus haben.
Manche Leute lesen, weil sie sich informieren wollen.
Manche, weil sie sich orientieren wollen.
In diesem Land kann jeder lesen.

Ausrufer: Damen und Herren!
Anstrengende Monate liegen vor Ihnen!
Hochgelehrte Männer der Wissenschaft werden herabsteigen in die Arena des Funkkollegs und ihre Kenntnisse vor Ihnen ausbreiten. Sie werden ihr Bestes geben.
Damen und Herren!
Sie werden Neuigkeiten erfahren, und Sie werden eine Menge zu verdauen haben. Achten Sie auf die Stärke Ihres Magens. Und achten Sie auf die Ordnung in Ihrem Kopf. Aber verachten Sie nicht die Unordnung: sie kommt den Dingen oft näher.
Sie werden viele Neuigkeiten erfahren. Und Sie werden vielfach bemerken, daß das Schwierige einfach, das Einfache schwierig sein kann.
Also, fangen wir an.
Beginnen wir mit dem Selbstverständlichen, mit dem Gewohnten.
Beginnen wir mit dem Lesen und Schreiben.
Beginnen wir mit dem Selbstverständlichen, beginnen wir mit dem Schwierigsten.
Sie befinden sich vor dem Radioapparat. Und Sie versprechen sich von den ersten beiden Sendungen Aufschlüsse übers Lesen und Schreiben. Erwarten Sie aber nicht, daß Sie hinterher ganz genau Bescheid wissen. Wir warnen Sie. – Wir haben Sie gewarnt.
Erwarten Sie, daß Sie mehr wissen werden. Mehr wissen übers Lesen und Schreiben. Und über sich selbst.
Heute sind Sie aufgefordert, den Gesprächen zweier Leser zu folgen, die übrigens nicht ungestört bleiben werden. Bilden Sie sich Ihr eignes Urteil.
Zerbrechen Sie sich aber nicht den Kopf, was die Sprechenden für Menschen sind, lenken Sie Ihr Interesse auf die geäußerten Ansichten.
Beurteilen Sie unparteiisch und entspannt den Austausch der Meinungen. Damen und Herren! Sie sind Leser, Sie sind Kenner.
Vergleichen Sie das Gehörte aufmerksam mit Ihren eignen Einsichten und Erfahrungen.
(Trommelwirbel)
Lenken Sie zunächst Ihr Interesse auf die erste Abteilung des heutigen Spektakels.
Sie werden erfahren, wie man zum Leser werden kann.
Sie werden erfahren, auf welche Weise man zum Lesemuffel werden kann.
Sie werden einiges mehr erfahren.
Lassen Sie sich verwirren. Und unterhalten.
Wir beginnen mit dem
(Trommelwirbel)

LEBENSLAUF EINES LESERS

A: Wenn mein Vater in seinem Arbeitszimmer war, durfte man ihn nicht stören. Mein Vater arbeitete. In dem Arbeitszimmer meines Vaters roch es nach Zigarren. Ich liebte diesen Geruch. Das Arbeitszimmer meines Vaters war seine Bibliothek. Er sagte immer: »Ich gehe jetzt in meine Bibliothek.« Meine Mutter sagte manchmal: »Mach nicht solchen Krach! Vater ist in seiner Bibliothek.« Eines Tages würde diese Bibliothek mir gehören.

Abends las mir meine Mutter Märchen vor. Die Märchen der Gebrüder Grimm. Sie las die Märchen mit einer Stimme, die ich sonst – aber das fühlte ich mehr als daß ich es wußte – nicht an ihr kannte. Weich, leise, voller Zuneigung für mich.

Damals passierte eine Geschichte, über die im Verwandtenkreis viel geredet wurde. Meine Mutter erzählte sie gerne. Immer wieder. Ich hatte nämlich die Angewohnheit angenommen, Bücher, die rumlagen, zu studieren. Ich tat so, als ob ich sie lesen würde. Dabei passierte es dann, daß ich das Buch falsch rum hielt. Es auf den Kopf stellte. Das sah wohl komisch aus.

Ich habe dann immer aufgepaßt, daß ich nur noch Bücher mit Bildern in die Hand kriegte. Da konnte dann nichts passieren.

Mit fünf Jahren konnte ich Max und Moritz auswendig. Ich setzte mich hin, schlug das Buch auf und begann, laut zu lesen. Und ich blätterte das Buch immer an den richtigen Stellen um. Darüber haben die Verwandten dann auch geredet. Beim Kaffeetrinken.

Dann lernte ich richtig lesen. Ich wurde Ostern eingeschult. Am ersten Schultag malte die Lehrerin ein *O* an die Tafel und sagte, das sei ein Osterei. Sie fragte, ob *das* nicht lustig sei. Ein Wort wie lustig kam nicht in meinem persönlichen Sprachschatz vor. Ich fand das alles gar nicht lustig und hatte das Gefühl, daß ich nicht mehr Herr meiner selbst sei.

Ich lernte lesen.

Ich lernte schreiben.

Richtig mit dem Lesen angefangen habe ich dann so mit dreizehn oder vierzehn. Das war eine schöne Zeit. Da konnte man sich so richtig in die Bücher reinlesen, Abenteuer erleben. Ich begriff zum ersten Mal, was das heißt: Abenteuer des Lesens. So wie damals ist es nie wieder gewesen. Sven Hedin. Karl May. Tom Sawyer. Eines Tages sagte mir ein Klassenkamerad, Karl May sei nie in Amerika bei den Indianern gewesen. Auch nicht in Afrika. Karl May habe sich das alles nur ausgedacht. Es war das einzige Mal, daß ich einen Klassenkameraden richtig verprügelt habe. Natürlich las ich auch *Buffalo Bill*, *Tom Prox* und *Billy Jenkins*. Diese Art von Literatur haben mir meine Eltern dann bald verboten.

Z: Karl Philipp Moritz, *Anton Reiser.* 1785
Durch das Lesen war ihm nun auf einmal eine neue Welt eröffnet, in deren Genuß er sich für all das Unangenehme in seiner wirklichen Welt einigermaßen entschädigen konnte. Wenn nun rund um ihn her nichts als Lärmen und Schelten und häusliche Zwietracht herrschte, oder er sich vergeblich nach einem Gespielen umsah, so eilte er hin zu seinem Buche.
So ward er schon früh aus der natürlichen Kinderwelt in eine unnatürliche idealische Welt verdrängt, wo sein Geist für tausend Freuden des Lebens verstimmt wurde, die andre mit voller Seele genießen können.
Writey: Karl Philipp Moritz – und 'ne weibliche Stimme?!
Readie: Eine weibliche Stimme ist auch mal ganz angenehm. Außerdem zitiert sie ja nur.
Writey: Ach so ...
Readie: Sei jetzt still.
Writey: Ja ...
Z: Peter Weiss, *Abschied von den Eltern.* 1961
In den Büchern trat mir das Leben entgegen, das die Schule vor mir verborgen hatte. In den Büchern zeigte sich mir eine andere Realität des Lebens als die, in die meine Eltern und Lehrer mich pressen wollten. Die Stimmen der Bücher forderten mein Mittun, die Stimmen der Bücher forderten, daß ich mich öffnete und auf mich selbst besann. Ich stöberte in der Bibliothek meiner Eltern. Das Lesen dieser Bücher war mir verboten, ich mußte die Bücher heimlich entwenden und die Lücken sorgsam ausgleichen, meine Lektüre fand unter der Bettdecke statt, beim Schein der Taschenlampe, oder im Klosett, oder unter der Tarnung von Schulbüchern. Das Chaos in mir von unausgegorenen Sehnsüchten, von romantischen Verstiegenheiten, von Ängsten und wilden Abenteuerträumen wurde aus unzähligen Spiegeln auf mich zurückgeworfen, ich bevorzugte das Anrüchige, Zweideutige, Düstere, suchte nach Schilderungen des Geschlechtlichen, verschlang die Geschichten von Kurtisanen und Hellsehern, von Vampiren, Verbrechern und Wüstlingen, und wie ein Medium fand ich zu den Verführern und Fantasten und lauschte ihnen in meiner Zerrissenheit und Melancholie.
A: Natürlich las ich auch *Buffalo Bill*, *Tom Prox* und *Billy Jenkins*. Diese Art von Literatur haben mir meine Eltern dann bald verboten. Anfangs war ich sauer deswegen. Aber bald lernte ich begreifen, daß meine Eltern es gut mit mir meinten. Sie hatten mir all diese Hefte und Bücher deshalb verboten, weil das ja keine richtige Literatur war. Das war nur Zeitvertreib. Ich begriff, daß Lesen etwas Besonderes ist. Sozusagen eine Auszeichnung.

Ich kaufte mir meine ersten Bücher. Taschenbücher zwar, aber immerhin: Bücher. Ich bemerkte dann beim Rumlesen, daß Bücher erst dann richtig spannend sind – spannend nicht in einem oberflächlichen Sinn –, wenn sie von einem selbst handeln.
Ich las den *Stiller* von Max Frisch, zum Beispiel. Dann las ich alles, was Max Frisch sonst noch geschrieben hat. Alles. Ich arbeitete diese Bücher durch, ich machte Anstreichungen. Wenn ich diese Exemplare heute durchblättere, kann ich den Sinn der Anstreichungen manchmal nicht mehr verstehen. Meistens aber noch sehr gut. So war meine Pubertät.
Auf der Universität habe ich dann noch einmal lesen gelernt. Wissenschaftliches Lesen. Ich habe da gemerkt, daß man sich nicht einfach in die Bücher reinlesen darf. Daß man sich nicht nur einfach identifizieren darf. Man kann nämlich nicht einfach machen was man will. Die Dichter haben einem nämlich was zu sagen. Man muß das Wort der Dichter akzeptieren.
Das war natürlich nicht mehr das Lesen von früher. Aber Spaß hat es trotzdem gemacht. Nur, der Spaß war anders. Das war das Rauskriegen: Was meint der Autor?
Beim Studium habe ich viel gelesen. Bis zum Examen hin. Dann kam der Beruf, die Familie. Seitdem kann ich nicht mehr so viel lesen wie früher. Aber das Bedürfnis ist geblieben. Ich glaube, das ist bei mir nicht totzukriegen.
Readie: Der spinnt ja. Ist so Deine Lebensgeschichte, Writey?
Writey: Ich weiß nicht, Readie. Ich hab *Asterix* gelesen und nicht den *Stiller*.
Readie: Siehste.
Writey: Aber sonst.

Ausrufer: WAS MAN BEOBACHTEN KANN
Z: Ein Kind buchstabiert aus einem Lesebuch. Auf einer Parkbank liest ein Rentner eine Zeitung. Ein Politiker liest vom Manuskript ab und setzt dazu seine Brille auf. Einige Metallarbeiter lesen einen Konstruktionsplan. Ein Standesbeamter verliest eine Urkunde. Ein junges Mädchen liest einen Brief. Eine Kindergärtnerin liest den Kindern ein Schild vor: Betreten verboten. Unbefugten ist der Zutritt verboten. Nicht hinauslehnen. Vorsicht Hochspannung. Bitte unaufgefordert den Ausweis vorzeigen. Frankfurt 362 km. H Straßenbahn. Von 9–13 Uhr geöffnet. Ein Richter verliest: Im Namen des Volkes. Ein Babysitter liest einschlafenden Kindern aus einem Buch vor. Ein Unternehmer liest eine Bilanz. Analphabeten in einem heißen Land lassen sich etwas vorlesen. Ein Gelehrter entziffert Hieroglyphen. Ein Urlaubswilliger liest einen Reiseprospekt. Arbeiter lesen am schwar-

zen Brett, daß es in der Kantine heute Kartoffelsalat mit Würstchen gibt, und daß morgen die Zeche geschlossen wird. Ein alter Mann liest die Inschrift auf einem Grabstein. Ein Lehrling liest einen Heftchenroman.

Ausrufer: Damen und Herren!
Sie haben die Geschichte eines Lesers vernommen.
Sie werden sogleich auch die Geschichte eines Lesemuffels hören.
Aber Geduld, Geduld: Zuvor sind Sie gebeten, Ihre Aufmerksamkeit der Tatsache zuzuwenden, daß ein Lesemuffel immerhin auch ein Leser ist. Und nicht einfach ein Nicht-Leser.
(kleine Pause)
Wer aber ist der Nicht-Leser, das unbekannte Wesen?
Vernehmen Sie mit Erstaunen, was ein Wissenschaftler über den Gegensatz zwischen Lesern und Nicht-Lesern schreibt.

Z: Michael Vester, *Fragen zur Nützlichkeit des Lesens.* 1972
Es gibt in unserem Land zwei Kulturen. Die eine ist die Bücherkultur der Akademiker, der technischen und kulturellen Intelligenz in der oberen Schicht der Arbeitnehmerklasse. Diese Kultur einer Minderheit wird als die »bessere«, »höhere« eingestuft. Wir dürfen dabei nicht vergessen, was diese Menschen, die nach Feierabend Bildungsbürger sind, vor Feierabend an ihren Arbeitsplätzen tun. Sie sind das Personal von Einrichtungen, die bestimmen, wer dumm und klug ist, wer Recht hat und wer bestraft wird, wer gesund ist und wer krank ist, wer einen guten Arbeitsplatz bekommt und wer einen schlechten, worüber informiert wird und worüber nicht, wer gut wohnt und wer schlecht wohnt, was falsch ist und was wissenschaftlich ist, ob Industrieprodukte der Nützlichkeit oder der Eitelkeit oder der Dividende dienen. Ihnen ist aufgegeben, die Verteilung ungleicher Lebens- und Arbeitschancen zu regeln. – Die andere Kultur ist die der ausführenden, körperlichen Arbeit, die bei der unteren Schicht der Arbeitnehmerklasse auch die Denk-, Wahrnehmungs-, Gefühls- und Handlungsformen mitbestimmt. Ihre Kultur ist bücherlos. Sie haben manche Vorbehalte gegen Abstraktionen, Intellektuelle, Akademiker und politische Führungsansprüche. Einerseits wehren sie damit eine Theorie ab, die ihnen zur Bewältigung ihrer sozialen Situation durchaus helfen könnte, zum Beispiel eine klärende sozialwissenschaftliche Begrifflichkeit. Andererseits hat diese Abwehr doch die sinnvolle Funktion, daß sie die nicht abstrakt-intellektuellen Dimensionen eines gefühlsmäßigen und praktischen Denkens sich nicht mit Argumenten zerreden lassen wollen.

Readie: Zwei Kulturen! Plumpes Denken.
Writey: Plumpes Denken, das ist das Denken der Großen.

Z: Plumpe Gedanken stellen gar nichts anderes dar als die Anweisung der Theorie auf die Praxis. Handeln kann natürlich so fein ausfallen wie Denken. Aber ein Gedanke muß plump sein, um im Handeln zu seinem Recht zu kommen.
Frei nach Walter Benjamin, *Brechts Dreigroschenroman.* Um 1935
Readie: Leser – Nicht-Leser, Denken – Handeln: was soll nun das wieder miteinander zu tun haben?

Ausrufer: LEBENSLAUF EINES LESEMUFFELS
B: Das war alles ganz normal. Lesengelernt habe ich auf der Schule. Rechnen und lesen. Da gab es überhaupt keine Probleme. Die gab es dann auf der Oberschule. Mit dem Lesen.
Lesen: Das hieß Deutschunterricht. Nun ist es so, daß ich eher zu den Naturwissenschaften neige. Da hatte ich einfach mehr Spaß dran. Also ich hatte Schwierigkeiten mit dem Deutschunterricht. Findet man ja öfter, daß Mathematiker mit der Literatur nicht klar kommen; vielleicht lag das aber auch daran, daß die Deutschlehrer so betulich waren. »Was will der Dichter uns damit sagen?«, und so. Mich interessierte einfach nicht, was die Herren Dichter mir hatten sagen wollen. Ausgerechnet Literatur als Lebenshilfe. Ich hab mich doch nicht immer deshalb um den Religionsunterricht gedrückt, damit sie mich dann im Deutschunterricht rankriegen.
Mein Vater war nämlich Techniker. Mit Leib und Seele. Mit Romanen und Gedichten hatte der nichts im Sinn. Ein oder zweimal im Jahr ist er mit meiner Mutter ins Theater gegangen, aber das hatte mehr gesellschaftliche Gründe. Daß ich keine Leseratte war, hat ihn jedenfalls nicht gestört. Ungemütlich wurde er nur, wenn die Deutschzensur hart an der Grenze war. Mit einer fünf in Deutsch blieb man nämlich automatisch sitzen. Auch wenn die übrigen Zensuren stimmten und man Ausgleich genug gehabt hätte. Einmal, muß ich zugeben, hat es mich dann doch gepackt. So mit siebzehn. Da kam ich zeitweise mit gar nichts klar. Da konnte ich mit niemandem drüber reden. Da habe ich dann wie ein Irrer gelesen. Alles durcheinander. Auch Freud und so. Hermann Hesse, den *Steppenwolf.*
Das hat sich dann aber aus den bekannten entwicklungspsychologischen Gründen gegeben. Geschadet hat es aber nicht, muß ich zugeben.
Heute setze ich mich lieber mal in die Kneipe, abends, und beobachte die Leute. Wie die miteinander umgehen. Da kann man wirklich was vom Leben lernen. Wie es wirklich ist.
Trotzdem, auf so fünf bis sechs Romane komme ich doch noch im Jahr, können auch zwei oder drei mehr sein, die Krimis nicht mitgerechnet.

Zum Beispiel lese ich gern in den ersten Urlaubstagen. Wenn man schon im Urlaubsort ist, aber man ist innerlich noch nicht angekommen. Wenn der ganze Streß noch nachwirkt, und man das Gefühl hat, man muß noch was tun. Irgendwas. Obwohl man ja eigentlich gerade nichts tun soll.
Da knie ich mich dann so richtig in einen Roman rein. Voll emotional. Da steht dann die Zeit still, und alles ist wie ausgewechselt. Damit kommt man am schnellsten raus. Raus aus allem.
Z: Johann Gottlieb Fichte, *Die Grundzüge des gegenwärtigen Zeitalters.* 1806
So, wie andere narkotische Mittel, versetzt das Lesen in den behaglichen Halbzustand zwischen Schlafen und Wachen, und wiegt ein, in süße Selbstvergessenheit, ohne daß man dabei irgend eines Thuns bedürfe. Mir hat es immer geschienen, daß es am meisten Ähnlichkeit mit dem Tabaksrauchen habe, und durch dieses sich am besten erläutern lasse.
Readie: Bist Du getrennt von Bett und Tisch
greifst schnellstens Du zu Maxe Frisch
Writey: Wer fürchtet sich vor Böll und Himmel
der liest gemütlich seinen Simmel
Readie: Wer Krimis haßt, schwelgt gern auf Eichen-
dorffs Auen ohne blut'ge Leichen
Writey: Aua!

Ausrufer: DER LESENDE TAUSENDFÜSSLER
A: Das ist alles ziemlich verwirrend.
B: Du bist verwirrt.
A: Man kann die Sachen auch unnötig kompliziert machen. Ich habe das Lesen auf der Schule gelernt, ich *kann* lesen. Das ist doch selbstverständlich. Da muß ich doch nicht noch drüber nachdenken und Theorien machen. Das ist wie das Atmen, das kann ich doch so ohne alles. Das ist wie das Gehen . . .
B: Das ist wie das Gehen, stimmt! – So einfach ist das. Fand ich auch. Bis ich einmal bei einer Laienspielgruppe eine kleine Rolle übernommen habe. Ich mußte nur einmal über die Bühne gehen, von rechts hinten nach links vorne, und einen Brief abgeben. Ganz einfache Sache. Gehen konnte ich ja. Von Kindesbeinen an. Dachte ich. Bis ich zum ersten Mal tatsächlich über die Bühne ging, den Brief in der Hand. Ich dachte, ich bin ein Tausendfüßler. Plötzlich hatte ich Füße, die nicht so wollten wie ich, die machten sich selbständig. Außerdem ging ich ganz krumm, dachte ich, ich wußte nicht, wie meinen Kopf halten. Alle waren gegen mich. – Da mußte ich das Selbstverständlichste von der Welt neu lernen: Das Gehen!

A: Und was soll das mit dem Lesen zu tun haben?
Ausrufer: Damen und Herren!
Es folgt die zweite Abteilung. Zu einem langen Thema kurze Hinweise, denn die Zeit drängt.
Widmen Sie Ihre geschätzte Aufmerksamkeit dem wichtigen Thema: Lesen, aber wo? Und: mit wem?
Sie sind aufgefordert, Fehlendes zu ergänzen.
Achten Sie auf Ihre eignen Erfahrungen.
A: Heutzutage kann jedermann Bücher lesen. Da braucht man nur ein paar Mark.
B: Und eine entsprechende Umgebung.
Z: Jochen Steffen alias *Kuddl Schnööf*. 1972
Mein Natalje sacht: »Der Mensch«, sacht sie, »muß sich billn. Dazu gehört Litteratuä. Kuddl, stell Fernsehn an. Komp Sennunk über Litteratuä.« Ich stell an. Kann ja nicht schaden. Wo wir sowieso den Bildunksnotstand ham. Und wennu dir das Gekwassel anhörs, kannscha mitschnacken. Brauchs gannich ers lesen. Was die meissen auch nich tun. Den Macker ins Fernsehn sachte, bloß 40 Prozent vonnie gekauften Büchers wern gelesen. 60 Prozent hängen als Tapetenersazz annie Wand. Das zeucht für die Gesundheit von uns schwergeprüftes Volk as sochches. Denn wer lies Bücher? Intelektelle! Was sind Intelektelle? Pinschers un Pilzköppe. Leute, die lesen, denken! Un denn noch kritisch. Und das is ehm gesund: Wen kauf schon Büchers? Und wenn die nich ma zu Hälffe gelesen wern?
Und denn konntes in Fernsehen sehn, as ein Raum aussehen muß, in den du dir mit Litteratuä befassen kanns. Sonne Mischung aus Sangsuzi und Jachthütte. Mit ein Kamin in. Natürlich Mammoä. Mit ein Feuer in. Vor dasselbe steht ein Tisch. Erssens, weil du die Büchers je auffen Fußboden packen kanns, zweitens, weil da das Glas unnie Karaffe auf komm. Gefüllt mit funkelnnen Wein. Den muß dir achter die Binne kippen, wennu innie Litteratuä genußsüchtich in rumfummels. Und denn die Beleuchtunk. Kähzen, natürlich.
Ich werde bein sozealen Wohnungsbau beantragen, dassie Makkers sonne Leseräume baun. Solange wir ihn nich ham as in Fernsehn, isses ja kein Wunder, daß all die Igels, die lesen tun, alles in falschen Hals kriegen und Intellektelle wern. Nu komms du!

Ausrufer: MAN LIEST, WENN MAN EINSAM IST
MAN IST EINSAM, WENN MAN LIEST
Z: Karl Philipp Moritz, *Anton Reiser*. 1785
Kurz, Anton Reiser glaubte sich mit allen seinen Gedanken und Empfindungen, bis auf den Punkt der Liebe, im Werther wieder-

zufinden. – »Laß das Büchlein deinen Freund sein, wenn du aus Geschick oder eigner Schuld keinen nähern finden kannst.« – An diese Worte dachte er, sooft er das Buch aus der Tasche zog – er glaubte sie auf sich vorzüglich passend. – Denn bei ihm war es, wie er glaubte, teils Geschick, teils eigne Schuld, daß er so verlassen in der Welt war; und so wie mit diesem Buche konnte er sich doch auch selbst mit seinem Freunde nicht unterhalten. –
B: Das ist auch so etwas, was ich manchmal gegen das Lesen habe. Ich mag, wenn Betrieb ist. Lesen macht einen so vereinzelt.
A: Das kann ich so nicht unterschreiben. Meiner Erfahrung nach ist das nicht ganz richtig so. Im Gegenteil. Man liest ja nicht nur, sondern man spricht auch drüber. So ist – muß ich sagen – in meiner Ehe die gemeinsame Lektüre von Büchern immer wichtiger geworden mit den Jahren. Wenn es keine Bücher gäbe, dann würden wir uns beide vielleicht nur noch anschweigen. Oder viel mehr streiten. Ich weiß nicht, ob es Dir schon mal aufgefallen ist, daß in Gesellschaft häufig die Gespräche erst in Gang kommen, wenn man über eine Fernsehsendung – die letzte Talkshow –, über einen Film reden kann. Oder über einen Bestseller. Da sollte man nicht so einfach drüberstehen wollen. Hinterher geht's dann oft ganz anders weiter, richtig gut manchmal, aber irgendwie muß das in Gang kommen.
B: Mir fällt da was ein, Du hast Recht. –
Ich erinnere mich noch ganz genau, wie das war, als ich von der Volksschule aufs Gymnasium kam. Ich wohnte damals auf einem Dorf. Plötzlich fuhr ich also zur Schule in die nächste Stadt, als einziger, alle anderen blieben wo sie waren. Und da weiß ich noch, wie ich eine ganze Zeitlang richtig verzweifelt versucht habe, mit den Kumpels aus meiner alten Schule Kontakt zu halten. Also rauskriegen, nachmittags, wo die gerade steckten. Meistens spielten die ja Fußball, aber mal wurde auch das langweilig, und dann saß man so rum und quatschte. Und ganz oft redeten die dann über die Westernhefte, die sie so lasen. Hatte ich anfangs auch immer gelesen, konnte mitreden. Aber meine Eltern waren ziemlich enttäuscht, daß ich das Zeug immer weiterlas, wo ich doch jetzt auf die höhere Schule ging. Und dann haben sie mir die Dinger verboten, und als das nichts nutzte, weggenommen. Da konnte ich dann bald nicht mehr mitreden, wenn's um *Tom Prox* oder *Billy Jenkins* ging. Oder um *Buffalo Bill.* Klar: es gab da noch ein paar andere Punkte, aber das hat bestimmt eine ziemliche Rolle dabei gespielt, daß ich irgendwann aufgegeben habe, zu der Truppe zu gehören.
Merkwürdig: Umgekehrt kann das auch stimmen:
Man ist einsam, wenn man nicht liest.

Ausrufer: Damen und Herren!
Jetzt werden Sie gebeten, Ihr Interesse auf eine sehr diffizile Angelegenheit zu richten.
Sie werden vernehmen:
Lesen und Lesen ist nicht dasselbe.
Lesen und Verstehen ist nicht dasselbe.
Sie werden bestätigt finden, was Sie vielleicht schon selber erfahren haben:
Daß man nicht genau genug lesen kann.
Und sie werden hören, was passieren kann, wenn man das nicht beherzigt.
Vernehmen Sie die
(Trommelwirbel)
UNTERHALTUNG ÜBER ZWEI ROMANFIGUREN, DEREN AUSSEHEN AN KEINER STELLE DES BUCHES BESCHRIEBEN WIRD

A: Das ist nun wirklich eine ganz hervorragende Stelle in dem Krimi, wie der Filmstar da bei den Außenaufnahmen in New-Mexico und die Drehbuchautorin – kurz bevor sie sich kriegen – sich noch einmal richtig in die Haare geraten.
B: Fabelhaft, ja. Der Höhepunkt des ganzen Buches.
A: Wie er ihr noch einmal richtig Saures gibt, sie zur Schnecke macht, diesen Alice-Schwarzer-Typ!
B: Er sie? – Sie ihn! Das ists doch.
A: Nun hör mal auf! – Er sagt zu ihr: »Du vertrittst diese ganzen Emanzen-Thesen, weil du so aussiehst, wie du aussiehst.« Das stimmt doch auch. Das haut nun aber wirklich hin. Völlig.
B: Und sie antwortet: »Du siehst mich doch nur so, wie Du mich siehst, weil ich diese Thesen vertrete!«
A: Sag ich doch: Ein ganz mieser Abgang! Retour-Kutschen sind ungezogen. Unter Männern wenigstens hat sich das mittlerweile rumgesprochen ...
B: Aber das ist doch wirklich ein unheimlich starker Abgang von ihr! Das Gesicht von diesem Typ da, diesem Jack Nicholson, wie die da abrauscht.
A: Mit Jack Nicholson hat der überhaupt keine Ähnlichkeit. Schon die Nase. Und außerdem guckt der nicht blöd, und wenn, dann nur, weil er staunt, was für einen Mist diese Blondine da verzapft hat. Du siehst das ja nur anders als ich, weil Du mit diesen Weiber-Typen sympathisierst.
B: Du nicht?
A: Bestimmt nicht.
B: Aha.
A: ?-?-

B: Und außerdem, wo steht denn geschrieben, daß die Drehbuchautorin blond ist?
A: Die sieht aus wie Ursula Andress. Und die ist blond, naturblond, oder nicht?
B: Aber die Andress ist doch viel zu alt, die Drehbuchautorin ist doch viel jünger.
A: Ich habe neulich gelesen, in der Bildzeitung, daß die Andress so Mitte dreißig ist. Stimmt also genau!
B: Die Andress ist doch älter, viel älter.
A: Hast Du die Bildzeitung gelesen oder ich?
B: Gelesen! – Was heißt das schon! In Wirklichkeit sind die doch alle viel, viel älter. In dem Alter. Als ich jung war, war Rex Gildo, der Schlagersänger, viel älter als ich. Ein richtiger Erwachsener. Dann waren wir ein paar Jahre lang gleich alt. Jetzt wird der immer jünger. Wie Deine Andress! Und außerdem paßt sie nicht zu Jack Nicholson. Schon vom Typ her. Außerdem ist das nie der Nicholson, eher schon Dustin Hoffmann.
A: Denk doch mal an *Chinatown*, den Film, als der Nicholson da durch den Garten geht, zum Springbrunnen hin ... Das kann doch nicht der Dustin Hoffmann machen. Höchstens Belmondo.
B: Der würde dann wenigstens ganz gut zu Deiner Ursula Andress passen! Aber die ist blond ...
A: Aber wo steht denn, daß die *nicht* blond ist, die Drehbuchautorin?
B: Ich habe das Buch schließlich gelesen.
A: Ich auch.

Ausrufer: MAGIE DES GEDRUCKTEN
ODER
DAS WORT SIE SOLLEN LASSEN STAHN

A: Ich sage immer wieder, man soll die Erfindung der Buchdrukkerkunst nicht ignorieren. Das meiste kann man irgendwo nachlesen.
B: Nachlesen kann man aber auch den Satz: Er lügt wie gedruckt.
Z: Hans Reimann, *Die Dame mit den schönen Beinen.* 1916
Die Achtung vor dem Gedruckten ist groß. Wenn jemand eine faustdicke Unwahrheit auf gesunde Beine bringen will, so braucht er sie bloß drucken zu lassen, und Jedermann hat vor der nunmehr gedruckten *Wahrheit* Respekt.
Es verhält sich so.
Wenn ich einen Satz niederschreibe und ihn sodann in Druck gebe, so lest Ihr den *gedruckten* Satz mit anderen Augen als denselben Satz *ungedruckt*, von meiner Hand mit Tinte geschrieben.

Manuskripte zu lesen, ist reizvoll. Angenehmer ist es, gedruckte Manuskripte zu lesen; dann sind sie freilich keine Manuskripte mehr. – Selbstverständlich liest nur Derjenige ein Druckwerk als gedrucktes Manuskript, der um den Vorgang weiß, – d. h. Derjenige, der sich in Manuskripten auskennt. Die übrigen – die Naiven – unterscheiden nicht zwischen *Gedrucktem* und gedrucktem *Manuskript.* Gott sei Dank nicht.
Der Leser, d. h. Einer, der mit berufsmäßigem Lesen, mit Manuskripte-Lesen nichts zu tun hat, liest ein Buch mit ähnlich ungetrübtem Gefühl wie Einer, der mit dem Theater nichts zu tun hat, sich ein Theaterstück ansieht.
Woran liegt es, daß Ihr Gedrucktes respektiert, Geschriebenes hingegen – *ungedruckt* – minder? – *Das liegt daran, daß Ihr alle schreiben könnt, aber nicht gedruckt werdet!*
Ein Glück, daß Ihr nicht alle gedruckt werdet!
Übrigens: warum werdet Ihr nicht alle gedruckt? – Ihr habt keine Beziehungen.
... Ihr alle lest mit gläubigem Ernste, was ich Euch auftische, und denkt, es sei Wunder was.
Es ist aber gar nichts.
Es ist bloß gedruckt.
Das ist der Witz.
Ja, ja, der Respekt vor dem Gedruckten ist groß.
Ich werde mich drum hüten, Euch mein Manuskript hinzuzeigen.
Readie: Hast Du das Buch gelesen, Writey?
Writey: Ja, aber nicht persönlich.

Ausrufer: WENN DU DIE PERSER ANGREIFST
WIRST DU EIN GROSSES REICH ZERSTÖREN
B: Das ist doch meistens irgendwie beliebig, relativ, was man aus einem Buch herausliest. – Ich erinnere mich da an eine Geschichte, die wir auf der Schule gelesen haben, da ist mir das schon aufgegangen.
Die Geschichte spielt in der Antike. Ein König, ich glaube, er hieß Krösus ...
A: DER Krösus, der mit dem vielen Geld?
B: Ich glaube: Ja. Aber das hat mit der Geschichte nicht unmittelbar was zu tun. Der Krösus wollte seinen Feind angreifen, den Perser Cyrus, er wollte dessen Reich kassieren. Das ging, auch damals, natürlich nicht ohne weiteres. Er mußte erst mal rauskriegen, was für Erfolgsaussichten er da hatte. Er holte sich deshalb bei einem Experten ein Gutachten ein. Experten, das waren damals die Orakel. Und das Orakel sagte ihm: Wenn Du die Grenzen Deines Reiches überschreitest, wirst Du ein großes Reich zerstö-

ren! – Er griff daraufhin an und zerstörte tatsächlich ein großes Reich: Sein eignes. – Die hatten ihn reingelegt, die vom Orakel. Die hätten doch immer recht behalten: So oder so.

A: Die haben ihn *nicht* reingelegt!

B: Was hätte der König denn tun sollen?

A: Er hätte *genau lesen* sollen. Er hätte, wenn er schon an Orakel glaubte, was ich bezweifle – er brauchte natürlich den Spruch für die Moral seiner Truppe, für die innere Führung –, wenn er also wirklich an das Orakel geglaubt haben sollte, hätte er es genau interpretieren müssen. Er hätte sehen müssen, daß keine Namen genannt wurden, daß von *einem* großen Reich die Rede war und nicht von einem *bestimmten.* Daß das Orakel sich selber nicht sicher sei. Eben, weil alles auf des Messers Schneide stand. – Interpretierend hätte er erkennen können, was ihm das Orakel wirklich sagen wollte und auch tatsächlich gesagt hat. Daß man ihn nicht – wie er meinte – sicher machen wollte, sondern unsicher. Er aber hat was aus dem Text herausgelesen, was gar nicht drin stand. Weil er das rausgeholt hat, was gut in seinen Kram paßte. Da mußte er ja baden gehen.

Ausrufer: Damen und Herren!
Die Schwierigkeiten nehmen kein Ende!
Wenn schon lesen, so haben Sie vernommen, dann mißtrauisch und genau.
Aber wozu denn überhaupt lesen?
Sie verstehen: wir nähern uns jetzt der ökonomischen Seite der Sache. Was bringt Lesen, ja, was bringt es?!
Vernehmen Sie die Ansichten, prüfen Sie sie. Ziehen Sie Vergleiche!

Z: Martin Walser, *Erfahrungen und Leseerfahrungen.* 1958
Ich muß gestehen, ich lese nicht zu meinem Vergnügen, ich suche weder Entspannung noch Ablenkung, noch andere Freuden dieser Art. Ein Buch ist für mich eine Art Schaufel, mit der ich mich umgrabe. Obwohl ich das nicht zu meinem Vergnügen tue, sondern einfach aus einem Bedürfnis, für das ich keine Gründe mehr anzugeben weiß, keine Gründe auf jeden Fall, die von anderer Art wären als die, die uns veranlassen zu atmen oder zu essen, trotzdem macht mir das Lesen, dieses Herumgraben in mir selbst, oft mehr Vergnügen als das Atmen, ja es macht mir zuweilen sogar das Atmen wieder vergnüglicher.

B: Aber man muß doch nun wirklich fein säuberlich trennen können: Lesen und Leben. Sonst kommt da doch Seelen-Schmus bei raus. Ein Buch lesen ist das eine, sein Leben leben ist das andere.

A: Kannst Du denn nicht lesen?

B: Kannst Du denn nicht leben?
A: Ohne Lesen: Nein!
B: Aber Du hast doch selber gesagt, Du hast Dich mit Max Frisch identifiziert...
A: Nicht mit Max Frisch, mit dem *Stiller.*
B: Also gut, Du hast gesagt, Du hast die Welt mit den Augen von Max Frisch gesehen...
A: Das ist aber was anderes!
B: Das waren dann doch nicht mehr Deine eignen Augen, mit denen Du Deine Welt gesehen hast und Dich. Du hattest da doch eine Brille auf, eine fremde Brille auf der Nase. Wie kannst Du da zu Dir selbst gefunden haben?
A: Geb ich ja zu: Ich habe die Welt und mich zeitweise mit den Augen von Max Frisch gesehen. Ich habe mich mit dem Stiller identifiziert. Ich war *Stiller.*
Regisseur: Nein, nein, nein: Nicht: Ich war *Stiller,* sondern: Ich *war* Stiller. Das gibt erst den Sinn. Wir wiederholen den letzten Teil noch einmal, einen Augenblick bitte...
B: Ich war *Stiller,* ich *war* Stiller. Plötzlich wird die Betonung wichtig. Dabei redest Du die ganze Zeit wie gedruckt.
A: Wie *gedruckt,* oder *wie* gedruckt?
B: *WIE GEDRUCKT.*
A: Zugegeben, klar. Und du?
B: Klar, wir beide. Hab auch schon bessere Texte sprechen dürfen beim Funk. Mach das hier ja nur nebenbei. Sonst nur Hörspiel: Kunst. Ist doch alles Papier hier. Wir reden ja nicht einfach natürlich, so wie man sonst redet, frei von der Leber weg, sondern wir tun nur so als ob, das ist ja alles geplant worden, von langer Hand geplant, da steckt was dahinter, da ist rumgetüftelt worden, da sind dann wir erfunden worden, WIR, und alles schriftlich.
A: Das ist ja nicht Sprache hier, sondern Schreibe. Und wir müssen das hinkriegen, irgendwie. Richtige Sätze, gesprochene Sätze, so wie zwei sich eben unterhalten, wenn sie sich unterhalten, die hat der Autor natürlich nicht drauf.
Readie: Es sind zwei Autoren!
Writey: Einer allein kann gar nicht so blöd sein!
A: Also richtige gesprochene Sätze, mit diesen irren Sprüngen drin, den Assoziationen, wenn da so ein Zahn vorbeikommt, zum Beispiel, Minirock – soll ja wieder aktuell werden, Gott sei Dank, habe ich neulich in der Tagesschau gehört –, wenn Dir dann die Luft wegbleibt, Du willst aber auch nicht, daß der, mit dem Du sprichst...
B: Oder DIE.
A: Meistens: Ja, die soll also nicht merken, was ist, Du bewegst

nicht den Kopf, guckst immer in dieselbe Richtung, nur die Äuglein wandern mit, und Du versuchst angestrengt rauszukriegen, was Du eigentlich gerade sagen willst, kriegst das aber nicht hin, weil: Du hast totale Funkstille, Stottern ist da auch keine Lösung, und während Du das ganz intensiv denkst, bist Du schon am Stottern, das ist ja auch so'n Mist, bei diesen Studios, wo Du vom Regisseur nur den Kopf siehst, oder die Tontechnikerin, deren Beine ...
B: Augenblick, der Regisseur winkt, ich glaube es geht wieder los mit diesem Gerede übers Lesen. Ich *war* Stiller ...
A: Was heißt: Es geht wieder los? Wir sind doch immer noch drin. Das alles steht doch auch schon drin im Manuskript dieser Herren Autoren ...
Regisseur: Bitte, ab: »Geb ich ja zu« noch einmal. Und denken Sie bitte dran: Ich *war* Stiller.
A: Geb ich ja zu: Ich habe die Welt und mich zeitweise mit den Augen von Max Frisch gesehen. Ich habe mich mit dem Stiller identifiziert. Ich *war* Stiller. Aber es war ja nicht so, daß mir da etwas Fremdes aufgezwungen wurde. Ich habe mich ja deshalb so für den Stiller interessiert, weil er irgendwie dieselben Probleme hatte wie ich. Die Selbstverwirklichung oder das mit der eignen Identität. Daß einen die anderen anders sehen als man sich selbst. Und daß die Meinung der anderen über mich ein Teil meiner Selbsterfahrung wird, ob ich das nun will oder nicht. Das sind ja Probleme, die ich auch ohne Max Frisch gesehen und erlebt hätte. Ich habe die ja nicht gehabt, weil ich Frisch gelesen habe, sondern ich habe Frisch gelesen, weil die Probleme da waren.
B: Und was hat es Dir gebracht? Diese Probleme hast Du ja nicht weggekriegt, weil Du plötzlich wie Stiller der Zweite rumgerannt bist. Das hat die Sache doch nur noch schlimmer gemacht. Weil der Frisch dann immer wieder diese glänzenden Formulierungen hat. Mit denen er, indem er alte Fragen beantwortet, nur immer neue aufwirft. Was soll Dich da lesend zu Dir selbst geführt haben, wenn Du, den Frisch in der Hand, immer weiter in die Irre gegangen bist?
A: In die Irre gegangen bin ich, zugegeben. Es war aber das Chaos, was sowieso in meinem Kopf herrschte. Das war doch aber gar nicht entscheidend, daß ich mich mit dem Stiller identifiziert habe.
B: Was nun? Ent- oder weder? *Ist* es nun entscheidend, daß Du Dich, wie Du ja zugibst, mit dem Stiller identifiziert hast, oder ist es nicht entscheidend?
A: Beides. Entscheidend war, daß sich mir, lesend, die Probleme objektiviert hatten. Da brodelte nicht mehr nur noch alles in mir so rum, sondern ich sah mich sozusagen im Spiegel, da gab es ein

Gegenüber, das ich *war* und *nicht war.* Ich fand mich in einer anderen Gestalt wieder. Ich sah, daß ich diese Probleme *nicht allein* hatte, sondern daß da etwas Allgemeineres mit im Spiel war. Ich war ja nicht der einzige, der damals den Stiller las. War ja ein großer Erfolg, das Buch, bis heute.

B: Stimmt: Der Pubertäts-Markt ist eben nicht krisenanfällig. Übersteht jede Rezession!

A: Du siehst das Entscheidende noch nicht. Dadurch daß ich dieses Buch gelesen habe – immer und immer wieder –, wurde mir vieles klarer, weil es faßbar wurde. Da wurde etwas, was ich nur unbestimmt gefühlt hatte, sozusagen auf den Begriff gebracht.

Was vorher – in mir selbst – unsichtbar war, im Kreis rumlief, wurde jetzt zu einer Gestalt verdichtet: Stiller. Damit konnte ich mich jetzt auseinandersetzen. Konnte Kritik anmelden. Konnte auch mal sagen: So ist das doch gar nicht, in Wirklichkeit. Das ist doch anders.

Da begann ich zu durchschauen, daß hier auch teilweise Scheinprobleme beschrieben wurden. Daß der Frisch dieses Buch ja nicht geschrieben hatte, um mich zu bestätigen, daß er ja nicht hatte sagen wollen: »So ist das alles und kein bißchen anders. So *muß* das sein.« Max Frisch hatte ja keine Partei gründen wollen, mit Stiller als erstem Vorsitzenden. Der Stiller war ja kein Ideal: Folge mir nach! Das war ja auch eine *kritisierbare* Gestalt. Nach und nach lernte ich diesen Stiller durchschauen. Also auch mich.

Writey (schnell): Je stiller der Frisch, desto frischer der Stiller.

Readie: Nochmal, aber ganz langsam.

Writey (langsam): Je stiller der Frisch, desto frischer der Stiller.

Z: Christian Garve, *Verschiedenheiten in den Werken der ältesten und neuern Schriftsteller.* 1779

Unsere Schauspiele, unsere Romanen, warum sind sie uns izt so reizend, oder vielmehr so nothwendig geworden? Zum Theil deswegen, weil sie uns in die menschliche Gesellschaft wieder versetzen, von der wir gewissermaßen ausgeschlossen sind; weil sie uns Menschen von allerley Ständen, und in weit wichtigern Auftritten ihres Lebens handelnd und redend zeigen, als wir selbst zu sehen Gelegenheit haben; weil sie uns wieder in die Häuser der Großen führen, zu denen wir keinen Zutritt mehr haben, und uns mit der Vorstellung schmeicheln, daß dort diese Großen uns ähnlicher und weniger über uns erhaben sind, als sie zu seyn scheinen, wenn wir bloß die Mauern ihrer Paläste ansehen; weil sie uns in den niedrigsten Klassen, zu denen wir uns aus Vorurtheil und Stolz und angewöhntem Ekel nicht herablassen wollen, eben die Aeußerungen der Natur zeigen, die uns bey uns selbst gefallen: mit einem Worte, weil sie uns das Vergnügen, unter Menschen und unter Menschen aller Art zu seyn, das wir in der Wirklichkeit verloren haben, in der Erdichtung wieder verschaffen; und weil sie daher zugleich den Theil unserer Kenntnisse ergänzen, den wir durch Erfahrung nicht mehr einsammeln können.

Readie: War was?

Writey: Nein, Readie; außer Lesen nichts gewesen.

Ausrufer: Damen und Herren!

In der fünften und letzten Abteilung wird jetzt endgültig die Katze aus dem Sack gelassen.

Öffnen Sie Ihre Ohren und verfolgen Sie, wie wir uns Ihre Köpfe zerbrechen.

Prüfen Sie, ob wir irren.

Verfolgen Sie, wie wir zu demonstrieren versuchen, was sich beim Lesen in Ihren Köpfen abspielt. Abspielen kann.

Erleben Sie, welchen Weg die Sätze aus einem Buch über Ihre Augen in Ihre Phantasie nehmen können.

Sie werden erfahren:

(Trommelwirbel)

MAN KANN NICHT LANGSAM GENUG LESEN.

LESEN IST GELENKTES SCHAFFEN.

Z: Arthur Schopenhauer, *Über Lesen und Bücher.*

Wenn wir lesen, denkt ein Anderer für uns; wir wiederholen bloß seinen mentalen Proceß. Es ist damit, wie wenn beim Schreibenlernen der Schüler die vom Lehrer mit Bleistift geschriebenen Züge mit der Feder nachzieht. Demnach ist beim Lesen die Arbeit des Denkens uns zum größten Theile abgenommen. Daher die fühlbare Erleichterung, wenn wir von der Beschäftigung mit unsren eigenen Gedanken zum Lesen übergehen. Aber während des Lesens ist unser Kopf doch eigentlich nur der Tummelplatz fremder Gedanken. Daher kommt es, daß wer sehr viel und fast den ganzen Tag liest, dazwischen sich in gedankenlosem Zeitvertreibe erholt, die Fähigkeit, selbst zu denken, allmählich verliert, – wie Einer, der immer reitet, zuletzt das Gehen verlernt. Solches aber ist der Fall sehr vieler Gelehrten: sie haben sich dumm gelesen.

Readie: Du, will dieser Schopenhauer wirklich, daß man tatsächlich überhaupt keine Bücher mehr liest?

Writey: Ja. Bis auf *seine* Bücher.

Z: Georg Christoph Lichtenberg.

Wenn ein Buch und ein Kopf zusammenstoßen und es klingt hohl, ist es allemal das Buch?

A: Es gibt ein paar Schriftsteller, auf die komme ich immer wieder zurück. Hemingway zum Beispiel, den Nobelpreisträger. Bis heute komme ich einfach nicht dahinter, wie ich den eigentlich

einordnen soll. Ich lese immer wieder neue Dinge heraus ...
B: Heraus oder hinein?
A: ... und komme nie zu einem Ende. Immer gibt es neue Einsichten. Da reicht wahrscheinlich ein Menschenleben nicht aus, um der Sache auf den Grund zu kommen. Zuerst sah ich da nur Abenteuer. Partisanen. Stierkämpfer. Der alte Mann. Ich ging noch zur Schule ...
B: Und die Stellen hast Du selbstverständlich überschlagen?
A: Ich ging noch zur Schule. Als Student las ich ihn dann zum zweiten Mal. Da wurde Hemingway für mich ein Autor von Liebesromanen. Und neulich, im Urlaub, als ich plötzlich die Zeit hatte, einmal wieder richtig und gründlich nachzudenken, habe ich wieder einmal zum Hemingway gegriffen. Da sah ich, daß das mit den Abenteuern schon gestimmt hatte, aber irgendwie anders. Auch das mit der Liebe. Aber daß Hemingway eigentlich vom Kampf spricht und vom Scheitern, wie man es nicht nur in Spanien oder in Afrika erleben kann. Und ich kann mir schon denken, daß auch diese Einsicht in einigen Jahren überholt sein wird. Das beunruhigt mich. Weil man immer das Gefühl hat, daß man nie an das Endgültige ran kommt. Nie rankommen wird. Mich beunruhigt das.
B: Ich finde, das ist ganz in Ordnung so.
A: Aber man kann doch das Wesentliche des Werkes nicht rauskriegen, wenn sich das immer wieder ändert.
B: Das ist ja gerade das Wesentliche, daß es sich immer ändert, das ist der Sinn eines Buches.
A: Nein, das ist der Gedankenreichtum des Dichters ...
B: Also Moment mal: Wenn Du schon von Reichtum redest, dann rechne doch mal die Anteile auf. Du hast doch beim Lesen immer ganz schön mitinvestiert. Ich stelle mir das so vor: Das ganze ist so eine Art Theaterstück, das sich im Kopf von dem Hemingway abgespielt hat. Das hat der dann als Roman aufgeschrieben. Und dann hast Du das in Deinem Kopf wieder aufgeführt. Die Handlung, die Rollen, die Darsteller, das alles stammt vom Autor. Aber der kann ja nicht alles festlegen. Der schreibt ja, wie Du sagst, viele Dinge nebeneinander, nacheinander. Abenteuer, Liebe, Kampf, Scheitern. Und Du hast das dann in Deinem Kopf wieder zusammengesetzt. Das Stück selbst stammt vom Schriftsteller. Die Aufführung von Dir. Du hast ja selbst gesagt, daß Du das Stück immer wieder aufgeführt hast und jedesmal ein bißchen anders. Das hing dann mit Dir selbst zusammen, mit Deiner Situation. Mit 16 hast Du die Abenteuer herausgelesen. Mit 21 die Liebe. Und heute siehst Du Deine berufliche Situation da drin. Das ist ja der Witz der Sache. Nicht, daß Du das Buch *einmal* kapierst, das

geht nicht, sondern daß Du es *immer wieder* liest. Ich finde, das muß ein verdammt guter Schriftsteller sein, der Dich immer wieder dazu bringt, seine Sachen zu spielen. In Deinem Kopf. Ich denke, es gibt sicher nicht viele Bücher, die Du mit siebzehn gelesen hast und dann immer wieder.

Z: Friedrich Schiller, *Über Matthissons Gedichte.* 1794

Der Dichter muß fürs erste unsere Einbildungskraft frei spielen und *selbst handeln* lassen, und zweitens muß er nichtsdestoweniger seiner Wirkung *gewiß* sein und eine *bestimmte* Empfindung erzeugen.

A: Du glaubst also, das ist wie mit dem Hasen und den Igeln. Man jagt sich ab, und da steht schon ein Igel, der ruft: Ick bün all dor! Du glaubst tatsächlich, die Dichter spielen Katz und Maus mit einem. Nur so?

B: Nicht Katz und Maus. Schach! Der Schriftsteller spielt mit einem so eine Art Schach. Da will auch jeder dem anderen ein paar Züge voraus sein. Bei Kriminalromanen zum Beispiel. Wenn da einer als ganz besonders verdächtig geschildert wird. Das blutige Messer in der Hand, die zusammengestochene Leiche der alten Gräfin auf dem Perserteppich. Und außerdem ist er Allein-Erbe. Da weiß man natürlich als erfahrener Krimileser sofort Bescheid: *Der* kann es nun ganz bestimmt nicht gewesen sein. Der ist es auf keinen Fall, der junge Graf. Aber dann denkt man weiter: Vielleicht will der Autor ja gerade, daß man so denkt. Vielleicht ist das gerade sein Trick, um Dich reinzulegen. Vielleicht ist der Typ ja gerade deshalb schuldig, weil er als schuldig *erscheint*, der junge Graf. Ich gebe zu, da braucht man allerhand Fingerspitzengefühl. Wer dann die Partie gewinnt, der Schriftsteller oder Du. Meistens gewinnt ja der Schriftsteller. Aber nicht immer.

Ausrufer: LESEN IST WIE FERNSEHEN IM EIGNEN KOPF

B: Ich hab mal in einem Buch einen Satz gelesen, da ging ein Mädchen eine Allee runter. Da habe ich plötzlich gestockt. Bei dem Wort Allee. Alleen gibt es ja heute nicht mehr so viele wie in der Kindheit. Sieht man selten.

Ich sah die Allee vor mir. Als ich sieben Jahre alt war, bin ich immer im Sommer, nachmittags, eine wunderschöne alte Platanenallee runtergegangen. Zum Baden.

Da ging das Mädchen im Buch in seinem roten Sommerkleid eine Platanenallee runter. Die Sonne schien. Es war Badewetter.

Ich las weiter, plötzlich schneite es. Das Mädchen mußte nun doch aber einen Pelzmantel anhaben, es stand dort nicht, daß sie fror oder daß der Schnee ihr sonst irgend etwas ausgemacht hätte.

Sie ging also in ihrem teuren Pelzmantel die Platanenallee runter.
Im Schnee.
Dann hieß es plötzlich, das ist eine Eichenallee, durch die das Mädchen geht im Schnee.
Ich kannte auch eine Eichenallee.
Auf dem Weg zur Kaserne war ich immer abends – auch im Winter – an einer Eichenallee vorbeigekommen.
Das Mädchen mit dem teuren braunen Pelzmantel war nun – es schneite – auf dem Weg zur Kaserne.
Aber das war ja gar nicht möglich.
So ging das Mädchen in seinem Pelzmantel – es schneite immer noch – nur durch die Eichenallee. Der Schnee knirschte.
Und dann hieß es: Im Sommer hatte es einen Brand gegeben, eine Dürre. Die Bäume der Allee waren alle abgestorben.
So war die Allee.
Eine Allee mit lauter abgestorbenen Eichenbäumen hatte ich aber noch nie gesehen. Das konnte ich mir gar nicht vorstellen. Ich dachte nach.
Aber ich hatte einmal eine einzelne abgestorbene Eiche gesehen.
Die mußte ich jetzt vervielfältigen in meinem Kopf. Ich mußte Baum neben Baum stellen, bis die Allee voll war: Und alles auf einen Schlag. Damit es ein Bild ergab.
Das hatte mir der Autor so vor-geschrieben. So ging dann das Mädchen – es schneite immer noch – in seinem Pelzmantel die Allee mit den abgestorbenen Eichenbäumen runter.
In meinem Kopf
Durch meine Allee
Ausrufer: Damen und Herren!
Sie sind Leser, Sie sind Kenner!
Unser heutiges Spektakel ist zu Ende: nun kommen Sie!
Versäumen Sie nicht die Wiederholung!
Und versäumen Sie nicht, sich rechtzeitig wieder einzufinden zum zweiten Teil unseres Spektakels:
SCHREIBEN

In diesem Land kann jeder lesen.
Lesen lernt man in der Schule.
In diesem Land muß jeder lesen können.
Hausordnungen lesen.
Zeitungen lesen.
Betriebsanleitungen lesen.
Verkehrsschilder lesen.
Preistafeln lesen.
Strafmandate lesen.

Bücher lesen.
Manche Leute lesen, weil sie mal so richtig aus dem Alltag aussteigen wollen.
Manche, weil ihnen Lesen Spaß macht.
Manche Leute lesen, weil es Sachen gibt, die man einfach gelesen haben muß.
Manche lesen, weil sie weiterkommen wollen.
Müssen.
Manche lesen, weil sie dann anderen etwas voraus haben.
Manche Leute lesen, weil sie sich informieren wollen.
Manche, weil sie sich orientieren wollen.
In diesem Land kann jeder lesen.

Readie: Das muß ich doch schon irgendwo gehört haben.
Writey: »Der Kreis schließt sich.«
Readie: Und was jetzt, Writey?
Writey: Oh Readie, was werd' ich schon machen?! Wenn man Writey heißt...
Readie: Oh Writey, lies doch ein bißchen...

HINWEISE

Vorbemerkung: Die folgenden Erläuterungen beleuchten zwei Aspekte des Themas: einmal werden anhand zweier exemplarischer Analysen gesellschaftliche Bedingungen von Lesen und Schreiben im 18. Jahrhundert rekonstruiert, es sind dies Bedingungen, die bis heute fortwirken; Lesen und Schreiben heute ist dann ein zweiter Aspekt, der diskutiert wird.

A. Historischer Rückblick

I. Der arme Mann im Tockenburg

In Mitteleuropa waren um 1770 schätzungsweise 15 Prozent, um 1800 ca. 40, um 1870 ca. 75 und um 1900 etwa 90 Prozent der Bevölkerung über sechs Jahre mögliche Leser[1]. Im folgenden soll sich der Blick auf einen Zeitabschnitt unserer Geschichte richten, in dem das Lesen noch das Privileg einer kleinen besitzenden Schicht war: das 18. Jahrhundert. Das Beispiel des Schweizers Ulrich Bräker (1735 - 1798) bietet sich dafür an. Er gehörte von Haus aus nicht zu der Schicht, die an der damaligen Lesekultur teilhatte: Bräker mußte sich den Eintritt in die Lesekultur erkämpfen. Deshalb sind seine Bemerkungen, seine Beobachtungen besonders genau.

Ulrich Bräker war eine Ausnahme. Er lernte nicht nur lesen, sondern auch schreiben. Und es gelang ihm, ein Buch – seine Lebensgeschichte, verfaßt von ihm selbst – zu publizieren: *Lebensgeschichte und natürliche Ebenteuer des Armen Mannes im Tockenburg*[2].

Er war nicht der Sohn eines begüterten Bürgers, er selbst wurde kein Bürger. Arm blieb er sein Leben lang. Sein einziger Ausflug aus dem kleinen Schweizer Tal, wo er geboren wurde und wo er sterben sollte, führte ihn, der von preußischen Werbern Fried-

1 Nach Rudolf Schenda: *Volk ohne Buch, Studien zur Sozialgeschichte der populären Lesestoffe 1770–1910.* Frankfurt 1970. S. 444. – Vgl. außerdem: Rudolf Engelsing: *Analphabetentum und Lektüre. Zur Sozialgeschichte des Lesens in Deutschland zwischen feudaler und industrieller Gesellschaft.* Stuttgart 1973; ferner Alfred Clemens Baumgärtner (Hrsg.): *Lesen. Ein Handbuch.* Hamburg 1974.

2 Ulrich Bräker: *Der arme Mann im Tockenburg.* Stuttgart 1975 (Reclams Universalbibliothek. Bd. 2601/02a). Im folgenden wird nach dieser Ausgabe zitiert.

richs II. gepreßt wurde, in die Schlacht bei Lobositz. Er desertierte.
Er war seinerzeit *die* Ausnahme: gleichwohl belegt sein Leben exemplarisch den Aufstieg eines Plebejers[3], der sich die bürgerliche Lesekultur aneignete, unter Schwierigkeiten aneignete. Es ist dies ein Aufstieg, der nach und nach – bis heute – geprägt ist durch Anpassung an die bürgerliche Lesekultur und Widerstand gegen sie in einem.
Die Geschichte seines Lernprozesses wird von ihm selbst genau aufgezeichnet:

»Ich bin in meinen Kinderjahren nur wenige Wochen in die Schule gegangen; bei Hans hingegen mangelte es mir gar nicht an Lust, mich in mancherlei unterweisen zu lassen. Das Auswendiglernen gab mir wenig Müh'. Besonders übt' ich mich fleißig in der Bibel ...« (S. 44)

Bildung also ist zuerst religiöse Bildung. Lesen heißt: in der Bibel lesen. – In den Autobiographien des 18. Jahrhunderts, die den Aufstieg von Plebejern ins Bürgertum beschreiben, wird die Sphäre des Religiösen besonders hervorgehoben, so bei Karl Philipp Moritz[4], bei Jung-Stilling[5]. Historisch gesehen liegt das daran, daß die christliche Religiosität seit dem Mittelalter in den Unterschichten besonders tief verwurzelt war: Die Bauernkriege im 16. Jahrhundert zum Beispiel, revolutionäre Bewegungen mit sozialistischen Zielen, wurden mit den Worten der Bibel begründet.
In diesem Zusammenhang wird eine besondere, heute fast verlorengegangene Eigenart des Lesens und Schreibens sichtbar. Wir sind ja gewohnt, Dichtung und Wahrheit, Fiktion und Realität, Kunst und Leben klar zu trennen. Das eine soll mit dem anderen nicht viel – oder gar nichts – zu tun haben. Auf eine uns überraschende, bedenkenswert-erschreckende Weise wird diese Trennung von Bräker gar nicht erst wahrgenommen. So ist die Schriftgläubigkeit des Lesers und Schreibers Ulrich Bräker zu verstehen.
Das wird beispielsweise deutlich in seiner Einstellung zur Bibel; ›Bibel‹ heißt ja, aus dem Griechischen übersetzt, ›das Buch‹.

»Mir stieg nur kein Gedanke auf, daß ein Mensch ein Buch schreiben könnte, worin

[3] Vgl. Hans Mayer: *Aufklärer und Plebejer: Ulrich Bräker – Der arme Mann im Tockenburg*. In: H. Mayer: *Von Lessing bis Thomas Mann*. Pfullingen 1950, S. 110ff.
[4] Karl Philipp Moritz: *Anton Reiser*. Stuttgart 1972 (Reclam, Bd. 4813). Erstausgabe 1785–1790.
[5] Jung-Stilling: *Heinrich Stillings Jugend, Jünglingsjahre, Wanderschaft und häusliches Leben* (Reclam 662). Erstausgabe 1777.

nicht alles pur lautere Wahrheit wäre; und da mein Vater und der Hans nicht daran zweifelten, schien mir alles vollends Ja und Amen zu sein.« (S. 44)

Ulrich Bräker hat sich von dieser Einstellung nie ganz lösen können. Sei es, daß er Shakespeare las und auslegte, sei es, daß er in seiner eigenen Lebensgeschichte kein Blatt vor den Mund nahm. So heißt es etwa von seiner Frau:

An Allerseelentag (3. Nov.) wurden wir kopuliert. Herr Pfarrer Seelmatter hielt uns eine schöne Sermon und knüpfte uns zusammen. So nahm meine Freiheit ein Ende und das Zanken gleich den ersten Tag seinen Anfang – und währt noch bis auf den heutigen. Ich sollte mich unterwerfen und wollte nicht und will's noch itzt nicht. Sie sollt' es auch, und will's noch viel minder. Auch darf ich noch einmal nicht verhehlen, daß mich eigentlich bloß politische Absichten zu meiner Heurat bewogen haben und ich nie jene zärtliche Neigung zu ihr verspürt, die man Liebe zu nennen gewohnt ist. (S. 153)

Die weitere Unterweisung Ulrich Bräkers unternimmt dann ein Pfarrer. Bräker ist zwölf Jahre alt und liest die Bibel und den Katechismus. Jetzt beginnt er spielerisch mit dem Schreiben. Er wechselt mit einem gleichaltrigen Freund Briefe.

Wir fingen an, über allerlei Sachen kleine Brieflin zu wechseln, gaben einander Rätsel auf oder schrieben uns Verse aus der Bibel zu, ohne Spezifikation, wo sie stünden (...). Oft mocht' ich's kaum erwarten, bis wieder so ein Brieflin von meinem W. kam. Er war mir darin noch viel lieber als in seinem persönlichen Umgang. (S. 49)

Im Alter von vierzig Jahren geht es Ulrich Bräker besonders schlecht. Seine Schulden wachsen ihm über den Kopf. Als er keinen Ausweg mehr sieht, sich der Situation auch nicht durch die Flucht entziehen will, findet er Trost in den Büchern:

Bald flößte mir mein guter Geist frischen Mut und neue Hoffnung ein, daß mir doch noch einst durch die Zeit zu helfen sein werde. Nur allzuoft aber verfiel ich wieder in düstere Schwermut, und zwar, die Wahrheit zu gestehen, meist, wenn ich zahlen sollte und doch weder aus noch ein wußte. Und da ich mich, wie schon oft gesagt, keiner Seele glaubte entdecken zu dürfen, nahm ich in diesen mutlosen Stunden meine Zuflucht zum Lesen und Schreiben, lehnte und durchstänkerte jedes Buch, das ich kriegen konnte, in der Hoffnung, etwas zu finden, das auf meinen Zustand paßte, fing halbe Nächte durch weiße und schwarze Grillen und fand allemal Erleichterung, wenn ich meine gedrängte Brust aufs Papier ausschütten konnte; klagte da meine Lage schriftlich meinem Vater im Himmel, befahl ihm alle meine Sachen, fest überzeugt, er meine es doch am besten mit mir, er kenne am genauesten meine ganze Lage und werde noch alles zum Guten lenken. Dann ward der Entschluß fest bei mir, die Dinge, die da kommen sollten, ruhig abzuwarten, wie sie kommen würden; und in solcher Gemütsstimmung ging ich allemal zufrieden zu Bette und schlief wie ein König. (S. 173)

Die literarische Produktion Ulrich Bräkers, entstanden aus unmittelbarer Not, vorangetrieben durch den Anspruch, lesend und schreibend sich seiner Situation zu vergewissern, ist nur an einen Adressaten gerichtet: sich selbst. Diese literarische Produktion wird nun von einem Nachbarn entdeckt. Hier steckt »das Samenkorn meiner Autorschaft«. Jetzt kommt die *Öffentlichkeit* ins Spiel, und sei es auch nur die des kleinen Schweizer Tales.
Der erwähnte Nachbar ist Mitglied einer »Moralischen Gesellschaft«. Derartige Gesellschaften sind Diskussions- und Lesegesellschaften, wie wir sie in Europa im 18. Jahrhundert immer wieder dort finden, wo ein kleiner Kreis zu Wohlstand gekommen ist, wo man sich Bildung und Diskussion leisten kann und möchte.
Ein Aspekt dieser Gruppenbildung ist nicht zuletzt auch, daß Zeitschriften und Bücher derartig teuer sind, daß man sich den Aufbau einer Bibliothek nur leisten kann, wenn man sich zusammentut.
Ulrich Bräker kommt mit dieser »Moralischen Gesellschaft« in Berührung. Dabei erfährt er dann auf doppelte Weise, daß Besitz und Bildung zusammenhängen. Die Gesellschaft schreibt eine Preisfrage aus und fordert auf, sie schriftlich zu beantworten. Ulrich Bräker beteiligt sich und gewinnt den ersten Preis. Da wird ihm nahegelegt, sich um die Aufnahme in diese Gesellschaft zu bewerben.

»O behüte Gott!« dacht' und sagt' ich anfangs: »Das darf ich mir nur nicht träumen lassen. Ich würde gewiß einen Korb bekommen. Und wenn auch nicht – ich mag so geehrten Herren keine Schande machen. Über kurz oder lang würden sie mich gewiß wieder ausmustern.« Endlich aber, nach vielem Hin- und Herwanken, und besonders aufgemuntert durch einen der Vorsteher, Herrn G., bei dem ich sehr wohl gelitten war, wagt' ich's doch, mich zu melden und kann übrigens versichern, daß mich weniger die Eitelkeit als die Begierde reizte, an der schönen Lesekommun der Gesellschaft um ein geringes Geldlein Anteil zu nehmen. Indessen ging es, wie ich vermutet hatte, und gab's nämlich allerlei Schwierigkeiten. Einige Mitglieder widersetzten sich und bemerkten mit allem Recht, ich sei von armer Familie – dazu ein ausgerißner Soldat – ein Mann, von dem man nicht wisse, wie er stehe – von dem wenig Ersprießliches zu erwarten sei, und so fort. Gleichwohl ward ich durch Mehrheit der Stimmen angenommen. (S. 174f.)

Das alles hängt also – auch hier – mit der Einheit von Besitz und Bildung zusammen. Die Bürger wollen die Kommunikation der Gleichen, der Gebildeten. Aber nach unten muß man sich abgrenzen. Gleich ist man nur denen »da oben«, an deren Stelle man sich setzen möchte.
Die Einheit von Besitz und Bildung sieht auch Bräker selbst.

Indem er einmal die Meinung derer, die ihn ablehnten, akzeptiert, zugleich aber weiß, daß er mit seiner Mitgliedschaft in der literarischen Gesellschaft neue geschäftliche Verbindungen anknüpfen kann:

Aber erst itzt reute mich mein unbesonnener Schritt, als ich bedachte: Jene Herren sagten ja nichts als die pur lautere Wahrheit und könnten noch einst wohl damit triumphieren. Inzwischen mußt' ich's itzt gelten lassen und tröstete mich bisweilen mit dem eben auch nicht ganz uneigennützigen Gedanken, das eint' und andre Mitglied könnte mir im Verfolg zu machen wichtigen Dingen nützlich sein. (S. 175)

Die andere Seite des Problems: Die Nachbarn sind neidisch, sie ahnen, daß Bräker seine gesellschaftliche Sphäre verlassen will, sie sind skeptisch gegenüber seinem Aufstieg in die andere, die bürgerliche Kultur. Und sie artikulieren das auf bestimmte Weise:

Da hieß es: Hast du Geld, dich in die Büchergesellschaft einzukaufen, so zahl auch mich. Wollt' ich etwas borgen, so wies man mich an meine Herren Kollegen. ›O du armer Mann!‹ dacht' ich, ›was du da aber vor einen hundsdummen Streich gemacht, der dir vollends den Rest geben muß.‹ (S. 176)

Wichtig allerdings ist ihm – und das ist entscheidend – der Zugang zur Bibliothek. Jetzt kann er – sich von der primär religiösen Lektüre lösend – sich die wichtigsten Werke seiner Zeit, der bürgerlichen Aufklärung, aneignen:

Und da hatt' ich ja itzt freilich eine erstaunliche kindische Freud mit der großen Anzahl Bücher, deren ich in meinem Leben nie so viele beisammen gesehn und an welchen allen ich nun Anteil hatte. Hingegen errötete ich noch immerfort bei dem bloßen Gedanken, ein eigentliches Mitglied einer gelehrten Gesellschaft zu heißen und zu sein, und besuchte sie darum selten und nur wie verstohlen. (S. 175f.)

Bräker schreibt in den nächsten Jahren dieses und jenes. Und er verfaßt 1781 bis 1785 seine Lebensgeschichte. Sie wird zuerst in einer Zeitschrift publiziert, erscheint dann 1789 als Buch. In einem Anhang zur Lebensgeschichte, wo er unter anderem auch das in den Jahren seit der Abfassung Geschehene resümiert, bezieht er auch einmal Stellung zu der Frage, was ihm Lesen und Schreiben bedeutet:

Lesen und Schreiben ist mir wieder mehr als jemals zum unentbehrlichen Bedürfnis geworden, und sollt' ich auch die gleichgültigsten Dinge in mein Tagebuch kritzeln, oder in alten Kalendern studieren! Doch ich habe keinen Mangel an Büchern (...). Überhaupt genieß ich ein Glück, das wenigen Menschen meiner Klasse zuteil wird: arm zu sein und doch keinen Mangel zu haben an allen nötigen Bedürfnissen des Lebens. (S. 233)

Lesen als Erfahrungsgewinn – Lesen als Kompensation
Indem Ulrich Bräker sich die kulturellen Fähigkeiten des Lesens und Schreibens aneignete, gelang es ihm, die Bildungsgrenzen seiner kleinbäuerlichen Herkunft zu überwinden und sich in der bürgerlichen Kultur einen bescheidenen Platz zu erobern. Dieser Aufstieg durch Bildung kann ihn hin und wieder über Leiden seiner realen ökonomischen Existenz hinwegtrösten. Der Besitz der ideellen Güter gleicht ihm zeitweise das Fehlen der materiellen aus. Lesen ist hier – wie dann später bei der massenhaft gelesenen Unterhaltungsliteratur – auch Kompensation. Lesen – und das ist eine für die Lesekultur nicht untypische Erfahrung – kann zum Handlungs-Ersatz werden.
Übrigens ist die Biographie des Lesers und Schreibers Ulrich Bräker in einem weiteren Aspekt exemplarisch. Zu fragen ist nämlich, ob er mit seinem Aufstieg in die Lesekultur seine soziale Identität gefährdet – die erwähnten Nachbarn wenigstens verstehen das so.
Zu fragen ist, ob Bräker tatsächlich lesend und schreibend *seine* Erfahrungen und Probleme als Kleinbauer zu interpretieren gelernt hat, oder ob er, die eigenen Erfahrungen sozusagen ins bürgerliche Lesen und Schreiben übersetzend, das Eigne mit Hilfe fremder Techniken verfälscht hat. Lassen sich Probleme nichtbürgerlicher Gruppen in der bürgerlichen Gesellschaft tatsächlich und ausschließlich lösen, indem man sie verbürgerlicht? Oder gibt es andere Ansätze: Ansätze für eine nichtbürgerliche Kultur? Eine Antwort auf diese Frage wäre als Alternative zu den Bemühungen Bräkers zu verstehen, als Alternative zum Aufstieg durch Anpassung[6].

II. Torquato Tasso

In seinem Schauspiel *Torquato Tasso*[7] stellt Goethe dar, wie der Dichter Tasso ein nach langer Arbeit endlich fertiggestelltes Werk demjenigen übergibt, der ihm zu schreiben ermöglicht hat, indem er ihn von allen materiellen Sorgen befreite: dem Herzog von Ferrara. Ein Fürstenhof und »sein« Dichter in den 70er Jahren des 16. Jahrhunderts, elegante Formen, gepflegter Umgangston, sehr feine Sprache, in der sich nichtsdestoweniger das bestehende Verhältnis von Geben und Nehmen, das die kleine Gesellschaft

[6] Vgl. dazu: Oskar Negt/Alexander Kluge: *Öffentlichkeit und Erfahrung. Zur Organisationsanalyse von bürgerlicher und proletarischer Öffentlichkeit.* Frankfurt 1972 (edition suhrkamp, Bd. 639)
[7] Johann Wolfgang von Goethe: *Torquato Tasso.* Ein Schauspiel. – Im folgenden wird zitiert nach der Ausgabe der Reclam-Bibliothek, Bd. 88, Stuttgart 1971.

zusammenhält, aufs genaueste artikuliert.
Es sei, sagt gleich zu Beginn, in der ersten Szene, Leonore Sanvitale, die vorübergehend am Hof von Ferrara weilende Freundin, »vorteilhaft«, einen Künstler zu bewirten: »gibst du ihm ein Gastgeschenk, so läßt er dir ein schöneres zurück«. Die Gespräche der zweiten Szene – der Herzog hat sich inzwischen zu den beiden Damen gesellt – klären auf ebenso dezente wie unmißverständliche Weise, daß man durchaus davon ausgeht, ein Recht auf das ›Geschenk‹ des Dichters erworben zu haben. Die drücken das anders aus, meinen aber: der sollte nun endlich für all das, was man ihm bisher gewährt hat, auch mal was zeigen. Und sie wissen auch, daß der Betroffene sich über seine Verpflichtungen völlig im klaren ist. Wieder spricht Leonore es aus:

> Ein flüchtig Wort, das er mir gestern sagte,
> Schien mir sein Werk vollendet anzukünden.
> Er sorgt nur kleine Züge zu verbessern,
> Um deiner Huld, die ihm so viel gewährt,
> Ein würdig Opfer endlich darzubringen.

Das ist es: Leistung gegen Leistung. Der Herzog hat den Dichter jahrelang ausgehalten, nun ist der am Zuge. Aber man ist kulant, wird das nicht so sehen, als sei man mit dem Dichter, nachdem der seine Arbeit abgeliefert hat, quitt:

> Er soll willkommen sein, *wenn* er es bringt,
> Und losgesprochen sein auf lange Zeit

– sagt der Herzog. Also mit der Abgeltung alter Schulden zugleich: neue Kredite. Bis auch die aufgezehrt sein werden und das neue Werk fällig wird. Und so weiter. Ein Bündnis auf gegenseitige Ausbeutung, bei der aber, so scheint es, jeder auf seine Kosten kommt. »Ich nehme meinen Teil des Ruhms davon«, sagt der Herzog, wenn er sich ausmalt, wie das vollendete und bekannt werdende Werk »das Vaterland«, »die Welt« in Erstaunen versetzen wird. Und Tasso wird alsdann sorgenfrei weiterdichten können.
Da kommt er auch schon, »mit einem Buche, in Pergament geheftet«. Die geschäftliche Transaktion wird formvollendet abgewickelt.

> Ich komme langsam, dir ein Werk zu bringen,
> Und zaudre noch, es dir zu überreichen.

Auch der Herzog ziert sich anfangs noch ein wenig – »Du überraschest mich mit deiner Gabe« –, wird dann aber ziemlich direkt:

So halt ich's endlich denn in meinen Händen,
Und nenn es in gewissem Sinne mein!

Höfisches Wortgeplänkel, das aber an Klarheit nichts zu wünschen übrig läßt. Wenn Tasso nun anhebt, aus Anlaß der Überreichung seines Manuskripts eine längere Rede zu halten, so entwikkelt er darin, genau gegliedert, den Bedingungszusammenhang seines Schreibens. Vor allem die Verse 417 bis 456 enthalten eine komplette Soziologie höfischer Literaturproduktion. Und nicht nur höfischer.
Zunächst spricht Tasso über die materielle Sicherung seiner Existenz als Dichter:

Du warst allein, der aus dem engen Leben
Zu einer schönen Freiheit mich erhob;
Der jede Sorge mir vom Haupte nahm,
Mir Freiheit gab, daß meine Seele sich
Zu mutigem Gesang entfalten konnte;
Und welchen Preis nun auch mein Werk erhält,
Euch dank ich ihn, denn euch gehört es zu.

Freiheit als Sorgenfreiheit, als Versorgtsein. Die Bindung, die sich aus diesem Versorgtsein ergibt, scheint Tasso nicht zu stören, im Gegenteil: er möchte dem Herzog und seinem Kreis nicht nur materielle Absicherung verdanken. Denn nun kommt in seiner Gliederung Punkt zwei:

O könnt ich sagen, wie ich lebhaft fühle,
Daß ich von euch nur habe, was ich bringe!
Der tatenlose Jüngling – nahm er wohl
Die Dichtung aus sich selbst? Die kluge Leitung
Des raschen Krieges – hat er die ersonnen?
Die Kunst der Waffen, die ein jeder Held
An dem beschiednen Tage kräftig zeigt,
Des Feldherrn Klugheit und der Ritter Mut,
Und wie sich List und Wachsamkeit bekämpft,
Hast du mir nicht, o kluger, tapfrer Fürst,
Das alles eingeflößt, als wärest du
Mein Genius [...]

Und so weiter. Tasso kommt hier auf den Inhalt seines Werkes zu sprechen, den Inhalt seines *Befreiten Jerusalem*, denn um diese epische Dichtung über den Kreuzzug des Gottfried von Bouillon im 11. Jahrhundert handelt es sich hier; der historische Tasso hat sie tatsächlich größtenteils zwischen 1570 und 1575 am Hofe von Ferrara niedergeschrieben und dem Herzog Alfons II d'Este

gewidmet. Der Herzog, sagt Goethes Tasso, habe ihm »das alles eingeflößt«. Das ist nicht einmal eine Schmeichelei, Tasso übertreibt nicht. Er meint, und hat recht damit: ich habe dieses Epos nicht dem 11. Jahrhundert zuliebe geschrieben, nicht »der Geist« dieses Zeitalters hat mich beim Schreiben inspiriert; die Handlung meines Epos entstammt zwar jenen fernen Vorgängen, aber die Darstellung der Werte und Tugenden, als das Eigentliche meines Werkes, zu der ich jene historischen Ereignisse lediglich benutzt habe, das ist im Grunde eine Darstellung der Werte und Tugenden, die ich hier am Hofe von Ferrara kennengelernt habe, weil sie hier in Geltung gehalten werden. Es sind: Kriegstüchtigkeit, Waffenkunst, Feldherrnlist.
Es sind die Werte und Tugenden, durch die sich noch im 16. Jahrhundert die Feudalklasse definiert, jedenfalls was die – heroischen – Männertugenden betrifft; die Schwester des Herzogs wird zu Beginn des zweiten Aufzugs Gelegenheit haben, im Gespräch mit Tasso den Beitrag und die Rolle der Frau zu kennzeichnen: »Erlaubt ist, was sich ziemt«. Und: Viele Dinge können nur »durch Mäßigung und durch Entbehren unser eigen werden«.
Tasso, in seiner Ansprache an den Herzog, personalisiert; er sagt: Du, Alfons, hast mir diese heroischen Werte und Tugenden, als dein Selbstverständnis, eingeflößt, vermittelt, und nur so war ich überhaupt in der Lage, sie in meiner Dichtung darzustellen. Schaut man hinter diese Personalisierung, dann sagt Tasso damit: Sozialisiert, »erzogen«, ausgehalten von der Feudalklasse, mich ausschließlich in ihrem Rahmen bewegend, kann ich schreibend auch nur die Werte, das Selbstverständnis dieser Klasse darstellen; ich lebe »von ihr«, nicht nur materiell.
Punkt drei: Für wen schreibt Tasso?

> An euch nur dacht ich, wenn ich sann und schrieb,
> Euch zu gefallen war mein höchster Wunsch.
> Euch zu ergötzen war mein letzter Zweck.

Logisch. Tasso hat *von* diesem Kreis, von dieser Klasse, ihrem Selbstverständnis geschrieben, *für* wen anders als ebendieselbe sollte er schreiben wollen und können? Und welche andere Klasse sollte sich für die Darstellung einer Wertordnung interessieren als diejenige, deren Selbstverständnis diese Ordnung ausmacht, und die folglich in dieser Dichtung eine Bestätigung ihres Selbstverständnisses finden wird?
Nun noch, Punkt vier, die Frage der Entlohnung. Diesen Teil des literatursoziologischen Kollegs übernimmt der Herzog, schickt es sich doch unter feinen Leuten für den Betroffenen nicht, über

dergleichen zu reden. Nun steht es ja so, daß der Wert des Werkes längst abgegolten ist, sozusagen durch Vorschüsse. Tasso hat bereits alles aufgegessen, abgewohnt; es geht im übrigen ja auch nicht um Geld bei diesem Austausch von Naturalien: Fürsorge gegen Epos. Aber irgendwie muß doch jetzt noch eine Geste der Dankbarkeit kommen, der Herzog kann ja nicht sagen: also, lieber Tasso, damit sind deine Schulden jetzt abgetragen, und einen Kredit für die nächste Zukunft hast du dir obendrein erschrieben. Das wäre jedenfalls nicht die feine Art.

Tasso kriegt also einen Lorbeerkranz aufs Haupt gedrückt, der nicht ganz zufällig gerade zur Hand ist. Tasso wird nicht entlohnt, er wird geehrt. Damit ist die höfische Welt vollkommen in Ordnung.

Goethe hat den *Torquato Tasso* nicht dem 16. Jahrhundert zuliebe geschrieben. Indem er die Handlung seines Schauspiels, Freuden und Leiden des Dichters Tasso am Hofe von Ferrara, dem 16. Jahrhundert entnahm, hat er sich doch, was den »Geist« des Stücks betrifft, von seinen Erfahrungen als Dichter der 70er und 80er Jahre des 18. Jahrhunderts inspirieren lassen.

Goethe hat die Arbeit am *Tasso* 1788/89 abgeschlossen, also kurz vor dem Beginn der Französischen Revolution, dem ersten vorläufigen Höhepunkt in der Geschichte der Emanzipation der bürgerlichen Klasse vom Feudalsystem, zugleich aber der erste durch eine Revolution erfochtene Sieg bürgerlicher gegen feudale Wertordnung, bürgerlicher Wertordnung, wie sie im Verlaufe des 18. Jahrhunderts herausgearbeitet worden war. Und Erfahrungen eines Schriftstellers in den 70er und 80er Jahren des 18. Jahrhunderts, das hieß für viele dieser Schriftsteller in Deutschland, auch für den jungen Goethe: Erfahrungen mit der sich herausbildenden bürgerlichen Wertordnung, Erfahrungen in der Auseinandersetzung der neuen bürgerlichen Klasse mit dem herrschenden Feudalsystem. In den 70er und 80er Jahren des 18. Jahrhunderts entsteht in Deutschland, im Zusammenhang mit dieser Auseinandersetzung, der neue Typus eines bürgerlichen Schriftstellers, eines ›freien‹ Schriftstellers, frei insofern, als er, materiell und geistig, von der bürgerlichen Klasse lebt und für diese schreibt. In diesen Jahrzehnten bildet sich in Deutschland ein neuer Bedingungszusammenhang für die Produktion von Literatur, für Schreiben, heraus, wie er trotz erheblicher Veränderungen im einzelnen bis heute für die bürgerliche Literatur bestimmend geblieben ist.

Goethes *Tasso* – und darin ist dieses Stück unhistorisch, darin ist es ein Stück über das späte 18. und nicht über das späte 16. Jahrhundert – erfaßt den Umbruch von einer feudalen zur bürgerlichen

Wertordnung im Vorgang einer zunehmenden Überlagerung feudaler durch bürgerliche Wertvorstellungen im Bewußtsein und Selbstverständnis des Dichters Tasso. Wenn dieser bereits in der ersten Szene des zweiten Aufzugs, im Gespräch mit der Prinzessin, geltend macht: »Erlaubt ist, was gefällt«, dann hat ihm das nicht mehr der »Genius« des Hofes von Ferrara »eingeflößt«. Das ist bürgerliches Bewußtsein reinster Prägung, bürgerlicher Liberalismus, Pochen auf ein »laisser faire«, das seine gesellschaftliche Bedeutung in der Auseinandersetzung mit einer starren Feudalordnung gewinnt, die Entfaltungsmöglichkeit und Freiheit des einzelnen in Handel und Wandel strikt begrenzt. Und wenn Goethes Tasso, am Ende des Stücks noch einmal überdenkend, was an ihm sei, sagt (berühmter, immer wieder falsch zitierter Satz):

> Und wenn der Mensch in seiner Qual verstummt,
> Gab mir ein Gott, zu sagen, wie ich leide

– Wenn Tasso auf diese Weise abschließend sein Selbstverständnis, sein Selbstbewußtsein äußert, dann hat er sich von der Manuskript-Übergabeszene am Anfang – gabst du, mein Fürst, mir, dein Weltbild darzustellen und zu verklären – sehr weit entfernt. Wie *ich* leide: bürgerlicher Individualismus, der Dichter Tasso ist sich in seinem Leid selbst der Nächste, wie der bürgerliche Unternehmer sich selbst der Nächste ist beim Geschäftemachen. »Gab mir *ein Gott*, zu sagen, wie ich leide.« Solange Tasso, Goethes Tasso im Stück, sein Schreiben noch aus seiner höfischen Existenzform begründet wähnte, personifizierte sich ihm sein ›Genius‹, die Instanz also, die ihm »das alles eingeflößt«, in der Gestalt des Herzogs Alfons von Ferrara. Wenn in seinem Bewußtsein im Verlauf des Stückes immer mehr die höfisch-feudale durch die bürgerliche Wertordnung überlagert wird, dann entsteht für Tasso auch die Notwendigkeit, seinen ›Genius‹ neu zu definieren. Er definiert ihn als »ein Gott«, er definiert sich damit als ›Genie‹, als einen, der seine Eingebungen aus einer nicht mehr weltlichen: aus einer göttlichen Sphäre bezieht. Er definiert sich damit so, wie sich, in den 70er Jahren des 18. Jahrhunderts, der neue Typus des bürgerlichen Schriftstellers definiert hat, eine Definition, die bürgerlichem Bewußtsein bis heute als für den bedeutenden Schriftsteller gültig erscheint.
Diese Definition, so genau man ihre Notwendigkeit durchschauen kann, ist irreführend. Der Hofdichter Tasso lebte vom Hof, nicht nur materiell, sondern auch geistig, sein ›Genius‹, die Quelle seiner Inspiration, ist die Feudalklasse. Der ›Genius‹ des bürgerlichen Schriftstellers ist die bürgerliche Klasse. Von ihr lebt er.

Geistig, indem er deren Wertvorstellungen, Liberalismus und Individualismus, vertritt. Materiell, indem er ihr seine Werke überantwortet, die für sie geschrieben sind. Aber das ist der Punkt: die Art der Überantwortung, die Art auch der Verrechnung von Leistung und Gegenleistung. Die Freiheit des bürgerlichen Schriftstellers, seine Sorgenfreiheit, wird auf andere Weise produziert als die Sorgenfreiheit des Hofdichters. Das Bürgertum hält ›seine‹ Dichter aus, indem es denen ihre Bücher abkauft. An die Stelle der fürstlichen ›Huld‹ tritt die Gunst des Publikums. Schriftstellerische Produktion löst sich aus der direkten Abhängigkeit von einem Hof, an deren Stelle tritt die indirekte Abhängigkeit von einem Markt: dem Buchmarkt. Das Werk, im höfischen Zusammenhang als Naturalie gegen fürstliche Fürsorge getauscht, wird nun, als Buch auf den Markt gebracht, zur Ware, die sich dem Schriftsteller, wenn auch nicht nur ihm und ihm nicht einmal in erster Linie, in Geld verwandelt. Der bürgerliche Schriftsteller lebt vom *Verkauf* seiner Manuskripte.
Auch diese neue Freiheit, als neu begründete und andersartigen Gefährdungen ausgesetzte Sorgenfreiheit, wird im *Tasso* bedacht – wenn nämlich Tasso, durch den Verlauf der sich überstürzenden Ereignisse am Hof von Ferrara über die engen Grenzen seiner Freiheit belehrt, im Gespräch mit Antonio in der Schlußszene beklagt, er sei nicht frei, könne nicht von Ferrara weggehen, weil er nicht mehr über sein Werk verfügen könne:

So lockte man mir noch am letzten Tage
Mein einzig Eigentum, mir mein Gedicht
Mit glatten Worten ab und hielt es fest!
Mein einzig Gut ist nun in euren Händen,
Das mich an jedem Ort empfohlen hätte,
Das mir noch blieb, vom Hunger mich zu retten!

Die Freiheit des bürgerlichen Schriftstellers: Freiheit, sein Manuskript, als sein geistiges Eigentum, über das er allein verfügt, von einem Verleger oder Redakteur seiner Wahl ablehnen zu lassen.
Der ›Genius‹ des bürgerlichen Schriftstellers ist das Bürgertum, wie der ›Genius‹ des Hofdichters die Feudalklasse ist. Dem Hofdichter personifiziert sich diese Klasse in der Gestalt des einzelnen ihn aushaltenden Fürsten, er hat gut reden:

Hast du mir nicht, o kluger, tapfrer Fürst,
Das alles eingeflößt, als wärest du
Mein Genius, der eine Freude fände,
Sein hohes, unerreichbar hohes Wesen
Durch einen Sterblichen zu offenbaren?

Der bürgerliche, der für das Bürgertum schreibende Schriftsteller hat nicht so gut reden. In wem soll sich ihm die Klasse, in der er sich bewegt, die ihn sozialisiert hat und aushält, deren Weltbild, Selbstverständnis und Ziele er darstellt und propagiert, in wem soll sich ihm das Bürgertum als sein ›Genius‹ personifizieren. Er kann sich doch nicht gut in den Buchhandlungen auf die Lauer legen und den Nächstbesten, der seinen neuen Roman oder Gedichtband für DM 29,80 ersteht, zu seinem ›Genius‹ erklären. Obwohl das ja auch nicht so sehr viel falscher wäre als die, genau besehen, ebenfalls nicht unbedingt zutreffende, aber vordergründig plausiblere Personalisierung, die der Hofdichter vornimmt.
Indem die Schriftsteller sich aus den Bindungen an die Höfe lösen und zu ›freien‹ Schriftstellern werden, büßen sie die Möglichkeit ein, für ihre Werke einen ›Genius‹, für ihre Inspiration eine plausible Quelle namhaft machen zu können. Die bürgerliche Theoriebildung im 18. Jahrhundert behilft sich mit der Genie-Theorie. Sich aus feudalen Bindungen freischreibend, als Individuen sich selbst die Nächsten werdend, erklären sich die Schriftsteller als unmittelbar zu Gott stehend. ›Ein Gott‹ gibt ihnen halt zu sagen, was sie durchmachen; gibt ihnen, *wie* sie das sagen. Und das Bürgertum glaubt ›seinen Schriftstellern‹ in diesem Punkt nur zu gern: nicht unbedingt Wert darauf legend, selbst zum ›Genius‹ erhoben zu werden – dazu ist man zu nüchtern, dazu weiß man zu genau, daß die Dinge ›realistisch‹ zu sehen die Stärke der eigenen Klasse ist –, hört es sehr gern, wenn das, was es für seine höchsten Werte hält, Freiheit und Individualität, im Status ›seiner‹ Dichter vergöttlicht wird.
Schließlich gibt es noch einen weiteren Punkt, in dem Goethe mit seinem *Tasso* bereits ein wesentliches Moment der Situation des Schriftstellers in der bürgerlichen Gesellschaft erfaßt hat, ein Moment zugleich der Art und Weise, wie diese Gesellschaft ihre Schriftsteller sieht und wie die sich selbst sehen. Dieser Punkt betrifft das Problem, das im *Tasso* den Konflikt auslöst und die zu Beginn gezeigte heile Welt binnen weniger Stunden in einen Trümmerhaufen verwandelt.
Tasso hat seinen Lorbeerkranz entgegengenommen, alle Anwesenden bekommen noch ein wenig Gelegenheit zu versichern, wie gut der dem ›bescheidnen‹ Manne stehe, da stößt in der vierten Szene Antonio, der ›Staatssekretär‹ des Herzogs, zu dem festlich gestimmten Kreis. Antonio kehrt gerade aus Rom zurück, auch er hat Beträchtliches für den Hof geleistet. Zwei Dienende: der eine besorgt seinem Brotherrn die Kunst, der andere die Geschäfte. Alfons zu Antonio:

So lob ich diese Tage meines Lebens
Als eine Zeit des Glückes und Gewinns.
Erweitert seh ich meine Grenze, weiß
Sie für die Zukunft sicher. Ohne Schwertschlag
Hast du's geleistet, eine Bürgerkrone
Dir wohl verdient. Es sollen unsre Frauen
Vom ersten Eichenlaub am schönsten Morgen
Geflochten dir sie um die Stirne legen.
Indessen hat mich Tasso auch bereichert:
Er hat Jerusalem für uns erobert
Und so die neue Christenheit beschämt,
Ein weit entferntes, hoch gestecktes Ziel
Mit frohem Mut und strengem Fleiß erreicht.
Für seine Mühe siehst du ihn gekrönt.

Lorbeerkranz oder ›Bürgerkrone‹, Leistung und Erfolg in der Hervorbringung von Literatur, als Schreibender, oder Leistung und Erfolg bei den Geschäften, als Handelnder, geistige oder materielle Bereicherung: was gilt hier mehr? Ein Problem, sicherlich, schon für den höfischen Dichter, in ungleich größerem Maße jedoch ein Problem für den bürgerlichen Schriftsteller, dem das Selbstbewußtsein schwerer gemacht wird. Tasso, in Goethes Schauspiel, glaubt zu spüren, daß bei allem Takt, der die Umgangsformen bei Hofe bestimmt, die Bürgerkrone, das von Erfolg gekrönte Handeln, unterm Strich doch mehr gelte als der Lorbeerkranz des Dichters. Da kommt heraus, wie labil sein Selbstwertgefühl ist, und das geht soweit, daß Tasso ›verrücktspielt‹ und gegen seinen – vermeintlichen oder wirklichen – Konkurrenten Antonio den Degen zieht. Er wird – freilich milde, mit Stubenarrest – bestraft, das gibt ihm den Rest.
Tassos Labilität, seine ausbrechende Neurose, sind bereits die Labilität und die Neurose eines Schriftstellers in der bürgerlichen Gesellschaft. Nicht als angeborene Eigenschaft, sondern durch gesellschaftliche Erfahrung produziert. Durch die Erfahrung nämlich, nie so genau dahinterzukommen, wie wichtig man für diese Gesellschaft ist – oder eigentlich: aufgrund sehr deutlicher Anzeichen ziemlich sicher sein zu müssen, daß die bürgerliche Gesellschaft die Arbeit ›ihrer‹ Schriftsteller nicht sonderlich ernst nimmt. Sie schmückt sich, wenn's hochkommt, mit der für sie produzierten Literatur, aber leben tut sie von ihren Geschäften. Was zählt, unterm Strich, sind allein diese.
Die Schriftsteller haben das, in den zwei Jahrhunderten seit der Entstehung und Herausbildung eines bürgerlichen Literaturmarktes im Rahmen der kapitalistischen Wirtschaftsform, in

zunehmendem Maße zu spüren bekommen. Spätestens in unserem Jahrhundert sind die Verlage derartig den Mechanismen des Marktes unterworfen, daß bei der Buchproduktion immer mehr der ökonomische Aspekt den Ausschlag gibt. Wenn Verlage nur noch rentabel arbeiten können, indem sie immer ausschließlicher Bücher mit sehr hohen Auflagen auf den Markt werfen, so hat das zur Folge, daß sie, auf der einen Seite, die Arbeit der Autoren an ihren Inhalten und Formen nicht mehr aufnehmen und fördern können, und, auf der andern Seite, mit ihrem Angebot nicht mehr auf, wie immer sich geltend machende, Bedürfnisse von Lesern antworten, sondern daß sie ein Bedürfnis der Leser für ihre Massenproduktion *schaffen* müssen. Bürgerliche Literatur ist von allem Anfang an und konstitutiv Literatur für den Markt, also – auch – Ware. Mittlerweile jedoch ist nur noch ein geringer Teil der von ihr umfaßten literarischen Produktion mehr als *nur* Ware.
Im Widerspruch zu diesem Befund wird vielfach noch an der Vorstellung vom Schriftsteller als einem weltabgewandt in sein Ringen um die Schöpfung geistiger Werte Versunkenen festgehalten, am Bild vom Dichter, wie es Goethe exemplarisch in seinem *Tasso* gezeichnet hat. Es war deshalb kein Zufall, daß Heinrich Böll, als er auf der Gründungsversammlung des ›Verbandes deutscher Schriftsteller‹ 1969 in Köln in seiner Rede *Ende der Bescheidenheit*[8] den Schriftsteller als einer umsatzstarken Industrie fast wehrlos ausgeliefert darstellte, dies in teilweise wörtlicher Auseinandersetzung mit Goethes *Tasso* tat: Die entsprechenden Stellen in Bölls Rede antworten auf Verse, mit denen die Hofgesellschaft von Ferrara ihren Dichter Tasso charakterisiert und ehrt.
Im folgenden sind diese Verse mit den sie zurückweisenden Sätzen aus der Böll-Rede zu einem Dialog zusammengestellt:

Genie oder Lohnempfänger?
Ein Dialog in Versen des 18. und Prosa des 20. Jahrhunderts

Ich lobe die Bescheidenheit, die Sorge,
Womit er Schritt vor Schritt zum Ziele geht.
Nur durch die Gunst der Musen schließen sich
So viele Reime fest in eins zusammen;
Und seine Seele hegt nur diesen Trieb,
Es soll sich sein Gedicht zum Ganzen ründen.

Hin und wieder mögen wir ganz kluge Leute sein, als Vertreter unserer Interessen in einer Gesellschaft, die von Interessenvertretern dirigiert wird, sind wir wie

8 Heinrich Böll: *Ende der Bescheidenheit.* In: *Ende der Bescheidenheit. Die Texte der Gründungsveranstaltung des Verbands Deutscher Schriftsteller.* Hrsg. v. Verband deutscher Schriftsteller. München 1969.

Schwachsinnige. Dieser Schwachsinn hat z. T. ehrenwerte Ursachen, etwa die, daß wir zu sehr mit unserer Arbeit, die eine öffentliche ist, beschäftigt sind, als daß uns finanzieller Kram sonderlich interessieren könnte, solange wir halbwegs zurechtkommen. Andere Ursachen mögen Bescheidenheit und Idealismus sein.

Es lebe der zum erstenmal Bekränzte!
Wie zieret den bescheidnen Mann der Kranz!

Hängen wir uns den hingestreuten Lorbeer nicht an die Wand, streuen wir ihn dorthin, wohin er gehört: in die Suppe.

Wenn du bescheiden ruhig das Talent,
Das dir die Götter gaben, tragen kannst,
So lern auch diese Zweige tragen, die
Das Schönste sind, was wir dir geben können.

Lorbeer kostet nicht viel, wir können ihn uns in der nächsten Drogerie selbst kaufen, soviel Geld bringen wir allemal noch auf.

Zum zweitenmal verdienst du jedes Lob,
Und ehrst bescheiden dich und uns zugleich.

Ich schlage vor, daß wir die Bescheidenheit und den Idealismus einmal für eine Weile an unsere Sozialpartner delegieren: an Verleger, Chefredakteure und Intendanten.

Ein armer Edelmann hat schon das Ziel
Von seinem besten Wunsch erreicht, wenn ihn
Ein edler Fürst zu seinem Hofgenossen
Erwählen will und ihn der Dürftigkeit
Mit milder Hand entzieht. Schenkt er ihm noch
Vertraun und Gunst und will an seine Seite
Vor andern ihn erheben, sei's im Krieg,
Sei's in Geschäften oder im Gespräch:
So, dächt' ich, könnte der bescheidne Mann
Sein Glück in stiller Dankbarkeit verehren.

Vergleiche ich das Interessengetümmel im Wirtschaftswunderland mit einem Freiwildgehege, so sind wir darin die Karnickel, die zufrieden und freundlich in herkömmlicher Bescheidenheit ihr Gräschen fressen.
Ende der Bescheidenheit!

B. Lesen heute

Sozialisation und Leseverhalten

Der Analphabetismus ist in unserer Gesellschaft praktisch auf Null reduziert worden, jeder hat lesen gelernt. Aber, muß man fragen, kann jeder, der die Technik des Lesens beherrscht, mit dieser Fähigkeit auch etwas anfangen – so, daß es ihm selbst etwas nützt? – Der Soziologe Gerhard Schmidtchen, der das Leseverhalten in der Bundesrepublik empirisch erforscht hat, benennt die Voraussetzungen und Schwierigkeiten:

> [Es] gibt drei Hauptsozialisationsbedingungen, die, teils unabhängig voneinander, teils integrierend, die Motivationen des einzelnen bestimmen, die in Büchern enthaltenen Informationen für sich und sein soziales Dasein zu erschließen. Das ist zunächst die Dauer der Ausbildung. Differenzierend dazu tritt die Lesekultur im Elternhaus in Erscheinung, und abermals kann die Motivation, Bücher zu lesen, verstärkt oder abgeschwächt werden, je nachdem, ob in der gesellschaftlichen Umgebung des einzelnen Bücher gelesen werden, das heißt, ob der einzelne in einen sozialen Kommunikations- und Lernprozeß einbezogen ist, in dem Bücher als Informationsmittel eine wesentliche Rolle spielen.[9]

Unersetzlich sind also die Anregungen durch Elternhaus, Ausbildung und augenblicklichen Lebenszusammenhang. Deshalb kann man festhalten, daß Lesen-Können und Lesen-Wollen nicht in erster Linie eine Frage des guten Willens sind (bringe der einzelne diesen Willen nun auf oder nicht), auch nicht eine Frage angeborener Dummheit oder Klugheit, daß beides vielmehr von gesellschaftlichen Voraussetzungen entscheidend bestimmt wird.

Ein wichtiger Anhaltspunkt dafür ist der angegebene Zusammenhang von Schulbildung und Lesebereitschaft. Schmidtchen hat hier in einem Fragebogen zwei einander entgegengesetzte Meinungen vorgegeben und die jeweils zustimmenden Äußerungen nach der Vorbildung der Befragten aufgeschlüsselt.

Die erste Meinung über das Lesen war folgendermaßen formuliert:

»Bücher sind für mich *sehr wichtig*, ohne Bücher könnte ich nicht leben.« Dem stimmten 14 % der Befragten, repräsentativ für die *Gesamtbevölkerung*, zu. Personen mit *Volksschulabschluß* (12%) waren gegenüber Personen mit *Mittlerer Reife* (21%) und *Abitur* (38%) deutlich unterrepräsentiert.

Die Gegenposition wurde folgendermaßen formuliert: »Bücher sind für mich *nicht so wichtig*, ohne Bücher wäre mein Leben kaum anders.« Hier stimmten 18% *aller* Befragten zu, nach Vorbildung aufgeschlüsselt: *Volksschulabschluß* 18%, *Mittlere Reife* 5%, *Abitur* 0% (S. 719).

Daß der Zugang zu den weiterführenden Schulen in dieser Gesellschaft wiederum auch nicht allein eine Frage des guten Willens ist

[9] Gerhard Schmidtchen: *Lesekultur in Deutschland 1974. Soziologische Analyse des Buchmarktes für den Börsenverein des Deutschen Buchhandels.* Archiv für Soziologie und Wirtschaftsfragen des Buchhandels XXX. Börsenblatt für den Deutschen Buchhandel (Frankfurter Ausgabe) Nr. 39, vom 17. Mai 1974, S. 727.

oder der angeborenen Intelligenz (oder Dummheit), daß hier eine reale Chancengleichheit immer noch nicht verwirklicht wurde, braucht dabei nicht weiter ausgeführt zu werden.
Festzuhalten ist, daß in unserer Gesellschaft nur etwa ein Drittel der Bevölkerung, und zwar aufgrund einer Förderung durch Ausbildung, Elternhaus und Lebenszusammenhang, zu Lesern wird. Wobei hinzuzufügen ist, daß an den von diesem Bevölkerungsdrittel gelesenen Büchern – vom Sachbuch, von der Trivialliteratur bis hin zum avantgardistischen Roman – die belletristische Literatur wiederum nur einen geringen Anteil hat: diejenige Literatur also, die den letzten Roman von Johannes Mario Simmel mit einer Erstauflage von 200 000 Exemplaren ebenso umfaßt wie moderne Lyrik, deren Auflagen von wenigen tausend Exemplaren für viele Jahre zumeist fast unverkauft bleiben.
Nur jeder dritte in unserer Gesellschaft ist ein Leser. Das kann daran liegen, daß die Vorteile des Lesen-Könnens noch nicht nachdrücklich genug allen, die lesen gelernt haben, vermittelt worden sind. Zu fragen ist aber auch, ob Literatur, wie sie heutzutage geschrieben und verbreitet wird, wirklich den Bedürfnissen *aller* Mitglieder unserer Gesellschaft entspricht.
Der Soziologe Oskar Negt stellt dazu die These auf, daß die aus der Tradition der bürgerlichen Lesekultur entstandene und noch entstehende Literatur nur für einen Teil unserer Gesellschaft nützlich sein könne:

Das Lesen beruht auf einer treibhausmäßigen Entwicklung, einer ganz speziellen Fähigkeit, einer ganz speziellen Eigenschaft. Wenn man z. B. den ganzen Sinnenapparat nimmt: Hören, Schmecken, Riechen, andere Betätigungsweisen, Sich-Fortbewegen, emotionale Ausdruckskraft usw., dann wird man sehen, daß Lesen eigentlich nur *ein* Bestandteil, *ein* Teil der Aneignung von Wirklichkeit ist, und zwar nicht der unmittelbaren Aneignung von Wirklichkeit, sondern der vermittelten, aufbewahrten Aneignung von Wirklichkeit, die andere erfahren und niedergeschrieben haben. Das heißt, das ist nur *eine* Form der Erfahrungsmöglichkeit. (...) Die gesamte Produktion der Bücher ist orientiert an einem ganz bestimmten Lebenszusammenhang derjenigen, die an den höheren Schulen oder in den Universitäten unterrichten. Schon von Kindesbeinen an werden hier ganz bestimmte Fähigkeiten treibhausmäßig entwickelt:
Das Kind wird angehalten zu lesen, zu rechnen, während der ganze emotionale gefühlsmäßige Unterbau brachliegt. (...) Die Sprache eines Arbeiterkindes ist eine andere als die Sprache eben von Lehrern, die durch die Universitäten und höheren Schulen gehen, oder von denjenigen, die wiederum diese Lehrer unterrichten. (...) Zum Beispiel zeigt es sich, daß Bücher im allgemeinen viel Material aufarbeiten, daß die Sprache sehr komplex ist, daß es Konstruktionen gibt, daß es formalisierte Zeichensprachen gibt, also Symbole, die verwendet werden. Alles

Dinge, die zum Beispiel für ein Arbeiterkind, das sich auf der Straße bewegt, das später sich im Betrieb aufhält, überhaupt nicht verständlich sind.[10]

Bertolt Brecht hat die hier angeschnittene Frage in anderem Zusammenhang anschaulich diskutiert. Er fragt, ob man Arbeiter für das Bild *Turm der blauen Pferde* von Franz Marc interessieren solle. Brecht selbst zählt sich zu den Anhängern dieses Bildes, ist aber skeptisch:

Ich zweifle nämlich stark, ob man die Werktätigen durch Kunsterziehung zu Anhängern der blauen Pferde machen kann, und noch mehr bezweifle ich, ob eine solche Erziehung wünschbar wäre. Handelt es sich doch da um Menschen einer Klasse, die in ganz anderer Beziehung zur Umwelt steht als [Marc] und ich, um Leute, die, wenn es sich um Pferde handelt, für gewöhnlich diese Tiere striegeln, aufschirren, lenken, beschlagen, schlachten müssen. Sie haben nicht, wie wir, nur Eindrücke von Pferden.[11]

Lesen als besondere Form der Realitätsaneignung

Der Soziologe M. Vester hat Möglichkeiten und Grenzen lesender Aneignung der Wirklichkeit detailliert beschrieben:

Lesen in seiner heutigen geschichtlichen Form ist eine besondere Art von Erfahrung, die erst nach einem langen geschichtlichen Prozeß der Zivilisation möglich geworden ist und die das Erwerben von besonderen Fähigkeiten der Abstraktion (Verallgemeinerung, Konzentration usw.) voraussetzt, außerdem eine bestimmte geschichtliche Stufe der Trennung von körperlicher und geistiger Arbeit. Diese Abstraktion hat folgende Erscheinungsformen:

- Lesen ist *vermittelt* durch Zeichen und Schrift, eine verselbständigte Mitteilung: Der Mitteilende ist nicht unmittelbar wahrzunehmen.
- Lesen ist *rezeptiv*; ein Dialog, eine Rückkoppelung mit dem Mitteilenden – als sinnliche Erfahrung – gehört nicht notwendig zum Lesen.
- Lesen geschieht meist *vereinzelt*, seltener als Vorlesen oder gemeinsames Lesen.
- Lesen setzt eine *abstrakte* und *reduzierte* Form der Mitteilung voraus. Sinnliche Erfahrungen werden in Sprache umgesetzt, diese in Zeichen. Wer liest, muß diese Zeichen rückübersetzen in Erfahrung. Das erforderliche Abstraktionsvermögen ist schwer zu erlernen. Lesen ist prinzipiell anstrengend. (...) Da Sprache/Gelesenes abstrakt ist, führt ihre Rückübersetzung in Erfahrungen zu *ambivalenten* Ergebnissen. Sie kann Phantasie provozieren oder reduzieren.[12]

10 *Arbeitspapier zu dem Lehr-Spielfilm »Können Sie denn nicht lesen!«* von Jürgen Peters und Michael Vester. WDR-Fernsehen (Redaktion: Christhart Burgmann/ Leo Kreutzer). Erstsendung 14. Oktober 1973, S. 28ff.

11 Bertolt Brecht: *Die blauen Pferde*. In: *Schriften zur Literatur und Kunst*. Bd. 2. Frankfurt 1967, S. 72f.

12 Michael Vester: *Fragen zur Nützlichkeit des Lesens*. In: *Arbeitspapier zu »Können Sie denn nicht lesen!«* (s. Anm. 10), S. 79ff.

Die besonderen *Funktionen*, die das Lesen, das Lesen-Können, für den einzelnen haben kann, werden bereits im Bericht Ulrich Bräkers deutlich:

- *Lesen ist nützlich:* Es kann dem einzelnen helfen, sich in seinem alltäglichen Leben zu orientieren. Dabei können ihm nicht nur Fachbücher helfen, sondern auch Werke der schönen Literatur, in denen modellhaft Situationen durchgespielt werden. Die Lektüre schwieriger Literatur, die besondere Anstrengungen erfordert, kann zudem die Erfahrungsfähigkeiten – Verstand *und* Sinnlichkeit – trainieren helfen.
- *Lesen kann unterhalten:* Einmal kann das bedeuten, daß der Lesende in den Büchern den Ersatz für Erlebnisse, die ihm sein Alltag nicht bringt, finden muß. Lesen ist dann nicht mehr als eine Kompensation: der Leser identifiziert sich auf passive Weise mit abstrakten Wunschbildern. Unterhaltung kann aber auch Genuß sein, wenn sie – vom Lesenden bewußt gesteuert – zeitweise Ablenkung schafft und dem Individuum Gleichgewichte vermittelt, die es ihm ermöglichen, Energien für eine wirkliche Bewältigung widerwärtiger Realität freizumachen.
- *Lesen kann gesellschaftsfähig machen:* Das gemeinsam Gelesene ermöglicht die gemeinsame Kommunikation, sei es in einer Ehe, in einer Klasse oder in einer politischen Gruppe. Die Kommunikation vermittelt sich im wesentlichen über die Inhalte, an denen die Gruppe gemeinsam interessiert ist. Andererseits kann ein ähnlicher Effekt in einer Gruppe auch eintreten, ohne daß den Gruppenmitgliedern ein wirkliches *Interesse* an den Inhalten gemeinsam ist. Im Bereich der Konversation ist es oft allein aus Prestigegründen nötig, ›Bescheid‹ zu wissen: man muß mitreden können. Dies deutet dann schon auf eine weitere Funktion hin, die Bücher haben können. Durch den Kauf und das Ausstellen von Büchern – im Bücherschrank – zeigt man, daß man ›dazu‹ gehört, daß man einen bestimmten Status hat, den andere nicht haben.

C. In diesem Land kann jeder schreiben

> Eine Literaturwissenschaft ohne Ahnung von den Schwierigkeiten des Schreibens (...) läuft Gefahr, zu einem bloßen Behaupten, zu einer sturen Verkündigung von Gesetzen zu werden, die keine sind.
>
> Friedrich Dürrenmatt

Tagtraum und Schreiben

Tassos ›Verrücktspielen‹ hat in der Sozialgeschichte des bürgerlichen Schriftstellers vom 18. Jahrhundert bis in unsere Gegenwart hinein die unterschiedlichsten Formen und Verkleidungen angenommen, unterschiedlich auch in den verschiedenen Nationen, bedingt durch deren unterschiedliche politische Entwicklung. Immer aber ging es dabei um das gleiche Problem, die gleiche Verzweiflung: Was eigentlich bin ich euch wert? Aber der Bürger hat dieses Verrückt-, dieses Bürgerschreckspielen ›seiner‹ Dichter nicht als von ihm produziert wahrgenommen, er hat sich rasch daran gewöhnt, diese für in Wirklichkeit ein wenig verrückt zu halten: um Dichter sein zu können, muß man eben ein wenig verrückt sein. In der Formel ›Genie und Irrsinn‹ als Formel für den großen Dichter, den bedeutenden Künstler hat die bürgerliche Vorstellung von Dichtern, von Künstlern ihren die tatsächlichen Zusammenhänge am wirkungsvollsten verschleiernden Ausdruck gefunden.

Von seiner Erfahrung mit dieser Vorstellung spricht etwa Hermann Hesse, wenn er als fast Fünfzigjähriger in einem *Kurzgefaßten Lebenslauf* auf seine bisherige schriftstellerische Karriere zurückblickend, sich daran erinnert, wie es ihm erging, als er bereits als ganz junger Mensch seiner Umwelt klarzumachen versuchte, er wolle ein Dichter werden.

Die Sache war so: von meinem dreizehnten Jahr an war mir das eine klar, daß ich entweder ein Dichter oder gar nichts werden wollte. Zu dieser Klarheit kam aber allmählich eine andre, peinliche Einsicht. Man konnte Lehrer, Pfarrer, Arzt, Handwerker, Kaufmann, Postbeamter werden, auch Musiker, auch Maler oder Architekt, zu allen Berufen der Welt gab es einen Weg, gab es Vorbedingungen, gab es eine Schule, einen Unterricht für den Anfänger. Bloß für den Dichter gab es das nicht! Es war erlaubt und galt sogar für eine Ehre, ein Dichter zu sein: das heißt, als Dichter erfolgreich und bekannt zu sein, meistens war man leider dann schon tot. Ein Dichter zu werden aber, das war unmöglich, es werden zu wollen, war eine Lächerlichkeit und Schande, wie ich sehr bald erfuhr.

Lächerlichkeit und Schande eines noch nicht durch ›Werke‹ eingelösten vermeintlichen oder wirklichen Anspruchs auf Genialität und darauf, eben ein wenig verrückt, ein bißchen irre zu sein. »Dichter war etwas, was man bloß sein, nicht aber werden durfte.«[13]

Dabei steht es ja so, daß, schaut man einmal über die Vorstellung des Bürgers von der Genialität und Verrücktheit ›seiner‹ Dichter hinaus, natürlich manch einer zu manchem fähig wäre, was er sich jetzt versagt oder was man ihm zu tun versagt; und daß selbstverständlich jeder ein wenig verrückt, ein bißchen irre ist, ohne sich freilich zu trauen, damit an die Öffentlichkeit zu gehen. Ernst Bloch schildert das in einem Text seines Buches *Spuren*, den er *Singsang* überschreibt:

Merkwürdig, wie das manche halten, sieht sie niemand. Die einen schneiden morgens Gesichter, noch andre tanzen sich eins, die meisten summen sinnlos vor sich hin. Auch in Pausen, beim Zahlen etwa, summen manche etwas, das man nicht versteht, das sie selber nicht hören, in dem aber viel darin sein mag. Da fallen Masken ab oder ziehen neue auf, je nachdem, närrisch genug ist die Sache. Allein sind viele etwas irr, sie singen ein Stück von dem, was früher mit ihnen los war und nicht fest geworden ist.[14]

Produktives Närrischsein, seiner selbst nicht bewußt, »in dem aber viel darin sein mag«. In der ›Grundlegung‹ seines philosophischen Hauptwerks *Das Prinzip Hoffnung*[15] hat Ernst Bloch dann die jedem Menschen eigene ›närrische‹ Fähigkeit, wachend träumen zu können, geradezu als die entscheidende Voraussetzung beschrieben für die Möglichkeit der Menschen, sich ihre Realität als veränderbar vorzustellen:

Es besser haben zu wollen, das schläft nicht ein. Vom Wunsch wird man nie oder nur täuschend frei. Es wäre bequemer, diese Sehnsucht zu vergessen als sie zu erfüllen, doch zu was würde das heute führen? Die Wünsche hörten doch nicht auf, oder sie verkleideten sich in neue, oder gar: wir Wunschlosen wären die Leichen, über die die Bösen zu ihrem Siege schreiten. Es ist nicht die Zeit, um wunschlos zu sein, die Entbehrenden denken auch gar nicht daran. Sie träumen davon, daß ihre Wünsche einmal erfüllt werden. Sie träumen davon, wie die Redensart heißt, bei Tag und bei Nacht, also nicht nur bei Nacht. Das wäre auch, da Entbehren und Wünschen tagsüber am wenigsten aussetzen, zu sonderbar. Es gibt Tagträume genug, man hat sie nur nicht ausreichend beobachtet. Auch offenen Auges kann es bunt genug oder träumerisch im Innern hergehen. Wenn der Hang, das uns

13 Hermann Hesse: *Kurzgefaßter Lebenslauf*. In: Volker Michels (Hrsg.): *Materialien zu Hermann Hesse. Der Steppenwolf*. Frankfurt 1972, S. 11.

14 Ernst Bloch: *Spuren*. Frankfurt 1969, S. 12 (Bibliothek Suhrkamp, Bd. 54).

15 Ernst Bloch: *Das Prinzip Hoffnung*. Frankfurt 1959 (auch als suhrkamp taschenbuch wissenschaft, Bd. 3).

Gewordene zu verbessern, selbst im Schlaf nicht schläft – wie sollte er im Wachen? Wenige Wünsche sind nicht träumerisch beschwert, gerade dann, wenn sie etwas zu sich kommen. Und nun: der tagsüber Träumerische ist ersichtlich ein anderer als der Träumer in der Nacht. (S. 86)

Im weiteren schildert Ernst Bloch den Tagtraum dann auch als Vorstufe der ästhetischen Produktion:

Die Menschen träumen nicht nur nachts. Auch der Tag hat dämmernde Ränder, auch dort sättigen sich Wünsche. Anders als der nächtliche Traum zeichnet der des Tages frei wählbare und wiederholbare Gestalten in die Luft, er kann schwärmen und faseln, aber auch sinnen und planen. Er hängt auf müßige Weise [...] Gedanken nach, politischen, künstlerischen, wissenschaftlichen. Der Tagtraum kann Einfälle liefern, die [...] nach Verarbeitung verlangen, er baut Luftschlösser auch als Planbilder und nicht immer nur fiktive. (S. 96)[16]

Dieser von Ernst Bloch geschilderte Sachverhalt begründet eine wichtige Voraussetzung literarischer Produktion, der Arbeit des Schriftstellers. Zugleich aber wird damit etwas erfaßt, was nicht nur professionelle Schriftsteller betrifft. Wenn jeder träumen, auch tagträumen kann, warum soll er dann nicht auch den Versuch unternehmen können, sich über seine Träume, über seine Realität klarzuwerden? Warum soll er dann nicht auch den Versuch unternehmen können, das schreibend zu tun?

Dabei ist festzuhalten, daß es hier nicht darum gehen kann, schreibend sich allein auf den Wunschcharakter der Träume einzulassen. Sicher ist es schön und berechtigt, von einer Amerikareise oder von einer Nacht mit Romy Schneider oder Jean-Paul Belmondo (je nachdem) zu träumen. Aber *das* ist es nicht, was aufgeschrieben zu werden verdient. Denn: Schreibend – und Schreiben ist ja immer auch: Distanz gewinnen – kann man sich die Gegenrechnung aufmachen: Warum ist mir der Ort, an dem ich lebe, nicht so spannend wie Amerika?

Schreibend kann man an die alltägliche Phantasie-Produktion anknüpfen. Denn jeder entwickelt täglich, alltäglich Phantasie, erschließt sich seine Umgebung auch mit Hilfe der Phantasie. Nur daß diese Tätigkeit zumeist nicht allein befreiend funktioniert, sondern vielfach destruktiv gewendet wird.

Wir wollen versuchen, das am Beispiel einer der trostlosesten Kommunikationsformen in unserer Gesellschaft zu verdeutlichen, am Klatsch. – Was funktioniert da?

Ausgangspunkt ist das Gefühl des eigenen Ungenügens. Andere, meint man, sind besser dran als man selbst. Zum Beispiel Leute,

[13] Vgl.: *Es muß nicht immer Marmor sein. Ernst Bloch zum 90. Geburtstag.* Berlin 1975 (Wagenbach - Politik, Bd. 68).

die höherstehen in der Hierarchie der Mitmenschen, die – selbstverständlich ohne eigenes Verdienst! – erfolgreicher sind als man selbst. Auch Leute, die freier sind als man selbst, oder doch wenigstens freier erscheinen.
Da geht's dann los: Man macht sich Gedanken über die. Man versucht, die betreffenden Beneideten zu relativieren, man versucht, sie kleiner zu machen. Da setzt man dann seine Beobachtungsgabe in Gang, paßt auf, was passiert, wo sich die Schwächen herausstellen. Seiner eigenen Schwächen mehr als gewiß, hofft man, den anderen, indem man ihn als schwach sieht, sich anzugleichen. – Das alles funktioniert, kann funktionieren, weil man sehr gut beobachten, die beobachteten Details phantasievoll kombinieren kann. Man kann also – wie ein Schriftsteller – die Realität genau beobachten, gut differenzieren, kann Zusammenhänge erschließen, kann in das, was man sieht, einen Sinn reinbringen. Wer Klatsch produziert, ist also durchaus in der Lage, produktiv-phantasievoll seine Realität zu erklären. Aber nützt ihm das?
Der Hinweis auf das Phänomen Klatsch macht zweierlei deutlich. Einmal ist klar, daß unsere Tagträume stark deformiert sind. Sie heben oft von der Realität ab, arbeiten mit Stereotypen (Romy Schneider/Belmondo, Amerika), sie sind nicht nur befreiend, sondern destruktiv (Klatsch). Und: das aufgeregte Gerede über die unlängst erfolgte oder demnächst ins Haus stehende Scheidung von Romy ist die genußvolle Kombination beider Möglichkeiten.
Die Deformiertheit drückt sich auch darin aus, daß wir in unseren Köpfen tagträumend viele unterschiedliche Sachen als verbunden zusammenhaben, die so nicht zu verbinden sind. Da gibt es dann eine Vielzahl von Bedürfnissen, von solchen, die hart an der Realität sind (wie die Gehaltserhöhung), bis hin zum Traum von einer Weltreise, die man sich als Generaldirektor leisten könnte.
Das allerdings ist nicht ein undurchschaubares Schicksal, sondern man kann das reflektieren. Schreibend, zum Beispiel. Was bedeutet, daß es hier nicht um die Ausarbeitung der Tagträume allein zu gehen hat, sondern auch um Einsicht in die Widerstände gegen deren Verwirklichung. Um die Schwierigkeiten, die objektiv-gesellschaftlich gegeben sind, um das Leiden an der Realität: Auch das gehört zum Material des notwendigen Arbeitsprozesses und zu dessen Ergebnis. – Das verlangt allerdings – um noch einmal auf die Ausgangssituation, den Klatsch, zurückzukommen –, daß man sich selbst nicht mehr als die Null betrachtet, auf die man die anderen bringen will, sondern als jemand, dem seine Phantasie ermöglicht, lernend Erfahrungen zu machen.
Sicher, da gibt es viele Hindernisse. Nicht nur die erwähnte

Tatsache, daß es sehr schwierig ist, die Deformiertheit der eigenen schiefen Tagträume zu durchbrechen. Man muß außerdem in der Lage sein, sich den notwendigen Luxus leisten zu können, Zeit und Ausdauer zu haben; man muß also in besonderer Weise – ökonomisch wie bildungsmäßig – in den Stand gesetzt sein, sich seiner eigenen Situation zu vergewissern: lesend und schreibend. – Wichtig ist auch, die Blockierung zu durchbrechen, die darin besteht, daß man meint, weil man es so gelernt hat, es gebe diesen tiefen Abgrund zwischen den ›normalen‹ Menschen und ›den‹ Dichtern.

Träume, auch Tagträume, wollen verwirklicht werden. Die Verwirklichung ist natürlich nicht im Medium Literatur zu leisten. Man kann aber schreibend lernen, die eignen Träume, die Vorstellungen über das, was man denken und tun möchte, aus dem diffusen Strom der unverbindlichen Assoziationen herauszuheben. Träume sind auf Realisierbarkeit hin angelegt: man kann sie schreibend untersuchen und sie, auf diese Weise, zunächst auf dem Papier Gestalt gewinnen lassen.

Das ist dann nicht so ein Hinschreiben, sondern ein arbeitsreicher Prozeß. Man objektiviert das, was man möchte, analysiert das, was ist. Man bemerkt schreibend, was Illusion ist, Illusion bleiben wird und muß, und man schärft den Blick dafür, was *möglich* ist. Möglich nicht nur auf dem Papier, sondern *real* möglich. Schreibende haben Nichtschreibenden voraus, daß sie gelernt haben, schreibend von der Wirklichkeit zu träumen. Daß sie gelernt haben, nicht einfach auf einem Tagtraum abzufahren – »Es fährt ein Zug nach Nirgendwo« –, also Dinge zu produzieren, die dann richtig kitschig sind. Schreibende – und damit sind die professionellen und die möglichen gemeint – sind Leute, die das Vermögen haben, träumend und ihre Träume bearbeitend aus dem Alltag herauszugehen, zugleich aber das, was sie träumen, auf die Wirklichkeit zurückzubeziehen. Sie erarbeiten keine Luftschlösser, ganz woanders, sondern das, was wirklich möglich ist in und mit der Wirklichkeit. Wenn sie wirklich schreiben *können.*

Und man kann die Erfahrung machen, daß man sich schreibend verändert. Viele werden die Erfahrung – als störend – beim Aufsatzschreiben in der Schule gemacht haben. Man hatte die Stoffsammlung erstellt, die Kladde abgeschlossen, die Reinschrift zur Hälfte fertig. Da wurde einem, gerade dadurch, daß man sich schreibend mit dem gestellten Problem auseinandergesetzt hatte, daß man schreibend produktiv geworden war, bewußt, daß sich die eigene Einstellung geändert hatte: plötzlich war man nun doch, zum Beispiel, *für* Kriegsdienstverweigerung. Jetzt sah man, daß man bei der Konzeption des Aufsatzes von einem Vorurteil ausgegangen war, schreibend hatte man es, sozusagen hinter dem eigenen Rücken, aufgebrochen. Aber man wußte auch, daß nicht dieser Produktions*prozeß* bewertet wurde, sondern das abgeschlossene Ergebnis. Man schrieb wider besseres Wissen seine Kladde zu Ende ab. Und wartete die Zensur ab.

Wer nicht fremdbestimmt schreiben, wer also nicht Sprache und Meinung anderer ungeprüft nachschreiben will, der hat mit Schwierigkeiten zu kämpfen. Er muß Widerstände überwinden. Auch Widerstände bei sich selbst. Weil Elternhaus und Schule auf diese Aufgabe in der Regel nicht vorbereiten.

Die Umstände, unter denen einem das Schreiben beigebracht wurde, helfen einem also nicht sehr. Auf der Grundschule fängt es gleich an. Schreiben zu lernen, das heißt zu einem guten Teil: in Fragen der Rechtschreibung, der Groß- und Kleinschreibung gedrillt zu werden. Der Schüler kann den Sinn der Sache nicht so recht einsehen und lernt vornehmlich das eine: sich anzupassen, sich unterzuordnen. Phantasie zu entwickeln lernt er kaum. Auch die familiäre Situation ist nicht immer förderlich. Und, wenn im Zusammenhang der Familie produktiv über Literatur gesprochen wird, so werden hier zumeist die ästhetischen Standards der Erwachsenen (die vor Jahrzehnten *ihre* Bücher gelesen haben) weiterbefördert. Wenn überhaupt derartige Kommunikationszusammenhänge existieren. Wer hier alleingelassen wird, verarmt. Er verliert seine Sprache, um eine ihm fremde Sprache zu sprechen und zu schreiben.

›Phantasievolles‹ Schreiben wird in der Sozialisation der Jugendlichen von Elternhaus und Schule zwar gelegentlich freundlich aufgenommen, wird dann aber mit Hilfe der angeblich wichtigeren Technik etwa des ›Besinnungsaufsatzes‹ – also im Namen der ernsthaften Formen – im allgemeinen resolut unterdrückt. Ähnlich vollzieht sich in der Regel auch der nächste lebensgeschichtliche *break*, wenn man, auf der Universität, die nächste Fremd-Sprache: Wissenschaft lernen soll. Wenn man aufgefordert wird, sich mit den wissenschaftlichen Autoren und deren Sprache zu identifizieren, sich schreibend und sprechend deren Sprache anzueignen.

Um kein Mißverständnis zu erzeugen: dies ist kein Plädoyer dafür, der Auseinandersetzung mit der wissenschaftlichen Literatur aus dem Wege zu gehen. Das wäre borniert. Sich zeitweise mit der Sichtweise und Sprache eines bestimmten Autors, einer wissenschaftlichen Richtung zu identifizieren, kann einen nicht selten ein gutes Stück voranbringen.

Gemeint ist vielmehr dies: man sollte sich nicht einfach und ein für allemal überfahren lassen. Sollte darauf bestehen, daß eine Formulierung, die von einem selbst kommt, auch dann noch die wichtigere sein kann, wenn sie gegen andere Formulierungen – die man oft so ganz nicht versteht – abzufallen scheint. Gemeint ist, daß man sich das Schreiben-Können nicht aus der Hand nehmen lassen soll im Namen fremder Kategorien, die nicht – noch nicht – die eigenen sind. Man kann sich nicht schreibend verändern, wenn man sich aus dem Selbst-Schreiben heraushält.

Zum Schluß:

Eine Handlungsanweisung?

Im folgenden Hörspiel führen wir zum Abschluß exemplarisch vor, wie jemand, ein Leser, ein Konsument von Literatur, zu schreiben beginnt, zum Produzenten wird. Wir wollen damit nicht zeigen, wie ein bereits verschüttetes Schreibtalent doch noch in letzter Minute dem Buchmarkt gewonnen werden könnte. Wir sagen, dies sei eine *mögliche*, eine – aufgrund einer denkbaren Entwicklung der in der Sendung auftretenden Gesprächspartner – in der Zukunft liegende Szene. Wie aber ist eine solche Entwicklung denkbar?

Um den Übertritt zur *Produktion* von Literatur, den wir in dem Hörspiel vorführen wollen, zu verdeutlichen, lassen wir die betreffende Figur gleich einen Roman schreiben, als wenn dergleichen auf Anhieb möglich sei. Wir tun so, als ob man auf Anhieb über sich selbst schreiben könne. In Wirklichkeit ist der Prozeß, von dem wir sprechen, viel verwickelter, voller Widersprüche, weil voller Widerstände. Mit den Verformungen unseres Bewußtseins, mit der Einschüchterung durch das von uns allen verinnerlichte Bild der zum Schreiben angeblich Berufenen, ist nicht zu spaßen. Das läßt man nicht von heute auf morgen einfach hinter sich.

Worauf es ankommt, das ist ja auch nicht, nun auch seinerseits Kunst hervorzubringen, hohen Ansprüchen zu genügen. Worauf es ankommt, das wäre vielmehr, die eigene Erfahrung mit Literatur aus der strikten Begrenzung auf die Erfahrung des Nur-Konsumenten herauszulösen, den eigenen Blick auf die Literatur zum Blick eines Auch-Produzenten zu machen, zum Blick eines, der selbst Erfahrungen mit den Schwierigkeiten beim Produzieren von literarischen Gebilden gemacht hat und macht.

Wir, die Autoren, sind Ihnen gegenüber jetzt in einer mißlichen, weil widersprüchlichen Situation. Sie lesen (passiv), daß wir Ihnen vorschlagen, aktiv zu werden. Sie wägen unsere Vorschläge – lesend – in Ihrem Kopf ab. Aber ob das, was wir hier schreiben, richtig oder falsch ist, das können Sie nicht theoretisch entscheiden. Da müssen Sie sich schon unbeschriebenem Papier zuwenden. Wir können jetzt nicht mehr tun, als Ihnen noch einige Tips zu geben.

Also: Es müssen nicht unbedingt gleich Erfahrungen mit dem Schreiben sein, mit dem Schreiben als: Texte »aus sich herausstellen«. Fangen Sie doch mit einer Produktionsform des Instrumentebenützens an, beispielsweise mit Schere und Kleister, beispielsweise mit Tonband und Cassettenrecorder. Warten Sie nicht auf den Kuß der Muse, sondern fangen Sie an mit Materialien, die – scheinbar – mit Ihnen selbst nichts zu tun haben. Nehmen Sie Sprachmaterial, wie es Sie täglich umflattert: Zeitungsausschnitte, Illustriertenreklame, Photos und Karikaturen, Studienbegleitbriefe, Haus- und Schulordnungen, das Grundgesetz (z. B. § 5), Rahmenrichtlinien, Funk- und Fernsehtexte, Leitartikel. Oder Texte, die Sie mit Hilfe eines Recorders – daheim, auf der Straße, im Betrieb, im Unterricht – aufgenommen haben. Versuchen Sie, inhaltliche Bezüge und Widersprüche dieser disparaten Materialien montierend, collagierend festzumachen.

Vielleicht werden Sie zuerst peinlich – warum peinlich? – an Kinderspiele wie »Oma plätschert lustig in der Badewanne« erinnert. Aber Sie werden erfahren, die Sache bekommt fortschreitend einen Sinn, einen Sinn, den man vorher nicht einmal geahnt hat und der auch nicht durchweg vorausplanbar ist, hier auch nicht im voraus beschrieben und nachgewiesen werden kann. Weil er aus dem Material selbst erwächst, und mit ihm auch der Spaß an der Sache, die Lust am spielenden Lernen. Die Lust nämlich, Verbindungen herzustellen, Widersprüche herauszuspielen, Beziehungen herzustellen zwischen den einzelnen Fertigteilen, die man miteinander/gegeneinander montiert.

Das wäre ein möglicher erster Schritt. Er hat bereits eine Menge mit dem zu tun, was das Schreiben, die Produktion von Literatur, ausmacht. Von sich selbst abgelenkt – nicht aber abgezogen: die aufgeführten Materialien haben mit Ihren alltäglichen Erfahrungen sehr viel zu tun –, können Sie lernen, daß literarische Produktion im wesentlichen heißt: durch inhaltliche Interessen gesteuerte Organisation von Materialien.

Dann kann's weitergehen, man hat die Collage vor sich liegen; vielleicht entscheidet man sich für die rein sprachbezogene Weiterarbeit. Dann wird man die collagierten Texte erst mal abschreiben: sie verändern sich, obwohl es dieselben Worte sind. Weil die Bruchstellen, die durch die unterschiedlichen Drucktypen, durch die unterschiedlichen Papiersorten, durch die Schnittränder bei der Collage noch kenntlich waren, so jetzt nicht mehr erkennbar sind. Man wird da etwas verändern müssen, wenn man das im ersten Arbeitsgang Gelernte nicht verlieren will. – Aber was?

2. Leo Kreutzer, Jürgen Peters

Vom Schreiben

In diesem Land kann jeder schreiben.
Schreiben lernt man in der Schule.
In diesem Land muß jeder schreiben können.
Gesuche schreiben.
Aufsätze schreiben.
Prüfungsarbeiten schreiben.
Dienststundennachweise schreiben.
Berichte schreiben.
Gutachten schreiben.
Briefe schreiben.
Lebensläufe schreiben.
Manche Leute schreiben, weil sie dazu aufgefordert werden.
Von Eltern, Lehrern, Behörden, vom Ehepartner.
Manche Leute schreiben, weil sie sich etwas davon versprechen.
Journalisten, Wissenschaftler, Schriftsteller.
In diesem Land kann jeder schreiben.

Ausrufer: Damen und Herren!
Es beginnt der zweite Teil des Spektakels über das Gewohnte und das Schwierigste: über das Lesen und das Schreiben.
Sie werden seltsame Neuigkeiten erfahren, Neuigkeiten über eine Ihrer Fähigkeiten. Vernehmen Sie mit Erstaunen:
Sie schenken ihr nicht die ihr zukommende Beachtung.
Sie können lesen, Sie sind Leser, Sie sind Kenner!
Sie können schreiben, ja, Sie können schreiben.
Sind Sie Schreiber, sind Sie Kenner?
Sind Sie, frage ich Sie, Schriftsteller?
Sie sind, werden Sie antworten, klar, keine Schriftsteller.
Sie können schreiben. Sie können nicht schreiben.
Lenken Sie Ihr Interesse auf diesen Widerspruch.
Verfolgen Sie aufmerksam die Gespräche unserer beiden Freunde: sie stoßen auf diesen Widerspruch.
Und vernehmen Sie dazu auch heute wieder einige Ansichten von Schriftstellern. Von Kennern.
Wir beginnen mit dem
(Trommelwirbel)

LEBENSLAUF EINES, DEM MAN DAS SCHREIBEN BEIGEBRACHT HAT

A: In den Sommerferien, früher, sind wir immer an den Strand gefahren. Einmal – ich war vielleicht fünf Jahre alt – habe ich zum ersten Mal gemerkt, was das ist: Sich selbst zusehen. Ich sah mir zu: Wie ich mit einem Ast in den Sand zu schreiben versuchte. Wörter.

Als ich eingeschult werden sollte, meinte mein Vater, ich müsse doch wenigstens *einen* einzigen Buchstaben schreiben können. Für den ersten Schultag. Einen Buchstaben oder wenigstens eine Zahl. Wir haben dann einen ganzen Nachmittag lang geübt. Mein Vater war sehr geduldig mit mir, aber ich kriegte es einfach nicht hin. Da wurde mein Vater ärgerlich. Ich heulte. Meine Mutter hat mich dann erlöst.

Das Schreiben habe ich dann trotzdem gelernt. Erst auf der Schiefertafel. Dann mit Tinte und Stahlfeder. Das war unangenehm immer mit der Tinte an den Fingern. Wenn man die abgescheuert hatte, waren die Finger immer so merkwürdig rot und es prickelte. Es gab auf den Zeugnissen eine Zensur für Schrift und Sauberkeit. Mein Vater sagte, wenn ich auf die Oberschule wollte, müßte ich das mit Schrift und Sauberkeit lernen.

Auf der Volksschule haben wir zum Schluß richtig schöne Aufsätze geschrieben. Lange Geschichten, einmal sogar reichte bei mir das Heft nicht aus, ich mußte ein neues anfangen. Das war eine lange Geschichte, mit einer Sturmflut, Land-Unter, Krachen und Heulen und berstende Nacht, Rettung aus Seenot. – Ich hatte gerade einen Film gesehen über den Seenotrettungsdienst.

Der Aufsatz war sehr lang und ich hatte viele Fehler gemacht. Die Lehrerin fand ihn toll. Ja: Toll. Das stand wörtlich drunter. Und die Zensur: Eine Eins.

Mein Vater sagte mir, auf der Oberschule dürfe man nicht so viele Fehler machen. Und die Sauberkeit!

An diesen Aufsatz denke ich noch immer gerne. Wie ich ihn geschrieben habe.

Auf der Oberschule haben wir dann die richtigen Ausdrücke gelernt. Das richtige Wort zur richtigen Zeit. Da konnte man nicht so einfach drauflos schreiben, wie einem der Schnabel gewachsen war. Auf der Oberstufe lernte ich dann das Aufsatzschreiben. Besinnungsaufsatz hieß das dann. Man mußte ein Thema erörtern und zu einer Antwort kommen.

Ich erinnere mich noch ganz genau an einen heißen Sommertag. Und an diesen Schulgeruch: Diese Mischung aus billigem Bohnerwachs, Schulbrot und Schülerschweiß.

Besinnungsaufsatz. Ich hatte die Stoffsammlung abgeschlossen.

Ich hatte die Gliederung gemacht. Ich war mitten drin in der Reinschrift, es war eine Stunde vor Schluß. Da merkte ich, beim Schreiben, daß ich mittlerweile eine ganz andere Meinung hatte, in meinem Kopf. Genau das Gegenteil von dem, was ich gerade schrieb. Der Gedanke war unheimlich schnell da und ganz voll im Kopf. War wohl beim Schreiben gekommen.
Da war guter Rat teuer. Konnte ich es riskieren, ohne Kladde die neue Konzeption gleich in Reinschrift zu schreiben? Fehler, Schrift: Das spielte für die Zensur immer noch eine Rolle. Ich tat dann das einzig Richtige: Ich hielt an der alten Fassung fest. Für den Aufsatz habe ich eine meiner wenigen Einsen gekriegt. In Deutsch.
Nebenbei, zuhause, habe ich dann auch Tagebuch geschrieben, habe ich es auch mit Gedichten versucht – *O wenn Tage wie dieser nie endeten* –: Aber das war wohl alles nichts.
Als das Studium begann, habe ich das dann schlagartig aufgegeben. Als Student habe ich nur noch wissenschaftlich gearbeitet. Wenn ich mir meine Referate – Semester für Semester – heute noch mal durchsehe, kann ich erst ermessen, was für Fortschritte ich gemacht habe. Damals. Am Anfang war, was ich schrieb, doch noch sehr subjektiv gefärbt. Irgendwie unernst. Nach und nach habe ich dann aber gelernt, lernen dürfen, muß ich wohl sagen, daß man sich selbst völlig raushalten muß. Man muß die Dinge objektiv sehen, wenn man ernst genommen werden will. Und: Wer ist man eigentlich, als Anfänger. Und wer sind die anerkannten Fachleute. Mit denen muß man sich ja als Student auseinandersetzen. Mit deren Gedanken, mit deren Formulierungen. Die machen einem ja vor, was das heißt:
Objektiv, wissenschaftlich zu arbeiten.

Ausrufer: WAS SO VON SCHRIFTSTELLERN GEDACHT WIRD
Z: Schriftsteller schreiben Bücher.
Schriftsteller sind anders.
Schriftsteller verdienen viel Geld.
Eigentlich sollten Schriftsteller ganz arm sein.
Und die *Dichter* müssen es sogar sein.
Nicht jeder Schriftsteller ist auch ein Dichter.
Dichter – Schriftsteller: das ist doch dasselbe.
Dichter haben lange Haare.
Schriftsteller haben überhaupt keine Moral.
Schriftsteller müssen zu allem etwas *sagen* können.
Schriftsteller müssen auch zu *allem* was sagen.
Schriftsteller sollten über der Tagespolitik stehen.

Schriftsteller haben Glück bei den Fraun.
Die großen Dichter sind alle schon tot.
Dichter tragen zur Ehre der Nation bei.
Dichter kann nicht jeder sein.
Readie: Dichter waschen sich nicht. Ich hab mal einen gekannt.
Writey: Sei ruhig, Readie.
Readie: Selber ruhig.

Ausrufer: LEBENSLAUF EINES, DEM MAN DAS SCHREIBEN ABGEWÖHNT HAT

B: In der ersten Schulklasse kam mir das Schreiben vor wie die Fortsetzung meiner Baukasten-Spiele. Das große B war die Marktfrau, das kleine i ein Junge mit Pudelmütze, das große sein Vater.
Als sich dann herausstellte, daß die Buchstaben nur Zeichen waren, Zeichen für anderes, hat mit die Sache bald keinen Spaß mehr gemacht. Lernen, meinte der Lehrer, sei das eine, Spielen das andere. Die Buchstaben durften nicht mehr purzeln, sie mußten strammstehen. Wer nicht gerade schreiben kann, sagte der Lehrer, kann auch nicht gerade leben. Ihr müßt in einer geraden Linie schreiben und nicht über den Rand, wer über den Rand schreibt, übertritt auch die Gesetze.
Natürlich habe ich dann Schreiben gelernt, ich hab' das schon so weit mitgemacht, daß ich nicht zurückblieb hinter den andern. Bin auf die Oberschule gekommen, obwohl Rechtschreibung nie meine Stärke war. Und auf der Oberschule hat sich dann ja auch einiges verändert, nicht mehr nur die ewigen Diktate, da fingen wir bald an, richtige Aufsätze zu schreiben. *Mein schönster Ferientag, Der erste Schnee* und so. Da bin ich der Sache wieder nähergetreten, das hatte wieder mit Spielen zu tun. Seine Phantasie spielen lassen, wie man so sagt. Da fand ich das ganz prima, etwas über mich schreiben zu können. Ich galt da auch ganz schnell als phantasievoller Schüler, bekam gute Noten, Angst hatte ich eigentlich nur immer vor den Diktaten. Ja, und dann bekamen wir einen anderen Deutschlehrer, der hatte seine eigenen Vorstellungen, was in so einem Aufsatz zu stehen hatte. Ich erinnere mich noch ganz genau, wo ich den Knacks bekam. Da sollten wir etwas über den Herbst schreiben, ich fand das ein schönes Thema, mit dem ich viel anfangen konnte. Mir kam der Herbst ganz lustig vor, da wurde alles ganz bunt und der Wind blies einen manchmal fast vom Fahrrad. Das habe ich alles aufgeschrieben und fand, es war ziemlich gelungen. Als wir die Aufsätze zurückbekamen, behielt der Lehrer mein Heft bis zuletzt. Dann hat er meine Arbeit vorgelesen. Als ein Beispiel dafür, wie ein Herbst-Aufsatz nicht

sein darf. »Der Herbst ist die Zeit, da die Natur sich zu sterben anschickt.« Man kennt das. Also Thema verfehlt, mangelhaft. Da hab ich begriffen, daß das mit dem ›selbst schreiben‹ ein riesiger Schwindel war. Hier ging's wieder einmal nur ums Recht-Schreiben, also lernen zu treffen, was andere einem vorschreiben, genau darauf achten, auf der Linie und nicht über den Rand zu schreiben. Nur, daß Linie und Rand nicht mehr, wie beim Schreibenlernen in der Volksschule, in die Hefte eingezeichnet waren. Man mußte rausfinden, wo sie im Kopf des Deutschlehrers verliefen. Und das war ja auch lächerlich einfach, das rauszukriegen, wenn man das Problem einmal geschnallt hatte, es gab genug Typen, die hatten das genau raus und sahnten die guten Noten ab. Was mich betrifft: ich hab halt wieder geschaut, daß ich immer so gerade durchkam. Und wenn ich einmal etwas für mich festhalten wollte, was man so ein Erlebnis nennt, dann hab ich das in so eine Art Tagebuch geschrieben. Nicht regelmäßig. Manchmal lese ich das heute nochmal nach. Dabei fällt mir immer auf, daß ich auch ziemlich viel Sachen aufgeschrieben habe, mit denen ich damals nicht klarkam.
Vielleicht schreibe ich noch einmal eine Geschichte. Einen Roman oder so. Für mich. Nur so: Muß ja nicht immer alles gleich veröffentlicht werden.

Z: James Joyce, *Ulysses*. 1922
Müde?
Er ruht. Er ist gereist.
Mit?
Sindbad dem Seefahrer und Tindbad dem Teefahrer und
Findbad dem Feefahrer und Rindbad dem Rehfahrer und
Windbad dem Wehfahrer und Klindbad dem Kleefahrer und
Flindbad dem Flehfahrer und Drindbad dem Drehfahrer und
Schnindbad dem Schneefahrer und Gindbad dem Gehfahrer und
Stindbad dem Stehfahrer und Zindbad dem Zehfahrer und
Xindbad dem Ehfahrer und Yindbad dem Sehfahrer und
Blindbad dem Phthefahrer.

B: Neulich habe ich das in der Sesam-Straße wiedergesehen: wie die mit diesen Buchstaben-Klötzen hantieren. Da sind die Buchstaben erst mal wie Personen, haben ein eigenes Leben, und wenn sie sich zusammentun, kommen Wörter dabei raus. Unheimlich lustig.

Ausrufer: Damen und Herren!
Sie können schreiben. Sie können nicht schreiben.
Sie sind keine Schriftsteller.
(Pause)
Warum eigentlich sind Sie keine Schriftsteller?

Z: Hermann Hesse, *Kurzgefaßter Lebenslauf*. 1925

Die Sache war so: von meinem dreizehnten Jahr an war mir das eine klar, daß ich entweder ein Dichter oder gar nichts werden wolle. Zu dieser Klarheit kam aber allmählich eine andre, peinliche Einsicht. Man konnte Lehrer, Pfarrer, Arzt, Handwerker, Kaufmann, Postbeamter werden, auch Musiker, auch Maler oder Architekt, zu allen Berufen der Welt gab es einen Weg, gab es Vorbedingungen, gab es eine Schule, einen Unterricht für den Anfänger. Bloß für den Dichter gab es das nicht! Es war erlaubt und galt sogar für eine Ehre, ein Dichter zu sein: das heißt als Dichter erfolgreich und bekannt zu sein, meistens war man leider dann schon tot. Ein Dichter zu werden aber, das war unmöglich, es werden zu wollen, war eine Lächerlichkeit und Schande, wie ich sehr bald erfuhr. Rasch hatte ich gelernt, was aus der Situation zu lernen war: Dichter war etwas, was man bloß sein, nicht aber werden durfte.

B: Ich meine das ganz ernst: Warum bist Du eigentlich kein Schriftsteller geworden?

A: Ein Schriftsteller?

B: Hast Du Dir niemals vorgestellt, das als Job, als Beruf zu machen?

A: Man wird nicht Schriftsteller wie man Taxichauffeur wird. Oder Bademeister. Das kann man sich doch nicht einfach aussuchen. Oder vornehmen. Das ist man oder man ist es nicht.

B: Aber bevor einer sowas ist, ist er es doch *geworden.*

A: Ich denke mir, daß man das eines Tages bemerkt: Daß man berufen ist.

B: In meiner Klasse war so einer. Ein Dichter. Hat er gesagt. Ich war so um fünfzehn. Du weißt ja: Als man damals anfing, mit den Mädchen vom Lyzeum rumzugondeln, auf den Mopeds ... Unser Dichter hatte kein Moped. Mit Absicht. Der hat sein Geld bei den Buchhändlern gelassen. Und das war keine Fehlinvestition, stellte sich heraus. Der hat nicht nur gelesen, sondern auch gedichtet. Aber Genaues konnte man damals nicht erfahren. Uns hat er nichts gesagt. Aber auf dem Lyzeum gab es einige, die hatten da genauere Vorstellungen. Es hieß, er liest denen seine Gedichte vor. Abends ...

Heute macht er in der Zeitung den Lokalsport.

A: Sag ich ja: Gehört mehr dazu, zum Dichter, als Backfische anhimmeln.

B: Der hat dann sogar noch ein Buch geschrieben, einen Roman. Ist sogar gedruckt worden. Und dann haben die Zeitungen zugeschlagen. Negativ, absolut negativ. Aus war's.

A: Sag ich doch. Das war eben kein richtiger Dichter. Höchstens ein Schriftsteller. Und auch das nicht mal. Sonst hätte der sich

doch durchgesetzt, auf die Dauer. Hätte sich nicht nur mit dem Journalismus begnügt. Wenn da wirklich was gewesen wäre, was Echtes. Der hätte sich hingesetzt, unbeirrt, und hätte sein zweites Buch geschrieben, sein drittes. Und: Auf die Dauer setzt sich ein Dichter dann auch durch. Wir haben schließlich eine Literaturkritik, im Fernsehen gibt es die Magazinsendungen, mit den Interviews. Die Buchmessen-Sondersendungen.
B: Du sagst es. Ist alles wie bei meinem Schulfreund. Nur, daß er das nicht gehabt hat: Die Reklame. Das ist doch wie im Geschäftsleben. Das ist doch Geschäftsleben.
Wer die bessere Reklame hat, der verkauft besser. Und kann dann weiterproduzieren.
Z: Levin L. Schücking, *Soziologie der literarischen Geschmacksbildung*. 1923
Mit der schlichten Weisheit, daß das Gute sich durchsetzt, mit der sich so viel verkannte Leistung tröstet, ist der wahre Verlauf der Dinge nur sehr unzureichend gekennzeichnet. Dieser Grundsatz erinnert vielmehr an jenen, daß, wo die Not am größten, Gottes Hilfe am nächsten ist, der zur Rückenverstärkung in verzweifelten Lagen einen hohen praktischen Wert haben mag, aber dessen logische Gültigkeit recht zweifelhaft ist – trotz aller rührenden Fälle, die sich in alten Schullesebüchern finden. Dem schaffenden Künstler wird der Besitz dieses Glaubens an den Endsieg des Guten von Nutzen sein, dem literarhistorischen und soziologischen Betrachter aber, der sich einschränkungslos zu ihm bekennt, fehlt es an Kritik. Er kann dem Glauben daran, daß das Gute sich durchsetzt, nur zweifelnd entgegenhalten, ob es nicht oft eher umgekehrt ist, d. h. daß das, was sich durchsetzt, hernach als das Gute betrachtet wird.
A: Die Frage, ob man ein Dichter ist oder nicht, das hat mit dem – wie man heute sagt – Kulturbetrieb überhaupt nichts zu tun. Überhaupt nichts. Das ist eine Frage der Begabung.
B: Das weißt Du ganz genau? – Woher?
A: Von mir selbst. Ich weiß nämlich, wovon ich spreche.
B: ?
A: Ich muß noch einmal auf meinen Deutschunterricht zurückkommen, tut mir leid. – Da ist einem doch der ganze Abstand bewußt geworden, wenn man gerade einen Aufsatz geschrieben hatte, einen Erlebnisbericht, wie das hieß. Und die Woche darauf las man im Unterricht den *Homo faber* von Max Frisch. Oder den *Tonio Kröger* von Thomas Mann, der hat mir überhaupt viel bedeutet. Da ist einem dann schon klargeworden, wie bescheiden die eignen Fähigkeiten waren. Und daß es schon viel war, an der Literatur als verständiger Leser teilhaben zu dürfen. Man kann

sich ja auch in dem wiederfinden, was andre geschrieben haben. Und schreiben.

B: Und das war genau der Punkt, wo Du aufgehört hast, für Dich selber zu schreiben?

A: Eigentlich: ja. Obwohl ich noch einige Versuche gemacht habe, dann, so etwas wie Literatur zu schreiben. Aber ich kann von mir sagen, immerhin, daß ich eine flüssige Feder schreibe. Briefe, Gutachten, mal eine kleine Rede.

Es ist doch klar, daß es zwischen einem richtigen Schriftsteller und jemandem, der, wenn das mal anfällt, ganz leidlich schreiben kann, einen gewaltigen Abstand gibt.

B: Und dazwischen, zwischen den beiden, ist nichts?

A: Doch, ein Abgrund.

Readie: Die Geschichte von dem Kanarienvogel, der mit dem Kopf durch die Wand wollte. – Erzähl mal, Writey.

Writey: Eine ganz traurige Geschichte. Ich kann nicht, mir kommen die Tränen...

Ausrufer: Zur allgemeinen Entspannung, Damen und Herren, und um Ihre Tränendrüsen nun doch nicht zu kurz kommen zu lassen, folgt nun, in der dritten Abteilung, eine wahre Geschichte: der

(Trommelwirbel)

TELEFONZELLEN-BLUES

A: Ich war noch Student und mußte abends telefonieren gehen. Ich hatte kein eignes Telefon. Um zehn Uhr, wenn das Telefonieren billiger wurde, standen immer viele Leute vor der Telefonzelle. Einige kannte man schon. Man mußte warten. Und man sah, wie die anderen, die vor einem dran waren, in der Zelle standen und redeten. Man verstand kein Wort von dem, was sie sagten, und ich fragte mich manchmal, was denn da gesprochen wurde.

Ich erinnere mich besonders genau an einen Mann, der sehr lange telefonierte. Es war ein heißer Sommertag gewesen, man sah, wie der in dem Kasten, der ja unheimlich heiß sein mußte, immer mehr ins Schwitzen kam. Einmal mußte er sogar sein Taschentuch nehmen und den Hörer abwischen. Und das war gar nicht so einfach für ihn. Er durfte ja nicht den Moment verpassen, wo das nächste Markstück fällig wurde. Die Markstücke lagen gestapelt oben auf dem Telefonkasten. Daneben die Groschen, zur Reserve. Was die Sache kompliziert werden ließ, war, daß er einen Packen Zettel in der Hand hielt. Er *sprach* nicht mit seinem Gegenüber, er las ab. Man sah, wie er sprach und sprach, in den Hörer rein, und das alles ablas.

Es schien um Wichtiges zu gehen. Man sah das an seinem Rücken.

Der verkrampfte sich immer mehr. Und man sah es daran, daß er immer röter wurde im Gesicht. Aber das kann auch an der Hitze gelegen haben.
Manchmal legte er die Papiere aus der Hand. Wenn er zahlen mußte oder wenn er das, was er sagte, durch Gesten unterstreichen mußte. Es waren hilflose Gesten.
Er kam immer mehr in Schwierigkeiten. Immer häufiger klemmte er den Hörer zwischen Kopf und Schulter ein, um die Hände frei zu kriegen. Er suchte immer hektischer in seinen Zetteln rum. Es war offenbar so, daß er das Gespräch ungeheuer genau vorgeplant hatte. Er hatte nicht nur das aufgeschrieben, was *er* sagen wollte. Er hatte sich auch überlegt, was der andere – ich nehme an, es war seine Freundin, oder seine Frau, vielleicht waren es auch die Eltern, die das Geld gestoppt hatten, vielleicht ging es auch um den Kauf eines Autos, aber das glaube ich nicht –, er hatte sich also offensichtlich überlegt, was der andere am anderen Ende der Leitung mutmaßlich sagen würde.
Und er hatte sich das, was er dann darauf spontan antworten würde, gleichfalls notiert. Auf seine vielen Zettel.
Man konnte durch die Scheibe der Telefonzelle sehen, daß sie, auf der anderen Seite der Leitung, ihn immer mehr in die Enge trieb. Die Suche nach den Zetteln wurde immer hektischer. Der Rücken immer gespannter.
Dann fiel ein Zettel auf den Boden der Zelle, er merkte es nicht. Und es schien gerade dieser Zettel zu sein, den er jetzt gerade so unendlich notwendig brauchte.
Das alles war dann ganz schnell zu Ende, ich weiß nicht wie und weshalb. Vielleicht war auch das Münzgeld ausgegangen. Vielleicht hatte sie einfach aufgehängt.
Ausrufer: Eine wahre Geschichte, Damen und Herren!
Aber vernehmen Sie nun, in der vierten Abteilung, einige sehr beherzigenswerte Ansichten über die hochwichtige Frage:
(Trommelwirbel)
WIE LESEN ZUM SCHREIBEN BILDET
UND SCHREIBEN ZUM LESEN
Z: Martin Walser, *Eine Zelle Öffentlichkeit.* 1975
Die meisten Bücher, Stücke und Filme werden gemacht, weil die Macher nicht so genau wissen, wer sie sind und ob sie so sein dürfen, wie sie gern wären. Jedem wird das Selbstbewußtsein schwer gemacht.
B: Literatur im Deutschunterricht, jetzt fange *ich* davon nochmal an, also wenn das losgeht, daß da so Texte von Dichtern gelesen werden, das wird einem ja erstmal so erklärt, daß man da lernen kann, wie man über was scheibt. So mit elf oder zwölf, nach meiner

Erinnerung, da wurden im Unterricht Stücke aus dem Lesebuch durchgenommen, also meinetwegen eine Naturbeschreibung, sagen wir von Conrad Ferdinand Meyer. Dann konnte man fast totsicher wissen, daß das Thema des nächsten Deutschaufsatzes eine Naturbeschreibung war.

Readie: Schreibe freier mit C. F. Meyer.
Writey: Bann Deine Nöte mit J. W. Goethe.
Readie: Argumentierst Du wie Brecht,
wird die Note nicht schlecht.
Writey: Führst fleißig Thomas Mann Du an,
Dirs am Erfolg nicht fehlen kann.

B: Der Deutschlehrer war immer hinterher ganz wütend und traurig, wenn er meinte, man hätte für den Aufsatz aus der Beschäftigung mit dem Dichter-Text nichts gelernt.
Später hat sich das dann ganz merkwürdig verändert. Als die großen Werke an die Reihe kamen. *Wanderers Nachtlied*, oder *Wilhelm Tell*, der *Faust*. Das wurde einem eher als etwas nahegebracht, das ganz weit weg ist, oder: Ganz hoch, unerreichbar. Da ging's gar nicht mehr darum: Wie ist das *gemacht*, und was kann man *davon* lernen? Was will der Dichter uns sagen, das war hier die Frage. Meisterwerke, aber von einer Meisterschaft, die nicht als erlernbar galt.

Z: Arthur Schopenhauer, *Über Bücher und Lesen.*
Keine schriftstellerische Eigenschaft, wie z. B. Überredungskraft, Bilderreichthum, Vergleichungsgabe, Kühnheit oder Bitterkeit, oder Grazie, oder Leichtigkeit des Ausdrucks, noch auch Witz, überraschende Kontraste, Lakonismus, Naivität, u. dgl. m. können wir dadurch erwerben, daß wir Schriftsteller lesen, die solche haben. Wohl aber können wir hierdurch dergleichen Eigenschaften, falls wir sie schon als Anlage besitzen, in uns hervorrufen, sie uns zum Bewußtsein bringen, können sehen, was Alles sich damit machen läßt, können bestärkt werden in der Neigung, ja, im Muthe sie zu gebrauchen, können an Beispielen die Wirkung ihrer Anwendung beurtheilen und so den richtigen Gebrauch derselben erlernen. Dies also ist die einzige Art wie Lesen zum Schreiben bildet, indem es nämlich uns den Gebrauch lehrt, den wir von unsern eigenen Naturgaben machen können, also immer nur unter Voraussetzung dieser. Ohne solche hingegen erlernen wir durch Lesen nichts, als kalte, todte Manier, und werden zu seichten Nachahmern.

B: Ich meine: Natürlich kann man lesend schreiben lernen. Wenn man nämlich danach sieht, *wie* der das gemacht hat, wie er diese und jene Schwierigkeit gelöst hat. Also nicht: Meister Goethe, sondern: Goethe, der schreibende Kollege.

Und sicher, man kann schreibend lesen lernen.
Wenn man nämlich danach sieht, wie man selbst das macht, wie man an diese oder jene Schwierigkeit herangeht, die eine oder andere Lösung ausprobiert. Da kriegst Du richtig einen Blick dafür, welche Kniffe die Kollegen drauf haben, die's soweit gebracht haben, gedruckt zu werden.
Da erliegst Du dann auch nicht mehr so schnell der Macht des Gedruckten. Weil Du hinter dem fertigen Buch deutlicher die Arbeit des Entstehens siehst. Da war nämlich zuerst nichts, dann ein erster Entwurf, da hat dann vieles noch nicht gestimmt, also wieder ran, wer weiß wie oft, irgendwann das fertige Manuskript. Nun ist es gedruckt. Aber alles wird auch da noch nicht stimmen.
Z: Hans Reimann, *Die Dame mit den schönen Beinen.* 1916
Woran liegt es, daß Ihr Gedrucktes respektiert, Geschriebenes hingegen – *ungedruckt* – minder? – *Das liegt daran, daß Ihr alle schreiben könnt, aber nicht gedruckt werdet!*
Ein Glück, daß Ihr nicht alle gedruckt werdet!
Übrigens: warum werdet Ihr nicht alle gedruckt? – Ihr habt keine Beziehungen.
... Ihr alle lest mit gläubigem Ernste, was ich Euch auftische, und denkt, es sei Wunder was.
Es ist aber gar nichts.
Es ist bloß gedruckt.
Das ist der Witz.
Ja ja, der Respekt vor dem Gedruckten ist groß.
Ich werde mich drum hüten, Euch mein Manuskript hinzuzeigen.
Ausrufer: Damen und Herren!
Verfolgen Sie jetzt den dramatischen Vorgang: wie der Floh ins Wasser springt und so sein Leben aufs Spiel setzt.
In der folgenden – der fünften Abteilung – wird Ihnen demonstriert, daß derjenige, der schreibt, zwar allein ist
– beim Schreiben –
aber daß er nicht für sich allein schreibt.
Sondern für das zahlende Publikum.
Erfahren Sie, wie es jemandem ergeht, der das nicht bedachte.
Richten Sie Ihre Aufmerksamkeit auf die Ausgangssituation: sie ist nicht so ungewöhnlich!
Sie werden sodann die Reise eines einzigen Satzes miterleben.
Es wird Ihnen nicht entgehen, daß er sich verfärben wird wie ein Chamäleon.
Der Satz handelt, soviel sei schon verraten, von einem Mann und einer Frau.
Die Frau heißt Gisela, vorläufig wenigstens.
A: Eigentlich habe ich ja was ausgelassen in meinem Lebenslauf

vorhin. Ich meine die Frage, wann ich mit dem Tagebuch-Schreiben aufgehört habe.

Mir ist nämlich was Peinliches passiert, damals. Es war auf der Oberschule, kurz vor dem Abitur. Da hat ein Klassenkamerad mein Tagebuch rausgefischt aus meiner Aktentasche. Und hat in der Pause Sachen daraus vorgelesen. Das war offenbar sehr komisch: Für die anderen. Mir wars peinlich, sehr peinlich. Ich fand das roh.

B: Das *war* auch roh. Nicht nur menschlich, sondern auch ästhetisch. Was Du da in Dein Tagebuch notiert hast, und wie Du das geschrieben hast, das war ja nicht für irgendeine Öffentlichkeit bestimmt. Wenn Du Deinen Klassenkameraden hättest etwas schriftlich vermitteln wollen, dann hättest Du doch beim Schreiben schon eine andere, eine angemessenere Form gewählt, eine andere Sprache gesprochen.

A: Nein, die Peinlichkeit und das Gelächter hingen damit zusammen, daß es schlecht geschrieben war, damit, daß ich eben kein Schriftsteller bin. Wäre ich einer, dann hätten die das auch gut gefunden, was da stand.

Genau genommen, war mit diesem Tage meine ›Karriere‹ als Schriftsteller zu Ende.

B: Weil Du die Eigenart des von Dir benutzten Mediums nicht begriffen hast.

A: Mein Tagebuch ein Medium? – Was hat das mit Tischrücken zu tun? Oder mit dem Fernsehen?

B: Nicht nur das Fernsehen ist ein Medium. Medien, das sind alle Transportmittel für Mitteilungen. Wie Briefe, wie Zeitungen, wie Romane. Oder wie Dein Tagebuch. Da hast Du Dir selbst etwas mitteilen wollen.

Genau genommen, war Deine Karriere als Schriftsteller damals deshalb beendet, weil Du aus der Sache nichts gelernt hast: Als Schreibender.

Du hast die Reaktion Deiner Klassenkameraden für den Beweis genommen, daß Du nicht schreiben kannst. Was sie wirklich bewiesen hat, ist die Tatsache, daß nicht jedes Medium für jeden Gegenstand und für jede Art der Verbreitung geeignet ist. Themen brauchen *ihre* Medien, Medien formen ihre *Themen.* Man kann nicht alles in jedem Medium sagen, man kann nicht in jedem Medium alles sagen. –

Brillantfeuerwerk im Radio geht eben nicht.

A: Nun mal langsam, eins nach dem anderen. Das würde ich mal gern Punkt für Punkt mit Dir durchdiskutieren.

B: Ich schlage vor, wir untersuchen das Problem *praktisch.*

Es geht um folgendes: Du willst etwas sagen. Und Du willst

Mißverständnisse vermeiden. Du möchtest, daß das, was Du sagen willst, genau so beim andern ankommt, wie Du das gemeint hast.
A: Selbstverständlich. Das ist doch selbstverständlich.
B: Im Alltagsleben: Ja. Das hat man die vielen Jahre lang langsam gelernt. Aber für das Schreiben hat man das nicht so genau gelernt. Oder, man weiß es nicht, daß man es zum Teil, in bestimmten Bereichen, doch ganz gut beherrscht. Beim Briefschreiben zum Beispiel.

Ausrufer: ICH LIEBE DICH, GISELA
A: Der eine Satz aus meinem Tagebuch, damals, hieß:
»Ich liebe Dich, Gisela«. Und das stimmte auch.
B: Und wie gut kanntet Ihr Euch denn, Du und Deine Gisela?
A: Sie ging mit unserem Klassensprecher. Wir hatten noch nicht mal miteinander gesprochen. Und nach dieser Tagebuch-Panne war das schon ganz unmöglich.
B: Und wenn Du Gelegenheit gehabt hättest, sie doch irgendwo mal zu treffen, und sie hätte, nehmen wir mal an, nichts von Deinem Satz aus dem Tagebuch gehört, hättest Du das dann so ausgesprochen?
A: Natürlich nicht. Wir hätten dann nicht über so verfängliche Dinge geredet. Ich hätte dann versucht, meinen Satz irgendwie zu übersetzen. Vielleicht hätte ich ihr eine Rose geschenkt, keine rote, und gesagt: Rosen liebe ich ganz besonders. Es sind meine Lieblingsblumen.
B: Die Rose als Medium?
A: Ja, richtig. Ein Medium ohne Sprache.
B: Nun will ich mal einen großen Schritt machen, in dieser Geschichte. Nehmen wir mal an, Ihr hättet Euch näher kennengelernt. So daß dieser Satz nicht so aufgefallen wäre: »Ich liebe Dich, Gisela!«
A: *So* hätte ich das aber nicht ausgesprochen.
Ich hätte das irgendwie anders betont, einen anderen Tonfall dringehabt. Passend für die Situation. Der Ton macht die Musik. Ich hätte dabei eine Geste gemacht, vielleicht hätte ich sie dabei berührt, oder in die Arme genommen, je nachdem.
B: Und wenn Du ihr das durchs Telefon gesagt hättest?
A: Sicher, da hätte ich auch eine Geste gemacht. Aber wohl mehr für mich selbst. Weil ich sie in dem Moment gern berührt hätte. Und das nicht konnte. Aber ich hätte gewußt, daß es jetzt nur auf den Tonfall ankäme.
B: Und im Brief würde der Satz genauso gelautet haben wie in Deinem Tagebuch?

A: Vielleicht. Vielleicht auch nicht. Kommt darauf an. Vielleicht würde ich das im Brief irgendwie begründet haben. Im Tagebuch braucht man das ja nicht. Ich wußte ja, als ich das *mir* schrieb, wie sehr ich sie liebte. Im Brief würde ich das wahrscheinlich sagen. Genauer sagen. Aber, muß ich sagen, mir ist es immer fremd vorgekommen, solche Sätze in Briefen zu schreiben. Weil eben der Tonfall fehlt. Das sagt man doch lieber persönlich. Und man weiß überhaupt auch nie, was so dazwischen kommen kann. Ich habe da mal was Komisches erlebt. Es war ein verregneter Sommer, ganz kalt, und da habe ich in einem Brief mal so ein paar unglückliche Vergleiche gewagt. Sie sei die Sonne, die fehlt. Zwei Tage später kam der Brief bei ihr an, da hatte bereits der Sommer des Jahrhunderts zugeschlagen. Alles schwitzte wie eine Sau.
B: Das lag eben daran, daß Du Deinen Satz nicht wetterfest gemacht hast. – Briefe können manchmal sein wie der Nikolaus.
A: Wie was??
B: Ach, ich denke da an eine fatale Geschichte, die *mir* mal passiert ist. Ich wollte meine Freundin als Nikolaus überraschen. War gar nicht so einfach zu bewerkstelligen. Ich habe Tage damit verbracht, die Klamotten zu besorgen, Geschenke auszusuchen, für meinen Sack, klar: 'ne Rute auch. Ich hab' mich da immer mehr reingesteigert. Dann war der große Abend da. Ja, und als ich dann hinkam, da war sie gerade beim Haarewaschen, hatte auch Kopfschmerzen, ihr war gerade alles irgendwie zu viel. Na ja, das ging also ziemlich in die Hose.
A: Ah ja, ich verstehe. – So kann's halt gehn mit dem Briefeschreiben. Da hast Du etwas geschrieben, in 'ner besonderen Stimmung, und dann liest das jemand, der gerade ganz woanders ist. Also in der Regel telephoniere ich deshalb lieber. Und noch ein Vorteil: Telephongespräche kann man nicht aufbewahren und Jahre später fällt einem dann alles in die Hände. Das kann manchmal ganz schön peinlich sein, was man da einmal alles geschrieben hat.
B: Da gehört man dann plötzlich zu den Klassenkameraden, die übers Tagebuch lachen!
A: Lachen tut man ja nicht gerade. Ich wenigstens nicht. Aber man sieht, daß da doch was gefehlt hat, sprachlich.
B: Ich glaube nicht, daß da was gefehlt hat. Diese Briefe sind ja für einen Adressaten geschrieben gewesen, damals. Sie waren ja nicht dazu bestimmt, heute gelesen zu werden. Oder in eine Briefsammlung aufgenommen zu werden, die dann später einmal gedruckt wird.
A: Da hätte man dann doch ganz anders geschrieben. So wie man einen Aufsatz schreibt, oder einen Leserbrief an die Zeitung.
B: Man hätte versucht, die Sache wetterfest zu machen.

Readie: Die Geschichte von dem Kapitän und seinem ersten Offizier, erzähl mal, Writey.
Writey: Der Kapitän hat Bordwache, der Offizier hat frei.
Den freut das, und er besäuft sich.
Als er am nächsten Tag die Wache übernimmt und das Bordbuch, findet er dort die Notiz des Kapitäns:
Heute war der Offizier stinkbesoffen.
Am nächsten Tag übernimmt der Kapitän wieder die Wache.
Er schlägt das Bordbuch auf und liest:
Der Kapitän war heute nüchtern.
A: Ich erinnere mich da an eine Geschichte, die auf der Oberschule passiert ist, wir lasen den *Faust* von Goethe. Da sagt doch das Gretchen, nachdem sie den Faust kennengelernt hat: »Wenn ich nur wüßt, wer heut der Herr gewesen ist.« Eine Klassenkameradin hat sich dabei verheddert, war wohl auch nicht vorbereitet, hat jedenfalls den Sinn der Sache nicht mitgekriegt. Sie las: »Wenn ich nur wüßt, wer *heut* der Herr gewesen ist«. Das war sehr komisch. Wir haben sehr gelacht, wochenlang noch.
B: Über Goethe?
A: Nein, über das Mädchen. Das ist doch klar. Ohne den Versprecher wäre man nie darauf gekommen, dem Satz einen Nebensinn zu unterlegen. Man kann ja so einen Satz nicht isolieren. Da kommt es doch ganz entscheidend auf den Kontext an.
B: Und auf das Medium. Das kalkuliert man ja immer ein, wenn man schreibt. Man weiß ja schon, ungefähr wenigstens, wie das dann beim Adressaten ankommt. Bei einem Brief. Oder bei einem Gutachten. Wenn Du Deinen Satz »Ich liebe Dich Gisela« in einem Roman bringst, so steht da dann ja nicht nur: »Er sagte: ›Ich liebe Dich‹ ...«, sondern Du beschreibst ja auch, wer *er* ist und wer *sie*. In welcher Situation das gesagt wird. Im täglichen Leben brauchst Du das ja nicht extra zu sagen, das ist da ja selbstverständlich gegeben.
A: Bei einem Theaterstück kannst Du das aber nur in die Bühnenanweisungen schreiben.
B: Beim Theaterstück kannst Du von vornherein damit rechnen, daß dort Menschen aus Fleisch und Blut auf der Bühne stehen. Deren Anwesenheit mußt Du ja nicht erst – wie im Roman – in die Köpfe der Leute zaubern. Und die Sprache selbst ist dann auch nicht so wichtig wie im geschriebenen Buch. Auf der Bühne kann man das mit Gesten alles viel deutlicher machen. Der gesprochene Satz kommt dann irgendwie nur hinzu.
A: Ich mag *Filme* nicht, wo der Sprecher immer sagt, was die Menschen, die man sieht, gerade denken. Verhinderte Romanautoren sollten keine Filme machen. So wie ich im Roman kaum

noch Landschaftsbeschreibungen lese. Da gehe ich lieber ins Kino.

B: Aber es gibt doch auch noch Ausnahmen?

Z: Bertolt Brecht, *Der Dreigroschenprozeß.* 1931

Die alten Formen der Übermittlung bleiben durch neu auftauchende nicht unverändert und nicht neben ihnen bestehen. Der Filmesehende liest Erzählungen anders. Aber auch der Erzählungen schreibt, ist seinerseits ein Filmesehender. Die Technifizierung der literarischen Produktion ist nicht mehr rückgängig zu machen. Die Verwendung von Instrumenten bringt auch den Romanschreiber, der sie selbst nicht verwendet, dazu, das, was die Instrumente können, ebenfalls können zu wollen, das was sie zeigen (oder zeigen könnten), zu jener Realität zu rechnen, die seinen Stoff ausmacht, vor allem aber seiner eigenen Haltung beim Schreiben den Charakter des Instrumente Benützens zu verleihen.

Es ist zum Beispiel ein großer Unterschied, ob der Schreibende an die Dinge herangeht wie mit Instrumenten, oder ob er die Dinge »aus sich herausstellt«. Was der Film selbst tut, das heißt, wie weit er seine Eigenart gegen die ›Kunst‹ durchsetzt, ist dabei nicht gleichgültig. Es ist denkbar, daß die Schreibenden anderer Kategorien, also die Dramatiker oder die Romanschreiber, zunächst filmischer arbeiten können als die Filmleute. Sie sind zum Teil unabhängiger von Produktionsmitteln. Aber sie sind eben doch abhängig vom Film, seinem Fortschritt oder Rückschritt, und die Produktionsmittel der Filmschreiber sind durchkapitalisiert.

Writey: Mit?

Sindbad dem Seefahrer und Tindbad dem Teefahrer und
Findbad dem Feefahrer und Rindbad dem Rehfahrer und
Windbad dem Wehfahrer und Klindbad dem Kleefahrer und
Flindbad dem Flehfahrer und Drindbad dem Drehfahrer und
Schnindbad dem Schneefahrer und Gindbad dem Gehfahrer und
Stindbad dem Stehfahrer und Zindbad dem Zehfahrer und
Xindbad dem Ehfahrer und Yindbad dem Sehfahrer und
Blindbad dem Phthefahrer.

Ausrufer: Das kann ich auch, werden Sie, Damen und Herren, jetzt sagen.
Stimmt!
Das können Sie auch, Damen und Herren, sage ich!
Sie können lesen, Sie können schreiben.
Warum eigentlich sollten Sie nicht schreiben können?

Z: Johann Georg Sulzer, *Allgemeine Theorie der Schönen Künste.* 1773

Wären die schönen Künste eben so genau an die natürlichsten und notwendigsten Bedürfnisse des Menschen gebunden, als die Kraft des Gehens, so würde die Natur ohne Zweifel jedem Menschen das Genie zu diesen Künsten eben so mildthätig gegeben haben, wie die zum Gehen nöthigen Fähigkeiten. Gehörte es so zu den Bedürfnissen der Menschen, daß jeder ein Dichter wäre, wie es dazu gehöret, daß jeder gehen könne, so wären wir alle gute Dichter, die wenigen ausgenommen, die durch Verwahrlosung oder andere Zufälle am Genie lahm wurden, wie einige Menschen an den Schenkeln gelähmt sind. Nun ist offenbar, daß nicht alle Menschen, deren Genie sonst ganz gesund ist, Dichter, oder Maler oder Tonkünstler sind.

Z: Sergej Tretjakow, *Die Kunst in der Revolution und die Revolution in der Kunst.* 1923

Erinnern wir uns: Jeder Mensch zeichnet in seiner *Kindheit*, tanzt, denkt sich treffende Wörter aus und singt. Warum dann aber genießt er, wenn er erwachsen ist, selbst extrem ausdrucksarm geworden, nur manchmal die ›Schöpfung‹ eines Künstlers? Hat diese Erscheinung nicht ihre Wurzel in den Bedingungen der kapitalistischen Arbeit, wo der Arbeitsprozeß ein Fluch ist und der Mensch nur auf die Minuten der Muße versessen ist? Ist denn der Verlust des aktiven künstlerischen Instinkts des Menschen, der ihn aus einem aktiven Produzenten in einen Zuschauer und Konsumenten verwandelt, als normal anzusehen?

A: Es bleibt nun aber doch noch das Problem, wie macht man das, daß das, was man sagen will, sozusagen mediengerecht wird?

B: Die Leute müssen das, was man schreibend ausdrücken wollte, wieder in ihren Köpfen zusammensetzen können. Daß sie nicht einfach Worte lesen, sondern daß sie die Sachen sehen, hören, fühlen, schmecken, verstehen können. Wenn Du für Leser schreibst, mußt Du die Handicaps, die dieses Medium hat, mit in Kauf nehmen. Und Du mußt mit ihnen fertigwerden.

A: Den Tonfall kriege ich nicht mit aufs Papier, richtig. Ich kann das, was ich sage, nicht mit Gesten unterstreichen, richtig. Ich kann keine Geräusche machen und auch kein Feuerwerk. Ich habe nur die Wörter.

Und die sind ja irgendwie unsinnlich – abstrakt.

Ein Satz wie »Ich liebe Dich« steht ja auf dem Papier ziemlich dumm da. Bestellt und nicht abgeholt. Oder er liest sich wie eine Phrase. Sagt keinem was. Das Drumrum fehlt. Das müßte ich dann wohl beschreiben. Aber so, daß andere das auch nachvollziehen können.

Auch der Name Gisela sagt ja erstmal keinem was. Aus dem Namen muß auf dem Papier ja eine Person werden. Der Name muß auf dem Papier sozusagen wieder versinnlicht werden. Gisela

muß aufhören – auf dem Papier –, eine Person nur in *meinem* Leben zu sein. Für den Leser wäre sie ja nur eine Figur in dem Buch. Sie muß also im Buch ihr eigenes Leben gewinnen. Dabei macht dann das Wort »Gisela« eine lange Reise. In meinem Leben war sie ganz gegenwärtig, als Wort auf dem Papier sah sie dann ganz abstrakt aus, ohne Leben. Hat nichts bedeutet. Und wenn ich sie dann mit Worten beschrieben habe, dann lebt sie wieder.
B: Und was hindert Dich daran, mit dem Schreiben anzufangen?
Readie: Hast du mal ein *Buch* geschrieben, Writey?
Writey: Natürlich, aber nicht persönlich.

Ausrufer: DER MYTHOS VON PYGMALION
Z: Pygmalion verliebte sich in Aphrodite, die Göttin der Liebe. Da aber die Göttin für ihn unerreichbar blieb, schnitt er ihr Bild in Elfenbein, legte es zu sich in sein Bett, und flehte es an, ihn zu erhören. Gerührt von soviel Sehnsucht, schlüpfte Aphrodite in ihr Abbild, belebte es mit menschlicher Wärme. Sie gebar ihm zwei Kinder.
Ausrufer: Eine unglaubliche Geschichte, Damen und Herren!
(kleine Pause)
Die letzte Abteilung unseres Spektakels spielt in der Möglichkeit.
Also vielleicht in der Zukunft.
Wir präsentieren Ihnen hier noch eine unglaubliche Geschichte: einer unserer beiden Freunde – ein Leser, kein Schriftsteller – hat etwas geschrieben.
Er hat sich verändert.
Beurteilen Sie unparteiisch: ist das wirklich so unglaublich?
Sie werden hören, wie unsere Freunde ihr Gespräch über Gisela fortsetzen.
Auch sie hat sich verändert.
Sie hören
(Trommelwirbel)

DAS GESPRÄCH ÜBER VERÄNDERUNG:
ERIKA, ICH LIEBE DICH.
B: Ist das in Deinem Text eigentlich noch dieselbe Gisela wie in Deinem Leben?
A: Nein, die hat sich irgendwie geändert. Sie hat seit jener Tagebucheintragung damals ein Eigenleben bekommen. Deshalb habe ich sie bald auch Erika genannt, in meinem Manuskript.
Als ich das Buch geschrieben habe, mit so was wie einer Handlung und so, da ist sie mir manchmal richtig davongerannt. Manchmal, allerdings, muß ich zugeben, konnte ich sie beim Schreiben auch nicht von der Stelle bringen.

B: Die Gisela, pardon: Die Erika war also jetzt eine Kunstfigur?
A: Ja und nein. Kunstfigur war sie als Erika im Buch, für einen Leser.
Für mich war sie noch etwas anderes. Ich hatte die Gisela, als die zur Erika geworden war, beschrieben als mögliche Gisela. Ich hatte Phantasie entwickelt und mir vorgestellt, was sie tun, was sie denken und fühlen könnte. Dazu war ich schon deshalb gezwungen gewesen, weil ich ja nicht alles von ihr wußte. Ich mußte also was hinzu erfinden. Was ging in ihr vor, wenn sie, was sie häufig tat, mit dem kleinen Finger der linken Hand gedankenlos ihre rechte Augenbraue massierte? Was hatte es mit diesem – wie sie selber zugab – furchtbar kitschigen Fingerring, mit dieser furchtbar billigen Emaille-Arbeit auf sich; sie trug ihn seit ihrem siebzehnten Lebensjahr.
Ich mußte also was hinzu erfinden. Für mich stellte sich dann bei der Arbeit heraus, daß ich auch über die tatsächliche Gisela eine Menge lernte. Ich hatte sie immer so gesehen, wie sie sich gab, wie sie gerne gesehen werden wollte. Und, so wie ich sie gerne sehen wollte.
Jetzt hatte ich eine Menge Neues über sie erfahren, über sie erfahren können, indem ich über sie schrieb. Als sie selbständig geworden war, als auch Gisela Erika geworden war, als ich sozusagen nicht mehr persönlich auf sie reagieren mußte, sah ich die ganze Geschichte komplexer, ich konnte, übrigens, auch mich distanzierter sehen als im Alltag. Ich hatte, stellte sich heraus, schreibend etwas klarmachen wollen.
Mir ist schreibend etwas klar geworden.
Ich habe mich verändert, schreibend.
Readie: Gisela – Erika. Und was hat er nun davon gehabt, real?
Writey: Die Königin ist tot. Es lebe die Königin!
Readie: Auf dem Papier!
A: Mir ist dann noch etwas aufgefallen. In meinem Manuskript standen auch Sachen drin, die ursprünglich gar nicht drinstehen sollten, von mir aus.
Ich habe Teile aus dem Manuskript hin und wieder mal Bekannten vorgelesen. Die sprachen darüber, und ich hatte manchmal den Eindruck, sie hätten mich verwechselt. Die reden ja über ein ganz anderes Buch, dachte ich. Die setzten aber ganz selbstverständlich voraus, ich wüßte, wovon die Rede war, redeten auf mich ein. Wenn ich verständnislos guckte, dachten sie, ich wolle sie verscheißern. Die hielten mich dann für arrogant.
Ich ließ mir dann die Stelle im Manuskript zeigen. Und dann stellte ich fest, daß die das ganz anders verstanden hatten, als ich wollte. Anfangs dachte ich, das seien Mißverständnisse, und ich müßte die

Passagen umschreiben. Aber, als mir dann die Leute Dinge über Erika, über Gisela sagten, die stimmten und die ich vorher nicht gewußt hatte, wurde mir klar, daß in so einem Buch dann auch mehr stecken kann, als unmittelbar von dem beabsichtigt, der es geschrieben hat.
Das war so beim Schreiben gekommen.
Z: Martin Walser, *Wer ist eigentlich ein Schriftsteller?* 1974
Selbst wenn unsere Tätigkeiten mehr uns als etwas verändern, kann man ja nicht sagen, man sei ohne Wirkung geblieben. Das heißt, wer sich schreibend verändert, der ist ein Schriftsteller.
Ausrufer: Nun wird es traurig, Damen und Herren.
Zücken Sie Ihre Taschentücher.
Große Veränderungen stehen bevor.
Internationale Verpflichtungen hindern mich daran,
für das Funkkolleg weiter zur Verfügung zu stehen.
Aber halten Sie dem Unternehmen die Treue,
es wird mit sachkundiger Hand weitergeführt werden.
Bleiben Sie Leser. Bleiben Sie Kenner.
Schreiben Sie doch mal!

II Literatur – Medium der Kommunikation

Mit dem folgenden Kapitel beginnt ein neuer Abschnitt. Das sollte uns veranlassen, noch einmal kurz zurückzublicken, um für das Folgende eine Orientierung zu schaffen, sowohl in formaler als auch in inhaltlicher Hinsicht.
Die beiden ersten Kapitel präsentierten sich in witzig-gelockerter Form, einer Form, die entwickelt wurde aus der Überlegung heraus, vor allem erste Anstöße, Anregungen, Denkimpulse zu vermitteln. Manchem werden Ready und Writey gefallen haben, andere haben sich vielleicht unmutig gefragt, wann es denn nun endlich komme, das Funkkolleg?
Nun, es wird bei diesem Eingangsstil nicht bleiben. Schon deshalb nicht, weil dieses Funkkolleg von vielen Autoren verfaßt wird und dabei sehr unterschiedliche Darstellungsweisen und Auffassungen zu Wort kommen werden und müssen. Der keineswegs bruchlose Entstehungsprozeß dieses Kollegs, der auch Widersprüche nicht umging, sollte durchaus in die Darstellung eingehen. Es wäre der Sache nicht angemessen gewesen, hätten wir dem Ganzen in nachträglicher Harmonisierung einen durchgängig einheitlichen Stil gegeben.
Damit sind wir schon beim Inhalt. Die beiden ersten Kapitel sollten anregen, nicht schon systematische Kenntnisse vermitteln. Aber das Funkkolleg wird in seinem weiteren Verlauf die hier gegebenen Anstöße wieder aufnehmen, wird die hier nur angedeuteten Inhalte zu füllen und zu beleben suchen, sei es nun im direkten Rückgriff, sei es in der indirekteren Form der inhaltlichen Weiterführung der Themenkomplexe.
Ein Leitthema ist damit bereits angesprochen: Immer wieder werden wir zu zeigen versuchen, daß die noch so komplizierten literarischen Formen ihren letzten Grund haben in Lese- und Schreibsituationen, wie sie die meisten von uns aus ihrem täglichen Leben kennen.
So gehen wir denn auch im zweiten Abschnitt, der von den literarischen Verständigungszusammenhängen handeln wird, nicht nur vom vorherrschenden Medium Buch aus, sondern erinnern daran, daß die längste Zeit unserer Kulturgeschichte Autor und Publikum als Sprecher und Hörer, also durch mündlichen Vortrag miteinander verbunden waren. Aber hier sind wir eigentlich schon mitten im folgenden Kapitel: es soll zum einen den Begriff der literarischen Verständigung an einer breiten Palette von Beispielen verdeutlichen und erproben; und dabei wird ein wesentliches Ziel des Kapitels schon in der Erweiterung des Blickfeldes liegen; zum anderen soll es die Wechselwirkung zwischen den literarischen Kommunikationsformen zeigen und auch damit anknüpfen an die beiden vorangegangenen Kapitel des ersten Abschnittes.

3. Johannes Janota, Karl Riha

›Sprechen‹ und ›Hören‹, ›Lesen‹ und ›Schreiben‹ als Formen der literarischen Kommunikation

1. Zur Veränderung des herkömmlichen Literaturbegriffs

Wenn wir im Gespräch den Begriff ›Literatur‹ verwenden oder bei der Lektüre auf diesen Terminus stoßen, verbinden wir damit üblicherweise Vorstellungen, die von einer spezifischen literarischen Kommunikationssituation, nämlich der des Bücherschreibens und Bücherlesens, abgeleitet sind. Die Verallgemeinerung dieser besonderen literarischen Situation gibt zu erkennen, welche überragende Rolle dem Medium Buch als Mittler zwischen Autor und Leser insbesondere nach Erfindung des Buchdrucks zukam und immer noch zukommt; dennoch verdeckt die selbstverständliche Verbindung des Begriffs Literatur mit dem Medium Buch, daß die längste Zeit unserer Kulturgeschichte nicht die Beziehung zwischen einem schreibenden Autor und einem lesenden Publikum dominant war, sondern Autor und Publikum jeweils als Sprecher und Hörer, also durch mündlichen Vortrag miteinander verbunden waren. Die Erinnerung an diesen historischen Sachverhalt scheint auf den ersten Blick für unseren heutigen Literaturbegriff belanglos zu sein. Wir möchten jedoch mit unseren Ausführungen zweierlei zeigen: zum einen verbleiben mit der Verabsolutierung des Mediums Buch weite Bereiche der literarischen Kommunikation unberücksichtigt; zum anderen treten auch die Wechselbeziehungen zwischen Mündlichkeit und Schriftlichkeit nicht in den Blick. Oder, um es positiv zu wenden: zum einen wird es darum gehen, den Begriff der ›literarischen Kommunikation‹ an einer Reihe von Beispielen zu verdeutlichen und zu erproben und so den Bereich dessen auszuschreiten, was sinnvollerweise unter den Begriff zu fassen ist; zum anderen wird zu zeigen sein, daß und wie auch heute noch, ohne daß es uns jedesmal bewußt zu werden braucht, die Formen literarischer Kommunikation sehr stark geprägt sein können von Formen und Situationen einer Verständigung, die wir traditionellerweise eben nicht der literarisch-schriftlichen Kommunikation zurechnen.
Schauen wir uns zwei Beispiele an! Das erste hat sich recht zufällig erhalten. Es handelt sich um den Text einer Postkarte, die 1908 von Bremen nach Berlin-Schöneberg lief. Vermutlich wurde sie aufgehoben, weil jemand – wie dann später auch wir – am Bildmotiv interessiert war, das einen bärtigen Seemann vom Profil her zeigt:

Liebe Guste! Dieser Kartengruß vorweg. Ich kann nun doch erst nächstes Wochenende kommen. Laß Dir die Zeit bis dahin nicht lang werden. Es grüßt Dich von Herzen Dein Karl.

Und im Nachtrag, im Postskriptum:

Ist dieser alte Fischerkopf nicht prächtig?

Als zweites Beispiel ein Gedicht aus der Straßburger Zeit des jungen Johann Wolfgang Goethe, also aus den frühen siebziger Jahren des 18. Jahrhunderts. Aus Goethes Selbstbiographie *Dichtung und Wahrheit* (1811–1822) wissen wir recht genau über die Entstehung des Textes Bescheid. Danach haben die Verse in der gelegentlichen Trennung von der Geliebten – der Pfarrerstochter Friederike Brion in Seesenheim – ihre Ursache:

Entfernt von mir, arbeitete sie für mich und dachte auf irgendeine neue Unterhaltung, wenn ich zurückkäme; entfernt von ihr, beschäftigte ich mich für sie, um durch eine neue Gabe, einen neuen Einfall ihr wieder neu zu sein. Gemalte Bänder waren damals eben erst Mode geworden; ich malte ihr gleich ein paar Stück und sendete sie mit einem kleinen Gedicht voraus, da ich diesmal länger, als ich gedacht, ausbleiben mußte.[1]

Das Gedicht selbst macht sich den knapp skizzierten Sachverhalt zum Thema, verändert ihn aber so, daß er zusätzliche Qualitäten gewinnt. Statt der Mode, die grassiert, sind es junge Rokokogötter, die den Dichter auf die Idee mit den Bändern bringen und ihm bei der Malerei behilflich sind. Den Postboten spielt der Zephir, der laue Westwind; mit dem Textverlauf wandelt sich das vordergründige Geschenk, das dem Mädchen schmeicheln soll, in ein tieferes Zeichen der Liebe:

Kleine Blüten, kleine Blätter
Streuen mir mit leichter Hand
Gute junge Frühlings-Götter
Tändelnd auf ein luftig Band.

Zephir, nimm's auf deine Flügel,
Schling's um meiner Liebsten Kleid!
Und dann tritt sie für den Spiegel
Mit zufriedner Munterkeit.

Sieht mit Rosen sich umgeben
Sie, wie eine Rose jung.
Einen Kuß, geliebtes Leben!
Und ich bin belohnt genug.

[1] J. W. v. Goethe: *Werke*: Hrsg. v. E. Trunz. Hamburg [7]1964, Bd. 9, S. 466.

Schicksal, segne diese Triebe,
Laß mich ihr und laß sie mein,
Laß das Leben unsrer Liebe
Doch kein Rosen-Leben sein!

Mädgen, das wie ich empfindet,
Reich mir deine liebe Hand!
Und das Band, das uns verbindet,
Sei kein schwaches Rosen-Band![2]

Ein gewöhnlicher – prosaischer – Postkartengruß das eine; der Aufschwung in den Vers, ein Gedicht als Zugabe zum kleinen postalisch vermittelten Geschenk für die ferne Geliebte das andere! Beide Texte haben sehr wenig miteinander gemein, wenn man sie mit der Elle des herkömmlichen Literaturbegriffs auf ihren Kunstcharakter hin befragt. Dann würde man sagen müssen: Postkarten von der zitierten Art wurden tausendfach produziert und verwendet, Goethes Verarbeitung des Anlasses aber ist in jeder Hinsicht einmalig.

Anders verhält es sich, wenn man beide Texte zunächst einmal ganz einfach als menschliche Verständigungsversuche begreift, oder, wie wir auch mit einem wissenschaftlichen Begriff sagen können: als ›kommunikative Akte‹. Denn dann zeigen sich rasch allerlei Gemeinsamkeiten, lassen sich plötzlich Vergleiche ziehen. Beide Male liefert ein im Moment nicht herstellbarer, verhinderter mündlicher Kontakt den Anlaß, um auf schriftlichem Weg die Verbindung herzustellen. Hier wie dort redet der Schreiber die ihm bekannte, aber im Augenblick von ihm getrennte Person an und beschäftigt sich in der Vorstellung mit ihr. In beiden Fällen spielt das beigegebene Geschenk – hier das modisch aktuelle Schmuckband, dort die gekaufte Bildpostkarte, ein vorgefertigtes Massenprodukt – eine nicht unwichtige Rolle. Beide Male mußte die Post bemüht werden, um die beabsichtigte Verbindung auch tatsächlich herzustellen; und schließlich finden sich spätere Leser – wie wir –, die eine Botschaft, die doch in erster Linie gar nicht für sie gedacht ist, zur Kenntnis nehmen. So betrachtet, wäre Goethes Gedicht gegenüber dem zitierten Postkartentext nichts qualitativ völlig Verschiedenes, sondern erwiese sich lediglich als die besondere Einlösung eines eigentlich sehr allgemeinen kommunikativen Bedürfnisses. Wenngleich – was hier einmal hintangestellt werden soll – noch zu klären bliebe, worin denn die Besonderheiten der beiden vorgestellten Texte liegen, dürfte doch deutlich geworden sein, daß es ein legitimer Ansatz ist, selbst hochpoeti-

[2] A.a.O., Bd. 1, S. 25 f.

sche Texte unter dem Blickwinkel der Kommunikation zu betrachten und zu analysieren.

2. Erweiterungen des herkömmlichen Literaturbegriffs in den Bereichen der schriftlichen bzw. auditiven und visuellen Kommunikation

Der Begriff ›Kommunikation‹ und Begriffsbildungen wie ›kommunikativer Akt‹, ›kommunikative Situation‹, ›kommunikative Bedürfnisse‹ usw. haben neuerdings in den Sprach- und Literaturwissenschaften, aber auch ganz allgemein in der Beschäftigung und Auseinandersetzung mit Kunst und Literatur ein erhebliches Gewicht erhalten. Einige sprach- und literaturwissenschaftliche Institute an den Universitäten haben sogar – im Zusammenhang der Reformen – ihre angestammten philosophisch-philologischen Ausschilderungen aufgegeben und sich zu kommunikationswissenschaftlich orientierten und danach dann auch benannten Fachbereichen zusammengeschlossen. Im kulturpolitischen Zusammenhang sprechen wir von ›Kommunikationszentren‹ und verstehen darunter die Ablösung der herkömmlichen ›Kulturtempel‹ – Theater, Konzertsaal, Oper – und ihre Verwandlung in allgemeine, nicht nur den besonderen Bildungsschichten vorbehaltene kulturelle Begegnungs- und Betätigungsstätten.

Die tatsächlichen Kommunikationsabläufe lassen sich modellhaft unterschiedlich veranschaulichen. Wir möchten aber – statt abstrakte Modelle vorzuführen – zunächst die bezeichnete Verständigungsfunktion von Literatur mit Hilfe einer breiteren Textpalette weiter verdeutlichen. – Für das *Funkkolleg Literatur* wurde der kommunikationswissenschaftliche Ansatz der Literaturbetrachtung deshalb in die Eröffnungsphase gerückt, weil sich von ihm aus die grundsätzlich kommunikative Anlage der Literatur, ihre Ausrichtung auf ein Hör- oder Lesepublikum unter Beweis stellen läßt, weil sich der Blick auf die Vielfalt der literarischen Erscheinungen, die ganze Breite des Literaturbegriffs öffnet und weil sich ein grober Aufriß der kommunikativen Bedingungen gewinnen läßt, denen die Literatur im Lauf ihrer Geschichte ausgesetzt war und bis heute ausgesetzt ist.

Gehen wir zunächst vom Bereich der schriftlichen Literatur aus, dann ist eine Dominanz der poetischen Hauptgattungen Lyrik, Drama und Epos bzw. Roman, wie wir sie – auch poetologisch begründet – schon aus der Antike kennen, natürlich nicht zu übersehen. Bei genauerem Hinsehen entdecken wir aber, daß sich die Literatur zu allen Zeiten neben, unterhalb und selbst innerhalb dieser klassischen Markierungen einen erstaunlich breiten Spielraum bewahrt hat, der die gängige Redewendung von den grenzenlosen Möglichkeiten der Literatur erst recht konkretisiert. Wir denken dabei besonders an den weitgesteckten Einzugsbereich für den breiten Strom kleiner und kleinster literarischer Kommunikationsformen und besonders an die Wechselwirkungen zwischen poetischen und außerpoetischen Genres (um mit der herkömmlichen Terminologie zu sprechen). Dazu einige Beispiele aus der literarischen Überlieferung unseres Jahrhunderts und aus der Gegenwartsliteratur:

Amerikanischer Agent sucht ausgestopfte Fürsten zu höchsten Preisen. [3]

Christian Morgenstern simuliert hier den *Anzeigenteil einer Tageszeitung,* aber *des Jahres 2407.* Wie er haben zahlreiche Autoren der engeren und weiteren Moderne immer wieder auf kommunikative Gebrauchsformen – speziell im Einzugsbereich der neueren Massenmedien Presse, Funk, Film bzw. Fernsehen oder in der Nachbarschaft moderner Werbung und Reklame – zurückgegriffen und dabei das vorgegebene Muster nicht nur reproduziert, sondern auch ironisiert, parodiert und sonst in Frage gestellt:

Mit deutschem Gruß: Am anderen Ende öffnen![4]

Eine ›Gebrauchsanweisung‹ von Kurt Schwitters aus den frühen zwanziger Jahren, gegen den wiederaufflammenden Nationalismus gerichtet, die Anfänge des Nationalsozialismus.
Oder nehmen wir ein ›Gedicht‹ von Ernst Jandl, das auf eine einfache Gesprächssituation – die Redefloskeln beim Kaffeetrinken – zurückgeht, allerdings im Lautstand leicht verfremdet, so daß sich ironische Distanz einstellt:

die tassen

bette stellen sie die tassen auf den tesch
perdon
stellen sie die tassen auf den tesch
perdon
die tassen auf den tesch
perdon
auf den tesch
perdon

[3] Christian Morgenstern: *Gesammelte Werke.* Hrsg. v. M. Morgenstern, München 1966, S. 329.
[4] Kurt Schwitters: *Anna Blume und ich.* Hrsg. v. E. Schwitters. Zürich 1965, S. 158.

nöhmen
nöhmen
nöhmen sö söch
nöhmen sö söch eune
nöhmen sö söch eune tass
                                    eune tass
                                                donke
                                                donke
eun stöck zöcker
zweu stöck zöcker
dreu stöck zöcker
                            donke
                            zörka zweu stöck
                            zöcker
follen
follen
hünuntergefollen
                            auf dön töppüch
                                                                neun
                                                                nur dör hönker üst wög
                            pördon
bötte bötte[5]

Sprechen erscheint in diesem Text als Ver-sprechen, als Falsch- und Fehlartikulation der Sprachmuster einer ganz alltäglichen Sprechsituation; zugleich aber ist das Ganze durch seine vielfältig variierten Wiederholungen so montiert, daß es den seriellen Verfahren der modernen Poesie entspricht.

Wie Ror Wolf zeigt, kann sogar das Nichtzustandekommen eines Gesprächs, das groteske Aneinandervorbeireden der Partner zum literarischen Text erhoben werden. Wolf hält sich an eine tatsächliche Fernsehpanne, die er weitgehend zitiert, das *Telefongespräch im Fernsehen anläßlich des Qualifikationsspiels zur Fußballweltmeisterschaft Zypern gegen Deutschland am 23. 11. 1968 in Nikosia:*

A: Erster Fernsehreporter (auf dem Bildschirm)
B: Zweiter Fernsehreporter (in Zypern)

A: So. Nun wollen wir einmal versuchen, eine Verbindung mit Nikosia herzustellen.
A hebt den Hörer ab.
A: Hallo!
B: Ja.
A: Ah, da sind Sie ja. Wie war das Spiel?

[5] Ernst Jandl: *Laut und Luise*. Olten und Freiburg 1966, S. 24 f.

B: Ich habe Ihre Frage nicht verstanden.
A: Meine Frage war, wie war das Spiel?
B: Das Spiel?
A: Jawohl.
B: Welches Spiel?
A: Na, ich denke, das Spiel, über das Sie uns berichten wollen, das Länderspiel in Nikosia.
B: Was?
A: Das Länderspiel.
B: Das Länderspiel?
A: Ja. Wissen Sie, wie es ausgegangen ist?
B: Ich kann es nicht beurteilen, weil ich das Spiel nicht gesehen habe.
A: Was, Sie haben das Spiel nicht gesehen?
B: Was?
A: Sie sagen, Sie haben das Spiel nicht gesehen?
B: Was?
A: Die Verbindung ist schlecht. Die Verbindung ist heute wirklich nicht gut.
A hat jetzt einen Zettel in der Hand und wendet sich, den Hörer noch am Ohr, an die Zuschauer. A lächelt nicht. Wir haben hier ein Resultat nach vielem Hin und Her. Ein Ergebnis, das durchaus sein kann, das durchaus im Bereich des Möglichen liegt.
A beugt sich, den Hörer am Ohr, über den Zettel. Offenbar kann er den Zettel nicht lesen. A wendet sich wieder an die Zuschauer.
Aber wir wollen hören, ob wir nicht doch noch eine bessere Verbindung bekommen. Hallo!
B: Ja.
A: Ah, da sind Sie ja.
B: Ja, ich bin hier.
A: Ich freue mich, daß wir uns jetzt endlich verstehen!
B: Was?
A: Ich freue mich, daß wir uns jetzt verstehen!
B: Was meinen Sie? Ich kann Sie nicht verstehen.
A: Sie können mich nicht verstehen?
B: Doch, ich verstehe Sie gut.
A: Ah, das ist gut. Können Sie uns etwas über das Spiel sagen, vielleicht das Ergebnis?
– es kratzt stark in der Hörmuschel, es knistert eine Weile, A hat den Hörer ein Stück vom Ohr entfernt, jetzt hält er ihn wieder ans Ohr.
[...][6]

Wir brechen hier ab! Der Un-Dialog selbst läuft noch ein gutes Stück weiter, ohne Aussicht auf Besserung.

6 Ror Wolf: *Punkt ist Punkt. Fußballspiele.* Frankfurt/Main 1971.

Greifen wir zum Abschluß dieser Beispielreihe, mit deren Hilfe die Bedeutung kleiner Gebrauchsformen der schriftlichen und mündlichen Kommunikation für das Entstehen von Literatur gezeigt werden sollte, nochmals auf die eingangs vorgestellte briefliche Form der Verständigung zurück, weil sich an ihr zeigen läßt, daß auch im Rahmen größerer literarischer Formen kommunikative Gebrauchsformen aufgenommen und ausgebaut werden können. So etwa, wenn vor ein paar Jahren Helmut Heißenbüttel und Heinrich Vormweg einen *Briefwechsel über Literatur* als ihre gemeinsame Publikationsform wählten und sich damit einer langen literarischen Tradition anschlossen.

Sieht man von der Antike ab, die auch hier Vorbilder liefert, finden wir den Brief als literarische Form vor allem bei den Humanisten des 15. und 16. Jahrhunderts: als gelehrte Disputation, aber auch als satirische Spottform. Auch die Zeitung, wie sie uns heute vertraut ist, leitet sich aus der handschriftlichen Korrespondenz her, also gleichfalls aus einer brieflichen Kommunikationsform. Seit dem 18. Jahrhundert lassen sich drei Haupttendenzen der Brief-Literatur feststellen. 1740 entwickelt Samuel Richardson seinen Roman *Pamela* als fiktive Korrespondenz eines Dienstmädchens und gibt damit den Anstoß für den Briefroman, als dessen bedeutendstes Beispiel in der deutschen Literatur Goethes *Werther* (1774) gilt.

Ungefähr gleichzeitig entwickelt sich stürmisch die Mode der Reisebriefe. Nicht mehr allein die Adligen, sondern auch die Bürger gehen jetzt auf Bildungsreise, die sogenannte ›Kavalierstour‹. Dabei nimmt das Genre alle Möglichkeiten der psychologischen Selbstdarstellung in sich auf oder nutzt den Bericht über fremde Länder und Sitten zur politischen Camouflage, d. h. zur verdeckten politischen Argumentation und Satire, die besonders in Zeiten der Zensur nicht unmaskiert auftreten darf. Von solcher politischen Natur sind Ludwig Börnes als Theaterbericht getarnte *Briefe aus Paris* (1832–1834), die uns darauf aufmerksam machen, daß in der Literaturbewegung Junges Deutschland journalistische Gebrauchsformen betont an die Stelle der ›schönen Literatur‹ gerückt werden.

Drittens schließlich, besonders in der Aufklärungsepoche wiederbelebt: Briefe als Instrument der philosophischen Reflexion und der literarischen Kritik. Hier seien nur Lessings *Briefe die neueste Literatur betreffend* (1759–1765) genannt, ein erstes Meisterstück der deutschen Literaturkritik überhaupt, oder Herders *Briefe zur Beförderung der Humanität* (1793–1797) im Einzugsbereich der deutschen Klassik und Romantik.

Der hier nur knapp angedeutete Formenreichtum des literarisier-

ten Kommunikationsmediums ›Brief‹ stützt die Behauptung, daß schriftliche Gebrauchsformen auf entsprechende Literaturformen einwirken und sie tragen. Gleichzeitig rückt aber nochmals die grundsätzlich kommunikative Anlage von Literatur in den Blick, wenn wir beobachten, daß ganz bestimmte Verhaltensregeln für reale mündliche wie schriftliche Kommunikationssituationen gerade auch in der Briefform formuliert werden. Denken wir nur an die diversen, heute im Handel erhältlichen Handreichungen für Verkaufs- und Vertreterberufe, die mit genauesten Skizzen für Kundengespräche und mit Erfolgsstatistiken für diese und jene Redewendung inklusive der dazugehörigen Gestik und Mimik aufwarten. Oder an das Genre des Briefstellers, der seit der zweiten Hälfte des 19. Jahrhunderts auch in Deutschland einen neuen Boom erlebt. Als kommunikative Handlungsanweisungen bieten sie sich für nahezu jedes private und öffentliche Geschäft an: vom Werbebrief um das Fräulein Braut bis zum Bewerbungsschreiben an den Herrn Geschäftsführer.
Die kommunikative Anlage von Literatur, für die uns hier die Kommunikationssituation ›Briefschreiben‹ nur als besonders aufschlußreiches Beispiel dient, wird schließlich noch unter einem dritten Gesichtspunkt erkennbar. Die Kommunikationssituation ›Briefschreiben‹ begründet nämlich nicht nur eigene literarische Genres, sie ruft nicht nur eine eigene kommunikative Handlungsliteratur hervor, sie ist schließlich auch ein ständiger thematischer Gegenstand von Erzählungen, Gedichten, Romanen, Dramen und Tragödien, aber auch von Volkslied- und Schlagertexten oder von Werbesprüchen:

Kommt ein Vogel geflogen
Setzt sich nieder auf meinen Fuß,
Hat ein Brieflein im Schnabel,
Von der Mutter einen Gruß.

Schreibste mir, schreibste ihr,
Schreibste auf MK-Papier.

Bis hierher sollte zum einen die genuin kommunikative Anlage von Literatur verdeutlicht, zum anderen aber gezeigt werden, daß ein Literaturbegriff, der die Verständigungsfunktion von Literatur betont, die vorfindliche literarische Formenvielfalt besser zu fassen vermag als der traditionelle. Unsere Erkundungen auf dem neu abgesteckten Terrain führten zu einer wesentlichen Erweiterung des herkömmlichen Literaturbegriffs, genauer: zu einer Erweiterung im Bereich vor allem der schriftlichen literarischen Kommunikation. Dieser erweiterte Literaturbegriff greift aber

auch auf Bereiche der auditiven und visuellen Kommunikation über.
Daß wir uns bisher auf Formen *schriftlicher* Kommunikation fixiert haben, hat deutlich erkennbar historische Gründe. Sie schlagen sich z. B. auch in der Bezeichnung ›Schriftsteller‹ nieder. ›Schriftsteller‹ ist seit langer Zeit jemand, der die ›Schrift zu stellen‹ versteht, der sich auf besondere Weise in Schriftdingen auskennt. Doch die Einengung der Literatur aufs Schreiben liegt auch im Zug unserer Zeit.
Der jährliche Buchausstoß der Verlage ist beträchtlich. Allein zur allherbstlichen internationalen Buchmesse in Frankfurt/Main kommen regelmäßig mehrere zehntausend Neuerscheinungen auf den Markt. Bei den Zeitungs- und Zeitschriften-Verlagen, dem Fernsehen und dem Rundfunk werden täglich gewaltige Mengen von Manuskripten benötigt, ganz zu schweigen von den Bergen von Texten, die etwa im Schriftverkehr der Bürokratie, der Wirtschaft und der Industrie anfallen.
Angesichts dieser um sich greifenden Verschriftlichung der Literatur, die auch vor der sogenannten schönen Literatur nicht halt macht, hat eine programmatische Erklärung wie die des zeitgenössischen österreichischen Dichters H. C. Artmann etwas höchst Verblüffendes, wonach der wahre »poetische act« auf jede »vermittlung durch sprache, musik oder schrift« verzichten könne und nichts weiter darstelle, als »die pose in ihrer edelsten form, frei von jeder eitelkeit und voll heiterer demut«:

vorbedingung ist aber der mehr oder minder gefühlte wunsch, poetisch handeln zu wollen. die alogische geste selbst kann, derart ausgeführt, zu einem act ausgezeichneter schönheit, ja zum gedicht erhoben werden. schönheit allerdings ist ein begriff, der sich hier in einem sehr geweiteten spielraum bewegen darf.[7]

Zugegeben: Die Aufwertung des Gestischen und Posenhaften als des eigentlich künstlerischen Elements – noch vor aller Sprache und jeder Möglichkeit ihrer Fixierung – ist hier sehr weit getrieben; denn in aller Regel bleiben Begriff und Erscheinungsweise des Literarischen doch wohl aufs engste mit den Möglichkeiten des Sprachlichen verknüpft. Gleichwohl ist etwas dran; denn wie allein schon ein Blick auf das Theater zeigt, gehört die Dimension des Gestischen und Mimischen in verschiedenen literarischen Kommunikationssituationen zu deren wesentlichen Elementen. Und das Beispiel des Theaters lehrt auch, daß zur Realisation spezifischer literarischer Formen neben visuellen auch auditive Bereiche gehören können; alles Dimensionen, die bei der reinen

[7] *Die Wiener Gruppe.* Hrsg. v. G. Rühm. Reinbek b. Hamburg 1967, S. 9 ff.

Beschränkung auf die schriftliche literarische Kommunikation ausgeblendet bleiben müssen. Aber schauen wir uns diese Zusammenhänge an einem Beispiel genauer an!
Wenn wir heute in eine Buchhandlung gehen und dort eines der Gedichtbändchen Wolf Biermanns kaufen, erhalten wir – im Unterschied zu Gedichtpublikationen anderer Autoren, die ganz in ihrer Druckgestalt aufgehen – nur die magere Textgestalt eines reicheren mündlichen Vortrags; denn die Lieder und Chansons des Ostberliner Bänkelsängers sind primär für den Gesangsvortrag geschaffen und kommen erst in der Gestik und Rhythmik des Sängers – vor einem Publikum – zu sich selbst. Man vergleiche daraufhin die pure Textwiedergabe eines seiner Lieder mit dem Originalvortrag nach der Schallplattenaufnahme:

> Wenn ich mal heiß bin
> wenn ich mal heiß bin
> lang ich mir 'ne Wolke runter
> Und wring sie über mir aus
> Kalte Dusche (Pfiff)
> Kunststück![8]

Die Druckanordnung der Worte und Verszeilen gibt nur den groben Sinn des Ganzen und die ungefähre rhythmische Absicht. Natürlich lassen sich auch die Noten aufzeichnen, so daß wir eine Art Partitur erhalten, in der die musikalische Form des Gedichts aufgehoben ist; Biermann hat solche Notenaufzeichnungen in seine Gedichtbände aufgenommen, um auf die enge Verquickung von Text und Musik hinzuweisen und zur musikalischen Realisation zu ermuntern.
Doch macht das Hörbeispiel deutlich, daß die ganze Fülle der Bedeutungen und Nuancen des Lieds erst im Vortrag durch den Dichter selbst erreicht wird: in ihm kommen Autor-›Ich‹ und ›Ich‹ des Textes zur Deckung und verbinden sich zu jener ironisch-satirisch-kämpferischen Qualität, die Biermann von Anfang an in der gesellschaftlichen Wirklichkeit der Deutschen Demokratischen Republik auszuspielen versucht hat.
Im Osten am öffentlichen Auftreten gehindert, wurden Biermanns Lieder im Westen nicht im Druck, sondern durch Tonbandmitschnitte privater Aufführungen bekannt. Biermann knüpft mit seinen Liedern an eine lange literarische Tradition an, die auf den letzten Etappen zwar auch handschriftlich vermittelt ist, die aber in einen ausgesprochen mündlichen Literaturbereich zurückführt, zum historischen Bänkelgesang. Mit seinen balla-

[8] Wolf Biermann: *Die Drahtharfe*. Berlin 1965, S. 76 ff.

desken Stücken gehört Biermann zweifellos in den Umkreis jener jüngeren Moritaten- und Bänkelsanglyrik, die Frank Wedekind um die Jahrhundertwende mit seinen frechen Chansons erneuerte. Der Niedergang des historischen Bänkelsangs als eines echten literarischen Wander- und Schaustellergewerbes, wie es sich als Straßen- und Jahrmarktskunst über die Jahrhundertwende behauptet hatte und seine Literarisierung durch moderne Autoren wie eben Wedekind oder Bertolt Brecht, fallen dabei zeitlich in etwa zusammen. Man schlüpfte – bildlich gesprochen – ins Gewand des spektakelnden Lärmbruders und nutzte dessen Inventar, das aus Podest, Drehorgel, Zeigestock und Schaubild besteht, weil man sich in der ›trivialen‹ Weltsicht, in der Perspektive ›von unten‹ wiederfand und weil sich der Bürger mit derlei ›Unkunst‹ trefflich schockieren ließ:

HOCHVEREHRTES PUBLIKUM
werft uns nicht die bude um,
wenn wir albernes berichten,
denn die albernsten geschichten
macht der liebe gott persönlich
ich verbleibe ganz gewöhnlich
wenn ich auf den tod von BOMME
meinen freund zu sprechen komme
MÖGE IHNEN NIE GESCHEHN
WAS SIE HIER IN BILDERN SEHN.[9]

So ist die erste Strophe von Christa Reinigs *Bomme*-Ballade. Es ist ein populäres Stück der deutschen Nachkriegslyrik, das sich besonders eng an Szene und Situation der Moritat von einst anlehnt.

Marktschreierischer Vortrag des historischen Bänkelsängers und spektakulärer Inhalt seiner Vortragsstücke waren gleichermaßen von der parasitären Spekulation auf die meist kargen Geldbeutel der Zuhörer wie vom Zwang diktiert, unter der Konkurrenz von Straßenhändlern, Bettlern und Jahrmarktartisten sich behaupten zu müssen. Den Stoff lieferten die sensationellen Geschehnisse des Tages, die mit breitem Interesse rechnen konnten: grausame Mordtaten, garstige Räuberstücke, die Ängste hervorrufen und dennoch faszinieren, Hinrichtungen, tragische Liebesgeschichten, Feuersbrünste, Erdbeben und Schiffsuntergänge, aber auch Fürstentod und Fürstenhochzeit und militärische Unternehmungen jeder Preislage. Vielfach wurden den Texten populäre Melodien unterlegt, die für sich selbst warben oder für parodistische

[9] Christa Reinig: *Gedichte*. Frankfurt/Main 1963, S. 51 ff.

Zwecke herhalten mußten. Die farbigen ›Schilder‹ und ›Tafeln‹ dienten zur optischen Paraphrase des Gesungenen und zugleich als wirksames Lockmittel, als Köder. In seiner einprägsamen Mischung aus Wort, Bild und Musik, unterstützt durch Gestik und Mimik des Vortragenden, kann der Bänkelsang als Vorläufer einerseits des Schlagers und andererseits der illustrierten Zeitung, der Sensationspresse oder des frühen Films gelten, von denen er an den Rand gedrängt und abgelöst wurde.
Wir haben hier also eine Wechselwirkung zwischen schriftlichen, mündlich-auditiven und visuellen Kommunikationsformen; ein Beispiel, das erneut belegt, wie nützlich und sinnvoll sich die Ausweitung des Literaturbegriffs im Hinblick auf nichtschriftliche Literaturformen erweist, wenn die Vielfalt der literarischen Erscheinungen adäquat beschrieben werden soll. Diese nichtschriftlichen Literaturformen waren es aber auch, die uns beim Gang unserer Überlegungen immer wieder auf spezifische Bedingungen der Ausbildung literarischer Verständigungsformen hinwiesen. Diesem Aspekt der literarischen Kommunikation soll nunmehr unsere Aufmerksamkeit gelten.

3. Soziale und mediale Bedingungen bei der Konstitution literarischer Kommunikationsformen

Greifen wir bei der Frage nach den spezifischen Bedingungen literarischer Kommunikation nochmals auf den Bänkelsang zurück. Der Wandertrieb dieser fahrenden Sänger entsprang keiner romantischen Sehnsucht nach der vagen Ferne, sondern der puren Not, Tag für Tag ein neues Publikum – dessen Pfennig den Unterhalt garantierte – suchen zu müssen. Alten Kupferstichen ist zu entnehmen, daß es häufig Kriegsinvalide waren, die ein Bänkelsangpatent oder eine entsprechende Lizenz erhielten. Die direkte Publikumsanrede und das werbende Anreißen des Themas sind fester, besonders die Eingangsstrophe prägender Bestandteil der Lieder, die sich erhalten haben, wenn nicht in mündlicher Tradition, so in Einzeldrucken, wie sie – parallel zum Vortrag – von den Familienmitgliedern des Sängers feilgeboten wurden:

Traurige Geschichten von einer blutigen Hochzeit zu Frauenstadt in Polen, allwo der Bräutigam die Braut vor dem Altar erschossen, und der Bruder der Braut den Bräutigam wieder mit einem Messer erstochen:

Ihr lieben Christen kommt herbei,
Hört an ein wunderwürdig Neu,
Was sich hat zugetragen,

In Polen dort zu Frauenstadt;
Fürwahr, die unerhörte Tat
Ist billig zu beklagen.[10]

In aller Regel beschließen ein allgemeines Lamento oder sentenzhafte Wendungen mit erhobenem Zeigefinger das einzelne Vortragsstück – die sogenannte ›Moral von der Geschicht‹, die man getrost nach Hause tragen kann:

Hiemit so habt ihr den Bericht
Von dieser schrecklichen Geschicht'.
Ihr Jungfern und Gesellen schaut,
Wie der Satan hat kein' Ruh,
Wie er dem Eh'stand setzet zu,
Nur Unglück anzustellen.

Es sind die sozialen Bedingungen literarischer Kommunikation, die uns durch die skizzierte Aufführungssituation des historischen Bänkelsangs plastisch veranschaulicht werden. Bemerkenswert dabei ist, daß diese sozialen Bedingungen keinesfalls Randphänomene literarischer Kommunikationssituationen bleiben, sondern bis in die Textstruktur – etwa durch die Publikumsanrede oder die ›Moral‹ der Vortragsstücke – manifest werden. Angesicht dieser weitreichenden Bedeutung des sozialen Kontexts bei der Verwirklichung literarischer Kommunikation ist z. B. auch zu fragen, ob etwa die Lieder Wolf Biermanns, deren kommunikativer Aspekt bereits angesprochen wurde, trotz einer optimalen medialen Verwirklichung, nämlich durch Vortrag des Autors selbst, außerhalb der sozialen Wirklichkeit der DDR, in die seine Lieder eingebettet sind, überhaupt zu ihrer vollen Realisation kommen können. Danach befragt, hat uns der Berliner Verleger, Dr. Klaus Wagenbach, die folgende Antwort gegeben:

Die Texte von Biermann sind natürlich auf die gesellschaftliche Wirklichkeit der DDR bezogen. Biermann ist ja aus der Bundesrepublik in die DDR gegangen – als junger Mann –, weil ihn die gesellschaftliche Wirklichkeit dort interessiert hat. Er hat ja auch viele Jahre dort gearbeitet – als Sänger, als Liedermacher –, ohne daß es zu dem Konflikt kam, der jetzt seit über einem Jahrzehnt besteht. Das zweite Problem ist, daß die Lieder natürlich agitatorisches Mittel im höchsten Sinn darstellen; das heißt, Lieder sind ja etwas, das gesungen wird vor großen Sälen, und das kann er ja nun weder hier im Westen noch in der DDR. Insofern ist die Veröffentlichung seiner Texte und Lieder – der Liedtexte und auch der Schallplatten – im Westen eine Notlösung.

[10] Dieses und das folgende Zitat: *Bänkelballaden auch Moritaten genannt.* Hrsg. v. Karl Heinz Kramer. Berlin 1936, S. 66 ff.

Der historische Bänkelsang steht hier allerdings nur als herausgegriffenes Beispiel für den sozialen Zusammenhang literarischer Kommunikationssituationen.
Allerdings könnte die Wahl dieses Beispiels das Vorurteil bekräftigen, wonach mündliche Literaturformen grundsätzlich einer niederen, schriftliche dagegen einer sozialen Oberschicht zuzurechnen seien, was sich auch in der Themenwahl wie in der unterschiedlich intensiven Strukturierung mündlicher und schriftlicher Literaturformen zeige. Der Rückgriff auf die Geschichte der Literatur zeigt jedoch, daß hinter einer solchen Rangordnung literarischer Formen selbst ein historisch bedingtes bürgerliches Klassenbewußtsein steht; ein Bewußtsein, das bestehende Zustände zu ursprünglichen und damit unveränderlichen Normen erklärt, um auf diese Weise die gerade herrschenden Zustände zu rechtfertigen und zu bewahren – ein aufschlußreiches Beispiel also dafür, daß nicht nur literarische Kommunikationssituationen, sondern auch deren poetologische Analysen im jeweiligen historischen und sozialen Kontext zu sehen und zu bewerten sind.
Werfen wir, um die Haltlosigkeit der beschriebenen normativen Einteilung zu erhellen, einen Blick auf die Literaturgeschichte um die Wende des 12. zum 13. Jahrhundert und betrachten – um der Vergleichbarkeit wegen bei Liedformen zu bleiben – literarische Erscheinungen wie die des Minnesangs und der Sangspruchdichtung. Diese literarischen Gattungsbereiche, in denen sich neben dem höfischen Roman und der Heldenepik die hohe Literatur dieser Zeit repräsentiert, stehen trotz einer strukturell recht ähnlichen kommunikativen Disposition in einem sozial völlig anderen Zusammenhang als der historische Bänkelsang. Statt anonymer Sänger aus dem ›niederen‹ und ›niedersten‹ Milieu, die einer zufälligen Passantenmenge aufwarten, haben wir es jetzt mit der führenden höfischen Gesellschaft der Fürsten- und Adelshöfe und ihren literarischen Protagonisten, mit hervorragenden Künstlern wie Heinrich von Morungen, Reinmar dem Alten und Walther von der Vogelweide zu tun.
Zur Illustration greifen wir ein aktuell-politisches Lied heraus, mit dem Walther von der Vogelweide im Auftrag der kaiserlichen Partei, Papst Innozenz III. und dessen intrigantes Ränkespiel gegen die beiden deutschen Herrscher, Otto IV. und Friedrich II., die beiden Allaman des Gedichts, attackiert. Der Ostern 1213 erlassene Spendenaufruf des Papstes für ein Kreuzzugsunternehmen wird hier mit virtuos eingesetzten Mitteln der Rhetorik und der Satire rücksichtslos demaskiert:

Ahî wie kristenlîche nû der bâbest lachet,
swenne er sînen Walhen seit »ich hânz alsô gemachet!«
(daz er dâ seit, des solt er niemer hân gedâht).
er giht »ich hân zwên Allamân undr eine krône brâcht,
daz siz rîche sulen stoeren unde wasten.
ie dar under füllen wir die kasten:
ich hâns an mînen stoc gement, ir guot ist allez mîn:
ir tiuschez silber vert in mînen welschen schrîn.
ir pfaffen, ezzent hüenr und trinkent wîn,
unde lânt die tiutschen leien magern unde vasten.«[11]

Der zeitgenössische Poet Peter Rühmkorff hat den aggressiven Ton dieses Gedichts unerhört plastisch ins Neuhochdeutsche übertragen:

Eijei, wie christlich sich der Papst vor Lachen biegt,
Wenn er den Welschen sagt: »das hab ich hingekriegt!«
(Was schon verrucht wär, wenn es einer denkt)
»Ich hab zwei Deutschen eine Krone aufgezwängt,
daß sie das Reich zerrütten und zerreißen.
Indessen laß ich meine Soldi kreißen.
Mein hungriger Opferstock, vor ihnen aufgestellt,
schlägt sich die fromme Wampe voll mit deutschem Geld.
Eßt Hühner, liebe Pfaffen, trinkt, was euch gefällt.
Die deutschen Laien mögen auf den Knochen beißen.«[12]

Agitation im Umkreis der Adelshöfe, politisch und literarisch voll auf der Höhe der Zeit – und doch kein schriftliches, sondern ein mündliches Agitationsinstrument, das in Ermangelung von Massenmedien offenkundig wirksamer war als ein handschriftlich verbreiteter Spruch. Und diese mündlich vorgetragene Schmähung verklang nicht wirkungslos, wie uns das Echo des papsttreuen Thomasin von Zerclaere, Domherr zu Aquileja in Nordostitalien, beweist. Er rügt nämlich in seinem 1215 bis 1216 am Hof des Patriarchen von Aquileja abgefaßten Lehrgedicht mit dem Titel *Der welsche Gast* Walthers Polemik:

Ach, wie hat sich der gute Mann
am Papst vergangen,
als er in seinem Hochmut verkündete,

11 Walther von der Vogelweide: *Gedichte*. Ausgew. u. übers. v. Peter Wapnewski. Frankfurt/Main 1962, S. 156.
12 Peter Rühmkorff: *Walther von der Vogelweide, Klopstock und ich*. Reinbek b. Hamburg 1975, S. 47 f.

der Papst wolle mit deutschem Geld
seine römische Kasse füllen!
[...]
Denn er hat Tausende zu Toren gemacht,
so daß sie nicht mehr auf das Gebot
Gottes und des Papstes gehört haben.[13]

Die Wirkung von Autoren im Range Walthers von der Vogelweide äußert sich aber auch darin, daß ihre Texte in eigenen Liedersammlungen einer Aufzeichnung gewürdigt wurden und dadurch erhalten geblieben sind. Nur durch Zufall wissen wir dagegen von anonymen mittelalterlichen Liedern, die nicht an Adels- und Fürstenhöfen, sondern auf Markt und Straße in Stadt und Dorf gesungen wurden. Wir begegnen also im Mittelalter mündlichen Literaturformen in hohen wie in niederen sozialen Schichten, nur verändert der unterschiedliche soziale Zusammenhang der literarischen Verständigungssituation den Duktus wie die Überlieferungsbedingungen dieser Lieder entscheidend. Zur Veranschaulichung auch hierzu ein politisches Stück, die satirische Aufnahme und Verarbeitung eines bekannten geistlichen Liedes, das Kinder in der Gegend von Freiburg im Breisgau auf der Straße gesungen haben, als der Landvogt Johann Werner von Pforr unter Erzherzog Sigmund von Österreich am Ostermontag 1474 in Haft genommen wurde:

Christ ist erstanden,
der Landvogt ist gefangen;
des sollen wir alle froh sein,
Sigmund soll unser Trost sein!
Kyrie eleison.
Und wär er nicht gefangen,
so wär es übel gangen.
Seit daß er nun gefangen ist,

[13] *Der wälsche Gast des Thomasin von Zirclaria.* Hrsg. v. H. Rückert, m. einer Einl. u. einem Register v. F. Neumann. Berlin 1965, S. 304 f., V. 11191–11195 u. 11223–11225:
Nû wie hât sich der guote kneht
an im gehandelt âne reht,
der dâ sprach durch sînn hôhen muot
daz der bâbest wolt mit tiuschem guot
vüllen sîn welhischez schrîn!
(...)
wan er hât tûsent man betœret,
daz si habent überhœret
gotes und des bâbstes gebot.

so hilft im nichts sein böser List.
Kyrie eleison.[14]

Mündliche Literaturformen waren bis weit in die Neuzeit die hauptsächliche Kommunikations- und Tradierungsform von Literatur. Als Paradebeispiele einer lang anhaltenden mündlichen Tradierung von Literatur sei hier nur an Volkslied und Volksmärchen erinnert. Vor Gutenbergs Erfindung des Drucks mit beweglichen Lettern Mitte des 15. Jahrhunderts, durch die der massenhaften Verbreitung schriftlicher Äußerungen erst der Grund gelegt und neue mediale Bedingungen für die literarische Kommunikation geschaffen wurden, war notwendigerweise mündlich vermittelte Literatur die vorherrschende Form der literarischen Kommunikation überhaupt. Die hauptsächlich am Latein orientierte Handschriftenkultur des Mittelalters und Spätmittelalters blieb stark auf theologische, juristische und naturwissenschaftliche Materien konzentriert; auch unter den relativ wenigen volkssprachlichen Handschriften standen keineswegs die Dichtungen an erster Stelle, sondern Heiligenlegenden, Gebetbücher und Werke der Gebrauchsliteratur vor allem naturwissenschaftlichen und juristischen Inhalts.
Andererseits wäre es falsch, von der Annahme auszugehen, die Einführung des Buchdrucks habe schlagartig zur Revolutionierung der Lesekultur geführt. Weder bildete sich im 15. Jahrhundert eine breitere Lesergesellschaft heraus, noch wurde sie in der Folgezeit durch die bloße technische Möglichkeit der massenhaften Verbreitung von Literatur ins Leben gerufen. »Was Gutenberg und seine Zeitgenossen druckten, waren relativ teure, ästhetisch noch ganz an den besten Vorbildern der Manuskriptkultur orientierte Prachtwerke – kostbare Gefäße vor allem der altüberkommenen Glaubenswahrheit – der Bibel, der ›Heiligen Schrift‹ – und des gelehrten Wissens. Die Buchproduktion wuchs dann zwar im 16. Jahrhundert an, aber die ökonomischen, sozialen und bildungsmäßigen Verhältnisse setzten ihr besonders in Deutschland noch auf lange Sicht kaum verrückbare Grenzen. Im 17. Jahrhundert dauerte es nach dem 30jährigen Krieg Jahrzehnte, bis der am Anfang des Jahrhunderts erreichte Stand wieder eingeholt war.«[15] Erst im Verlauf des 18. Jahrhunderts sollte das Buch als

[14] Nach A. H. Hoffmann von Fallersleben: *Geschichte des deutschen Kirchenliedes bis auf Luthers Zeit.* Anhang: In dulci jubilo, nun singet und seid froh. Ein Beitrag zur Geschichte der deutschen Poesie. Hannover ³1861, unveränderter Nachdruck Hildesheim 1965, S. 182.
[15] Nach Rolf Engelsing: *Analphabetentum und Lektüre. Zur Sozialgeschichte des Lesens in Deutschland zwischen feudaler und industrieller Gesellschaft.* Stuttgart 1973.

Lesestoff für weite Kreise eine wirklich zentrale Bedeutung erlangen.

Das Buch ist freilich nur ein relativer Maßstab. Geht es um Fragen der Verschriftlichung mündlicher Literatur, müssen auch andere Druckmedien mit in Betracht gezogen werden, etwa: Flugblatt, Zeitung und Zeitschrift, Heftchenliteratur, Kalender u. a. m. »Auch Bilder sind Lesestoffe.« Die sogenannten Einblattdrucke, die in den Glaubenskämpfen der Reformationszeit eine erste vehemente Blüte haben, entwickeln sich im 17. Jahrhundert geradezu zu einer Art Vorläufer des Bildjournalismus. Holzschnitte und Kupferstiche, in die oft schon Schriftzeilen, comicshafte Schriftbänder oder deutende Verse eingearbeitet sind, lokken auch den Nichtleser an und schaffen Vorlese-Situationen; die ausführlicheren Begleittexte lehnen sich häufig an mündliche Vortragsformen an und imitieren sie. So heißt es beispielsweise – ganz in der Art des Bänkelsangs – auf einem Flugblatt aus dem Jahr 1621:

> Alhier sihestu / O Leser mild /
> Fein Figürlich in diesem Bild /
> Etliche Fürsten Hochgebohrn /
> Darunter Printz Heinrich außerkohrn /
> Habn Stätt und Schlösser vor sich lign /
> Die Spinola hat thun bekriegn:
> In kurtzer Zeit im Teutsch Reich /
> Nichts ist geschehen dessen gleich.

Wie der Eingangspassus so enthält auch der Schlußpassus die übliche Wendung ans Publikum. Angesichts der aufmarschierten Truppen und schon in Flammen aufgehenden Städte bleibt nichts weiter, als den Leser Gott anzubefehlen:

> Der behüt uns vor Schand und Spott /
> Für Auffruhr und für Kriegesnoth.[16]

Als ein wahres Sammelbecken mündlich vermittelter Literatur stellt sich der Kalender dar, der sich im 16. und 17. Jahrhundert vom Einblattdruck zum Kalenderheft und damit zum wohl wichtigsten Lesestoff ›anspruchsloserer‹ Leser bis tief ins 19. Jahrhundert hinein ausbildete. Bis in die Gegenwart gehalten hat sich der *Lahrer hinkende Bote* (1801 ff), der uns im Titel auf die Abstammung aus dem Botenbericht, auf den Vertrieb durch Wanderhändler zurückverweist. Um den eigentlichen Kern – das Gerüst

[16] Zitiert nach der Abb. in: Newe Zeitungen. Deutscher Bildjournalismus des 17. Jahrhunderts in Mitteleuropa. Einblattdrucke und Flugblätter von 1593 bis 1680, Katalog des Antiquariats Hellmut Schumann, Zürich o.J., S. 80.

der Jahrestage, nach Wochen und Monaten geordnet – haben sich mit der Zeit zahlreiche zusätzliche Bild- und Texteinheiten angesammelt wie etwa Sprichwörter, Jahreszeitenverse, Holzschnitt- und Kupferstichfolgen, Geschichtsdarstellungen, Jahresrückblicke, technisch-naturwissenschaftliche Unterweisungen, Anekdoten, Witze, Rätsel und schließlich auch kleine Erzählungen. Diese standen auch der literarischen Überformung offen, wie die *Kalendergeschichten* (1808–1815) Johann Peter Hebels zeigen.
Für die Verschränkungen zwischen mündlicher und schriftlicher literarischer Kommunikation sind schließlich Bewegungen aufschlußreich, in denen der Rückzug auf unterströmige mündliche Literatur ein wesentliches Moment der neuen eigenen Poetik und Theoriebildung abgibt. Das ist – einmal mit der Aufnahme des Volkslieds durch Johann Gottfried Herder und den jungen Johann Wolfgang Goethe der Straßburger Jahre, aus denen eingangs das Liebesgedicht an Friederike Brion zitiert wurde – im Sturm-und-Drang des 18. Jahrhunderts und – das andere Mal mit der Fortführung der Tendenz zum Volkslied und der zusätzlichen Aufnahme des Volksmärchens durch Achim von Arnim, Clemens Brentano und die Brüder Grimm – in der Romantik des frühen 19. Jahrhunderts – der Fall. Die literarischen Bemühungen stehen dabei – ähnlich wie der durch Frank Wedekind literarisierte Bänkelsang, auf den wir hingewiesen haben – jeweils am Ende der lebendigen mündlichen Tradition. Die schriftlichen Aufzeichnungen, Überführungen ins Druckmedium und Wiederaufnahmen sichern nur noch einen Bestand, der ansonst zum Versickern verurteilt und dem Vergessen ausgeliefert wäre. Die Anlehnung der poetischen Eigenproduktion ans Vorbild der Volkspoesie führt bei einigen Gedichten Goethes und der Romantiker – wie etwa bei Goethes *Heideröslein* (1789), Heinrich Heines Loreley-Lied *Ich weiß nicht, was soll es bedeuten* (1823) oder bei gewissen Liedern Josef von Eichendorffs dazu, daß sie noch einmal in die Funktion echter Volkslieder eintreten könnten.
Fragt man nun vor dem beschriebenen Hintergrund nach der Gewichtung der mündlichen und der schriftlichen literarischen Kommunikation, will man also mündliche literarische Kommunikation per Vortrag oder Volkstradition und schriftliche literarische Kommunikation per Druck und Medium Buch, Zeitung oder Zeitschrift nicht nur systematisch gegeneinander stellen, sondern zwischen ihnen auch werten, sind ›für‹ und ›wider‹ nicht einfach zu scheiden. Wer versucht ist, das Positive der mündlichen Kommunikationssituation mit ihrem Gegenüber von Autor und Publikum, mit den Wirkungsmöglichkeiten der Körpersprache Mimik und Gestik, der Grenzüberschreitung der Sprache in Richtung des

Bildes und der Musik oder der Entfaltung jeder Improvisation zu romantisieren, wer versucht ist, in der Volkspoesie ein im Verborgenen dichtendes ›Volksganzes‹ am Werk zu sehen, dem ist entgegenzuhalten, daß ja zunächst einmal die Hinwendung zum Gedruckten nur das Anzeichen für ein allgemein erwachendes Leseinteresse darstellt. Es muß im Zusammenhang der Bildungsexpansion breitester Bevölkerungsschichten gesehen werden, wie sie mit der Aufklärungsepoche einsetzt, um dann das ganze 19. und 20. Jahrhundert anzuhalten – bis zu den Bildungsbestrebungen des Proletariats, das sich ab der Mitte des 19. Jahrhunderts zu organisieren beginnt. Die politische Forderung nach der Freiheit des Buchs und der Presse wurde innerhalb der liberalen und demokratischen Strömungen der letzten beiden Jahrhunderte deshalb so heftig erhoben, weil das Druckmedium über lange Zeit wenn nicht der einzige, so doch der maßgebliche Garant der bürgerlichen Öffentlichkeit war. Nachrichten- und Informationsvermittlung von Mund zu Mund und Ohr zu Ohr sind bekanntlich ein unsicherer Posten; in Vortragssituationen sind stets nur so viele Menschen anzulocken, wie die menschliche Stimme trägt. Mit bedrucktem Papier aber konnten schlagartig große Massen erreicht und in den Informationsfluß – auch künstlerischer Art – einbezogen werden. Hinzu kommen die Bedürfnisse nach Lektüre, die sich aus den Individuationsprozessen der Neuzeit ableiten lassen. Gerade auch die individuelle Phantasie, die sich im Leseakt betätigt, intensiviert und entbindet, ist ein Freiraum, der erst gewonnen werden mußte.

Andererseits ist nicht zu bestreiten, daß der ausbrechende Lesehunger früh und skrupellos wirtschaftlich genutzt wurde, wie gleich die erste Welle der Trivialliteratur zeigt, die bereits im 18. Jahrhundert anschwappt, und damit in vielfacher Hinsicht an eine schlechtere Literaturqualität geraten ist, als sie in der Volkspoesie gegeben war. Industrialisierung und Merkantilisierung der Produktion und Distribution von Literatur, die vorläufig in der völlig durchkalkulierten und deshalb im Erfolg kalkulierbaren Mache des Bestsellers ihren Höhepunkt gefunden haben, rufen eine zunehmende Entfremdung zwischen Autor und Publikum hervor, die auf beiden Seiten Wirkungen zeitigt.

Das Abfinden mit dieser Entfremdung und die Abwanderung der Literatur in den ›Elfenbeinturm‹ oder aber der Versuch, sie aufzuheben und das Publikum aus seiner Passivität zu befreien, sind – wenn auch als Extrempositionen – unstreitig wichtige Momente der neueren Literaturkritik, Literaturtheorie und Poetik der modernen Literatur.

Bei der Diskussion über das ›Pro‹ und ›Kontra‹ mündlicher und schriftlicher literarischer Kommunikation sollte man allerdings nicht übersehen, daß durch die neueren auditiven und audiovisuellen Medien – also durch Rundfunk, Schallplatte, Tonband und Kassette, durch Film und Fernsehen einschließlich der Speicherungsmöglichkeiten mittels Videogeräten – neue Kommunikationsmöglichkeiten und -formen geschaffen wurden, die sich nun schon seit mehreren Jahrzehnten stark rivalisierend neben die bis dato führenden Druckmedien geschoben haben. Als moderne Massenmedien machen sie ihnen zunehmend den Rang streitig. In unserem Zusammenhang ist dabei interessant, daß sich gerade in diesen neuen Hör-, Seh- und Hörseh-Medien eine besondere Nähe zu den ›einfachen Formen‹ der mündlichen literarischen Kommunikation beobachten läßt, wie sie uns – wenn auch unter anderen medialen und sozialen Bedingungen – bei unserem historischen Exkurs begegnet sind. Die Errungenschaften der Technik erlauben – was bis dahin ausgeschlossen war – die Vervielfältigung und beliebige Konservierung von Sprechakten und eröffnen damit der Verbreitung von Gesprächs- und Vortragstexten künstlerischer wie unkünstlerischer Natur schier unendliche Möglichkeiten. Film und Fernsehen haben das Ganze noch um die visuelle Dimension erweitert und die Effekte entsprechend gesteigert. Ein ganz neues Fernsehgenre wie das der ›Talkshow‹ – zu deutsch ›Gesprächsschau‹ oder ›Unterhaltung als Schau‹ – zeigt schon allein vom Namen her an, in welcher Weise hier vom Reden in die Show, aus der Akustik in die Optik, ins Zuschauen, gesprungen wird.

Diese Sendungen laufen weitgehend improvisiert, folgen jedenfalls keinem vorher vorliegenden Manuskript, stellen also ein Gesprächsspiel oder – in unserer Perspektive – ein Stück Gesprächs*literatur* dar. – Oder etwa der Schlager, der in seiner Wirkung ganz wesentlich an die neuen auditiven und audiovisuellen Medien gebunden ist. Das Lesen von Schlagern wäre ein rechtes Unding, und nicht nur, weil dabei die Musik wegfällt. Zwar gibt es gedruckte Schlagerheftchen, doch kommt ihnen eine nur unwesentliche Vermittlungs- und Übertragungsrolle zu. Diese liegt vielmehr ganz beim Hörfunk, bei der Schallplatte oder beim Fernsehen, die den Schlager als eine ihrer Domänen betrachten und entsprechend in den Vordergrund rücken, und natürlich beim Publikum, das sich die Texte im Zuhören aneignet und für ihre Verbreitung auf mannigfache Weise Sorge trägt.

Man hat deshalb nicht ganz zu Unrecht den Schlager als modernes Volkslied, als moderne Volkspoesie, bezeichnet und ihn damit in die Verlängerung jener weit zurückreichenden Traditionen gestellt, die erstmals mit der Sturm-und-Drang-Bewegung und mit

der Romantik von ›unten‹ nach ›oben‹ gekommen und literaturgeschichtlich zu Buch geschlagen sind.
Eine solche Parallele fordert freilich sofort zu Differenzierungen und auch zum Widerspruch heraus. Diese ›modernen Volkslieder‹ entstehen ja nicht wirklich im Volk und überantworten ihm auch nicht wirklich die Rolle des entscheidenden und ausschlaggebenden Kommunikationsträgers, sondern weisen auf den technisch-kommerziellen Apparat zurück, dem sie ihr Entstehen verdanken. Sie sind der zentrale Gegenstand eines Geschäfts, bei dem das Mitspielen des Publikums auf Grund von Trends und Moden bis zu einem gewissen Grad kalkulierbar ist und deshalb – zum Spekulationsobjekt geworden – die Unschuld verloren hat, die man ihm sonst gern zuschreiben möchte. Die Gesetze des Marktes, auf den der Schlager geworfen wird, verlangen, daß er sich mit einer zugkräftigen Werbefigur verbindet, dem Schlagersänger. Er als Interpret muß versuchen, eine möglichst große Zahl von Fans hinter sich zu bringen; sein Rang ist abhängig von der Menge der Fan-Clubs quer durchs Land oder von den Waschkörben voll Fan-Post, die ihm täglich ins Haus kommen, und die er selbst gar nicht mehr beantworten kann. Diese und andere Zeichen zeigen uns, daß es bei solcher Umwälzung durch neue Medien eben nicht um einen echten Rückgriff hinter die negativen Momente der Massenpresse auf weniger entfremdete Formen der mündlichen Kommunikation geht, sondern – im Gegenteil – um die Fortführung und Verschärfung jener Tendenzen, die bereits in den Druckmedien festzuhalten waren.

Die Passagen über Wolf Biermann – und damit auch die mündliche Auskunft des Verlegers Klaus Wagenbach – sind abgefaßt, bevor dem Autor nach einem West-Aufenthalt die Rückreise in die DDR verweigert wurde; wir haben das Manuskript in seinem alten Stand gelassen, weil uns eine Einarbeitung des neueren Sachverhalts zu kompliziert und der Sache nach nicht unbedingt notwendig erschien.

4. Friedrich Voit/Christian W. Thomsen

›Direkte‹ und ›indirekte‹ Formen der literarischen Kommunikation

Im vorigen Kapitel war von den vielfältigen Formen literarischer Verständigung die Rede. Im ersten Teil des nun folgenden Kapitels soll die Rolle des Buches in der literarischen Kommunikation untersucht werden. Gegenüber dem mündlichen Vortrag hat sich das Buch zwischen den Text und seine Rezeption geschoben und als vermittelnde Instanz beide Seiten entscheidend verändert. Verlag, Buchhandel und Literaturkritik nehmen Einfluß auf Autor, Buchproduktion, Verkauf und Käuferschaft und bestimmen unsere Erfahrungen beim Lesen und Schreiben mit.

Doch gibt es auch heute Formen direkter Präsentation von Literatur z. B. das Theater. Obwohl aber das Theater dem Hörer und in diesem Falle auch Zuschauer den literarischen Text direkt darbietet, haben doch mehr und andere Faktoren als etwa bei einem Autorenvortrag auf seine Rezeption Einfluß. Neben den Autor und seinen Text tritt die Inszenierung, an der Dramaturg, Regisseur, Schauspieler und viele andere mitarbeiten. Das Theater und seine kommunikative Funktion soll das Thema des zweiten Teils dieses Kapitels sein.

a) Friedrich Voit

Das Medium Buch. Zur funktionalen Bedeutung von Verlag, Buchhandel und Kritik in der literarischen Kommunikation

Johann Peter Hebel, der Dichter der *Alemannischen Gedichte* und der Erzählungen aus dem *Schatzkästlein des Rheinischen Hausfreundes*, schrieb 1794 – damals noch ein unbekannter Hofdiakonus in Karlsruhe – an seine in Weil, im Süden Badens lebende Freundin Gustave Fecht, einen Brief, dem er eine heiter-launige Einleitung vorausschickte:

Den Augenblick will mir die Frage einfallen, ob es auch recht sey, am Dankfest frühe vor der Kirche schon Briefe zu schreiben. Ich glaube wohl! Die Frage hat mir gar nicht ein sollen fallen. Man redet ja auch mit den Leuten vor der Kirche und ich habe wohl an sehr hohen Festtagen die Ehre gehabt, mit Ihnen in dem Fall zu seyn. Was ist denn Schreiben mehr als Reden? Es ist nicht einmal so viel. Also lieber Gott, während daß viele tausende aus allen Tönen und nach allen Weisen Dich loben, schleiche ich piano beiseits und gehe nach Weil, wo Du auch daheim bist, so gut wie in Carlsruhe; [...] und zu Leuten, die Du kennst, und Du darfst alles hören, was ich sage. [1]

Dieser kleine Text kann uns behilflich sein, auf einen elementaren Unterschied in der literarischen Kommunikation, den zwischen direkter und indirekter Kommunikation hinzuweisen.
Hebel wendet sich an seine Briefpartnerin, als spräche er direkt mit ihr. Seine augenblickliche Situation schildernd, rechtfertigt er sein unandächtiges Briefeschreiben vor dem sonntäglichen Kirchgang, indem er an den einstigen gemeinsamen Schwatz vor der Kirche erinnert und sein Schreiben mit diesem gleichsetzt. Doch diese Erinnerung läßt ihn ein Defizit des bloß fiktiven Gespräches empfinden: er sitzt alleine vor dem weißen Briefbogen. Daher erscheint ihm in seiner Situation das Schreiben weniger als Reden, da die Gesprächspartnerin fehlt und damit auch der für das Gespräch so charakteristische unmittelbare, direkte und wechselseitige Kontakt von Angesicht zu Angesicht. Diese fehlenden Elemente des Gesprächs, die begleitende Mimik und Gestik und den hin- und herlaufenden Dialog muß sich Hebel durch seine Phantasie ersetzen. Aber um die so in der Illusion aufgehobene Distanz zur Freundin im fernen Weil wirklich zu überbrücken, bleibt er auf die indirekte Vermittlung durch den Brief und die

[1] J. P. Hebel: *Briefe der Jahre 1784–1809. Der Gesamtausgabe erster Band.* Hrsg. u. erl. v. W. Zentner. Karlsruhe 1957, S. 28f.

Post angewiesen.
Als Hebel seinen Brief schrieb, hatte er einzig seine Freundin Gustave vor Augen und seine Mitteilung hatte einen rein privaten Charakter. Er konnte damals nicht ahnen und dachte auch nie daran, daß seine Briefe nach seinem Tode einmal gesammelt und gedruckt werden würden. Seit sie aber in Buchform veröffentlicht wurden, fanden sie ungezählte Leser. Mit diesem Wechsel vom Medium Brief zum Medium Buch ändert sich aber auch das kommunikative Verhältnis zwischen Autor und Leser: die Briefe verloren ihren ausschließlich privaten Charakter und wurden zum Gegenstand öffentlicher Kommunikation. Wir lesen heute Hebels Briefe mit ganz anderen Augen und Interessen als die erste Leserin. Hätte Hebel seine Briefe noch selbst herausgegeben, hätte er sich vielleicht ähnlich verhalten wie Hermann Hesse, als dieser 1951 eine Auswahl eigener Briefe zusammenstellte. Hesse hat sich darüber geäußert, weshalb er seine Briefe veröffentlichte:

.... um den mit ihm »nicht in direkter Verbindung stehenden Leser einen Einblick in die Tagesarbeit eines Literaten tun zu lassen.« [2]

Ganz bewußt berücksichtigte er bei der Redaktion der Auswahl den veränderten kommunikativen Charakter seiner Briefe im Buch, indem er die Texte immer mit dem Blick auf den neuen, anonymen und öffentlichen Leser bearbeitete: er strich nicht nur alles allzu Private und Persönliche, sondern auch die meisten Namen der ursprünglichen Briefempfänger.
Gespräch, Brief und Buch sind also verschiedene Formen der Kommunikation, die sich auf bedeutsame Weise unterscheiden: Im Gespräch verläuft die Kommunikation zwischen den Partnern direkt von Angesicht zu Angesicht und wechselseitig im Dialog; über die Medien Brief und Buch dagegen indirekt und einseitig, da zwischen Autor und Leser das textvermittelnde Medium steht. Gespräch und Brief gemeinsam ist aber der private Charakter der Kommunikation im Gegensatz zum öffentlichen des Buches, denn ein Gespräch findet gewöhnlich im privaten, auf wenige Personen beschränkten Kreis statt und ein Brief wird an eine bestimmte Person adressiert; ein Buchautor weiß jedoch nicht, wer seinen Text einmal lesen wird, denn das Buch ist an ein zahlenmäßig unbestimmtes und zerstreutes Publikum gerichtet.
Wir sprechen daher, wovon bereits die Rede war, von direkter literarischer Kommunikation, wenn ein Text vom Adressaten direkt und ohne ein vermittelndes Medium aufgenommen wird, etwa bei einer Autorenlesung; Autor und Publikum trennt hier

[2] H. Hesse: *Briefe*. Frankfurt 1951, S. 343

keine zeitliche und kaum eine räumliche Distanz. Sowie ein Text jedoch seinem Adressaten über ein Medium – sei dies ein Brief, ein Buch, der Rundfunk oder das Fernsehen – über eine zeitliche oder räumliche Distanz vermittelt wird, haben wir es mit einer Form indirekter literarischer Kommunikation zu tun.

Wenden wir uns zunächst einer Form der indirekten literarischen Kommunikation zu, die uns allen vertraut ist: die Buchlektüre. Wir alle lesen Romane, Erzählungen, Gedichte oder Dramen, aber bei der Lektüre verlieren wir kaum einen Gedanken darüber, wie der Text, den wir vor Augen haben, entstand und welchen Weg er durchlief, bis er in unsere Hand gelangte.

Vereinfacht können wir uns diesen Weg von der literarischen Produktion bis zur Rezeption der Lektüre etwa so vorstellen: Ein Autor schafft ein Werk, das er in der einmaligen Gestalt des Manuskriptes einem Verlag zum Druck anbietet; der Verlag organisiert die Vervielfältigung des Textes, die Herstellung und den Vertrieb des Buches; über Buchhandlungen, Bibliotheken und einige andere Institutionen erreicht das Buch schließlich die einzelnen Leser, es wird zum Gegenstand der individuellen Aneignung durch die Leser.[3] Zwischen den Ausgangspunkt der literarischen Produktion, den Autor und sein Werk, und den Endpunkt der literarischen Kommunikation, der Rezeption durch den Leser, sind also die Institutionen Verlag, Buchhandel und Bibliotheken eingeschoben. Daß wir dieses kommunikative Beziehungsgefüge nicht isoliert und abstrakt für sich sehen dürfen, versteht sich von selbst. Wir haben daher immer auch dessen sozio-ökonomische Bedingungen zu berücksichtigen.

Befragt man Autoren nach dem, was Schreiben für sie bedeutet, so bekommt man oft sehr egozentrisch klingende Antworten: Schreiben diene der Selbstverwirklichung, der Ich-Findung, der Erlebnisbewältigung oder gar nur dem Vergnügen. Der Schweizer Autor Kurt Marti beantwortete diese Frage durchaus repräsentativ, wenn er feststellt:

> In der Regel schreibe ich für mich selbst, um mir über meine eigene Position klar zu werden.[4]

Der künftige Leser scheint den Autor nicht zu interessieren und doch weiß er, daß zum Werk die Beziehung zum Leser gehört und diese im Akt des Schreibens gesetzt ist, oder wie Max Frisch einmal formulierte:

[3] Vgl. M. Naumann u. a.: *Gesellschaft, Literatur, Lesen. Literaturrezeption in theoretischer Sicht.* Berlin/Weimar 1975 (2. Aufl.), S. 36

[4] Zitiert nach: P. A. Bloch (Hrsg.): *Gegenwartsliteratur. Mittel und Bedingungen ihrer Produktion. Eine Dokumentation.* Bern/München 1975, S. 158

Denn jedes Kunstwerk hat es in sich, daß es wahrgenommen werden will. Es will, wie monologisch es auch ausfallen mag, jemanden ansprechen.[5]

Es besteht also bei den Autoren ein Adressatenbewußtsein. »Den äußeren Beweis dafür treten die Autoren selbst an, indem sie ihre Werke veröffentlichen.«[6]
Die Veröffentlichung eines Werkes beginnt, sobald der Autor das Manuskript oder Teile davon aus der Hand gibt, es anderen vorträgt oder zur Lektüre übergibt. Doch auf diesem Weg wird nur ein kleiner Kreis und eine geringe Publizität erreicht. Eine breite Öffentlichkeit kann das Werk nicht über das Manuskript erlangen, sondern erst durch die Übertragung des Textes auf ein Medium mit einem weiten Publizitätsradius, z. B. das Buch.
Ein Manuskript, aus dem ein Buch werden soll, muß zunächst einen Verleger finden, der die Finanzierung und Organisation der Herstellung und des Vertriebs des Buches übernimmt. Ein einzelner Autor kann weder das Risiko der hierfür notwendigen Kosten tragen, noch den erforderlichen technischen Apparat selbst organisieren. Dieses Angewiesensein der Autoren auf die Verleger bedingt freilich ein – nicht selten spannungsreiches – Abhängigkeitsverhältnis.

[...] Dichter, in Scharen von den Bureaus der Verleger: welche Schande!
[...] Weh uns, wir bedürfen der Verleger![7]

Klar drückt sich in diesem zornigen Stoßseufzer Alfred Döblins aus, wer in dieser ›Partnerschaft‹ am längeren Hebel sitzt. Versuche der Autoren, diese Abhängigkeit aufzukündigen und ihre Werke im Selbstverlag oder in einem Autorenverlag zu veröffentlichen, hatten bisher nur wenig Erfolg oder scheiterten. Sie spielten in der Geschichte des literarischen Lebens nur eine unbedeutende Rolle. Traurige Berühmtheit etwa erlangte das Unternehmen Lessings, seine ›Hamburgischer Dramaturgie‹ in eigener Regie zu drucken und zu verbreiten; es endete für ihn mit einem finanziellen Fiasko.
Wie sich die Autoren durch den Charakter ihrer Werke, so unterscheiden sich die Verlage durch den Charakter der Bücher, die sie verlegen. Die Gesamtheit einer Verlagsproduktion läßt ein Verlagsprofil entstehen und begründet das Ansehen, das er im literarischen Leben genießt. Die Literaturgeschichte nennt nicht

5 M. Frisch: *Öffentlichkeit als Partner* (1958). In: *Gesammelte Werke in zeitlicher Folge*. Bd. IV, 1. Frankfurt 1976, S. 246
6 M. Naumann a. a. O. S. 57
7 A. Döblin: *Autor, Verleger, Publikum. Eine Rundfrage* (1913). In: *Die Zeitlupe. Kleine Prosa*. Olten 1962, S. 17

nur die Namen der zu Ruhm gekommenen Dichter, sondern auch ihre Verleger. Johann Friedrich Cotta und sein Sohn und Nachfolger Georg von Cotta betrieben den sicher renommiertesten Verlag des vergangenen Jahrhunderts; sie verlegten die Werke Goethes und Schillers und anderer bedeutender Autoren der Klassik und Romantik. Ein Werk, das Cotta publizierte, hatte den Olymp der Dichtung schon halb erklommen. Friedrich Hebbel etwa bemühte sich jahrelang, seine Arbeiten bei Cotta herauszubringen, doch der Verleger, der den damals sehr erfolgreichen, aber heute fast vergessenen Emanuel Geibel schätzte, verkannte Hebbels Genie; Cotta verlegte nur nach einigem Zögern 1857 die erste Gesamtausgabe der Gedichte, die ihm der damals schon nicht mehr unbekannte Hebbel mit der Begründung anbot:

[...] Deutschland ist seit langem gewohnt, Gedichte bei Ihnen zu suchen, und ich frage daher zunächst bei Ihnen an, ob Sie auch meine Sammlung in Verlag nehmen wollen.[8]

Hebbel war sich also sehr wohl bewußt, was das Verlagsrenommee für den Erfolg seines Werkes bedeuten kann.
Ein Autor wird sich deshalb unter den literarischen Verlagen den wählen, dessen Produktion ihm für sein Werk und seine Intentionen am geeignetsten erscheint. Doch die Wahl des Autors entscheidet nicht die Annahme des Werkes durch den Verleger. Denn der Verleger wird nur das Manuskript kaufen, das dem literarischen Anspruch seiner Verlagsproduktion entspricht *und* das er als Buch auf dem literarischen Markt auch wieder verkaufen kann. Alfred Döblin traf sehr genau diesen Zwiespalt des Verlegers zwischen Literatur und Markt, als er ironisch bemerkte:

Der Verleger schielt mit einem Auge nach dem Schriftsteller, mit dem anderen nach dem Publikum. Aber das dritte Auge, das Auge der Weisheit, blickt unbeirrt ins Portemonnaie.[9]

Wie die Verleger die eigene Rolle im Bezugsfeld Autor/Leser stehen, beschrieb einer ihrer einflußreichsten Vertreter, Siegfried Unseld, anläßlich der Buchmesse 1974 sehr aufschlußreich in einem Rundfunkessay:

Der Verleger ist der erste Partner für den Autor. Der erste Partner für die Beurteilung des Manuskriptes, für eine mögliche Arbeit am Manuskript, um ihm in Substanz und Qualität jenes Äußere zu geben, zu dem der einzelne Autor imstande und fähig ist. Er ist der erste Partner für die Beurteilung der materiellen Chancen eines Buches,

[8] F. Hebbel an G. v. Cotta 22. Dezember 1856. Zitiert nach: L. Lohrer: *Cotta. Geschichte eines Verlages. 1659–1959.* Stuttgart 1959, S. 112
[9] A. Döblin a. a. O.

einer Aufführung, eines Films; er ist Partner für eine mögliche Finanzierung einer Arbeit.[10]

In diesen Sätzen wird deutlich, daß der literarische Verleger sich nicht lediglich auf die Herstellung und den Vertrieb des Buches beschränkt, sondern sich auch in die Arbeit am Manuskript einschaltet und die Gestaltung des Textes mitbeeinflußt. Er nimmt ein Manuskript nicht einfach nur zum Druck an oder lehnt es ab; nicht selten macht er die Annahme von der Korrektur des Textes abhängig; dies kann bis zur Forderung nach einer Neufassung reichen. So schrieb z. B. der Verleger Peter Suhrkamp einem jungen Autor, Rolf Becker, der auf die Publikation seines ersten Romans drängte:

Ihre rasche Entscheidung für eine unbedingte Veröffentlichung des diskutierten Romans [veranlaßte mich] zu einem kleinen Lächeln. Die Entscheidung war voreilig, weil ich mir gedacht hatte, sie könnte beiderseits, bei Ihnen und bei mir, erst fallen, wenn wir das endgültige Resultat vor uns haben. [...] In der Zwischenzeit sind verschiedene Stellen im Verlag mit Ihrem Manuskript befaßt worden. Ich schicke Ihnen in der Anlage das Resultat, eine Liste von Anregungen zu. Bitte nehmen Sie das Ganze als Vorschläge, auch wo die Form wegen der Kürze der Äußerung unter Umständen apodiktisch erscheint.[11]

Die Briefwechsel von Autoren mit ihren Verlegern dokumentieren zahlreiche Fälle, wo Verleger oder ihre Lektoren bis ins einzelne gehende Vorschläge für die Umarbeitung eines Manuskriptes gaben. Solche Vorschläge werden von den Autoren oft erbeten und als Verbesserungen ihres Textes akzeptiert, sie führen aber in nicht wenigen Fällen zu Konflikten. Als Samuel Fischer das Manuskript von Thomas Manns erstem Roman, den *Buddenbrooks* erhielt, veranlaßte ihn schon der Umfang des Manuskriptes, noch bevor er es ganz durchgelesen hatte, zu einer dringenden Bitte an den Autor:

Glauben Sie, daß es Ihnen möglich ist, Ihr Werk um etwa die Hälfte zu kürzen, so finden Sie mich im Prinzip sehr geneigt, Ihr Buch zu verlegen. Ein Roman von 65 ausgedruckten Bogen ist für unser heutiges Leben fast eine Unmöglichkeit; ich glaube nicht, ob sich viele Menschen finden, die Zeit und Concentrationslust haben, um ein Romanwerk von diesem Umfang in sich aufzunehmen.[12]

[10] S. Unseld: *Die Aufgaben des literarischen Verlegers.* Ein Rundfunkvortrag 1974 (zitiert nach dem Rundfunkmanuskript [Archiv des Hessischen Rundfunks]: S. 23)
[11] P. Suhrkamp an R. Becker 16. Juni 1953. In: P. Suhrkamp: *Briefe an die Autoren.* Hrsg. v. S. Unseld. Frankfurt 1964 (6.–8. Tsd.), S. 94/5
[12] S. Fischer an Th. Mann 26. Oktober 1900. In: P. de Mendelssohn: *S. Fischer und sein Verlag.* Frankfurt 1970, S. 285

Es war aber wohl weniger die Sorge um die Leser, die den Verleger bewegte, als der Gedanke an die Kalkulation der Herstellungskosten und des Buchpreises, der – so befürchtete Fischer – so hoch ausfallen müßte, daß der Roman zu teuer werden und folglich keine Käufer finden würde. Thomas Mann lehnte jedoch die Kürzungen aus künstlerischen Erwägungen strikt ab, und da S. Fischer seinen vielversprechenden Autor nicht verlieren wollte, blieb es bei dem ursprünglichen Umfang. Der große Erfolg der *Buddenbrooks* bewies zudem, daß das Argument des Verlegers in diesem Falle nicht stichhaltig war: S. Fischer verlegte nie wieder ein Buch, das eine so hohe Auflage erreichte, denn bis heute konnte der Verlag weit über 1,5 Millionen Exemplare der *Buddenbrooks* in verschiedenen Ausgaben verkaufen – in dieser Gesamtauflage sind die fremdsprachigen und Lizenzausgaben nicht mitgerechnet!
Nicht jeder Autor blieb so standhaft oder hatte die Möglichkeit, so standhaft zu bleiben, wie Thomas Mann. Rolf Becker z. B. unterzog sein Manuskript nochmals einer eingehenden Bearbeitung. Die Beispiele zeigen, in welchem Maße Verleger und Lektoren in die kommunikativen Beziehungen zwischen Autor und Leser eingreifen können, so daß man sie bisweilen fast als Co-Autoren anzusehen hat.
Festzuhalten bleibt: Es werden nicht nur unzählige Texte von Verlegern abgelehnt oder wandern durch viele Verlage, bis einer sich zur Annahme entschließt, zahlreiche Texte werden auch auf Veranlassung von Verlegern oder ihrer Lektoren von den Autoren be- und umgearbeitet. Aber schon das Genre eines Werkes kann einen Verleger davon abhalten, einen Text zu drucken, den er literarisch vielleicht für hervorragend hält, für den er aber keine möglichen Käufer sieht. Wohl eine der am häufigsten gestellten Fragen eines Verlegers an einen Lyriker ist:

Haben sie schon daran gedacht, einen Roman zu schreiben? – Romane verkaufen sich besser.[13]

Doch den ökonomischen Wert eines Werkes machen heute nicht mehr so sehr die unmittelbaren Marktchancen der ersten Buchausgabe aus; oft gewinnbringender und daher für die Entscheidung des Verlegers wichtiger sind die Möglichkeiten der sekundären Verwertung eines Textes z. B. in der Übersetzung für den literarischen Weltmarkt, der Verfilmung, der Dramatisierung oder der Zweitedition im Taschenbuch.
Ein Literaturverleger kann also ein Werk, das ihm zum Druck angeboten wird, nicht allein nach literarischen Kriterien beurtei-

[13] P. A. Bloch a. a. O. S. 107

len. Er muß es ebenso, wenn nicht primär, auf seine materiellen Chancen hin prüfen. Denn das literarische Werk nimmt, indem es der Autor dem Verleger und der Verleger über den Buchhandel an den Leser verkauft, den Charakter einer Ware an. Auf dem literarischen Markt wird das Werk wie jede beliebige Ware gekauft und verkauft, wobei »der Tauschwert sich im Prinzip nicht am Grad der künstlerisch-ästhetischen Leistung, sondern nach den Herstellungs- und Vertriebskosten des Buches bemißt.«[14] Diesen Warencharakter bedingt aufs engste die Struktur unserer Wirtschafts- und Gesellschaftsordnung; denn solange ein Verlag, der wie alle anderen Unternehmen kapitalistisch organisiert ist, Gewinn erwirtschaften muß, um bestehen zu können, kann in ihm insgesamt nur eine Literatur verlegt werden, die einen Profit einbringt. Letztlich also entscheidet die ökonomische Verwertbarkeit eines Manuskriptes, ob aus ihm auch ein Buch wird. Obgleich, wie wir gesehen haben, der Warencharakter des Buches das kommunikative Verhältnis zwischen Autor und Leser wesentlich beeinflußt, darf er nicht als eine originäre Dingeigenschaft der Literatur angesehen werden. Der Warencharakter des Buches resultiert nur aus seiner ökonomischen Vermittlungsfunktion auf dem literarischen Markt.

Wenn wir hier die Institution des Verlages besonders hervorgehoben haben, dürfen wir darüber nicht die übrigen Vermittlungsinstanzen vergessen wie den Buchhandel, die Bibliotheken und die Literaturkritik, von denen auch in späteren Kapiteln des Funkkollegs noch die Rede sein wird.

Der Buchhandel ist eins der hauptsächlichsten Mittel, diese für den Menschheitszweck bedürflichen Aufklärung, Belehrung und Besserung, zu verschaffen, und die Menschen zum wahren Wohlseyn zu führen. Er soll aber auch ferner den guten Geschmak befördern und verbreiten helfen, wodurch sich der Buchhändler hauptsächlich von anderen Kaufleuten unterscheidet.[15]

Das in diesen Worten aus dem Jahre 1795 zum Ausdruck kommende Selbstbewußtsein der Buchhändler, im Dienste einer besonderen kulturellen Aufgabe zu stehen, gehörte jahrhundertelang zum buchhändlerischen Selbstverständnis und spiegelt sich noch in dem nostalgischen Bedauern eines Verlegers unserer Tage, als er konstatierte, daß der Buchhändler nicht mehr der Diener am Buch sei, sondern zum Bediensteten des Publikums herabgesun-

14 M. Naumann a. a. O. S. 210

15 H. Bensen: *Wie muß die Erziehung und der Unterricht desjenigen beschaffen seyn, der sich dem Buchhandel widmen will?* (1795). Zitiert nach: H. Widmann: *Der deutsche Buchhandel in Urkunden und Quellen.* Hamburg 1965, Bd. 1, S. 219/20

ken ist[16] und seinen kulturbildenden Auftrag aufgegeben habe, zu dem ihn der besondere, geistig-ideelle Charakter der Ware ›Buch‹ verpflichte. Dieser kulturmissionarische Anspruch der Buchhändler wurde vom lesenden Publikum freilich nicht immer vorbehaltlos anerkannt, sondern auch als Verschleierung handfester ökonomischer Interessen angesehen. Johann Gottfried Herder etwa bemerkte nur wenige Jahre vor dem angeführten Buchhändlerwort von 1795 sarkastisch über den Buchhandel:

Um [...] Bücher zu verkaufen, braucht es keinc mehrere Kenntnis, als wie um Käs zu verkaufen: nämlich ein jeder muß sich die Gattung von Büchern oder Käs einschaffen, die am mehresten gesucht werden, und das Verlangen des Publikums durch Preise reizen und benutzen.[17]

Der Buchhandel, der in der Kette der Vermittlungsinstanzen dem Verlag folgt, ist wie dieser in seiner heutigen ausgeprägten Form ein Wirtschaftsunternehmen und an einer gewinnbringenden Nutzung des Buches interessiert.

Die Verlage liefern ihre Bücher nur zu einem sehr geringen Teil direkt an die Buchhändler; die eigentliche Auslieferung übernimmt der *Zwischenbuchhandel:* die *Kommissionsbuchhändler* und die *Barsortimenter.* Diese sind eigens dafür eingerichtet, die riesigen Buchmengen zu lagern und sehr rasch an die einzelnen Buchhändler weiterzugeben. Der Zwischenbuchhandel in seiner heutigen Form verfügt über ein vielfältiges Lager- und Vertriebssystem, das durch geschickten kostensparenden Verbund öffentlicher und eigener Transportmittel (z. B. Bücherwagenlinien) hohe Wirksamkeit gewährleistet.

Bei seinem Buchhändler findet der bücherkaufende Leser freilich immer nur eine sehr schmale *Auswahl* der auf dem Markt angebotenen Bücher vorrätig. Eine mittlere Buchhandlung etwa hält nur ca. 5000 bis 6000 Titel auf Lager, davon die meisten nur in 1 bis 2 Exemplaren. Dem stehen heute jährlich ca. 40 000 Neuerscheinungen in der Bundesrepublik Deutschland gegenüber, d. h. die auf Lager gehaltenen Titel müssen rasch umgesetzt werden und können nur während einer kurzen Zeitspanne angeboten werden, da sie neuen, aktuellen Titeln Platz machen müssen. Das Buch ist eine schnellverderbliche Ware: innerhalb eines Jahres veralten bereits 80% und innerhalb von zwanzig Jahren sogar 99% der Buchproduktion.[18]

16 A. Speemann: *Berufsgeheimnisse und Binsenwahrheiten. Aus den Erfahrungen eines Verlegers.* Stuttgart 1951 (4. Aufl.)? S. 167

17 J. G. Herder: *Briefe zur Beförderung der Humanität. Erste Sammlung.* 10. Brief. Zitiert nach: H. Widmann a. a. O. S. 245

18 R. Escarpit: *Die Revolution des Buches.* Gütersloh 1967, S. 29

Dies wurde schon 1824 beklagt:

Ist es nicht schauderhaft, zu erwägen, daß ein Werk, das noch vor einigen Monaten in allen öffentlichen Blättern, ja in gewissen Literaturzeitungen mit aller Emphase [Nachdrücklichkeit] herausgestrichen und empfohlen worden ist, jetzt schon den Weg alles Papieres wandelt? Oft noch vor wenigen Wochen war dies oder jenes Werk, nach den Ankündigungen des Verlegers, die Befriedigung eines längst und lebhaft gefühlten Bedürfnisses des gebildeten Publikums; und nun auf einmal muß das pompöse Product dazu dienen, ein Stück Groyerkäse oder Veroneser einzuwickeln, oder sich bei gleichfalls lebhaft gefühlten Bedürfnissen, die eben sowohl auch das nicht gebildete, wie das gebildete Publicum, längst und nicht längst, angewandelt, verwenden lassen. Das ist haaremporsträubend, oder wenigstens verdammt demüthigend.[19]

Aus der Flut der jährlichen Neuerscheinungen wählt der Buchhändler daher vor allem nach wirtschaftlichen Gesichtspunkten aus und bietet in seinem Sortiment besonders solche Titel an, von denen er sich einen raschen und notwendigerweise gewinnträchtigen Umsatz verspricht, denn er ist privatwirtschaftlicher Unternehmer; dies sind in erster Linie Bücher, die die regelmäßig in bestimmten Zeitschriften und Magazinen erscheinenden *Bestsellerlisten* nennen, und weit weniger literarisch anspruchsvolle Bücher, die er als Literaturkenner vielleicht sogar selbst für wichtig hält, von denen er aber sicher weiß, daß sie recht selten verlangt werden und sich nur langsam verkaufen, wenn es sich nicht gerade um literarisch anerkannte *und* erfolgreiche Titel handelt, wie etwa um ein neues Buch von Max Frisch, Peter Handke, Heinrich Böll oder Siegfried Lenz.
Dieser grundsätzliche Zwang für den Buchhändler zur Auswahl hat selbstverständlich Folgen für die literarische Kommunikation: die ohnehin schon erfolgreiche, marktgängige und akzeptierte aktuelle Literatur wird noch mehr gefördert, während das neue, *avantgardistische* Buch behindert wird – weil es dafür erfahrungsgemäß nur wenige Leser gibt. Benachteiligt werden die Werke noch unbekannter junger Autoren, die auf dem Markt noch nicht durchgesetzt sind, und eine fortlaufende Pflege literarischer Entwicklungen durch den Buchhandel ist nicht möglich, da kaum ein Roman-, Gedicht- oder Dramenband länger als eine Buchsaison in den Regalen stehen bleiben darf. Dies führt beispielsweise dazu, daß ein Autor in einer Buchhandlung normalerweise kaum mit seinen älteren Werken oder gar mit seinem Gesamtwerk, sondern nur mit seiner gerade neuesten Produktion

[19] F. Gräffer: *Historisch-bibliographisches Bunterlei.* Brünn 1824. Zitiert nach: S. Taubert: *Bibliopola. Bilder und Texte aus der Welt des Buchhandels.* Bd. 2. Hamburg 1966, S. 432

vorrätig ist – eine rühmliche und bisher in der Bundesrepublik Deutschland einzigartige Ausnahme macht hier lediglich die Münchener Autorenbuchhandlung.

Wer die älteren Werke eines Autors oder die Literatur vergangener Epochen sucht, bleibt meist auf die *Bibliotheken* und vor allem die zahlreichen öffentlichen *Volksbüchereien* angewiesen, die neben den Buchhandlungen am Ende der Distributionskette eine wichtige Vermittlerinstanz im literarischen Kommunikationsprozeß darstellen.
Während der Buchhandel das Buch als Wirtschaftsobjekt nutzt und verwertet, dient es in den Bibliotheken und Büchereien der Bildung und Unterhaltung; hier wird es für den Leser längerfristig verfügbar gehalten.
Auch hier wurde für den Leser schon eine *Vorauswahl* getroffen. Denn jede Bibliothek kann selbstverständlich – entsprechend ihrer Aufgabe und ihrem Benutzerkreis – nur einen beschränkten und ausgewählten Buchbestand anbieten; dieser wird jeweils nach ganz unterschiedlichen wissenschaftlich-fachbezogenen sowie bildungs- und kulturpolitischen Gesichtspunkten zusammengestellt und erweitert.
Das System der Volksbüchereien reicht heute bis in fast jeden Winkel unseres Landes und macht es jedem leicht, sich – fast immer kostenfrei – mit Bildungs- oder Unterhaltungslektüre zu versorgen: Eine Statistik für das Jahr 1971 verzeichnet mehr als 9000 öffentliche Büchereien (ohne die wissenschaftlichen Bibliotheken), mit einem Bestand von insgesamt ca. 36 Millionen Bänden (mit ca. 50% Sachliteratur und 50% *Belletristik*, einschließlich Kinderliteratur) und jährlich ca. 97 Millionen Ausleihen.[19a]
Da die meisten Bibliotheken aus öffentlichen Mitteln finanziert werden, nehmen gesellschaftliche, staatliche und kommunale Instanzen über den Etat und als Träger der Bibliotheken auf die Auswahl der Buchbestände einen indirekten, aber gelegentlich auch direkten Einfluß. Das betrifft in besonderem Maße die von breiten Bevölkerungskreisen besuchten öffentlichen Büchereien, auf die die etablierte politische Macht immer schon ein aufmerksames Auge hatte. Bald nachdem gegen Ende des vergangenen Jahrhunderts überall Volksbibliotheken entstanden, nahmen Politiker und führende Verwaltungsfunktionäre, wie W. Thauer in seiner Untersuchung feststellte:

[19a] Vgl. K. Fohrbeck/A. J. Wiesand: *Bibliotheken und Bibliothekstantieme. Bestand, Ausleihe und Entwicklungstendenzen der Bibliothekssysteme in der BRD.* München 1974

[...] die öffentlichen Bibliotheken als Einrichtungen zu Sicherung des sozialen Friedens, der Gewinnung des Arbeiters und zur Abwehr der Gefahr in Anspruch [...], die nach Ablauf des Sozialistengesetzes und Neugründung der Sozialdemokratischen Partei im Jahre 1890 dem Bürger und seinem Vaterland [angeblich] drohte.[20]

Öffentliche Bibliotheken sollten als systemfestigende Legitimationsinstitutionen dienen und dabei dem Bildungs- und Unterhaltungsinteresse nur so weit entgegenkommen, wie es den Repräsentanten der politischen Macht zulässig erschien.

Rigoros griffen nur Jahrzehnte später die Nationalsozialisten schon wenige Wochen nach der ›Machtergreifung‹ direkt in die Bestände der Büchereien ein, indem sie diese von jeglicher Literatur ›säuberten‹, die den kulturellen und ideologischen Zielen des Regimes widersprach.

Barsch reglementierte eine schwarze Liste für das Gebiet der Schönen Literatur, die im Mai 1933 im *Börsenblatt für den deutschen Buchhandel* veröffentlicht wurde und bestimmte, welche Autoren nicht mehr gelesen werden durften:

Die [...] Liste nennt alle Bücher und alle Autoren, die bei der Säuberung der Volksbüchereien entfernt werden können. Ob sie alle ausgemerzt werden müssen, hängt davon ab, wie weit die Lücken durch gute Neuanschaffungen aufgefüllt werden.[21]

Insgesamt wurden 135 Autoren und ihre Bücher auf dieser ersten Liste ›ausgemerzt‹ und nicht mehr für gut befunden, darunter Bertolt Brecht, Alfred Döblin, Heinrich Mann, Arthur Schnitzler und viele andere bedeutende Autoren unserer Gegenwartsliteratur, die damit für Jahre aus dem literarischen Leben in Deutschland verbannt wurden. Ähnliche Listen, wenn nun auch mit anderer politischer Zielrichtung, wiesen dann die Bibliothekare nach 1945 an, ihre Bestände von nationalsozialistischer Literatur zu säubern:

526 Seiten umfaßte allein die erste »Liste der auszusondernden Literatur«, die in Berlin 1946 von der deutschen Verwaltung für Volksbildung herausgegeben wurde! Aber nicht nur in den öffentlichen Bibliotheken und aufgrund staatlicher Eingriffe verschwanden die Produkte der NS-Literaten; auch die privaten Bibliotheken wurden gründlich gereinigt, als es fast über Nacht nicht mehr opportun erschien, den Bücherschrank bestückt zu haben mit den Werken der kurz zuvor noch als Größen gepriesenen Autoren wie Hans Grimm, Hans Friedrich Blunk, Werner Beumelburg, Emil Strauß u. a., deren Namen man heute kaum noch kennt.

Der größte Teil der NS-Literatur ist nicht nur sang- und klanglos verschwunden,

20 W. Thauer: *Die Bücherhallenbewegung*. Wiesbaden 1970, S. 25

21 Börsenblatt für den Deutschen Buchhandel. Nr. 112 v. 16. Mai 1933

sondern er ist mit größtem Eifer zum Verschwinden gebracht worden, und zwar vom Besitzer. Wie keiner Mitglied der NSDAP gewesen oder gewesen sein wollte und keiner dem Regime Beifall gegeben hat – in der Erinnerung hat sich das bei den Betroffenen völlig verschoben – so gibt's doch ein Element, was für jedermann deutlich war: der Bücherschrank. Und dieser Bücherschrank ist so bereinigt worden, daß sie das Buch mit der höchst gefördertsten Auflage, Hitlers »Mein Kampf«, heute im Antiquariat zu irren Preisen, viel zu hohen, kaufen müssen, weil 9/10 dieser Exemplare nach 1945 verschwunden sind. Bei der Belletristik ist es ja kaum nennenswert, denn es waren ja sehr viele künstlich hochgezogene Autoren.[22]

Auch daß man in der Bundesrepublik bis in die 60er Jahre hinein in den Öffentlichen Bibliotheken die Literatur der DDR nicht oder doch nur in geringem Umfang sammelte, lag weniger an der literarischen Qualität dieser Literatur als an den politischen Verhältnissen und dem Kalten Krieg in den ersten Jahrzehnten nach 1945.

Daran freilich, daß die literarische Produktion der DDR lange Jahre weitgehend ignoriert wurde, ist eine weitere Instanz im Vermittlungsprozeß zwischen Autor und Leser mitverantwortlich: die Literaturkritik. Erst in jüngster Zeit nahm sie auch von dieser Literatur mehr und mehr Notiz, ebenso wie die Verlage – und damit auch die Leser.
Die feuilletonistische Literaturkritik – die wir hier nur streifen wollen, da ihr ein eigenes Kapitel innerhalb des Funkkollegs gewidmet ist – entwickelte sich im Zeitalter der Aufklärung als ein Mittel zur Orientierung des wachsenden literarischen Publikums, das sich in der jährlich steigenden Flut der Neuerscheinungen nicht mehr zurechtfand und beraten sein wollte, welches Buch der Lektüre wert sei. Es wurden damals eine Reihe von Zeitschriften gegründet, für die fast Tag für Tag die »Polizeibediente[n] des Literaturgerichts«[23] wie Goethe die Literaturkritiker einmal nannte – ihre Rezensionen schrieben; erinnert sei hier an die beiden bedeutendsten Rezensionszeitschriften des 18. Jahrhunderts: Nicolais *Allgemeine Deutsche Bibliothek* und die Jenaische *Allgemeine Literaturzeitung*. An dieser ursprünglichen Funktion der Literaturkritik der wertenden Leserinformation hat sich bis heute im Selbstverständnis der Kritiker wenig geändert, wenn man beispielsweise die Definition Marcel Reich-Ranickis liest:

22 Aus einem Interview, das im Oktober 1976 mit dem Frankfurter Buchhändler Heinrich Cobet geführt wurde.

23 J. W. Goethe, *Empfindsame Reisen durch Deutschland von S.* In: Frankfurter Gelehrte Anzeigen. Nr. 51. Stück 18 v. 3. März 1772. Zitiert nach: J. W. Goethe: *Berliner Ausgabe Bd. 17*, Berlin 1970, S. 190

Der Kritiker soll sichten und ordnen, klären und werten, polemisieren und postulieren. Ein unentwegtes Gespräch muß er führen. Er diskutiert mit dem Autor und er unterhält sich mit dem Publikum.[24]

Ob die veröffentlichte Meinung eines Rezensenten insgesamt oder seine Kritik zu einem einzelnen Buch Einfluß und Gewicht erhält, hängt freilich nicht allein von der Qualität seines Urteils und der angelegten Maßstäbe ab, sondern vielmehr davon, in welchem Maß es ihm gelingt, Ansehen und Anerkennung in einem großen Leserkreis zu gewinnen; er ist deshalb auf die großen Massenmedien angewiesen, denn eine weitreichende Öffentlichkeit erreicht er nur, wenn er in einer bestimmten Zeitung und Zeitschrift, im Funk oder Fernsehen regelmäßig zu Wort kommt und so nach und nach zu einer Instanz wird, deren Geschmack der Leser kennt und erprobt hat. Diese Abhängigkeit des Kritikers von den Massenmedien beeinträchtigt aber und begrenzt zugleich die beanspruchte und von ihnen oft proklamierte Unabhängigkeit seines kritischen Urteils; denn welches Buch und wie er es rezensiert, steht dem Kritiker letztlich nur insoweit frei, als ihm Raum in den Medien eingeräumt wird und der Verleger oder Intendant seine Meinung toleriert.

Wir beenden hier unsere Skizze der Instanzen, die zwischen dem Autor und dem Leser vermitteln. Fazit: »Nicht also Literatur oder Werke ›an sich‹ sind es, zu denen der Leser in der Lektüre eine Beziehung herstellt.«[25] Bevor wir ein Buch in die Hand bekommen, durchläuft es eine Reihe von Instanzen und wird es aus der großen Menge der produzierten Werke »nach ideologischen, ästhetischen, ökonomischen und anderen Gesichtspunkten von gesellschaftlichen Institutionen selektiert, propagiert (und) bewertet.«[26] Die Einsicht, daß unsere Entscheidung für ein Buch durch viele Institutionen mitbestimmt ist, hat vielleicht etwas Erschreckendes. Ziel dieses Kapitels war es aber nicht zuletzt, zum Nachdenken darüber anzuregen, wie bestimmt unser angeblich so freier und individueller Umgang mit Literatur letztlich ist.

[24] M. Reich-Ranicki: *Deutsche Literatur in West und Ost.* München 1963, S. 11
[25] M. Naumann a. a. O. S. 91
[26] ebd.

b) Christian W. Thomsen

Kommunikative Aspekte von Drama und Theater

Lesen Sie eigentlich lieber einen Roman, oder gehen Sie lieber ins Theater? Ziehen Sie es vor, von einem Autor angeregt vor Ihrem inneren Auge die Personen, die Szenerie, die Situation eines Romans gleichsam eigenschöpferisch zu entfalten, oder möchten Sie eher einen Text in Sprache, Mimik, Gestik, kurz: in dramatische Handlung umgesetzt erleben? Oder reizt sie gar etwas ganz anderes an einem Theaterbesuch? Vielleicht die Ausstrahlungskraft bestimmter Schauspieler: die Klangfarbe *ihrer* Stimme, *ihr* mimischer Ausdruck und *ihre* Figur? Oder die Atmosphäre eines Theaterbesuchs: der Zusammenklang von Bühnengeschehen, Einwirken des gespielten Texts auf die Zuschauer und dem gesellschaftlichen Ereignis von Sehen und Gesehenwerden?
Sie merken, es wird auch weiterhin von literarischer Kommunikation die Rede sein. Wir beschäftigten uns im ersten Hauptteil dieses Kapitels vornehmlich mit den kommunikativen Aspekten des Buches und wenden uns nun dem inszenierten Drama zu. Hier schiebt sich als zusätzliche Instanz die Aufführung zwischen Autor, Text und Publikum.
Die Autor/Leser Beziehung des Romans wird über den gedruckten Text vermittelt, den der Leser für sich allein, sozusagen »im stillen Kämmerlein«, aufnimmt. Und in seiner Phantasie erst, so kann man behaupten, verwirklicht sich das literarische Werk Roman. Ohne die Mitwirkung des Lesers bleibt es lediglich eine Menge bedruckten Papiers. Ein Drama dagegen erlangt die ihm angemessene Verwirklichung über eine Theateraufführung. Schon die kommunikative Situation ist demnach von der des Romans grundsätzlich verschieden: Nicht die Literatur kommt zum Publikum, sondern das Publikum zur Literatur. Mit den Worten von Goethes Theaterdirektor:

> Die Pfosten sind, die Bretter aufgeschlagen,
> Und jedermann erwartet sich ein Fest.
> Sie sitzen schon mit hohen Augenbraunen
> Gelassen da und möchten gern erstaunen.[27]

Die Theateraufführung ist also die sinnliche Vergegenwärtigung dessen, was der Romanleser sich kraft seiner Phantasie vorstellen

[27] J. W. Goethe: *Faust I,* »Vorspiel auf dem Theater«. 7–10.

muß. Das Theater ist auch eine eigene Welt, die sich unmittelbar an die Sinne der Zuschauer richtet, sie viel körperlicher miteinbezieht als der Roman. Das kann und konnte schon seit altersher bis zu einer Aufhebung der Grenzen zwischen Spiel und Wirklichkeit gehen.

So versetzte der prahlende und wutschnaubende Herodes in den mittelalterlichen Mysterienspielen die Zuschauer in eine Mischung von Belustigung und Schrecken. Spiel vermochte noch unversehens in blutigen Ernst umzuschlagen, wie in jener burgundischen Aufführung, von der der holländische Kulturhistoriker Huizinga berichtet. Aus Rachsucht piekšten die Soldaten unterm Kreuz dem Schauspieler-Christus nicht nur die Schweinsblase über den Rippen auf, sie stachen ihn gleich wirklich tot.[28] Daraufhin machte sich das Publikum zu wilder Verfolgungsjagd auf und folterte die beiden Missetäter genußvoll zwei Tage lang, bis sie ihr Leben ausgehaucht hatten. Und noch zu Beginn dieses Jahrhunderts, versuchte ein texanischer Besucher einer Aufführung von Shakespeares Othello in Chicago, Jago durch erregte Zwischenrufe von seinem Vorhaben abzubringen und als dies nichts fruchtete zog er kurzerhand den Revolver und erschoß den Bühnenschurken.

Es gibt zudem eine häufig im Dramentext selbst angelegte Dimension, die dazu beiträgt, die Grenzen zwischen Spiel und Wirklichkeit zu verschieben: die Zuschaueranrede. Indem sich ein Schauspieler vom auf sich selbst bezogenen Geschehen auf der Bühne löst, an die Rampe tritt und die Zuschauer anspricht, sprengt er entweder die fiktive Realität des Geschehens auf der Bühne, oder er läßt die alte rituelle Magie walten. Der Zuschauer wird in das Spiel mit einbezogen. Wer erinnert sich nicht noch an Kasperles »Seid ihr alle da!« und an das simple, jedoch höchst wirkungsvolle Vorgehen, mit dem gerade im Kasperletheater die Kinder in das Spiel der Puppen wie in einen Sog hineingezogen werden? Und wer einmal modernes Kindertheater wie das der *Gripse* gesehen und erlebt hat, wie Kinder noch tagelang Szenen nachspielen und weiterspinnen, weiß um die mögliche Wirkung gerade der theatralischen Kommunikation.

In den erwähnten Beispielen ist den Zuschauern durch ihre starke innere Anteilnahme in Vergessenheit geraten was ihnen beim Theaterbesuch durchaus geläufig ist, die *Institution Theater*. Verlag und Buchhandel bleiben für den Romanleser zumeist von untergeordneter Bedeutung. Das Theater aber bildet bei uns schon als Gebäude einen der architektonischen und kulturellen

[28] Vgl. Johann Huizinga: *Herbst des Mittelalters.* Stuttgart 1961, Kap. I.

Mittelpunkte. Da besteht ein Apparat, den man aus der Sicht dieser Lektion durchaus als ›kommunikativen Apparat‹ bezeichnen kann. Er reicht von der Theaterverwaltung bis zur Garderobiere und Platzanweiserin, von der Kostümnäherin über Handwerker, Bühnenarbeiter und Beleuchter bis zum Inspizienten. Da zählt das Zusammenspiel des künstlerischen Personals vom Dramaturgen über Maskenbildner, Bühnenbildner und Regisseur bis hin zu den Darstellern, ohne das eine Aufführung nicht zustande kommen könnte.

Alle die erwähnten Berufe wirken dabei mit, das Theater als eine multimediale, auf das Sehen und Hören gerichtete Kunstform zu verwirklichen, in der im Unterschied zum Roman der *Text* eines Autors zum *Vorgang* wird.[29] Zwar weiß jedermann, daß man Dramentexte auch lesen kann, aber es sollte uns bewußt bleiben, welcher schöpferischen Vorstellungskraft es bedarf, um vor dem ›inneren Auge‹ einen Bühnentext lebendig werden zu lassen. Denn im Dramentext fehlt ja weitgehend, was der Romanautor an szenischen, räumlichen, atmosphärischen, kommentierenden Hinweisen mitgibt. Das gilt besonders für Dramentexte eines uns zeitlich und räumlich fernen Kulturkreises wie etwa die Stücke von Sophocles und Euripides. Das gilt aber auch für Texte des modernen Theaters, die oft nur ein recht dürres Gerüst abgeben, und erst durch Pantomime, Licht-, Musik- und Geräuscheffekte zum Leben erweckt werden.

Zwei Beispiele mögen dies kurz verdeutlichen:

In einer Szene von Harold Pinters Stück *Der Hausmeister* überreicht der kontaktscheue Aston dem Tramp Davies mit den Worten: »probier die!« ein Paar Schuhe. In der Regieanweisung heißt es dann: »Davies nimmt die Schuhe, zieht seine Sandalen aus und probiert die Schuhe an.«[30] Schauspieler wie Ewald Balser oder Heinz Rühmann haben diese fast textlose Schuhanprobe minutenlang zu einem pantomimischen Kabinettstückchen ausgespielt, in dem nahezu wortlos Charakter und Lebensumstände des gerissenen, feigen, dann plötzlich wieder prahlerischen mutigen Davies zum Vorschein kommen.

Als Kontrastbeispiel seien die Songs des Musicals *Hair* erwähnt, an das sich sicher noch viele Leser erinnern. Zu popigen Klängen wird davon auf der Bühne und zwischen den Zuschauern ein

[29] Vgl. Jan Kott: »In welchen Zeichen spricht das Theater?«, *Literatur. Reader zum Funkkolleg Band 1,* In Verbindung mit Jörn Stückrath hrsg. von Helmut Brackert und Eberhard Lämmert. Frankfurt 1976.

[30] Harold Pinter: *The Caretaker.* London, 1960. Deutsche Übersetzung: Harold Pinter, *Der Hausmeister.* In: *Englisches Theater unserer Zeit.* Reinbek 1961, S. 261–315; hier: S. 270f.

Feuerwerk von Lichteffekten, Akrobatik und Tanz in Szene gesetzt.
In Kammerspielton und gleichsam in Breitwandformat vergegenwärtigen uns diese Beispiele die kommunikative Situation des Theaters. Wir werden unterhalten, aber auch mit allen Sinnen in den Bannkreis einer Aufführung hineingezogen. Abermals mit den Worten von Goethes Theaterdirektor:

> Besonders aber laßt genug geschehn!
> Man kommt zu schaun, man will am liebsten sehn.[31]

Die kommunikative Besonderheit des Theaters hängt eng mit seinem kultischen Ursprung zusammen. Ist doch das Theater aus religiösen Ritualen, Feiern und Spielen entstanden. In der jüngeren Gattung des Romans dagegen herrscht das erzählerische Moment vor. Dennoch fehlt es in der Erzählliteratur nicht an dramatischen Elementen. Schon die Epen Homers enthalten zahlreiche dramatische Dialogpartien. Aufgrund dieser gemischten Form des Romans konnte Friedrich Schlegel sogar vom Roman sagen:

> Er ist das vollkommene Mischgedicht, in dem die klassischen Dichtarten, Epos, Drama, Lyrik, aber auch Poesie, Kritik, Philosophie miteinander gemischt und verschmolzen werden.[32]

Das kultische Theater war immer auch ein gesellschaftliches Ereignis, und es hat sich selbst in unserer Zeit in den prachtvollen Foyers und üppigen Polstern unserer Theaterpaläste ein verweltlichter kultischer Reiz erhalten. Die Selbstdarstellung und Zurschau-Stellung der Besucher macht in unseren Breiten für viele noch immer ein Gutteil des prickelnden Vergnügens am Theaterbesuch aus.
Neuerdings versuchen avantgardistische Experimentaltheater sogar inhaltlich die alten kultischen, magischen und rituellen Elemente des Theaters wieder zu beleben und lehnen die von dem Vernunftideal geprägten traditionellen Bühnen- oder Schauspielformen ab. Häufig orientieren sie sich nicht einmal am geschriebenen Text. Ihr Theater ist multimedial, es ist emotional, es ist kollektiv. Eine reinliche Scheidung zwischen Kunst und Alltagsleben gibt es nicht mehr. Sam Shepard, einer der einflußreichsten jungen Dramatiker Amerikas sagt:

31 J. W. Goethe: *Faust I,* »Vorspiel auf dem Theater«. 89f.
32 Friedrich Schlegel: »Gespräch über die Poesie«. *Kritische Friedrich Schlegel Ausgabe.* Ernst Behler (Hrsg.). Zweiter Band, S. 284–363, vgl. auch »Einleitung«, S. LVIII.

Für mich ist das Theater von den übrigen Künsten nicht mehr zu trennen. Ich habe im Film und in anderen Medien gearbeitet. Überall ist es der gleiche Prozeß. Das Theater hat seine eigene Definition durchbrochen. Du kannst nicht mehr sagen: Theater ist, wenn Leute auf der Bühne stehen und sprechen. Was wäre dann das Living Theatre? Ist das Theater? Ist das Anti-Theater? Was ist das? Natürlich kannst du das Theater auch heute noch irgendwie definieren, aber diese Definitionen sind ganz unwichtig. Sie sind veraltet. Die Dinge gehen ineinander über, sie werden sich verbinden.[33]

Gruppen wie das von Shepard genannte Living Theatre versuchen, die vierte Wand der alten Guckkastenbühne aufzubrechen. Sie wollen in hautnahen Kontakt mit dem Zuschauer gelangen. Durch Improvisationen soll der Zuschauer in das Geschehen mit einbezogen werden. Diese Gruppen wollen die verkrampften Verhaltensweisen aufbrechen, welche die Zivilisation uns anerzogen hat, sie wollen dem Zuschauer mitspielend zu neuem und humanerem Bewußtsein seiner selbst und seiner Mitmenschen verhelfen.

Erinnern Sie sich noch einmal an das Kommunikationsmodell: beim Roman baut es sich auf aus vier Faktoren: Autor, Text, vermittelnde Institutionen (wie z. B. Verlag) Leser. Um das aufgeführte Drama zu verstehen, ist das Kommunikationsmodell hingegen zu erweitern: schließlich ist die Inszenierung ein vermittelnder Faktor besonderer Art, sie gestaltet den Text für die Zuschauer und Zuhörer. In die Aufgaben und Funktionen der an einer Inszenierung beteiligten Theaterberufe soll nunmehr eingeführt werden, denn offenkundig kommt der Aufführung im Kommunikationsmodell des Dramas ein besonderes Gewicht zu.

In der heutigen Zeit des Teamworks ist die enge Zusammenarbeit zwischen dem Autor, der die Textvorlage liefert, dem Regisseur und den Schauspielern charakteristischer als in früheren Epochen. In Deutschland spielt für die Theaterarbeit auch der Dramaturg eine gewichtige Rolle, ein Beruf, den es in angelsächsischen Ländern erst in wenigen Fällen gibt. Der Dramaturg aber ist für die Öffentlichkeitsarbeit des Theaters als Verfasser der Programmhefte ebenso wichtig wie für die interne Arbeit; er begutachtet die Stücke und wählt sie aus (wie der Lektor im Verlag) und bestimmt somit maßgeblich den Spielplan. Indem er die Autoren berät, wirkt er schöpferisch auf die Theaterdichtung zurück.

Wo der Dramaturg entfällt, übernimmt der Regisseur seine Aufgaben, der im übrigen eng mit dem Dramaturgen zusammenarbei-

33 Sam Shepard: »Interview«, in: Jens Heilmeyer, Pea Fröhlich: *now. Theater der Erfahrung. Material zur neuen amerikanischen Theaterbewegung.* Köln 1971, S. 53.

tet. Dramaturg und Regisseur ziehen häufig einen dritten zu Rate, den wir aus dem Kommunikationsmodell schon kennen: den Autor. Es ist guter moderner Brauch, daß Autoren auch zu Probenarbeiten herangezogen werden, daß ihnen in der gemeinsamen Arbeit mit Regisseuren und Schauspielern Gelegenheit geboten wird, ihre Texte selbst im Entstehungsprozess einer Inszenierung zu beobachten, zu kontrollieren und gegebenenfalls zu ändern. In den letzten Jahren mehren sich sogar die Aufführungen, in denen Autoren selbst Regie führen. Franz Xaver Kroetz und Samuel Beckett sind berühmte Beispiele. Als Autor, Regisseur und Theatertheoretiker in einer Person ist Bertolt Brecht in diesem Jahrhundert unübertroffen. Im Einzelfall, wie bei Rainer Werner Faßbinder, fallen sogar die Funktionen von Autor, Regisseur *und* Schauspieler in Personalunion zusammen. Hier findet das Theater zu seinen klassischen Ursprüngen zurück: In der Antike führten die Autoren selbst Regie.

In den zuletzt genannten Beispielen ist der Unterschied zwischen Text und Inszenierung überdeckt, da der Autor selbst am Regiepult sitzt. Grundsätzlich stellt sich aber die Frage, inwieweit denn der Text eine Inszenierung überhaupt festlegt. Ein Textbuch ist, wie wir am Beispiel der Schuhanprobe sehen, oft nicht mehr als eine Anleitung zur szenischen Umsetzung, eine Art Partitur, aus der die Mitwirkenden in der Aufführung ein Werk von eigenem ästhetischen Wert gestalten. Die schöpferische Leistung des Regisseurs kommt gerade in der Gestaltung des imaginativen Freiraums der Dramentexte zur Geltung. Ein Regiekonzept ist eine von vielen Möglichkeiten, das Stück zu interpretieren. Regisseure der Vergangenheit und Gegenwart, man denke an große Namen wie Erwin Piscator, Max Reinhardt, Gustav Gründgens, Peter Palitzsch, Peter Stein, sahen ihre Aufgabe in der schöpferischen Vergegenwärtigung eines Textes. Dazu erlaubten und erlauben sie sich schwerwiegende Eingriffe in Texte, verlagern Schauplätze, streichen Szenen und Personen, modernisieren Kostüme oder verleihen ihnen die Patina ferner Vergangenheit. Die Freiheit der Regisseure kennt theoretisch keine Grenzen, ist aber in Deutschland bei den Texten lebender Autoren gesetzlich an deren Zustimmung gebunden.

Gegen die mögliche Willkür ist das Konzept der ›Werktreue‹ ins Feld geführt worden. Regisseure dieser Richtung verstehen sich als Stellvertreter des Autors in einem engeren Sinne. Der Begriff Werktreue ist allerdings problematisch. Was heißt ›Werktreue‹, wenn der betreffende Autor nicht mehr gehört werden kann? Schließlich kann auch eine Inszenierung, die beansprucht, zeitgemäß zu sein – z. B. *Hamlet* in Uniformen oder Jeans in einem weiteren Sinne des Werkes ›Werktreue‹ für sich beanspruchen. Man spricht jedoch hier wohl besser von Umfunktionierung.[34] Noch weiter geht die völlig freie Inszenierung, der ein Text nur noch als Rohvorlage dient. Unter den deutschen Regisseuren hat vor allem Peter Zadek bemerkenswerte Aufführungen im freien Inszenierungsstil geschaffen. Für die lange Tradition auch diesen Brauches mag ein letztesmal Goethes Theaterdirektor als Kronzeuge zitiert sein:

Ihr wißt, auf unseren deutschen Bühnen
Probiert ein jeder, was er mag;
Drum schonet mir an diesem Tag
Prospekte nicht und nicht Maschinen![35]

Enge Kooperation zwischen Autor, Regisseur und Schauspielern wird insbesondere im angloamerikanischen Raum oft gepflegt. Die Angelsachsen sind uns da in manchen Bereichen erheblich voraus. Andererseits haben z. B. der kollektive Arbeitsstil Brechts mit seinem *Berliner Ensemble* oder Peter Stein von der Berliner *Schaubühne am Halleschen Ufer* die internationale Theaterarbeit befruchtet, die in den sechziger und frühen siebziger Jahren eine zuvor kaum gekannte Wechselwirkung erreicht hat. Am Beispiel des rumänischen Regisseurs Livin Ciulei, der an der Arena Stage in Washington Georg Büchners Lustspiel *Leonce und Lena* musterhaft inszenierte, ist im Studienbegleitbrief diese Internationalität zeitgenössischen Theaterlebens eingehend vorgestellt worden.[36]

Wichtige Elemente der Theateraufführung, die nur bedingt Texten entnommen werden können, sind die *Bühnenbilder* und *Kostüme.* Auch hier ist das zeitgenössische wie das historische Spektrum vielfarbig. Die großartige italienische Bühnenmalerei des 16. und 17. Jahrhunderts, die mit perspektivischen Raffinessen in Opern und Schauspielen ganze Städtebilder vortäuschte, wurde im 19. Jahrhundert durch einen Trend zu detailgetreuem Realismus der Kulissen abgelöst. Diesen Realismus wiederum führte zu Ende des Jahrhunderts Alfred Jarry in den genial-grotesken Bühnenbildern und Kostümen seines *König Ubu* ad absurdum. In einem einzigen Szenenbild konnte dort die Plüsch-

[34] Vgl. *Funkkolleg Literatur. Studienbegleitbrief 5,* Klaus Reichert. »Fiktionale Texte I. Interpretation eines Dramas – William Shakespeare *Hamlet*«. Weinheim 1976, insbes. S. 70, 101–109.

[35] J. W. Goethe: *Faust I,* »Vorspiel auf dem Theater«, 231–234.

[36] Vgl. *Funkkolleg Literatur. Studienbegleitbrief 2,* Christian W. Thomsen, »Direkte und indirekte Formen der literarischen Kommunikation: Kommunikative Aspekte von Drama und Theater«. Weinheim 1976, S. 86–94.

hölle eines spießbürgerlichen Wohnzimmers durch bemalte Südsee- und Nordpolprospekte kontrastiert und verfremdet werden.[37]

Wird dem Zuschauer im ersten Beispiel aus Renaissance und Klassizismus eine Realität nur vorgegaukelt, so wird sie ihm im 19. Jahrhundert, gipfelnd im naturalistischen Darstellungsstil der Truppe des Herzogs Georg II. von Sachsen-Meiningen, handfest suggeriert. Jarry hingegen zieht dem Zuschauer den Boden unter den Füßen weg. Er erschüttert seine Orientierungsfähigkeit. An die Stelle sinnlich faßbarer Realität tritt in den Bühnenbildern und Kostümen des *König Ubu* assoziative Phantasie, die provozierend und spielerisch eine höhere Wahrheit in Szene setzt und dabei die Realität des Wahrscheinlichen und Logischen durchbricht.

Shakespeare und seine elisabethanischen Zeitgenossen benutzten kaum Kulissen und Requisiten, schätzten dafür aber prachtvolle Kostüme um so höher ein. Kostüme, die oft ein vielfaches des Preises kosteten, der Dramatikern für ihre Stücke gezahlt wurde, dienten auf den Bühnen jener Zeit dazu, die Phantasie des Zuschauers anzuregen, sich zum Kolorit einer Schlacht oder eines Palastes die realistische Szenerie hinzuzudenken. So heißt es etwa im berühmten Prolog zu Heinrich V:

> Doch verzeiht, ihr Teuren,
> Den schwunglos seichten Geistern, die's gewagt,
> Auf dies unwürdige Gerüst zu bringen,
> Solch großen Vorwurf. Diese Hahnengrube,
> Faßt sie die Ebenen Frankreichs? Stopft man wohl
> in dieses O von Holz die Helme nur,
> Wovon bei Agincourt die Luft erbebt?
> O so verzeiht! Weil ja in engem Raum
> Ein krummer Zug für Millionen zeugt.
> Und laßt uns, Nullen dieser großen Summe,
> Auf Eure einbildsamen Kräfte wirken.[38]

Hier wird eine imaginative Wortkulisse geschaffen, der Zuschauer aufgefordert, das Bühnengeschehen symbolisch zu nehmen und in seiner Phantasie das Spiel auf der Bühne zur Historie auszuweiten.

Heutige Bühnendekoration findet, oft schon aus Kostengründen, gern zur Kargheit der Elisabethaner zurück. Doch auch die Symbolhaltigkeit und der Appell an die Phantasie sind auch bei solchen Bühnen nicht zu übersehen. Man denke nur an den

37 Jarry zeichnete selbst Entwürfe zu den Bühnenbildern, an denen außer ihm Bonnard, Vuillard und Lautrec beteiligt waren.

38 William Shakespeare: *Heinrich V.* »Prolog«. 8–18. Übersetzung Schlegel/Tieck.

einzigen Baum in Becketts *Warten auf Godot*, der die Welt vertritt.

Wichtiger aber noch als die Kostüme und Bühnenbilder sind die wohl in und zwischen ihnen Agierenden: die Schauspieler. Durch den Schauspieler werden Buchstaben Fleisch und Blut. Seine Mimik und Gestik, vor allem aber seine Stimme, machen den Text vernehmlich und versinnlichen ihn. Als Mittler ist der Schauspieler auch zugleich Interpret. Man kann dies, wie in der Funkfassung geschehen, besonders einleuchtend an verschiedenen auch zeitlich voneinander entfernten Interpretationen ein und derselben Textstelle demonstrieren. Ein weithin bekanntes Beispiel sei mit einem berühmten Hamlet-Monolog vorgestellt:

> Sein oder Nichtsein, das ist hier die Frage:
> Ob's edler im Gemüt, die Pfeil' und Schleudern
> Des wütenden Geschicks erdulden, oder,
> Sich waffnend gegen eine See von Plagen,
> Im Widerstand zu enden. Sterben – schlafen –
> Nichts weiter! – und zu wissen, daß ein Schlaf
> Das Herzweh und die tausend Stöße endet,
> Die unsres Fleisches Erbteil – s' ist ein Ziel,
> Aufs innigste zu wünschen. Sterben – schlafen –
> Schlafen! Vielleicht auch träumen! – …[39]

In der ersten historischen Aufnahme, die von dem Schauspieler Alexander Moissi gesprochen wurde, überwiegt eine neuromantische, grüblerische, sehnsüchtig klagende Stimmlage, die das Bild des vertrauten romantischen Zweiflers Hamlet erstehen läßt. Als Kontrast wurde der gleiche Monolog original von dem Schauspieler Michael Degen gesprochen, und allein an der Stimme kamen die Unterschiede eines halben Jahrhunderts deutlich zum Vorschein. Degens Hamlet war nicht mehr der Romantiker, sondern ein Intellektueller, der nüchtern und sachlich alternative Überlegungen gegeneinander abwog, um eine Basis für verantwortungsvolle Entscheidungen zu finden.

Zuletzt wurde eine Variante vorgestellt, die musikalisch unterlegt, den Text in seiner Originalsprache zum Klingen brachte. Sie stammte aus Laurence Oliviers bekanntem Hamlet-Film:

> To be, or not to be: that is the question:
> Whether 'tis nobler in the mind to suffer
> The slings and arrows of outrageous fortune,
> Or to take arms against a sea of troubles,
> And by opposing end them. To die, – to sleep, –

[39] William Shakespeare: *Hamlet*. III. i. 56–65. Übersetzung Schlegel/Tieck.

No more; and by a sleep to say we end
The heart ache, and the thousand natural shocks
That flesh is heir to, 'tis an consummation
Devoutly to be wished. To die, – to sleep; –
To sleep! perchance to dream! ...[40]

Stimme, Musik und Naturkulisse (Meeresrauschen) wurden hier organisch zu einer Einheit verschmolzen, die einerseits musikalisch mit Stimmungselementen aufgeladen wurde und andrerseits symbolisch andeutete, wie Hamlet in Naturgeschehen eingebunden ist und sich als Mensch eigenverantwortlich zu behaupten versucht.

Durch diese Beispiele wird deutlich, in welchem Maße historisch zeitgebundenes Verständnis und individuelle Schauspielerpersönlichkeit schon durch das Sprechen zu verschiedenen Interpretationen führen. Daneben sollte man nicht vergessen, daß auch dem Aussehen und Agieren eines Schauspielers erhebliches Gewicht zukommt. Man wird gewahr, von welcher Bedeutung es ist, daß die Einzelteile des Gesamtkonzepts einer Inszenierung zueinander passen. Der Hauptdarsteller wird darin immer eine führende Position einnehmen, denn ungeachtet aller kollektiven und demokratisierenden Alternativansätze ist Theater hierzulande weitgehend Startheater geblieben. Der Star aber ist allemal Identifikationsobjekt und Werbeträger. Und in welchem Schauspieler steckt nicht wenigstens der Wunsch, einmal Star zu sein?

Die Bedeutung des Schauspielers in Verbindung mit der einleitend erwähnten kommunikativen Funktion der Zuschaueranrede mag als Überleitung zu der Frage nach den Konzeptionen modernen Theaters dienen. Da wir eingangs das Theater vor allem als *sinnliche Vergegenwärtigung* darstellten, lassen sie uns dazu ergänzend eine Theaterkonzeption herausgreifen, *das Theater als sinnliche Provokation.*

Die Provokation des Publikums ist ein beliebtes Mittel, es aus seiner Gemütsruhe und Abgestumpftheit aufzurütteln. Als der Schauspieler Firmin Gemier in der Maske des Königs Ubu am Abend des 10. Dezember 1896 an die Rampe des Pariser Théâtre de l'Œuvre tritt und mit grollendem Vibrato ein langanhaltendes *Merde*[41] (Scheisse) ins Publikum röhrt, entfesselt er bereits mit diesem ersten Wort einen der größten Theaterskandale der Geschichte. Er leitet aber auch, wie wir rückblickend feststellen können, eine neue Epoche des Theaters ein.

40 William Shakespeare: *Hamlet,* III. i. 56–65, zitiert nach: W. J. Craig (Hrsg.): *The Complete Works of William Shakespeare.* London 1964 u. ö., S. 886

41 Alfred Jarry: *Ubu Roi.* In: *Œuvres completes.* Paris 1972, S. 353. Deutsch: *König Ubu.* Übers. von Marlis und Paul Pörtner. Zürich 1959, S. 7

In unseren Tagen, wie in Peter Handkes *Publikumsbeschimpfung*, wird die Provokation zuweilen schon zum eigentlichen Ziel des Theaters:

Ihr Kabinettstücke. Ihr Charakterdarsteller. Ihr Menschendarsteller. Ihr Welttheatraliker. Ihr Stillen im Land. Ihr Gottespülcher. Ihr Ewigkeitsfans. Ihr Gottesleugner. Ihr Volksausgaben. Ihr Abziehbilder. Ihr Meilensteine in der Geschichte des Theaters. Ihr schleichende Pest. Ihr unsterblichen Seelen. Ihr, die ihr nicht von dieser Welt seid.[42]

Die zitierten Beispiele sind anstößig. Sie stoßen an, weil Spielregeln, gesellschaftliche Normen und Erwartungshorizonte verletzt und durchbrochen werden. So wird bei Jarry der Rahmen des üblichen Spiels gewaltsam erweitert.
Die Pariser Aristokratie und Bourgeoisie wird karikiert und an ihrem empfindlichen Nerv gebildeter Wohlanständigkeit getroffen. Und wer am Nerv getroffen wird, schreit auf.
Bei Handke ist das Spiel mit Worten ein neues, kunstvolles Spiel, welches das Theater nicht aufhebt, aber dessen Sprachgebärden und die des Publikums verhöhnt. Das Publikum soll verunsichert werden. Sein eigenes Kommunikationsmittel und das des Theaters, die Sprache, wird als Anhäufung von Klischees, Worthülsen und Phrasen entlarvt. Die Sprechblasen zerplatzen, wodurch gezeigt wird, daß sie hohl sind. Der ästhetische Schock soll hier das Publikum für die Sprache empfindlich machen.
Eine gelungene Kommunikation zwischen Theater und Zuschauer wie zwischen Roman und Leser setzt ein stimmiges Gesamtkonzept voraus. In den letzten Jahrzehnten hat deshalb verstärkt eine theoretische Fundierung der Theaterarbeit eingesetzt. Und verkürzend kann man sagen, daß heute zwei Kontrahenten das Feld beherrschen, nämlich Bertolt Brecht und Antonin Artaud mit ihren Schulen und Nachfolgern.
Die epische Form des Theaters bei Brecht, die er dramatischer Form entgegensetzt, erzählt Vorgänge statt sie zu verkörpern. Sie macht den Zuschauer zum engagierten, aber seine Gefühle kontrollierenden Betrachter, statt ihn suggestiv in eine Handlung zu verwickeln. Sie will Aktivität des Zuschauers wecken und ihn zu Entscheidungen zwingen. Sie will Mensch und Welt als wechselseitigen Veränderungsprozessen unterworfen zeigen. Sie will auf dem Theater Belehrung und Unterhaltung miteinander vereinen

[42] Peter Handke: *Publikumsbeschimpfung und andere Sprechstücke*, edition suhrkamp, Bd. 177, Frankfurt 1969, S. 47

und versteht sich als Schrittmacher einer humanen sozialistischen Gesellschaft.[43]
Das Theater Artauds dagegen strebt durch den ästhetischen Schock ein neues, nicht rationales Illusions- und Identifikationstheater an. Es fordert die menschlichen Gefühle bis zur Ekstase heraus. Es will sich als Totaltheater multimedialer Effekte bedienen, den ganzen Menschen magisch ergreifen und verändern. Sein ›Theater der Grausamkeit‹ will »die Metaphysik via Haut« in die Gemüter unserer degenerierten bourgeoisen Gesellschaft einziehen lassen und dabei über Bereiche des Vorrationalen zum Kern der menschlichen Persönlichkeit vordringen. Eine seiner wichtigsten Forderungen ist deshalb, daß man dem Theater seine eigene Sprache zurückgeben müsse, worunter Artaud eine Synthese von Mimik, Gestik, Sprache, Musik und Tanz versteht.[44]
Beide Theoretiker steuern verschiedene Ziele an: Brecht die intellektuell kontrollierte Distanz, welche dem Menschen mit Hilfe des Theaters gesellschaftliche Prozesse und Systemzwänge erklärlich machen will. Er will dem Publikum Wege aufweisen, die ihn in den Stand setzen, die Welt nicht länger nur hinzunehmen, sondern sie eigenverantwortlich zu ändern. Artaud will zu einem emotional ergriffenen Sein hinführen, in dem letztlich die Unterscheidung zwischen Theater und Leben aufgehoben sein soll, weshalb Artaud folgerichtig die Abschaffung geschriebener Texte fordert.
In einigen ihrer Zielvorstellungen liegen dennoch Brecht und Artaud nahe beieinander. Das erklärt auch, warum immer mehr Regisseure versuchen, aus beiden Theorien eine Synthese für die Theaterpraxis herauszufiltern. Beide fordern ja, daß zu einer neuen Schauspielkunst auch eine neue Zuschauerkunst entwickelt werden müsse. Beide Theatertheoretiker sind, wenn auch von unterschiedlichen ideologischen Positionen her, überzeugt, daß die kapitalistische Gesellschaft einer humanen Selbstverwirklichung im Wege steht, den Menschen von sich selbst entfremdet und seine Persönlichkeit zerstört.
Theaterpraxis wie Theatertheorie kümmern sich um ästhetische Belange, um Fragen der Unterhaltung des Publikums, stellen aber doch gesellschaftliche Bezüge ganz in den Vordergrund. Angesichts dieser Tatsache mag es überraschen, daß empirische Untersuchungen in mehreren westeuropäischen Ländern ergeben ha-

43 Vgl. Bertolt Brecht: *Über experimentelles Theater,* Werner Hecht (Hrsg.) edition suhrkamp, Bd. 377, Frankfurt 1970, insbesondere: »Vergnügungstheater oder Lehrtheater«, S. 78–88

44 Vgl. Antonin Artaud: *Das Theater und sein Double.* Deutsch von Gerd Henniger. Frankfurt 1969, besonders S. 99–137.

ben, daß der Anteil der Gesamtbevölkerung, der gelegentlich oder regelmäßig Theater besucht, ziemlich gleichmäßig zwischen 2 und 5% schwankt. Sozialistische Staaten wie die DDR dagegen, haben es erreicht, daß 12 bis 14% der Bevölkerung ein oder mehrmals jährlich Theaterstücke vor Ort und nicht nur vom heimischen Fernsehsessel aus anschauen. Die Gründe für diese geringe Anteilnahme breiter Bevölkerungsschichten am Theatergeschehen sind vielfältig. Die Scheu vor einer hierzulande immer noch vermeintlich Ehrfurcht gebietenden Kulturinstitution mag ein wesentlicher Grund sein. Andererseits stößt das moderne Experimentaltheater durch seine ästhetischen Schockmethoden nicht eingeweihte Zuschauer oft ab, obwohl es sich häufig gerade die gesellschaftliche Bewußtseinsbildung zum Ziel setzt. Seit einigen Jahren bemühen sich unterschiedliche Theater um den Abbau der Schranken zwischen den Akteuren und dem Publikum und um die Erschließung neuer Publikumsschichten. Spezielle Zielgruppen wie Schüler, Studenten, Arbeiter, Bewohner von Slums und Altenheimen, Insassen von Gefängnissen und Erziehungsanstalten werden von Gruppentheatern angesprochen. Aber auch traditionelle Theater streben nach einer Umorientierung. Man ruft Diskussionsveranstaltungen, workshops und neue Formen des Kinder- und Jugendtheaters ins Leben.

Es bleibt wohl abzuwarten, ob die Theater tatsächlich zu Kommunikationszentren werden und sich einem breiteren Publikum öffnen. Wie aber haben Sie sich entschieden: für oder gegen das Theater? Vielleicht hat unsere Skizze über die kommunikativen Aspekte des Theaters Sie dazu angeregt, die verschiedenen Elemente einer Aufführung bei einem zukünftigen Theaterbesuch zu studieren. Aber vergessen Sie nicht: Theater soll vor allem auch Vergnügen bereiten ...!

5. Knut Hickethier, Karl Riha, Armin Staats

Die literarische Kommunikation und die anderen Medien

Im letzten Kapitel sprachen wir über die ›direkten‹ und ›indirekten‹ Formen der literarischen Verständigung, und dies am Beispiel der Buchproduktion und des Theaters. Im Folgenden soll das Wechselverhältnis zwischen Literatur und den Massenmedien zum Gegenstand der Betrachtung gemacht werden. Dabei werden wir zum einen auf die Bedeutung der Medien in der literarischen Kommunikation, die Besonderheit der Massenmedien, die Entwicklung der literarischen Formen in Presse, Film und Rundfunk zu achten haben; wir werden aber auch die Veränderungen literarischer Formen im Zusammenhang massenmedialer Verwendungszusammenhänge untersuchen müssen.

a) Knut Hickethier

Mediale Bedingungen der literarischen Kommunikation (I)

1. Mediale Bedingungen von Literatur

Bei der Untersuchung des Wechselverhältnisses von Literatur und Massenmedien sollen folgende Aspekte besonders angesprochen werden: die Bedeutung der Massenmedien für die literarische Kommunikation heute wird zum Ausgangspunkt genommen, um die Bedeutung der Literatur für einzelne Medien genauer zu untersuchen. Die Entwicklung literarischer Formen in der Presse, im Film und im Rundfunk zeigt, daß dieses Wechselverhältnis von Literatur und Massenmedien nicht erst heute die literarische Kommunikation wesentlich beeinflußt, sondern bereits seit dem 19. Jahrhundert die literarische Produktion mitbestimmt.
Doch beginnen wir zunächst mit zwei Äußerungen über die lebendige Wirkung mündlich vermittelter Literatur. Johann Gottfried Herder schrieb 1778:

Die Buchdruckerei hat viel Gutes gestiftet, der Dichtkunst hat sie viel von ihrer lebendigen Würkung geraubet. Einst tönten die Gedichte im lebendigen Kreise, zur Harfe, von Stimme, Muth und Herz des Sängers oder Dichters belebet; jetzt standen sie da, schwarz auf weiß, schöngedruckt auf Blätter von Lumpen. Gleichviel zu welcher Zeit einem lieben geneigten Leser nun der Wisch kam; er war gelesen, sacht und selig überflogen, überwischt, überträumelt. Ists wahr, daß lebendige Gegenwart, Aufweckung, Stimmung der Seele so ungemein viel und zum Empfang der Dichtkunst am meisten thut; [so] ists ein großer Unterschied, etwas zu hören oder zu lesen ...[1]

Alfred Döblin schrieb 1929:

Der Buchdruck, die Drucktype hat, um es ruhig auszusprechen, die Literatur und uns alle in einer unnatürlichen Weise zu Stummen gemacht; [...] da tritt nun im ersten Viertel des 20. Jahrhunderts überraschend der Rundfunk auf und bietet uns, die wir mit Haut und Haaren Schriftsteller sind, aber nicht Sprachsteller – und bietet uns wieder das akustische Medium, den eigentlichen Mutterboden jeder Literatur. Ich muß freilich sofort einen Einwand machen und Wasser zu diesem Wein gießen. In eine ursprüngliche und natürliche Situation werden wir von dem Rundfunk nicht zurückgeführt. Es ist zwar mündliche Sprache, die lebendige Sprache, die dort am

[1] Johann Gottfried Herder: *Volkslieder*. 1778.

Mikrophon gesprochen werden kann, aber das Radio zeigt sich doch sofort als künstliches, sehr künstliches technisches Mittel.[2]

Während Herder den Verlust der »lebendigen Würkung« beklagt, sieht Döblin fast 150 Jahre später im neuesten Medium seiner Zeit, dem Rundfunk, eine Chance, wenigstens einen Teil dieser durch Druck verloren gegangenen Lebendigkeit zurückzugewinnen. Döblin steht mit dieser Äußerung stellvertretend für viele Schriftsteller, die sich positiv den neuen Medien gegenüber verhalten haben und die sie für ihre literarische Produktion benutzen.
Es besteht eine Wechselwirkung zwischen literarischer Produktion und den Medien, die es im folgenden genauer zu bestimmen gilt, weil sie auf die Literatur, ihre Formen und Inhalte selbst Einfluß nimmt und sie entscheidend mitprägt. Das Medium beeinflußt aber auch die Wirkung der von ihm vermittelten Aussagen. Denn: die Medien werden nicht in gleicher Weise genutzt. Jedes Medium hat sein eigenes Publikum, das aufgrund seiner sozialen Struktur bestimmte Erwartungen an das Medienangebot richtet und aufgrund seiner Erfahrungen in der Nutzung dieses Angebots eine konkrete Grundeinstellung zum betreffenden Medium entwickelt. Diese Einstellung prägt auch die Aufnahme der einzelnen Aussage. In zweifacher Weise wird also literarische Kommunikation durch das Medium determiniert: zum einen in der Herstellungs- und Produktionsweise der literarischen Aussagen und zum anderen in ihrer Aufnahme und Rezeption durch die Empfänger. Diese Determination ist nur zum Teil in der ästhetischen Erscheinungsweise des Produkts ablesbar.

2. Besonderheit der Massenmedien

Im vorangegangenen Kapitel hatten wir an den Medien Buch und Theater gesehen, wie sich zwischen Autor und Leser verschiedene Institutionen einschalten, die den Prozeß der literarischen Kommunikation auf jeweils ganz besondere Weise prägen. Dieses Grundmodell gilt auch, wenn wir uns den Medien Presse, Film, Rundfunk und Fernsehen zuwenden. Das neue an diesen Medien ist, daß es sich bei ihnen um *Massen*medien handelt, die außerdem nicht in erster Linie der Vermittlung von Literatur dienen.
Was als Massenmedium bezeichnet wird, wodurch es sich definiert, hat Gerhard Maletzke 1963 ausführlich beschrieben. Seine Definition ist die in der Forschung am meisten benutzte und soll

2 Alfred Döblin: ›Literatur und Rundfunk‹. Rede 1929, in: *Literatur und Rundfunk*. Hrsg. v. G. Hay. Hildesheim 1975, S. 232.

deshalb kurz zusammengefaßt wiedergegeben werden.[3]
Kennzeichen der Massenkommunikation ist, so Maletzke, daß sie *indirekt, einseitig* und *öffentlich* verläuft und sich an ein *disperses* Publikum richtet.
Indirekt heißt, nicht von Angesicht zu Angesicht wie in einem Gespräch, sondern vermittelt durch einen zumeist technischen Informationsträger wie den Druck, den Filmstreifen, das Rundfunk- und Fernsehsystem.
Wenn z. B. jemand über den Rundfunk zu den Zuhörern spricht, dann hören die Zuhörer sehr genau seine Stimme, so als ob er sich mit ihnen in einem Raum befindet. Aber bevor der Zuhörer ihn hören kann, wurde die Sendung im Studio der Rundfunkanstalt mit Hilfe einer technischen Anlage aufgezeichnet, wurden aus Tonarchiven Materialien, Geräusche und Musik eingespielt und die ganze Aufnahme mit Hilfe eines komplizierten Systems gesendet. Der Zuhörer mußte seinerseits eine technische Empfangsanlage, also ein Radiogerät, einschalten, das die Rundfunksignale so verwandelte, daß wir sie als menschliche Stimmen erkennen und verstehen. An diese technische Vermittlung denkt man zumeist nicht, sie wird einem jedoch bei einer Empfangsstörung sofort bewußt.
Einseitig meint, daß die Rollen innerhalb der Massenkommunikation zwischen Sprecher und Hörer festgelegt sind und nicht wie im Gespräch ständig wechseln. Der Zuhörer am Radioapparat, der Zuschauer am Fernsehschirm haben auf das Gesendete keinen Einfluß. Sie können nicht während der Sendung spontan eingreifen, etwas erwidern und dies im Augenblick der Sendung über den Rundfunk verbreiten. Sie müßten zum Telefon greifen oder einen Brief schreiben. Auf die augenblickliche Sendung hat es jedoch keinen Einfluß.
Als letztes entscheidendes Merkmal von Massenmedien nennt Maletzke die Öffentlichkeit. Das heißt, daß der Personenkreis, an den sich die Aussage richtet, nicht auf einen bestimmten Kreis von Personen beschränkt bleibt, sondern sich an jeden richtet, der in der Lage ist, sich Zugang zur Aussage zu verschaffen, und der Willens ist, sich der Aussage zuzuwenden. Disperses Publikum der Massenmedien meint ein verstreutes Publikum. Im Theater zum Beispiel, oder bei Vorträgen und Kundgebungen ist man auf einen bestimmten Ort und eine bestimmte Zeit angewiesen. Das Publikum der Massenmedien ist verteilt, der einzelne Leser, Hörer oder Zuschauer weiß nicht oder nur selten, wie viele andere das Massenmedium auch noch nutzen.

[3] Gerhard Maletzke: *Psychologie der Massenkommunikation.* Hamburg 1963.

Maletzke grenzt mit diesen Unterscheidungsmerkmalen vier organisatorische Komplexe als Massenmedien ein: die Presse, den Film, Rundfunk und Fernsehen.
Diese Bestimmung ist doch aber noch ganz allgemein. Was haben denn nun die Massenmedien mit Literatur zu tun?
Ist nicht Literatur etwas völlig anderes als das, was uns täglich in den Massenmedien begegnet?
Dazu hieß es 1972 in einer Untersuchung über die Tätigkeit des Schriftstellers, die auf einer Befragung von fast 1700 Autoren aufbaut:

Das Berufsbild des ›Schriftstellers‹ ist, wie der Name schon sagt, vom Bücher schreibenden Autor her bestimmt. Das Gros der Autoren arbeitet heute aber für Massenpresse Funk, Film und die elektronischen Medien. Das Buch bleibt zwar im Selbstverständnis der Autoren oft Haupt-, von der wirtschaftlichen Bedeutung her gesehen aber meist Nebenprodukt. Mobilität zwischen den Medien ist charakteristisch und normal für freie Autorentätigkeit.[4]

Und in einer weiteren Untersuchung zur Autorensituation ist zu lesen, was diese Mobilität, diese Beweglichkeit, zwischen den Medien für einen einzelnen Autor und sein Werk bedeuten kann:

Die Literatin Angelika Mechtel entwickelt aus einem ›Stoff‹ (28 Interviews bei alten Schriftstellern) ein Buch, Zeitungsartikel, Rundfunk-Interviews, einen Fernsehfilm, Vorträge und sucht durch Bücher, Essays, Kritiken, Beratung, Statements oder Diskussionsbeiträge in Rundfunk und Fernsehen, Zeitungs- und Zeitschriftenaufsätze u. a. eine größtmögliche Öffentlichkeit für ihre Arbeit entsprechend den Bedürfnissen uneinheitlicher Zielgruppen herzustellen.[5]

Diese Beweglichkeit und Mobilität setzt doch beim Autor die Fähigkeit voraus, sich den Bedingungen anpassen zu können und die Anforderungen zu erfüllen, die die Massenmedien an sein literarisches Produkt stellen. Wie sehen diese Anforderungen im einzelnen aus?
a) Die Eigenheit jedes einzelnen Mediums liegt zunächst in den spezifischen Mitteln der Wahrnehmung, mit denen eine Aussage in einem Medium gestaltet und vermittelt wird. Ob sie nur als Text, in Form bewegter Bilder oder im engen Verbund von Text und Bild, das hängt vom jeweiligen Medium ab. Der Autor muß seinen Text auf die speziell geforderten Darstellungsmöglichkeiten hin ausrichten können. Er muß ihn als Exposé, Treatment oder

[4] Karla Fohrbeck u. Andreas J. Wiesand: *Der Autorenreport.* Reinbek b. Hamburg 1972, S. 87.

[5] Karla Fohrbeck, Andreas J. Wiesand u. F. Woltereck: ›Der Autor in den Massenmedien – Arbeitnehmer oder Unternehmer?‹ In: *Literatur in den Massenmedien.* Hrsg. v. F. Knilli u. a. München 1977.

Drehbuch für Film, Funk oder Fernsehen anbieten und vielleicht sogar auch noch für voneinander abweichende Sendeformen umschreiben können.
Diese Mobilität in den schriftstellerischen Schreibtechniken bleibt jedoch gerade bei den technologisch weit entwickelten elektronischen Medien auf einen engen Bereich beschränkt. Denn die Produkte in den Medien sind Ergebnisse kollektiver Arbeit, und die Arbeitsteilung ist hier hochgradig entwickelt. Der vom Autor eingebrachte Text ist nur *ein* Bestandteil für das Zustandekommen des fertigen Produkts. Aber auch wenn er letztlich nur einen Text abliefert, muß er doch wissen, wie daraus eine Sendung, ein fertiges Produkt der Massenmedien wird.
b) Das literarische Produkt steht außerdem in einem größeren Programmzusammenhang, der sich aus ganz unterschiedlichen Bestandteilen zusammensetzt. Die Folge davon ist, daß sich in der Geschichte der einzelnen Medien auch besondere ästhetische Darbietungsformen für die verschiedenen Inhalte ausgebildet haben. Man kann sie als Gattungen im weitesten Sinne verstehen. Für diese Gattungen oder Programmformen haben sich eigene ästhetische Normen ausgebildet, die als Maßstab an entsprechende Texte gelegt werden. Der Autor muß sie natürlich kennen.
Das bedeutet jedoch nicht, daß er sie wie ein Schema befolgen muß. Sie sind auch nicht starr als Regeln schematisiert. Aber wie in anderen literarischen Bereichen bilden sich hier ästhetische Konzeptionen, Richtungen, Schulen aus. Das Durchbrechen bestehender ästhetischer Konventionen hat oft sogar die Entwicklung neuer Konzepte zur Folge, wie wir später noch am Beispiel des Hörspiels sehen werden.
Der Programmdirektor des Hessischen Rundfunks, Dr. Henning Wicht, antwortete uns auf die Fragen, ob in den Massenmedien das literarische Produkt innerhalb eines größeren Zusammenhangs steht, inwieweit ihm das Programm einen bestimmten Platz zuweist, es begrenzt, zeitlich oder umfangmäßig, inwieweit sich die Konzeption eines bestimmten Programms auf die inhaltliche Gestaltung der einzelnen Produkte auswirkt:

Der Rundfunk hat die Aufgabe, die Gesamtheit der Lebensäußerungen und Ereignisse widerzuspiegeln. Dazu gehören zweifellos auch literarische Produkte; da aber das literarische Produkt nur einen begrenzten, wenn auch kulturell bedeutungsvollen Bereich präsentiert, steht es innerhalb eines größeren Zusammenhangs. Es gibt ferner zahlreiche Versuche, literarische Produkte den radiofonischen Bedingungen anzupassen, etwa Erzählungen in Dialoge umzuschreiben, musikalische Einblendungen und Hintergründe zu schaffen, Zitate, Originalstimmen oder Geräusche einzublenden. Die Funkerzählung wäre hier zu nennen, das

Funkfeuilleton, das literarische Hörbild. Gerade in den letzten Jahren hat man sich intensiv bemüht, die Möglichkeiten und Formen der Vermittlung von literarischen Stoffen zu verbreitern. Es gibt inzwischen Kulturmagazine, in denen im Life-Gespräch mit Autoren, Schauspielern oder Regisseuren Probleme und Inhalte der Literatur in spontaner, nicht vorformulierter Weise abgehandelt werden. Das Gespräch mit dem Autor und die anschließende Aufforderung, aus seinem neuesten Werk zu lesen, es zu interpretieren, stellt eine weitere Form der literarischen Produktivität im Rundfunk dar.

Diese Auskunft von Dr. Wicht bedeutet sicher nicht, daß er die für die Medien arbeitenden Schriftsteller in ein bestimmtes Schema einpressen möchte.
c) Die Massenmedien stellen aber auch noch weitere Anforderungen. Medien- und besonders Massenmedien – existieren ja nur in der Form sozialer Institutionen, in denen aufgrund ihres Organisationscharakters Entscheidungsprozesse, zum Beispiel über ein literarisches Manuskript, hierarchisch verlaufen, und in denen Literatur auch nach politischen und ökonomischen Gesichtspunkten beurteilt wird. Innerhalb dieser Institutionen muß sich der Autor behaupten.

3. Literarische Formen in der Presse

Es könnte nun der Eindruck entstehen, als sei das Verhältnis von Literatur und Massenmedien erst in jüngster Zeit durch Rundfunk, Film und Fernsehen besonders wichtig geworden. Doch das Verhältnis der Literatur zu den Massenmedien existiert als Problem, seit sich im 19. Jahrhundert die Presse zum ersten Massenmedium entwickelte.
Welche Bedeutung Literatur gerade für das Entstehen der Massenmedien gehabt hat, wird an der Presse besonders anschaulich. Ihr Ausbau durch Auflagensteigerung und der Übergang zur Massenpresse wurde nicht allein durch neue drucktechnische Verfahren oder durch eine veränderte wirtschaftliche Grundlage vorangetrieben. Die Auflagensteigerung setzte die Gewinnung eines neuen Publikums aus der lesekundigen und finanziell zum Zeitungskauf fähigen Bevölkerung voraus. Eine besondere Attraktion bei dieser Lesergewinnung war die Literatur: in der Presse entstand als literarische Form das Feuilleton, daneben wurde der Abdruck des Romans in Fortsetzungen wichtig. In beiden Formen reagierte Literatur auf die medialen Bedingungen, die die Presse stellte: auf ihre Tagesbezogenheit und Aktualität sowie auf ihre periodische Erscheinungsweise.

Hans Bender hat im Vorwort zu einer Sammlung klassischer Feuilletons eine Bestimmung dieser literarischen Form zu geben versucht.

Feuilleton ist ein Ressort und im Ressort steht es als Genre, als geschlossenes, kurzes Stück Prosa, das von Gott oder Welt, vom König auf dem Thron oder vom Bettler unter der Brücke handelt, das Details beschreibt, um desto sicherer die Summe zu gewinnen.[6]

Die Zeitung zwang zur Kürze, erforderte Treffsicherheit, Verständlichkeit, aber auch Witz und Kritik. Und das Feuilleton machte auch nicht Halt vor der Satire auf sich selbst, wie ein Ausschnitt aus einem Feuilleton über das Wiener Zeitungswesen aus dem Jahre 1873 zeigt, daß von einem der bekanntesten Feuilletonisten des 19. Jahrhunderts, von Ferdinand Kürnberger, stammt.

Den größten Posten im literarischen Angebot des kaufenden Publikums beziffern bei weitem nicht mehr die Bücher, sondern die Zeitungen. Jedes Kaffeehaus ist eine Leihbibliothek, fast jeder größere Cafetier gibt zwei- bis dreitausend Gulden für seine Zeitungen aus. Welcher Fürst gibt das für seine Bücher aus? – Unter diesen Umständen ist es eigentlich ein zopfiges Zurückbleiben hinter der Zeit, wenn die Zeitungen ihre literarische Kritik noch immer als eine ausschließliche Buchkritik schreiben. Zeitungskritik müßte sie richtiger sein. Aber freilich wäre sie dann – Selbstkritik; freilich wäre sie dann Kritik – der Kollegen. Das arme Buch kann sich nicht wehren, aber der eigene Leib ist so empfindlich.[7]

Mit der Einführung des Feuilletons überrundete das französische *Journal des Débats* um 1800 seine Konkurrenzblätter. Die neue literarische Form stieß auf ein ungeheures Publikumsinteresse und ihre Beliebtheit nutzte der Zeitung, indem sie zur Auflagensteigerung und zum ökonomischen Erfolg beitrug.
Ähnlich verhielt es sich auch mit der Entwicklung des Zeitungsromans.
Romanabdrucke in der Zeitung gab es bereits im 18. Jahrhundert. Defoes Robinson Crusoe erschien beispielsweise ein halbes Jahr nach seinem überaus erfolgreichen Erscheinen als Buchroman in einer Londoner Zeitung als Fortsetzungsabdruck. Der Zeitungsroman als eigenständige Form, die auf die Bedingungen des Mediums Presse Rücksicht nimmt, entstand jedoch erst im 19. Jahrhundert. Im gleichen *Journal des Débats*, das dem Feuilleton zu einer ersten Blüte verhalf, wurden die Romane Eugen Sues in Fortsetzungen abgedruckt. Sues *Geheimnisse von Paris* waren so erfolgreich, daß der Autor an seinem ursprünglich bereits

[6] Hans Bender: *Klassiker des Feuilletons*. Stuttgart 1965, S. 237.
[7] Ferdinand Kürnberger: *Feuilletons*. Hrsg. v. K. Riha. Frankfurt/Main 1967, S. 165.

abgeschlossenen Manuskript weiterschrieb. Die Fortsetzungen entstanden nicht mehr allein durch Aufteilen des fertig vorhandenen Romans – der Roman wurde bereits in Fortsetzungen geschrieben. Spannende Höhepunkte wurden so gelegt, daß die erwartete Auflösung immer erst in der nächsten Ausgabe zu lesen stand und der Leser so auch die nächste Zeitungsnummer kaufen mußte. Ein zeitgenössischer Autor glossierte dieses Prinzip durch folgenden frei erfundenen, aber nicht unwahrscheinlichen Schluß einer Folge eines Zeitungsromans:

> … da öffnete die üppige Witwe die weißen Arme, riß ihn an ihren wogenden Busen und sprach: ›Fortsetzung morgen‹ … [8]

Es waren aber keinesfalls nur Autoren, deren Werke wir heute als Trivialliteratur bezeichnen, die ihre Romane in den Zeitungen abdrucken ließen. Auch Theodor Storm, Wilhelm Raabe, Conrad Ferdinand Meyer, Gottfried Keller, Theodor Fontane und viele andere gehören dazu, denn der Zeitungsabdruck sicherte vielen Schriftstellern überhaupt erst ihre Existenz als freie Autoren.
Der Abdruck in Zeitung und Zeitschrift bedeutete für die Schriftsteller jedoch auch eine Anpassung an die Normen dieser Medien, vor allem mußte Rücksicht genommen werden, damals zumindest, auf sittliche Vorstellungen, wie es die Zeitungen ihren Lesern schuldig zu sein glaubten. Aus den Briefen vieler bürgerlicher Realisten des 19. Jahrhunderts geht hervor, wie sie Abstriche haben hinnehmen müssen oder sie gar selbst vorgenommen haben. Gottfried Keller strich beispielsweise alle möglicherweise anstößig erscheinenden Stellen aus der zweiten Fassung des *Grünen Heinrich*. Ebenso hatte auch Theodor Fontane wegen seiner Romane häufig Schwierigkeiten mit den Redaktionen.

4. Literatur als Filmvorlage

Eingriffe und Veränderungen ihrer Texte mußten Autoren in dem seit der Jahrhundertwende neu entstandenen Medium Film in noch viel stärkerem Maße hinnehmen. Gegenüber der Presse waren und sind die medialen Bedingungen für die literarische Kommunikation hier völlig anders.
Der für die Presse schreibende Schriftsteller stellte noch allein ein fertiges Werk her, daß dann zwar noch gedruckt werden mußte, vielleicht auch noch redaktionellen Bearbeitungen unterlag, von

[8] Felix Dahn, zit. nach Eva D. Becker: ›Zeitungen sind doch das Beste‹. In: *Gestaltungsgeschichte und Gesellschaftsgeschichte* (Festschrift f. F. Martini). Stuttgart 1969, S. 383 ff.

dem der Autor aber immer noch behaupten konnte, es sei *sein* Werk, und dessen Nähe zum Buchtext noch relativ deutlich war. Im Film und später im Fernsehen ist der Schriftsteller nicht mehr alleiniger Urheber, sein Text ist zunächst nur Vorlage und muß diesen Medien entsprechend visuell umgesetzt werden. Seine Tätigkeit ist also eingeschränkt, er liefert nur noch ein Teilstück für das endgültige Werk; als Urheber eines Films steht immer ein Kollektiv: neben dem Autor der Regisseur, Kameramann, Beleuchter, Dekorateur, Maskenbildner und so fort und nicht zuletzt die Schauspieler. Nur durch ihrer aller Zusammenarbeit entsteht der Film.

Der Film bietet dem Autor durch seine völlig neue sinnliche Qualität auch neue Gestaltungsmöglichkeiten.

Text und Bild, Ton und filmische Bewegung zusammen ergeben erst die Einheit des filmischen Werks. Die Filmbarkeit von Realität wie von fiktiven Situationen, Montage und Schnitt einzelner Einstellungen, Perspektivenwechsel und eine Reihe anderer technischer Möglichkeiten bestimmen die filmische Aussage. Wie das Theater zeigt der Film Bewegung und Handlung, kann visuell erzählen und berichten, und das alles mit ungeheurer Suggestion.

Die Literatur spielt bei der Entwicklung des Films eine ähnlich wichtige Rolle, wie bei der Presse. Besonders für den Spiel- und Unterhaltungsfilm diente Literatur als Vorlage, die zu Drehbüchern umgearbeitet wurde. Bereits den ersten Stummfilmen lagen häufig klassische Theaterstücke oder aus ihnen einzelne Szenen zugrunde. War es anfangs der Mangel an eigenen Entwürfen und der ›Stoffhunger‹ des neuen Mediums, der zum Rückgriff auf die Literatur führte, so ist die Adaption, also die Bearbeitung eines Werkes in einem anderen Medium, zum künstlerischen Problem, von einigen sogar zum eigenen ›Genre‹ erklärt worden.

Jede Adaption, also jede Bearbeitung und Benutzung eines Werkes in einem anderen Medium, ist doch immer auch eine Interpretation des Originals. Es stellt sich die Frage bei der Bewertung, was in der Adaption vom Ausgangswerk noch erhalten ist, was weggefallen und was neu hinzugekommen ist und ob die Adaption im ganzen noch dem Sinn und der historischen Bedeutung des Originals entspricht.

Neben der Adaption haben Schriftsteller schon seit den Anfängen des Films auch direkt für dieses Medium geschrieben, auch wenn der Film über lange Zeit nicht als literarisches Medium galt und die Zusammenarbeit der Schriftsteller mit dem Film nicht immer erfolgreich verlief. Heute gehört das Schreiben von Filmentwürfen und von Fernsehspielen für viele Autoren ebenso zu ihrer

schriftstellerischen Tätigkeit wie das Verfassen von Texten, die in Buchform erscheinen.
Und schließlich hat der Film, aber auch die anderen neuen Massenmedien, wieder auf die sogenannten alten Medien und ihre Gattungen, wie zum Beispiel den Roman, zurückgewirkt und ihre literarische Gestaltung beeinflußt. Gerade in die moderne Literatur ist viel von der filmischen Montagetechnik als stilistisches Mittel eingegangen; viele Autoren haben in ihren Werken bereits eine ›filmische‹ Schreibweise erkennen lassen.

5. Literatur im Rundfunk

Was für den Film gesagt wurde, gilt doch auch für den Rundfunk. Wir hatten doch schon am Anfang dieses Kapitels die Äußerung von Alfred Döblin über die Bedeutung des Rundfunks für die Literatur gehört.
Döblin formulierte in dieser Rede 1929 die Aufgabe für die Autoren noch deutlicher. Er sagte:

> Es ist ein Vorteil, der ausgenutzt werden muß. Es heißt jetzt Dinge machen, die gesprochen werden, die tönen. Jeder, der schreibt, weiß, daß dies Veränderungen bis in die Substanz des Werkes hinein zum Gefolge hat.[9]

Auch der Rundfunk bot nicht nur sinnlich-wahrnehmungsmäßige Mittel für die literarische Kommunikation, nicht nur bestimmte Gattungen und Sendeformen an, er war ebenso wie die anderen Massenmedien eine soziale Institution, in die sich der Literaturproduzent einzupassen und deren Normen er zu befolgen hatte. Das wirkte sich besonders auf engagierte und kritische Autoren aus. So bleiben in den 20er Jahren beispielsweise manche Autoren von den Mikrophonen der Rundfunksender ausgeschlossen. Auch heute kann sich der öffentlich-rechtliche Charakter der Rundfunk- und Fernsehanstalten durch die gesetzlich fixierte, aber oft unterschiedlich ausgelegte politische Ausgewogenheit des Programms dem Autor gegenüber als Beschränkung und Begrenzung erweisen – ermöglicht wird ihm jedoch auch in einem gewissen Rahmen das literarische Experiment.
Gerade am Beispiel des Hörspiels läßt sich beobachten, wie ästhetische und dramaturgische Konzepte diese Sendeform jeweils veränderten und hier literarisch experimentiert werden konnte. Vom vorgetragenen, aber vorher schriftlich fixierten Wort-Hörspiel der 50er Jahre entwickelte es sich zu einer akusti-

[9] Döblin: *Literatur und Rundfunk*, a.a.O.

schen Form, in der die Textvorlage vielfach nur ›Partitur‹ ist, nur angibt, wie bestimmte Ton-Zitate und Geräusche zu gewinnen und zu mischen sind. Dieses ›Neue Hörspiel‹ entsteht nicht am Schreibtisch, sondern in den Studios der Sender mit ihren technischen Apparaturen. Eine weitere Entwicklung stellt das O-Ton-Hörspiel dar, dessen Material weitgehend durch Ton-Recherchen in der Realität gewonnen wird und das sich der Reportage und dem Feature nähert. Wir stellten Wolf Wondratschek die Frage: Wie schätzen Sie das Hörspiel der fünfziger Jahre ein? Warum haben Sie Hörspiele geschrieben?

Ich habe 1967 angefangen, Hörspiele zu schreiben, nachdem ich von einem Kollegen erfahren habe, daß man das tun kann und daß die Anstalten gern ein Hörspiel von mir hätten. Zu diesem Zeitpunkt hatte ich noch keine Buchpublikation. Ich habe das also sehr scheu gemacht; und der Kollege hat mir geholfen, hat mir gesagt, beim Rundfunk ist alles möglich. Man kann Stimmen gegeneinander, übereinander sprechen. Für mich war das so ein technisches Wunder; ich habe also ein Manuskript geschrieben, eigentlich ohne eine Vorstellung, zumal keine theoretische Vorstellung von dem, was da passiert. Zum zweiten Hörspiel kam es aus dem gleichen Grunde. Das erste wurde gesendet, ich hab' es damals gar nicht gehört: – und so ging das weiter. Das Bewußtsein, was man machen kann und wie man es tut, was für eine Bedeutung Hörspiel hat in diesem Zeitalter der Bilder, des Fernsehens und der Telekommunikation, stellte sich erst sehr viel später her, nämlich dann, als ich nicht mehr nur literarische Texte zu Papier brachte, die dann zu den Rundfunkanstalten kamen und dort von mir unbekannten Leuten realisiert worden sind, sondern als ich begann, mich selber mehr darum zu kümmern, was wirklich akustische Literatur ist. Der nächste Schritt war dann schon der Weg weg von diesem Aufgeschriebenen, hin zu einem ganzen Kosmos von Tönen, Geräuschen, Musik, Atem – also all das, was man nicht mehr aufschreiben kann.

Ein Beispiel aus dem sogenannten ›Neuen Hörspiel‹ soll – wenn auch nur in der Transskription – die medialen Möglichkeiten andeuten. Der folgende Ausschnitt stammt aus Wolf Wondratscheks *Paul oder die Zerstörung eines Hörbeispiels*, das auf literarische Weise die Gattung Hörspiel behandelt und die eingesetzten Mittel immer vorher benennt.

Sprecher 3: Verschiedene Geräusche, die etwas mit Paul zu tun haben:
Geräusch 1:
(Laufender Motor eines Lastkraftwagens)
Geräusch 2:
(Autohupe)
Geräusch 3:
(Hühnergackern)
Geräusch 4:
( )

E2 Scheiße
Geräusch 5:
(Das Klappern der Schreibmaschine)
Geräusch 6:
(Pferdegetrappel, Schüsse/Tonkulisse eines Western)[10]

Literarische Kommunikation, so läßt sich nach dem bisher Gesagten zusammenfassen, ist durch die Medien sowohl in der Herstellung literarischer Produkte als auch in deren Rezeption determiniert. Dem Autor stellen sich die Anforderungen der Medien auf drei Ebenen:

- als Problem, neue sinnlich-wahrnehmungsmäßige Ausdrucksmittel anzuwenden und die Aussage damit zu gestalten
- als Problem der Programmformen bzw. neuer durch die Medien geschaffener Gattungen und ihrer Ausgestaltung
- und schließlich als Notwendigkeit, sich als Autor diesen sozialen Institutionen der Massenmedien gegenüber zu behaupten.

Die verschiedenen Massenmedien stellen die einzelnen Probleme jeweils auf ihre Weise neu. Sie bereichern aber auch zugleich die Vielfalt der Möglichkeiten literarischer Kommunikation.

10 Wolf Wondratschek: ›Paul oder die Zerstörung eines Hörbeispiels.‹ In: *Das neue Hörspiel. Texte und Partituren.* Hrsg. v. K. Schöning. Frankfurt/Main 1969, S. 308 f.; Produktion WDR/BR/HR/SR, Sendung 6. 11. 1969, (Realisation Heinz Hostnig).

b) Karl Riha, Armin Staats

Mediale Bedingungen der literarischen Kommunikation (II)

Literarische Kommunikation ist immer an bestimmte Medien gebunden. Von den besonderen Bedingungen, unter denen Literatur in den Massenmedien Zeitung, Rundfunk, Film und Fernsehen präsentiert wird, war in der ersten Hälfte dieses Kapitels die Rede. In der zweiten Hälfte wollen wir nun zusehen, in welcher Weise der Einfluß dieser Medien nicht nur das Berufsbild des Schriftstellers verändert und auch sonst äußere Bedingungen setzt, sondern tief in die Literatur selbst eingreift und zur Veränderung von Textstrukturen, ja bis zu neuen künstlerischen Formen führt.

1. Kalender und Kalendergeschichte

Gehen wir zunächst noch einmal hinter die Massenmedien zurück! – In früherem Zusammenhang war schon einmal knapp von der Verbreitung der Kalender in früheren Jahrhunderten die Rede. Der Kalender interessierte uns damals als publizistisches Organ, das im Verlauf seiner Entwicklung zahlreiche literarische Formen, die vorher dem mündlichen Austausch vorbehalten waren, auf sich gezogen und sie verschriftlicht, also in literarische Gattungen umgesetzt hat. Dazu gehört in erster Linie die ›Kalendergeschichte‹. Nimmt man nun die besonderen Bedingungen, unter die das Erzählen bei der Bindung an dieses spezifische Druckmedium geriet, noch etwas genauer unter die Lupe, so stößt man auf charakteristische Besonderheiten dieser literarischen Gattung. Sehen wir uns zunächst eine solche Kalendergeschichte an. In der deutschen Literatur greifen wir da natürlich am ehesten zu Johann Peter Hebel und seinem *Schatzkästlein des Rheinischen Hausfreunds.*

Seltsamer Spazierritt.
Ein Mann reitet auf seinem Esel nach Haus und läßt seinen Buben zu Fuß nebenher laufen. Kommt ein Wanderer und sagt: »Das ist nicht recht, Vater, daß Ihr reitet und laßt Euern Sohn laufen; Ihr habt stärkere Glieder.« Da stieg der Vater vom Esel herab und ließ den Sohn reiten. Kommt wieder ein Wandersmann und sagt: »Das ist nicht recht, Bursche, daß du reitest und lässest deinen Vater zu Fuß gehen. Du hast jüngere Beine.« Da saßen beide auf und ritten eine Strecke. Kommt ein dritter Wandersmann und sagt: »Was ist das für ein Unverstand: zwei Kerle auf einem schwachen Tier; sollte man nicht einen Stock nehmen und euch beide hinabja-

gen?« Da stiegen beide ab und gingen selbdritt zu Fuß, rechts und links der Vater und Sohn und in der Mitte der Esel. Kommt ein vierter Wandersmann und sagt: »Ihr seid drei kuriose Gesellen. Ist's nicht genug, wenn zwei zu Fuß gehen? Geht's nicht leichter, wenn einer von euch reitet?« Da band der Vater dem Esel die vordern Beine zusammen, und der Sohn band ihm die hintern Beine zusammen, zogen einen starken Baumpfahl durch, der an der Straße stand, und trugen den Esel auf der Achsel heim.
Soweit kann's kommen, wenn man es allen Leuten will recht machen.[11]

Diese Kalendergeschichte haben wir wohl fast alle schon als Schullektüre kennengelernt. Bezeichnend für sie ist die enge Verbindung von anekdotischen und unterweisenden Zügen. Schon im 16. und 17. Jahrhundert hatte sich der Kalender zu einem Leseheft im Umfang zwischen sechzehn und zweiunddreißig Seiten entwickelt, und neben Monatsversen und Wetterregeln nahm er immer auch kurze Histörchen und Erzählungen auf. So wurde er neben Bibel und Fibel, Katechismus und Gesangbuch, zum »regelmäßig angeschafften, säkularen (also weltlichen) Lesestoff anspruchslosester Leser«[12], aktueller Informant in Sachen Wind und Wetter, Leib und Leben, Ratgeber für die Nöte des Alltags – und dann auch Bote mit Unterhaltungsstoff, mit Neuigkeits- und Anekdotenspalten, kurz: ein Magazin, das belehrende, moralisierende und auch erheiternde Literatur unter Leute brachte, die keineswegs schon literarisch vorgebildet waren.
Diese Eigenschaften, die ganz allgemein das Medium ›Kalender‹ kennzeichnen, treffen nun auch auf die spezielle Gattung der Kalendergeschichte und im einzelnen ebenso auf unseren zitierten Text zu. Zunächst einmal wird eine sprichwörtliche Redewendung illustriert, ein Erfahrungssatz, eine Lebensweisheit, die durch das erzählte Beispiel aus dem ländlichen Alltag nur besonders augenfällig wird. Die Sprache ist in dem Ton gehalten, der den Hörern von der Bibellesung her vertraut ist. Die knappe Parabel – eine Erzählform, die in der Kalendergeschichte überhaupt vorherrscht – zeigt formelhafte Wiederholungen, wie man sie oft in einer Erzählliteratur beobachten kann, die dem mündlichen Vortrag noch nahesteht. Hebel selbst hat davon gesprochen, daß er den Ton der echten Popularität und Natur zu treffen versucht habe, um so beim ungebildeten Leser Interesse zu wecken und dem Gebildeten zum wenigsten nicht uninteressant zu scheinen. Sicher wählt man also einen falschen Standort, wenn man mit dem Blick auf die hervorgekehrte Moral der Geschichte das Ganze als

11 Johann Peter Hebel: *Werke*. Hrsg. v. E. Meckel, eingel. v. R. Minder. Frankfurt/Main 1968, Bd. 1, S. 224.
12 *Lesen. Ein Handbuch*. Hrsg. v. A. C. Baumgärtner. Hamburg 1973, S. 33.

›harmlose, amüsante aber im Grunde doch recht banale Illustration praktischer Volksweisheit‹ rasch abtut.
In den verschiedenen Ansichten der ›Wanderer‹ liegt auch eine Art »rationale Relativierung der Wahrheit«, die den Sinn für Ambivalenzen voraussetzt und schärft. »Im jeweils subjektiven Urteil der Wanderer erscheint Vernunft [...] nie als objektiver Überblick über alle denkbaren Möglichkeiten, sondern eingeengt auf die persönliche Optik, die einen Teilaspekt herausgreift und absolut setzt. Dieser Anspruch führt zur Kettenreaktion der Irreführung«. Dennoch führt die Unsicherheit, die sich der beiden Helden bemächtigt, nicht in die »absurde Perversion der natürlichen Ordnung«, sondern bleibt Spiel: denn darüber, wo Wahrheit und Recht liegen, besteht bei Hebel keine ernstliche Unsicherheit. Zweifellos möchte der vierte Wanderer, daß die Anfangskonstellation der Parabel – der Sohn läuft, der Vater reitet –, wiederhergestellt wird. »Das groteske Mißverständnis, das zum absurden Schluß führt, ist Indiz jener Unsicherheit und jenes Mangels an Selbstvertrauen, die den Blick nach innen versperren und Antwort bei ›allen‹ anderen ›Leuten‹ suchen lassen.«[13] Die volkstümliche Erzählweise bietet also bei Hebel Entwicklungsmöglichkeiten bis hinauf in komplexe philosophische Fragestellungen. Verwundert es dann, wenn man unter den faszinierten Beobachtern der Kalendergeschichten des *Schatzkästleins* nicht nur Dichter wie Kafka und Brecht, sondern auch Philosophen wie Walter Benjamin und Ernst Bloch oder Martin Heidegger findet? Bloch nimmt im Nachwort seiner im Insel Verlag erschienenen Auswahl unsere Medienkritik auf, wenn er darauf hinweist, daß einst Kinder und Erwachsene gleichermaßen zu dieser Lektüre gegriffen haben:

> Ein früher, alter Ton kommt herüber, bleibt bei uns. Er erzählt, aber wie, Hebel ist leicht, lebhaft, dicht, spannend, bedächtig in einem. [...] Das Kind kann in seiner Weise ihn verstehen, und der reife Leser, wenn er einer ist, kehrt immer wieder ein. So lebt Hebel, indem man seiner eigen bedürftig ist, er bleibt als Freund da.[14]

2. Literatur und Zeitung: Fortsetzungsroman und Kurzgeschichte

Doch kommen wir nun zu den modernen Massenmedien! Der Zusammenhang zwischen ›Erzählen‹ und ›Zeitung‹ ist vielfältig.

[13] Lothar Wittmann: *Johann Peter Hebels Spiegel der Welt. Interpretationen zu 53 Kalendergeschichten.* Frankfurt/Main u. a. 1969, S. 221 ff.

[14] Johann Peter Hebel: *Kalendergeschichten.* Ausw. u. Nachw. v. E. Bloch. Frankfurt/Main 1966, S. 135 (Nachwort).

Er läßt sich – systematisch und historisch – in zwei scheinbar gegenläufige Richtungen entwickeln. Zum einen hat die Zeitung alle möglichen Kleinformen des Erzählens gefördert, zum andern hat sie Einfluß genommen auf die erzählerische Großform Roman. Die notwendige Folge seiner Aufnahme in Zeitschriften und Zeitungen war der Fortsetzungsroman.
Ein markantes Datum für die Entwicklung des Zeitungs-Fortsetzungsromans ist das Erscheinen der *Geheimnisse von Paris*, des schon bunten, aufregenden und rührenden Abenteuerromans, den – wie bereits im ersten Teil des Kapitels angesprochen – Eugène Sue zu Beginn der 40er Jahre des 19. Jahrhunderts im Pariser *Journal des Débats* herausbrachte. Wir haben darüber gesprochen, daß Sue von diesem Roman tatsächlich für jede Ausgabe, gewissermaßen im letzten Augenblick, eine Fortsetzung nachschob. Tatsächlich ordnete er so seine schriftstellerische Tätigkeit rigoros der Erscheinungsform der Tagespresse unter, und dem entsprach auch das von ihm ins Auge gefaßte Ziel, so über das schon an Literatur gewöhnte Publikum hinaus ein zu weiten Teilen unliterarisches Massenpublikum anzusprechen. Tatsächlich erreichte er es, daß dieses Publikum seinen Roman begierig aufnahm, und die Auswirkungen auf die Auflagenhöhe der Zeitung und damit der Beitrag eines Romanautors zur Stimulierung von Zeitungslektüre lassen sich in der Periode ablesen, in denen die Fortsetzungen dieses Romans erschienen.

Von allen Enden der Welt fliegt uns in mächtigen Posaunentönen die Nachricht von Erfolgen der ›Geheimnisse‹ zu, ja, es ist nachgewiesen, daß seit Erfindung der Buchdruckerkunst kein Buch einen solchen Absatz gefunden hat, mithin so bewundert wurde. Alles liest die ›Mysterien‹, alles spricht sie, [...] Herr Eugène Sue ist so der Unvermeidliche geworden, dem man begegnet, wohin man den Fuß setzt. [...] Verlöscht der Dame die Lampe spät des Nachts beim Lesen der ›Geheimnisse‹, so liest das Kammermädchen am frühen Morgen stehend darin.[15]

Das ist der Bericht eines Chronisten aus dem Jahre 1843! – Tägliche Lektüre eines täglich fabrizierten Romans: Gewiß haben englische Literaten Fortsetzungsromane in Monats- und Wochenmagazinen erscheinen lassen, und vor Sue hatten auch französische Romanciers wie Balzac und Frédéric Soulié schon den ›roman feuilleton‹ als Publikationsform gewählt, aber erst Sue fabrizierte den Zeitungsroman vollends nach Zeitungsart.
Der Zwang der Aktualität und zur formalen Aufbereitung des Romans in Tagesportionen hatten für seine Erzählform eine

[15] Zit. nach Norbert Miller u. Karl Riha: ›Eugène Sue und die Wildnis der Städte‹. Nachwort zur dt. Neuausgabe des Romans *Die Geheimnisse von Paris*. München 1970, S. 671.

weitreichende strukturelle Umorientierung zur Folge. Die Aufspaltung in je für sich spannungsträchtige Szenen und Situationen ließ die sukzessive Ordnung, die damals auch dem landläufigen Trivialroman eigen war, in Scherben brechen zu einer kaleidoskopartigen Ansammlung von parallel nebeneinanderlaufenden Handlungen und Einzelmomenten. Diese Zersplitterung ist es überhaupt erst, welche Sue's Roman eine literarisch noch desinteressierte Leserschaft zuführt – eine Leserschaft, die seine Nachrichten aus der Pariser Unterwelt wie tägliche Reportagen oder Gerichtsberichte hinnahm, die aber vor der Forderung, ein ausgearbeitetes, dickleibiges Buch lesen zu sollen, sofort zurückgeschreckt wäre.

Neue Abhängigkeiten und neue Chancen entstehen für den Autor, dessen Publikum weiß, daß er noch am Roman arbeitet, wenn die ersten Fortsetzungen schon zu lesen sind. So »wird durch das rigorose Auftrennungsverfahren der schreibende Autor [...] in einen ungewöhnlich engen Rapport zur namenlosen Menge seiner Leser gesetzt, so daß sich einzelne Episoden, der gute oder schlechte Ausgang von Handlungssträngen, ja sogar die Grundlinien des Romans, nach der Ausdauer und nach dem Interesse des Publikums verändern können«. Das Schlußgericht, das der Held des Romans – der edle Rodolphe – über die Hauptschurken abhält, die schließliche Befreiung Fleur-de-Marie's und die Heimkehr des Fürsten nach Gerolstein »sind nicht etwa abhängig von der romaneigenen Konsequenz der Geheimnisaufdeckung, sondern von der Ermüdung oder der zu lange angespannten Neugier der Zeitungsleser. Es entsteht im Feuilleton-Roman Eugène Sue's ein eigener Typus des offenen, publikumsbezogenen Romans. Seine Wirkungsträchtigkeit haben nach den *Geheimnissen von Paris* im positiven die politisch-zeitkritischen Romane der Realisten und Naturalisten, im negativen die unzähligen, allein auf Kommerz abgestellten Zeitungsromane des 19. und 20. Jahrhunderts immer wieder unter Beweis gestellt.«[16]

Ein anderer Beleg dafür, daß das Erzählen entscheidend durch die fortschreitend sich entwickelnden Bedürfnisse der Presse geprägt worden ist, ist die amerikanische *short story*, zu deutsch *Kurzgeschichte*. Die short story ist ebenfalls, nach der Sache wie nach dem Begriff, ein Kind des 19. Jahrhunderts. Ihr ursprünglicher Erscheinungsort ist die Zeitung bzw. die wöchentlich oder monatlich erscheinende Zeitschrift oder das literarische Magazin. Wie der Fortsetzungsroman, war auch die Kurzgeschichte in diesen Pressemedien ein ergänzendes literarisches Genre, das zugleich das Informationsinteresse und das Unterhaltungsbedürfnis der

16 ebd. S. 674 f.

Leser ansprach und befriedigte. Wie sehr Kurzgeschichten von diesem journalistischen Kontext leben, wird indirekt dadurch bestätigt, daß selbständige Buchveröffentlichungen von Kurzgeschichten, denen dieser Hintergrund fehlt, in der Regel kein verlegerischer Erfolg geworden sind.

Als erster Theoretiker der short story gilt Edgar Allen Poe, der bekanntlich auch auf dem literarischen Feld selbst musterbildend gewirkt hat. Als ›kurz‹ bezeichnet Poe eine Geschichte, deren Lektüre eine halbe bis zwei Stunden Zeit erfordert; »die einheitliche ästhetische Wirkung sieht er durch eine sehr bewußte ökonomische und zielgerichtete Strukturierung garantiert«. So beginnt der künstlerische Schaffensprozeß nach ihm mit der Konzeption eines »certain unique or single effect to be wrought out«, – eines einzelnen und einzigartigen Effekts, auf den hingearbeitet wird –, und er fordert: »In the whole composition there should be no word written, of which the tendency, direct or indirect, is not to the one pre-established design« (In der ganzen Komposition sollte sich kein Wort finden, das sich nicht – direkt oder indirekt – dem vorentworfenen Plan fügt).[17]

Auf ihre Weise trägt damit die short story der Psychologie des modernen, stark durch das neuzeitliche Massenmedium Presse geprägten Lesers in ähnlicher Weise Rechnung, wie dies bereits beim Zeitungsfortsetzungsroman der Fall war. Nur daß hier die »Aufteilung und Zersplitterung in je für sich spannungsträchtige Szenen und Situationen« nicht mehr an die literarische Großform zurückgebunden werden muß, sondern separiert in Erscheinung treten darf. Diese Freiheit ermöglicht unterschiedlichste Anlehnungen an ältere, etwa novellistische Traditionen der Kurzerzählung sowie an sonstige Darbietungsformen, »die eine innere Verbindung zum kurzen Erzählen besitzen«:

Es handelt sich dabei vor allem um die Formenprinzipien des Witzes, des Satirischen, des Parodistischen, des Idyllischen, des Wunderbaren, des Didaktischen, des Typisierenden und Exzentrischen. Erzählungen, die auf eine Pointe hin angelegt sind, müssen kurz und knapp sein, wie denn ein Witz nicht stundenlang erzählt werden kann; Satire und Parodie setzen eine einseitige, verkürzte Wirklichkeitsdarstellung voraus, und zum Wunderbaren gehören die Plötzlichkeit und kurze Dauer der Erscheinung. Desgleichen hält extreme Emotionalität eine lange Spannung nicht aus, und auch die Didaxe verlangt, um der Klarheit und Eindringlichkeit willen, nach stofflicher Beschränkung.[18]

[17] Edgar Allan Poe, Nathaniel Hawthorne: ›Twice-Told Tales‹. In: *Grahams Magazine*, 1842; zit. nach Hans Bungert (Hrsg.), *Die amerikanische Short Story. Theorie und Entwicklung*. Darmstadt 1972, S. 4.

[18] Dieses und das nachfolgende Zitat: Karl Heinz Göller u. Gerhard Hoffmann (Hrsg.): *Die amerikanische Kurzgeschichte*. Düsseldorf 1972, S. 14 f.

Bei all diesen Hinweisen bleibt freilich zunächst noch ungeklärt, in welcher Weise es trotz der umfangmäßigen Beschränkung der Geschichten doch möglich ist, »Tiefendimension zu gewinnen«:

Die Antwort darauf muß in verschiedenen Formen der Konzentration gesucht werden. Handlungsmäßig wichtig ist die Beschränkung auf einen bedeutsamen Augenblick bzw. auf eine Situation, die merkwürdig genug ist, um das Interesse des Lesers zu erregen, und gleichzeitig allgemein genug, um in ihrer Bedeutung über sich hinauszuweisen. Diese Art der Raffung ist besonders in den short stories des 20. Jahrhunderts zu beobachten, in denen ein ›Schicksalsbruch‹ dargestellt wird, das heißt ein für das weitere Leben entscheidendes Geschehen, oder eine ›epiphany‹ erfolgt im Sinne einer plötzlichen Erhellung wichtiger Lebenszusammenhänge. In jedem Falle gilt, daß nicht so sehr das Faktum selbst von Bedeutung ist als vielmehr die Reaktion des ›Helden‹, und diese Erscheinung wiederum bedingt das Interesse am Menschen in seiner Vereinzelung.

Was die Sprache angeht, so ist auf den »andeutungsreichen Stil« hinzuweisen, durch den der short story – ähnlich wie der Lyrik – »Substanzgewinn auf kleinstem Raum« ermöglicht wird. Hinzu treten die verschiedenen Techniken der Situationsverknüpfung, mit deren Hilfe sich trotz gedrängter Darstellung Komplexität und Vielschichtigkeit erzielen lassen. »Durch diese verschiedenartigen Techniken wird es möglich, daß ein kleiner Teil das Ganze repräsentiert, daß – um ein Bild Hemingways aufzugreifen – die Spitze des Eisbergs die Fülle verdeckter Mitgegebenheiten suggeriert und im besonderen Fall das Allgemeingültige anschaubar wird.«

3. Literatur in Rundfunk, Film und Fernsehen: Hörspiel und Fernsehspiel

Wir haben gesehen, daß sich die Presse im Zeitungsfortsetzungsroman und in der Kurzgeschichte – der short story – eigene Erzählgattungen geschaffen hat, die bis in Struktur und Stil hinein die Bedingungen spiegeln, die das Medium setzt. Was die Gattungsbestimmungen angeht, denen Texte in den neueren auditiven und audiovisuellen Medien Hörfunk, Film und Fernsehen unterliegen, wollen wir beim Funkkolleg selbst einsetzen, das ja im Medienverbund publiziert wird und sich dabei zu einem wichtigen Teil über den Funk realisiert. Den einzelnen Kollegstunden liegen Sendemanuskripte zu Grunde, zu deren Anlage den Mitarbeitern bereits bei Vertragsabschluß Anleitungen an die Hand gegeben wurden, aus denen jedenfalls die Erwartungen hervorgehen, die sich bei den Funkfachleuten, den Trägern des

Funkkollegs, mit Begriff und Terminus ›Kollegstunde‹ verbinden:

Eine Rundfunksendung ist keine verlesene Universitätsveranstaltung, kein gesprochener Essay und kein über den Äther ausgestrahltes Feuilleton, sondern bedient sich soweit wie möglich radiophoner Darstellungsformen: Dialog, Interview, Anspielszene, Diskussion, frei formulierter Kommentar, kurz aller derjenigen Elemente, die man im Funkjargon ›O-Ton‹ nennt. Natürlich muß die Stunde durchformuliert sein, aber sie sollte sich zum Zwecke der Veranschaulichung möglichst in vielfältiger Weise – und mit einer Tendenz zur Abwechslung – freier Formen bedienen. Erfahrungen haben gelehrt, daß die Konzentration des Hörers etwa nach 18 Minuten stark nachläßt und dringend einer Aufmerksamkeitshilfe bedarf. Diese ergibt sich durch Sprecherwechsel, Wechsel der Hörebene, Musikauflockerung oder durch das Einspielen eines in der Form andersartigen ›Takes‹, der aus dem Reservoir der angegebenen Stilmittel genommen werden kann. Der zweite Ermüdungspunkt liegt bei der 35. Hörminute. Sollte ein Stoff sehr stark kognitive Inhalte anbieten, dann muß er ›redundant‹ gestaltet sein. In diesem Fall müssen die vermittelten Lernstoffe mindestens noch ein zweites Mal ihrem Gehalt und Wesenskern nach auftauchen, möglichst mit anderen Worten und möglichst eingebaut in einen anderen Zusammenhang. Überhaupt ist das Moment der ›Flüchtigkeit‹ jeder über den Hörfunk gemachten Aussage stets zu berücksichtigen.[19]

Sehr viel stärker noch treten die mediengebundenen Textbestimmungen natürlich bei den Gattungen zutage, die ›überhaupt erst‹ durch Funk, Film und Fernsehen in die Welt gerufen wurden, also etwa beim Hör- und Fernsehspiel, bei der Film- und Hör-Reportage, beim Feature, bei Funkmagazinen mit ihrer spezifischen Mischung von Unterhaltung und Nachrichtenjournalismus oder bei Life- und Quasilife-Sendungen wie dem Quiz, der Fernsehdiskussion oder der Talkshow.
Unter historischem Blickwinkel zeigt sich freilich rasch, daß die technischen Erfindungen nicht automatisch die Entdeckung neuer literarischer Möglichkeiten nach sich ziehen. Vielmehr kommt es zunächst – davon war ausführlicher schon in der ersten Hälfte der Kollegstunde die Rede – vornehmlich zu Übernahmen bereits vorhandener Themen und Ausdrucksformen. Auch die Erfindung des Buchdrucks durch Gutenberg zog nicht prompt einschneidende Veränderungen der Schreibgewohnheiten nach sich, sondern führte erst einmal zur gesteigerten Verbreitung bereits vorhandener Werke. Ähnlich wiederholt der frühe Film erst einmal die Gewohnheiten des zeitgenössischen Erzählens und hält sich eng ans Theater-Vorbild, ehe die Beweglichkeit der

[19] G. Kadelbach: Hektographierte Mitteilung an die Autoren des Funkkollegs Literatur.

Kamera und die besondere filmische Schnitt- und Montagetechnik bewußt eingesetzt werden. Auch die ersten Hörspiele des Rundfunks imitieren erzählende und dramatische Literatur, ehe das Hörspiel als besondere ›akustische Gattung‹ entdeckt wird. Die ersten Fernsehspiele wiederum lehnen sich eng an die Dramaturgie von Film und Hörspiel an, ehe man erkennt, daß das Fernsehen – dem Rundfunk gegenüber das zusätzliche Medium des ›Bildfunks‹, dem Film gegenüber die größere Nähe zum aktuellen Zeitgeschehen besitzt und damit sehr wohl zur Entwicklung eigener Darbietungsformen in der Lage ist.
Der Schriftsteller, der ein Hörspiel schreibt, liefert nur den Entwurf, die Grundlage einer mehrschichtigen Textfassung, die sich erst im Rundfunkstudio mit seinen technischen Apparaten realisiert. »Hörspiele werden nicht geschrieben, sie werden gemacht.«
Der Ort seiner Veröffentlichung ist also für das Hörspiel ein ebenso entscheidendes Kriterium, wie für die Kalendergeschichte der Kalender, für Fortsetzungsroman und Kurzgeschichte die Zeitung, für das Drama die Vorstellung im Theater oder für Filme die Vorführung auf Leinwand und Bildschirm. Das Hauptcharakteristikum des Hörspiels ist, »daß es mehr als jede andere Kunstart die Vorstellung des Hörers stimuliert und aktiviert«:

Wie Marshall McLuhan, der kanadische Soziologe für Massenmedien, hervorhebt, ist Fernsehen ein ›taktiles‹ Medium, Hörfunk ein ›visuelles‹. Das mag zunächst paradox klingen, offenbart sich aber bei genauerer Betrachtung als zutreffend. Fernsehen wird gleichsam erst in der Großaufnahme wirksam, wenn wir dem Bild so nahe sind, daß wir es in unserer Vorstellung tatsächlich berühren. Dagegen zwingt der Hörfunk den Hörer zu sehen, was er mit dem Ohr vernimmt. [...] In der Tat, das Hörspiel geschieht ausschließlich in der Phantasie des Hörers. Das verleiht ihm seine Flexibilität nicht nur im Hinblick auf die Erzähltechnik, auch die Möglichkeiten rascher Orts- und Zeitwechsel, sondern auch hinsichtlich des jeweiligen Standortes des Autors. Er kann von der mit klinischer Genauigkeit beobachteten äußeren Realität sofort zur Introspektive, innerem Monolog, Traum oder Phantasie überwechseln.[20]

Dem entspricht in der älteren Hörspielproduktion, daß häufig die innere Vorstellung der dargestellten Personen zum Handlungsraum erhoben wird; wir nehmen an flüchtigen psychischen Geschehnissen teil, hören innere Stimmen oder verstricken uns im Geflecht von Erinnerungen.
Als Beispiel sei hier der Anfang des dritten Traums im Hörspiel *Träume* von Günter Eich aus dem Jahr 1950 zitiert:

20 Martin Esslin: Situation und Bedeutung des Hörspiels heute. In: *Spiele, Hörspiele.* Hrsg. v. D. Fischer u. a. Hannover 1970. S. 157.

Von einer Stunde X, deren es bekanntlich sehr verschiedene geben kann, träumte am 27. April 1950 der Automechaniker Lewis Stone in Freetown, Queensland, Australien. Es darf beruhigend vermerkt werden, daß Stone sich derzeit der besten Gesundheit erfreut und seinen Traum längst vergessen hat.

Singen und Gelächter von Männer-, Frauen- und Kinderstimmen. Als der Lärm einmal nachläßt, hört man die sich nähernde Nachbarin.

Nachbarin: Hallo! He! Ihr!

Es wird still.

Vater: Was gibts, Nachbarin?
Nachbarin: Ihr lacht!
Mutter: Warum sollen wir nicht lachen?
Vater: Wir sind glücklich
Nachbarin: Wie könnt ihr das?
Vater: Wir haben fünf Kinder und das tägliche Brot. Habt Ihr Sorgen, Nachbarin...[21]

Das neue experimentelle Hörspiel erweitert die Möglichkeiten und damit die Bestimmungen der Gattung erheblich. ›Hörstück‹, ›Schallspiel‹, ›Hörtext‹, ›Sprachspiel‹ oder ›Hörcollage‹ – das alles sind neue Begriffe, mit denen jüngere Autoren wie Wolf Wondratschek, Peter O. Chotjewitz, Paul Pörtner, Ferdinand Kriwet, Gerhard Rühm oder Ernst Jandl aufwarten. Die Grenzverschiebungen, die sich damit anzeigen, fallen allerdings in eine Periode, in der der Hörfunk bereits durch das Fernsehen an den Rand gedrängt und in seiner angestammten öffentlichen Funktion nicht unerheblich eingeschränkt ist. Anders als die Hörspiele der Jahre 1945 bis 1960 erreicht das neue Experimental-Hörspiel kein Massenpublikum mehr, sondern ist im wesentlichen ein Experimentierfeld für avantgardistische Kunsttendenzen geblieben. –
Wir greifen zur Veranschaulichung noch einmal auf Wolf Wondratscheks *Paul oder die Zerstörung eines Hörbeispiels* zurück; von diesem ›Hörspiel‹ war bereits in der ersten Hälfte des Kapitels knapp die Rede.
Im Gegensatz zu Eich setzt Wondratschek die medialen Möglichkeiten des Hörspiels so ein, daß er sie ganz bewußt nicht zur Herstellung, sondern zur Analyse von Illusion benutzt. Die eingesetzten akustischen Mittel werden deshalb jeweils vor ihrem Einsatz benannt:

Diese Landschaft ist links und rechts eben so üblich.
Geräusch
(Fahrende Autos auf der Autobahn)

21 Zit. nach: *Spiele, Hörspiele*. a.a.O., S. 83.

Paul spuckt in die Hände um das Lenkrad besser greifen zu können.
Geräusch
(Spucken in die Hände)
Strecke Ulm, Stuttgart, Karlsruhe, Heidelberg, Darmstadt, Frankfurt, Göttingen, Hannover, Die Beatles.
Geräusch
(Beatle-Song ›I'm so tired‹)

I'm so tired, I haven't slept a wink
I'm so tired, my mind is on the blink

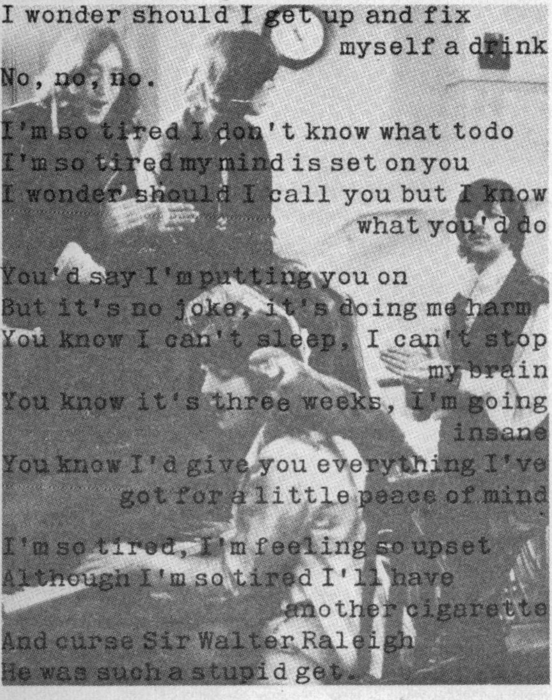

I wonder should I get up and fix
myself a drink
No, no, no.

I'm so tired I don't know what todo
I'm so tired my mind is set on you
I wonder should I call you but I know
what you'd do

You'd say I'm putting you on
But it's no joke, it's doing me harm
You know I can't sleep, I can't stop
my brain
You know it's three weeks, I'm going
insane
You know I'd give you everything I've
got for a little peace of mind

I'm so tired, I'm feeling so upset
Although I'm so tired I'll have
another cigarette
And curse Sir Walter Raleigh
He was such a stupid get.

(Musik endet mit nachstehendem Text)
Ein Hörspiel muß nicht unbedingt ein Hörspiel sein, d. h. es muß nicht den Vorstellungen entsprechen, die ein Hörspielhörer von einem Hörspiel hat. Ein Hörspiel kann ein Beispiel dafür sein, daß ein Hörspiel nicht mehr das ist, was lange ein Hörspiel genannt wurde. Deshalb ...[22]

[22] Wolf Wondratschek: *Paul oder die Zerstörung eines Hörbeispiels.* a.a.O., S. 308 f.

Die gewandelte Einstellung zum Medium bestimmt nicht nur unmittelbar die Stoffwahl und die Schreibart des Autors, sie hat auch Konsequenzen für die Aufnahme des Stücks beim Publikum. Die Möglichkeiten, die der Hörfunk bietet und fordert, werden hier schon bei der Herstellung des Manuskripts berücksichtigt und mehr noch: sie werden selbst zum Gegenstand der Demonstration. Entsprechend wird der Funkregisseur zum Mitautor. Bei den im Stück angesprochenen Figuren handelt es sich nicht mehr um mehr oder weniger umgewandelte Theaterrollen, sondern um Sprechpositionen. Montagen und Schnitte führen dahin, daß es zu keiner Entwicklung einer konventionellen Spielhandlung mehr kommt. Da diese Techniken auch nicht mehr als Sprünge der Phantasie im Kopf eines Helden, als willkürliche Traum- und Erinnerungsfetzen verkleidet werden müssen, kommen sie hier als bewußt und distanziert gesetzte Collage von Imaginationen und Argumenten zur Geltung. Es ist deshalb auch kein Zufall, daß Wondratscheks ›Hörbeispiel‹ auf die eigene, seinem Medium verpflichtete Poetik zu sprechen kommt; vielmehr liegt dies voll in der Konsequenz des neuen Ansatzes.
Werfen wir abschließend einen Seitenblick auf das Fernsehspiel, für das die kooperative Arbeit von Autor, Regisseur und Techniker ähnlich bezeichnend ist, wie fürs Hörspiel. Praktiker, Kritiker und Theoretiker der Fernsehgattung stimmen in ihrer Meinung über die Notwendigkeit dieses Zusammenspiels überein. Der Fernsehregisseur Rolf Hädrich merkt etwa an:

> Nichts ärgert einen Fernsehregisseur so sehr wie ein ›vollkommenes‹ Manuskript, dessen linke Seite von Regieanweisungen, Kameraeinstellungen und sonstigen Ratschlägen wimmelt. Viel lieber hätte er gute Situationen, Szenen, Dialoge. Das Drehbuch zu einem Fernsehspiel entsteht während der Arbeit.[23]

Die Unterschiede zu Drama, Hörspiel und Spielfilm lassen sich aus der Zwischenstellung des Mediums Fernsehen ableiten. Im Gegensatz zum Drama wird das Fernsehspiel nicht unmittelbar, sondern nur als Abbild – über die Einschaltung einer Apparatur – erlebt; vom Hörspiel hebt es sich durch seine zusätzliche visuelle Qualität – also als Bilderspiel – ab; aber dem Film gegenüber ist es wieder – durch seine Einbettung in das gesamte Programmangebot des Fernsehsenders – mehr ein ›Kommunikationsmittel des Wortes‹. Die Publikumsorientierung des Fernsehens und die stabilisierten Sehgewohnheiten der Fernsehzuschauer sind deshalb beim Versuch einer Gattungsdefinition eigens zu berücksichtigen:

[23] *Spiele. Fernsehspiele.* Hrsg. v. D. Fischer u. a. Hannover 1970, S. 186.

Das Fernsehpublikum ist, obzwar grundsätzlich auf Unterhaltung eingerichtet, daran gewöhnt, vom Bildschirm Informationen und Reflexionen über seine Wirklichkeit zu erfahren. Man darf annehmen, daß es diese prinzipielle Gestimmtheit auch fiktiven Gattungen der Wirklichkeit gegenüber beibehält.[24]

Bei der generellen Nähe zum Spielfilm, die schon allein in technischer Hinsicht gegeben ist, läge dann die Differenz zum Spielfilm im ›Bekenntnis zur Nachricht als Inhalt‹, am deutlichsten ausgeprägt im ›Interviewdokumentarismus‹ jüngster Fernsehspiele von Bittdorf, Fechner, Friedel und anderen, »bei dem die Wahrheitssuche der journalistischen Recherche und Interviews zugleich den Ablauf des ›Spiels‹ bestimmt, unter weitgehendem Verzicht auf überlieferte, der Schauspielliteratur verdankte dramaturgische Regeln.«
Brechen wir hier ab! Spielfilm und Fernsehspiel setzen einem *Funk*kolleg Literatur allein schon von der Demonstrationsmöglichkeit her Grenzen. – Die Fragen der literarischen Kommunikation – das sollte dieses dritte und letzte Kapitel im Kolleg-Komplex *Kommunikative Funktionen von Sprache und Literatur* zeigen – stellen sich angesichts der zeitgenössischen Massenmedien neu. Die verschiedenen Massenmedien stellen dabei jeweils neue Bedingungen an die Herstellung der literarischen Produkte, sie fordern neue formale und inhaltliche Qualitäten und bieten schließlich neue Möglichkeiten der Rezeption. Regelmäßig treten auch im neuen Medium nach einiger Zeit neue literarische Formen gegen ältere auf den Plan, nehmen zunächst die noch verwandten, traditionellen Formen auf, gestalten sie um, lösen sie ab. Wie immer man diese Vorgänge bewerten mag, wer die Augen vor solchem Wandel verschließt, sperrt sich gegen ein wichtiges historisches Moment der literarischen Kommunikation, gegen die Tatsache, daß sie von jeher zu verstehen ist als lebendiger Prozeß – auch heute!

24 Günter Rohrbach: ›Bildungstheater oder Zeittheater‹. In: *Spiele. Fernsehspiele.* a.a.O., S. 183.

III Textkonstitution

Im folgenden Abschnitt ›Textkonstitution‹ wird eine Frage aufgeworfen, die zunächst sehr trivial klingen mag: Was ist eigentlich ein Text? Darüber haben wir bisher noch nicht gesprochen. Wir setzten die Antwort vielmehr stets als bekannt voraus. So, wenn wir in den beiden ersten Kapiteln über Lesen und Schreiben als Alltagserfahrung nachdachten; so, wenn wir im zweiten Abschnitt zu klären versuchten, in welchen verschiedenen Kommunikationszusammenhängen ein Text stehen kann, sei er nun mündlich übermittelt oder schriftlich fixiert, als Brief an einen persönlich bekannten Partner adressiert oder als Buch für eine anonyme Lesergemeinde bestimmt, als Funk- oder als Fernsehtext von den Massenmedien verbreitet.
Wir werden in diesem dritten Abschnitt zunächst ausgehen von der Frage, worin die konstitutiven, d. h. bestimmenden und strukturbildenden Merkmale eines Textes zu sehen sind. Im zweiten Kapitel soll der so gewonnene Textbegriff dann verfeinert werden, indem zwischen fiktionalen und nicht-fiktionalen Texten unterschieden wird. Anhand einer Geschichte von Johann Peter Hebel wird im dritten Kapitel untersucht, aus welchen Elementen sich ein erzählender fiktionaler Text aufbaut. Das Schlußkapitel des Abschnitts wird dann zeigen, wie vielschichtig die Struktur lyrischer Texte sein kann.
Beginnen wir mit der Grundfrage: Was ist eigentlich ein Text?

6. Karlheinz Stierle

Die Einheit des Textes

Das Funkkolleg hat es mit der Literatur zu tun. Aber der Bereich der Literatur ist nur eine besondere Region in der vielgestaltigen Welt der sprachlichen Erscheinungen. Wir wollen im folgenden uns deshalb erst einmal lösen von unserem Vorverständnis von Literatur und nach dem fragen, was ein Gedicht und eine Zeitungsnachricht, eine philosophische Abhandlung und ein Roman gemeinsam haben. Ehe wir noch nach Literatur und Nichtliteratur unterscheiden, erscheinen uns solche Sprachgebilde als Texte. Unsere Erfahrung mit Texten beschränkt sich nicht auf die literarischen und poetischen Texte, sondern ist ganz wesentlich bestimmt durch die ständig sich aufdrängenden Gebrauchstexte des Alltags, die wir mehr oder weniger achtlos zur Kenntnis nehmen: Gebrauchsanweisungen und Annoncen, Postwurfsendungen, Spendenaufrufe und Flugblätter, Strafmandate und Fragebogen. Jede dieser Textarten hat eine eigene Form, die sie von anderen unterscheidbar macht. Form zu haben ist keine Auszeichnung des einmaligen ›sprachlichen Kunstwerks‹, auch wenn sie nur bei diesem gewöhnlich wahrgenommen wird, während sie sonst gewissermaßen unsichtbar bleibt. Denn in der Welt der pragmatischen Texte sind wir gewöhnlich nicht diesen selbst zugewandt, sondern der Sache, die sie vermitteln. So kann ein Kontextwechsel, der einen Text aus seiner vertrauten Umgebung herauslöst, diesen selbst erst in seiner Qualität als Text, losgelöst vom Handlungszusammenhang, in dem er seinen Ort hat, sichtbar machen. Der Bereich dieser praktischen Textformen, die uns immer schon umgeben, ist für die Literatur ein unerschöpfliches Reservoir. Die Schriftsteller greifen auf dieses Reservoir immer wieder zurück, um die Literatur um neue, noch literarisch unverbrauchte Formen zu bereichern. Peter Handke macht das in seinem Gedichtband *Die Innenwelt der Außenwelt der Innenwelt* an bewußt gesuchten Extremfällen deutlich. Ähnlich wie die Kunst in der ›Pop-art‹ sich an trivialen Gegenständen des alltäglichen Lebens inspirierte, die bis dahin außerhalb jeder Verwendungsmöglichkeit für Kunst gestanden hatten, mischt Handke unter die Gedichte dieses Bandes Texte, die nichts anderes sind als aus ihrem ursprünglichen Kontext herausgenommene Alltagstexte: Die Gästeliste eines Hotels, die japanische Hitparade vom 25. Mai 1968, eine Todesanzeige, eine Zugauskunft und die dadurch mittlerweile ›literarisch‹ gewordene *Aufstellung des 1. FC Nürnberg vom 27. 1. 1968*[1]:

Die Aufstellung des 1. FC Nürnberg
vom 27. 1. 1968

WABRA
LEUPOLD POPP
LUDWIG MÜLLER WENAUER BLANKENBURG
STAREK STREHL BRUNGS HEINZ MÜLLER VOLKERT

Spielbeginn:
15 Uhr

Dieser Text enthält nichts als eine Namenliste und eine Zeitangabe. Dennoch ist es in voll gültigem Sinne ein Text. Jeder, der etwas von Fußball versteht, weiß, was die Reihenfolge der Namen und ihre graphische Anordnung bedeutet. Zugleich ist dies ein Text, der, und sei es nur für einen Augenblick, eine Massenrezeption gehabt hat, dabei wohl aber nie als ein Text gelesen wurde. Die Versetzung in den neuen Kontext des literarischen Werks macht den Text in einem neuen Sinne lesbar: Es geht jetzt nicht mehr um das einmalige Ereignis einer Fußballbegegnung, sondern um die Form des Textes ›Aufstellung einer Fußballmannschaft‹ selbst und zugleich um die ›sprechende‹ Physiognomik der Namen und den sprachlichen Rhythmus, der sich unbeabsichtigt aus ihrer Abfolge ergibt.
Gerade weil Literatur und Nichtliteratur sich nicht einfach eindeutig voneinander abgrenzen lassen, erscheint es sinnvoll, die grundsätzliche Frage zu stellen nach dem, was das Wesen des Textes ausmacht.
Was ist das, ein Text? Diese Frage scheint sich zu erübrigen, da uns doch Texte unablässig umgeben und wir in der einen oder anderen Form unablässig mit Texten zu tun haben, seien es nun Zeitungen, Lehrbücher, Romane, Illustrierte oder Reiseprospekte. Es ist übrigens nicht ohne Bedeutung, daß wir beim Text zunächst immer an den gedruckten Text denken. Der Druck scheint für den Text nicht nur eine unter vielen Möglichkeiten der Darbietung. Er gibt dem Text eine besondere Beständigkeit, Verbindlichkeit, etwas Endgültiges. Es ist ein Unterschied, ob man etwas ausspricht, ob man es mit eigener Hand niederschreibt, oder ob es gedruckt wird. Was gedruckt ist, erscheint schon durch die unpersönliche, mechanische Präsentation von einer gleichsam imponie-

1 P. Handke: *Die Innenwelt der Außenwelt der Innenwelt.* Frankfurt 1969, S. 59.

renden Objektivität, als sei es das Werk einer höheren Instanz. Erst der gedruckte Text scheint uns ganz Text zu sein. Das ist natürlich ein Trugschluß. Das Prestige des Drucks kommt daher, daß wir auf Grund unserer Erfahrung und unserer kulturellen Tradition davon ausgehen, daß nur das für wert erachtet wird, gedruckt zu werden, was bestimmten Normen der Textbildung genügt und was wichtig genug ist, um es in gedruckter Form zu verbreiten und zu erhalten. Der Druck ist also nur ein Anzeichen dafür, daß wir es mit einem Text zu tun haben, der in ganz besonderer Weise Text ist.

Damit sind wir freilich dem, was ein Text nun eigentlich ist, immer noch nicht viel näher gekommen. Versuchen wir es zunächst einmal mit einer sehr allgemeinen Bestimmung. Faßt man ins Auge, was alle Texte, die einfachsten und die kompliziertesten, miteinander gemeinsam haben, so ist es wenigstens dies: Sie bestehen aus einer Summe von Sätzen, mindestens aber aus einem Satz. Damit ist nun aber noch nicht viel gewonnen. Denn sogleich stellt sich ja die Frage, ob demnach also jede Summe von Sätzen oder jeder Satz als Text aufgefaßt werden könne. Ist etwa ein Unsinntext ein Text? Aber was heißt überhaupt Unsinn mit Bezug auf Texte? Betrachten wir einmal den folgenden Text:

das reh blutet
die sprossen der wagenräder sind gebrochen
ich habe seinen handschuh verloren
die vögel fallen aus dem neste
trage dein lamm auf der schulter
die jungen tauben flogen auf das feld

Man könnte sagen, dieser Text sei Unsinn. Das hieße dann, daß sich in ihm kein Zusammenhang finden läßt. Freilich haben wir gelernt, mit einem solchen Urteil vorsichtig zu sein. Die neuere Literatur und besonders die Dichtung gibt uns viele Beispiele, wo der Unsinnverdacht beim ersten Lesen sich als vorschnell herausstellt, die Zusammenhanglosigkeit auf einen höheren Zusammenhang verweist, der sich erst genauerer Betrachtung erschließt. Etwa der komplexe Zusammenhang einer Montage. Genau aus einer solchen Montage stammt übrigens der soeben zitierte ›lyrische‹ Text. Es ist eine Montage von H. C. Artmann und Konrad Bayer nach einem Lehrbuch der Böhmischen Sprache von 1853[2]. Wenn wir das wissen, und wenn wir die Absicht kennen, aus der

[2] h. c. artmann, konrad bayer: ›montagen nach dem vollständigen lehrbuche der böhmischen sprache des heinrich terebelsky 1853‹. In: G. Rühm (Hrsg.): *Die Wiener Gruppe*. Reinbek 1967, S. 201.

heraus die scheinbar zusammenhanglosen Sätze aneinandergefügt sind, dann erhält auf einmal der Unsinn einen Sinn, auch wenn dieser Sinn vielleicht problematisch ist und nur von denen übernommen werden kann, die bereit sind, die Voraussetzungen einer solchen Form von Dichtung als sinnvoll anzuerkennen.
Das zitierte Beispiel konnte zweierlei deutlich machen: einmal, daß ein Text, der dem ersten Anschein nach unsinnig ist, nicht immer und schon gar nicht unter poetischen Voraussetzungen auch unsinnig sein muß, andererseits aber, und das ist für uns wichtig, daß die Zusammenhanglosigkeit das Kriterium des Nichttexts, der Zusammenhang also das wesentliche Kriterium des Textes ist. Wir müssen dieses Kriterium aber noch weiter bestimmen. Was heißt Textzusammenhang genau? Der Zusammenhang des Textes als eine Verknüpfung von Satz zu Satz ist die elementare Vorstellung, die dem Begriff des Textes zugrunde liegt. Der Begriff Text leitet sich her von lateinisch texere, und das bedeutet weben, verflechten. Seinem ursprünglichen Sinn nach ist der Text also zunächst einmal ein Gewebe oder ein Geflecht. Für das Gewebe ist aber wesentlich das Verwirken der einzelnen Fäden und ihre Verknüpfung. Der Knoten vereint, was zuvor getrennt war. Als eine Verknüpfung in diesem Sinne, also als ein linearer Zusammenhang, eine lineare Einheit, die von links nach rechts durch thematische und formale Bindung der Sätze entsteht, wird der Text häufig in der sogenannten Textlinguistik aufgefaßt. Dabei stellt sich freilich die Frage, ob eine solche Verknüpfung immer schon eine Garantie für den Sinnzusammenhang des Textes bedeuten muß. Nehmen wir einmal an, ein Text laute so:

Gestern mittag sah ich in der Schillerstraße einen alten Bekannten. Von der Schillerstraße ist es nicht weit zum Goetheplatz. Dort gibt es jetzt ein neues Kaufhaus. Ich glaube, es gehört zur Woolworth-Kette. Der Woolworth-Konzern wurde 1879 im Staate New York gegründet. Im ersten Ladengeschäft der Kette gab es nur Waren für 5 Cent. Der Cent ist eine amerikanische Währungseinheit...

Es ließe sich dieses Beispiel beliebig fortsetzen. Die Sätze sind miteinander verknüpft und dennoch ergibt sich aus ihnen kein Sinn. Hier zeigt sich, daß der Zusammenhang des Textes nicht nur in einer formalen und thematischen Verknüpfung der Sätze bestehen kann, auch wenn diese Bestimmung für einen formalen oder linguistischen Textbegriff vielleicht ausreichen mag. Sie reicht aber nicht aus, um das zu erfassen und abzugrenzen, was wir uns intuitiv unter einem sinnvollen Text vorstellen. Die uns aus dem alltäglichen Leben und aus unserer alltäglichen Erfahrung mit Sprache bekannten Texte sind nicht einfach beliebig fortlaufende

Sätze, die nur dadurch bestimmt wären, daß jeweils der folgende an irgendeinem Punkt auf den vorausliegenden Bezug nähme. Nicht jede Textverknüpfung ist schon ein Textzusammenhang. Wir müssen also nach weiteren Momenten suchen, um zu erfassen, was den Text erst eigentlich zum Text macht.

Wir sahen, daß es einen Unterschied gibt zwischen Textzusammenhang und Textverknüpfung. Da die Textverknüpfung nicht selbst schon den Text zum Text macht, kann sie nur als Ausdruck für den Textzusammenhang fungieren, ohne doch dieser selbst schon zu sein. Daß Textverknüpfung und Textzusammenhang nicht dasselbe sind, ist ein entscheidender Punkt, den wir weiter vertiefen müssen. Indem wir nach dem Textzusammenhang fragen, lösen wir uns von der sprachlich gegebenen Form des Textes mit seiner Abfolge von links nach rechts, die man auch die Textoberfläche nennen könnte. Die Abfolge der Sätze in einem Text ist Ausdruck eines vorausgesetzten Textzusammenhangs. Einen Text verstehen heißt demnach zweierlei: einerseits die Sätze und ihre unmittelbare Verbindung verstehen, andererseits aber, und dies ist erst das eigentliche Textverstehen, muß die Verknüpfung der Sätze verstanden werden als Ausdruck eines Textzusammenhangs, der sich uns darstellt als Sinnzusammenhang. Weil für den Text der Textzusammenhang und nicht einfach die Textverknüpfung ausschlaggebend ist, kann ein Text durchaus aus Sätzen bestehen, die weder formal noch unmittelbar thematisch miteinander verbunden sind und die dennoch eine Texteinheit bilden oder Teil einer Texteinheit sein können. Man kann das an einem kleinen Text von Robert Walser illustrieren, dem ersten von zwei kleinen Stücken mit dem Titel *Zwei kleine Märchen:*

Es schneite in der Straße. Da kamen die Droschken und Autos vorgefahren, setzten ihren Inhalt ab und fuhren wieder von dannen. Die Damen staken alle in Pelzen. An der Garderobe wimmelte es von Leuten. In den Foyers gab es ein Grüßen, Anlächeln und gegenseitiges Händedrücken. Die Kerzen schimmerten, die Roben rauschten, die Stiefelchen flüsterten und knarrten. Der Boden war ganz glatt gewichst und Diener standen da und machten Handbewegungen, bald so, bald anders. Die Herren waren in Fräcke geschnürt, so ein Frack muß sitzen. Man verbeugte sich. Artigkeiten flogen wie Tauben von Mund zu Mund, die Frauen strahlten, manche alte auch noch. Alles stand aufrecht bei den Sitzplätzen, um Bekannte zu sehen, nur wenige saßen. Die Gesichter waren so nahe beisammen, der Atem des einen berührte die Nasenflügel des zunächst Stehenden. Die Kleider der Frauen dufteten, die Scheitel der Herren waren glatt, die Augen blitzten, die Hände sagten: Na, auch wieder, du? Wo denn solange gewesen? In der ersten Reihe saßen die Kritiker wie Gläubige in einer hohen Kirche, so still, so andächtig. Der Vorhang bewegte sich ein bißchen, da ertönte das Zeichen zum Anfang; wer sich räuspern zu müssen glaubte, tat es rasch, und da saßen sie alle wie Kinder in der Schulstube, gradausschauend, mäuschenstill, da erhob sich was und spielte sich was.[3]

In diesem kleinen Text finden sich kaum sprachlich bezeichnete Verknüpfungen. Zwar stehen die Textelemente über die Satzeinheit hinaus in erwartbaren Zusammenhängen eines bestimmten Erfahrungsbereichs; doch drücken sich diese Zusammenhänge nie in sprachlich bezeichneten Beziehungen aus. Es entsteht dadurch eine stilistische Wirkung, die der Kurzatmigkeit von Schulaufsätzen vergleichbar ist. Anders aber als beim Schulaufsatz, der den ungeübten Schreiber erkennen läßt, ist diese Unverbundenheit hier ein stilistisches Mittel. Der Hörer oder Leser hat durchaus den Eindruck eines Zusammenhangs; denn er erkennt, daß sich, bei allem Wechsel des Blickpunkts und des zeitlichen Verlaufs, das sprachlich Unverbundene zum Zusammenhang einer ihm wohlvertrauten Situation zusammenfügt. Was diese unverbundene Darstellungsweise ermöglicht, ist eine besondere Beziehung von Beschreibung und Erzählung. Der Text ist beides in einem. Das reihende Prinzip seiner Darstellung könnte ganz als ein Prinzip der Beschreibung aufgefaßt werden. Andererseits aber sind die einzelnen Sätze als Beschreibungselemente so angeordnet, daß sie, vom Augenblick des Aussteigens aus der Kutsche bis zum Beginn der Theateraufführung, eine zeitliche Abfolge darstellen.

Das Erfassen eines Textes als Sinnzusammenhang ist uns durch tagtägliche Wiederholung so vertraut und selbstverständlich, daß wir es gar nicht mehr bemerken, wie häufig wir beim Aufnehmen von Texten unverknüpfte Sätze zu einem Sinnzusammenhang ordnen, der den Text nicht explizit, sondern nur implizit bestimmt. Die Tätigkeiten der Textinterpretation, als deren letztes Resultat uns schließlich der Textsinn erscheint, bleiben im alltäglichen Leben gewöhnlich ebenso unbewußt wie das Sprechen selbst. Erst wenn wir uns eigens darauf konzentrieren, merken wir, wie komplex die Verstehensleistungen sind, die wir vollbringen, um von der Textoberfläche und ihren Verknüpfungen zum Textzusammenhang und damit dem eigentlichen Textsinn zu kommen[4]. Gerade die nicht unmittelbar zweckgebundenen, über das Alltagsleben hinausreichenden Texte von Dichtung und Literatur setzen voraus, daß wir uns der Tätigkeiten bewußt werden, über die wir in der alltäglichen Kommunikation immer schon

[3] R. Walser. *Prosa.* Frankfurt 1960, S. 22 f.

[4] Vgl. hierzu W. Iser: *Der Akt des Lesens.* UTB 636, München 1976 und Verf.: *Was heißt Rezeption bei fiktionalen Texten.* In: Poetica 7 (1975).

verfügen. Erst diese Reflexion der Verfahrensweisen, die von der Textoberfläche zum Textzusammenhang führen, schafft die Voraussetzung dafür, daß wir das poetische oder literarische Werk in der Vielfalt seiner organisierenden Strukturen erfassen können.

Es gibt einen Sinnzusammenhang des Textes, der die Texteinheit auch dann sichert, wenn Sätze nicht unmittelbar miteinander verknüpft sind. Diesen Zusammenhang müssen wir jetzt genauer zu erfassen suchen. Dafür schlagen wir eine Bestimmung vor, die auf den ersten Blick sehr allgemein und vielleicht sogar willkürlich erscheinen muß. Wir sagen in Übereinstimmung mit neueren Auffassungen der Sprachphilosophie und auch der neuesten Linguistik: Die Einheit des Textes ist die Einheit einer Handlung[5]. Daß der Textzusammenhang als Handlungszusammenhang aufgefaßt werden kann, hat eine Reihe von Konsequenzen, die nun zu erörtern sind. Wir hoffen, daß dabei einsichtig wird, daß die Definition des Textes als Handlung nicht so weit hergeholt ist, wie es zunächst den Anschein haben mag.

Wenn ein Text als Handlung aufgefaßt wird, so bedeutet das zuallererst, daß der Text nicht als Produkt begriffen wird, das aus einer Tätigkeit hervorging, zum Beispiel als Buch, sondern daß der Text selbst als Tätigkeit verstanden wird. Ist er schriftlich fixiert, so muß er unter diesem Gesichtspunkt also erst wieder in die Tätigkeit zurückübersetzt werden, aus der er als Resultat hervorgegangen ist. Statt als Produkt erscheint der Text also, wenn man ihn als Handlung auffaßt, als ein Vollzug. Erst sekundär und unter einem neuen Gesichtspunkt ist es dann möglich, ihn auch als Resultat zu betrachten, nämlich als Resultat jener Handlung, die der Text zugleich ist.

Aber reicht diese Unterscheidung aus, um Sprechen und Handeln, Text und Handlung in einen so engen Zusammenhang zu bringen? Besteht hier nicht doch die Gefahr, daß allzu Verschiedenes über einen Kamm geschoren wird? Letzten Endes sind Definitionen natürlich Fragen der Fruchtbarkeit und Zweckmäßigkeit. Zweifellos ist das Sprechen nicht ein Handeln wie jedes andere, sondern eines mit besonderen Voraussetzungen. Aber nicht nur das. Es gibt gute Gründe für die Auffassung, daß gerade das Sprechen ein Handeln in einem ganz eigentlichen Sinne ist, weil nämlich dieses Handeln am weitesten entfernt ist von bloßer Reaktion oder triebhafter Tätigkeit. Es ist für unseren Zusammenhang sinnvoll, zwischen mittelbaren und unmittelbaren Handlungen zu unterscheiden. Eine unmittelbare Handlung wäre zum Beispiel: einen

5 Zur Auffassung, daß nicht nur Sätze sondern Texte sprachliche Handlungen sind vgl. S. J. Schmidt: *Texttheorie*. UTB 202, München 1973 und Verf.: *Text als Handlung*. UTB 423, München 1975.

Baum fällen, einen Tisch herstellen, ein Tier erlegen. Mittelbare Handlungen dagegen sind solche, die auf unmittelbare Handlungen Bezug nehmen, um sie in der einen oder anderen Weise zu steuern. Zu dieser Art von Handlungen gehören alle jene, die man als symbolische Handlungen bezeichnen kann. Es sind Handlungen, deren Sinn sich nicht unmittelbar darstellt, sondern von Vereinbarungen der Gesellschaft abhängig ist. Das umfassendste und am wenigsten auf Unmittelbarkeit eines Verhaltens zurückführbare System von Konventionen des Handelns ist das der Sprache. Mit Hinblick auf den Bereich der unmittelbaren Handlungen ist die Sprache ein sehr komplexes Umwegsystem. Sie ist ein System von Konventionen, das selbst wieder den verschiedensten Arten von Konventionen unterworfen werden kann. Schon bei den Handlungen ist es so, daß man, um ihren Sinn zu erfassen, sie einer Klasse von Handlungen zuordnen können muß. Ein bloßes Herumfuchteln oder eine bloße Betätigung der Motorik des menschlichen Körpers ist noch keine Handlung. Handlungen müssen als solche gesellschaftlich akzeptiert sein und in einem gesellschaftlichen Handlungsraum vorkommen. Sie sind insofern, auch wenn sie Ausdruck einer ganz unmittelbaren Zweckeinlösung sind, immer auch konventionell. Und darin sind sie der Konventionalität der sprachlichen Zeichen und ihrer Verwendung vergleichbar. Daß eine Handlung Sinn hat, heißt, daß man die konkrete Handlung auf ein Handlungsschema, das allgemein bekannt ist, zurückführen kann. Gewöhnlich ist ein Anzeichen dafür, daß ein Handlungsschema gesellschaftlich akzeptiert ist, die Tatsache, daß es einen Namen hat. So bedeutet das Verstehen einer Handlung implizit immer die Fähigkeit, eine konkrete Handlung als diese benennen, und das heißt, sie einer Klasse von Handlungen zuordnen zu können.

Der Umweg über die Handlungen kann uns in die Lage setzen, an Texten etwas zu sehen, was sich an weniger komplizierten Handlungen als den sprachlichen sehr viel einfacher erfassen läßt. Wie das Handeln immer nur einen Sinn hat in dem Maße, wie es als diese oder jene benennbare Tätigkeit einsichtig wird, so ist auch der Umgang mit Sprache nur sinnvoll, wenn er sich in erwartbaren und bekannten Formen vollzieht, die es erlauben, den konkreten gegebenen Text vor dem Hintergrund einer Textklasse zu verstehen. Textklassen der verschiedensten Art sind uns bereits aus unserer alltäglichen Welt bekannt. Wir wissen, was eine Erzählung ist oder ein Witz oder eine Belehrung oder eine Predigt. Gewöhnlich fällt es uns nicht schwer, Texte, die wir lesen oder hören, solchen Textklassen oder Gattungen zuzuordnen. Wir sind über einen Text orientiert, wenn wir über sein Textschema orientiert sind und damit zugleich über die Verbindlichkeit, die dieses Textschema als eine Art gesellschaftlicher Konvention in der Welt der unmittelbaren Handlungen hat. Erst durch diese Verbindlichkeit können Texte als Sprachhandlungen überhaupt in der Welt der unmittelbaren Handlungen Geltung gewinnen. Der Text ist also durch sein Textschema vermittelt mit der Welt der Handlungen und hat so an ihr als Sprachhandlung teil. Das bedeutet zugleich, daß der Text mit der Welt der Handlung auch scheinhaft verbunden sein kann, dann nämlich, wenn der Text ein fiktionaler Text ist.[6]

Wichtig für den Text ist aber nicht nur seine Beziehung auf die Welt, in der er erst seine Funktion erhält, sondern auch seine Beziehung auf sich selbst. Wie jede Handlung ist auch die Sprachhandlung des Textes eine organisierte Einheit. Das bedeutet, daß das abstrakte Textschema, das den Sprachhandlungscharakter des Textes bedingt, nur die oberste und umfassendste Einheit ist für einen Zusammenhang von Texteinheiten, die ihrerseits wiederum ein Zusammenhang von Texteinheiten einer darunterliegenden Ebene sein können. Wir sagen deshalb, der Text ist hierarchisch aufgebaut. Auch darin stimmt die Struktur des Textes mit der Struktur der Handlung überein. Jede Handlung steht unter der Einheit eines bestimmten Handlungsschemas, das einem Zweck zugeordnet ist. Zugleich aber ist dieses Handlungsschema für den, der die Handlung versteht, nur ein Interpretationsrahmen, innerhalb dessen erst die konkreten Akte situierbar und verstehbar werden, in denen sich die Gesamthandlung artikuliert. Eine Handlung verstehen heißt immer, eine Folge von einzelnen Manifestationshandlungen einander so zuzuordnen, daß ihr hierarchischer Zusammenhang einsichtig wird, und zwar von der höchsten Ebene des umfassenden Handlungsschemas bis hin zu den einzelnen, in sich selbst noch sinnleeren Manifestationsakten. Indem wir in der Abfolge der Zeit oder bei gedruckten Texten in der Abfolge von links nach rechts die einzelnen Manifestationseinheiten einander zuordnen, bilden wir aus dem Vorrat unserer Interpretationsschemata Hypothesen, die die einzelnen Akte zu einer sinnvollen Einheit zusammenbringen. Verstehen heißt also bei Texten wie bei Handlungen, nicht einfach einer Bewegung von Anfang zum Ende oder von links nach rechts zu folgen, sondern immer das einzelne, das gerade herausgegriffen wird und im Mittelpunkt der Aufmerksamkeit steht, in seinem Kontext zu situieren. Was Kontext in einem Text heißt, läßt sich noch genauer bestimmen. Den primären Kontext einer Texteinheit bildet je-

[6] Vgl. hierzu den Beitrag von H. U. Gumbrecht über ›Fiktion und Nichtfiktion‹.

weils die hierarchisch übergeordnete Texteinheit, die der untergeordneten Texteinheit erst ihre Funktion erteilt. So ist der Kontext für den einzelnen Buchstaben das Wort, der Kontext des Wortes ist der Satz, und zwar zunächst noch verstanden als eine syntaktische Einheit. Der Kontext des Satzes ist die in ihm artikulierte Bedeutungseinheit, und der Kontext dieser Bedeutungseinheit ergibt sich aus ihrem Ort in der übergreifenden Bedeutungseinheit des gesamten Textes selbst.

Fassen wir nunmehr zusammen, was das Ergebnis unserer bisherigen Überlegungen ist. Wir haben gesehen, daß der Text nicht nur eine Summe von Sätzen ist, auch nicht nur eine Summe von verknüpften Sätzen. Am Beispiel des kleinen Textes von Walser zeigte sich, daß im Gegenteil ein Text durchaus, zumindest teilweise, aus unverknüpften Sätzen bestehen kann. Der Text ist vielmehr eine hierarchisch gegliederte Einheit, die einen Bedeutungszusammenhang im Hinblick auf ein Textschema organisiert und letzten Endes auf eine Folge von einzelnen Buchstaben, Wörtern und Sätzen projiziert. Es zeigte sich, daß diese Struktur des Textes nicht nur der Struktur der Handlung vergleichbar ist, sondern daß Texte eine eigene Form von Handlung sind. Wir können jetzt einen Schritt weitergehen und uns die Frage stellen, aus welchen Momenten die Handlung des Textes besteht und wie diese Momente ineinandergreifen.

Jede Handlung, wie jede Sprach- bzw. Texthandlung, steht konkret in einer Situation. Erst durch diese Situationsbezogenheit erhält sie ihren je spezifischen Handlungssinn. Die Sprechsituation oder Textsituation ist zunächst einmal die Situation eines Sprechers, der mit Hilfe sprachlicher Artikulation diese Situation entweder verändern oder sichern will. Indem aber der Sprecher sich eines Textschemas bedient, ist er nicht mehr einfach ein isoliertes Subjekt, sondern er übernimmt eine Rolle, die mit dem Textschema selbst in Einklang stehen muß. So wie Handlungen immer etwas aussagen über die Handelnden und diese in ganz bestimmten, den Handlungen zugeordneten Rollen erscheinen lassen, so sind auch den Textschemata jeweils bestimmte Sprecherrollen zugeordnet, die in Sprechsituationen artikuliert werden. Das bedeutet zugleich, daß eine gegebene Handlungs- und Bedürfnissituation, die in sich selbst noch vieldeutig sein kann, da sie ja auf vielfältige Weise gelöst werden könnte, vereindeutigt werden muß im Hinblick auf die Handlungs- oder Textschemata, die für ihre Bewältigung zur Verfügung stehen. Halten wir also fest: Ein Text hat nicht nur seinen Ort in einer Sprechsituation, die einem Sprecher zugeordnet ist, sondern dieser Sprecher steht im Hinblick auf ein gegebenes Textschema immer schon unter ganz

bestimmten Anforderungen und Ansprüchen einer Sprecherrolle. Daß die Sprache nicht einfach, wie man lange geglaubt hat, vom Sprecher frei benutzt werden kann zur unmittelbaren Kundgabe seiner Kommunikationszwecke[7], sondern daß die jeweils gesellschaftlich anerkannten Textschemata die Kommunikationsbedürfnisse des einzelnen vorprägen und ihrerseits bestimmen, wird besonders deutlich beim Text im eigentlichen Sinne, daß heißt beim geschriebenen Text, der von einem konkreten Sprecher und einem konkreten Sprechakt abgelöst ist und gewissermaßen erst wieder in einen solchen Sprechakt zurückübersetzt werden muß. Bei solchen aus der konkreten Sprechsituation abgelösten Texten läßt sich dennoch immer eine implizite Sprechsituation voraussetzen, und zwar gerade deshalb, weil das Textschema nicht einfach von je verschiedenen und individuellen Sprechsituationen abhängig ist, sondern weil es seinerseits erst ganz bestimmte Sprechsituationen ermöglicht. Am Textschema selbst und der Weise seiner Konkretisation im einzelnen Text läßt sich die Sprechsituation rekonstruieren, auf die der Text zurückverweist, auch wenn er sich von einer gegebenen Sprechsituation abgelöst hat.
Die Sprechsituation oder, wie wir allgemeiner sagen, die Textsituation, die den Text selbst mit der Welt des Handelns verbindet, ist aber noch nicht dadurch ausreichend bestimmt, daß wir den Text zurückbeziehen auf seinen Urheber und dessen Sprecherrolle. Vielmehr ist sie ganz wesentlich abhängig von einer zweiten Instanz, auf die wir bisher noch nicht eingegangen sind, nämlich den Adressaten, an den der Text sich richtet. Und so wie der Sprecher, wenn er spricht, immer schon in einer Sprecherrolle steht, so ist auch der Adressat nicht einfach unmittelbar angesprochen, sondern vielmehr in einer spezifischen, durch den Text selbst und sein Schema bestimmten Adressatenrolle. Der Erfolg des Textes hängt ganz wesentlich davon ab, daß Sprecherrolle und Adressatenrolle durch den Text selbst in richtiger Weise miteinander vermittelt sind. Einen Text als der durch den Text Angesprochene verstehen heißt, den Text durch seine Rückbeziehung auf ein Textschema in Verbindung setzen zu einer Sprecherrolle und zugleich selbst die komplementäre Adressatenrolle zu übernehmen. Eine andere Form des Verstehens von Texten besteht dann darin, zu beiden Rollen eine Distanz zu gewinnen und sie in einer dritten Perspektive in ihrer Zuordnung zu überschauen. Ein solcher Standpunktwechsel setzt eine eigene Übung voraus. Besonders der kompetente Leser von Dichtung und Literatur muß

[7] Dies war insbesondere der Gesichtspunkt, unter dem F. de Saussure in seinem berühmten ›Cours de linguistique générale‹ (Grundfragen der allgemeinen Sprachwissenschaft) unterschied zwischen langue (Sprache) und parole (Rede).

aber zu einem solchen Standpunktwechsel fähig sein. Denn nur so ist die ästhetische Botschaft solcher Texte erfaßbar.

Dadurch, daß zum Text die Perspektive des Sprechers wie die des Adressaten wesentlich hinzugehört, unterscheidet sich die Einheit des Textes grundlegend von den elementaren Handlungen, die wir als unmittelbare Handlungen bezeichnet hatten. Texte sind in ausgezeichneter Weise mittelbare oder symbolische Handlungen, die nicht schon selbst das Beabsichtigte bewirken können, sondern auf die Anerkennung des sprachlichen Vertrages, wie man den Text nennen könnte, durch den Adressaten angewiesen sind. Jeder Text spielt also zwischen einem Ich und einem Du, ob diese beiden nun sprachlich bezeichnet sind oder nicht. Das bedeutet, daß man jeden Text in eine kanonische Form übersetzen kann, die lautet:

Ich sage Dir, daß ...

Man kann leicht das Experiment machen und einen scheinbar objektiven Text so umformen, daß jeder Satz des Textes beginnt mit der Formel »Ich sage Dir, daß ...«. Nehmen wir ein einfaches Beispiel: »Betreten verboten«. Wie anders erscheint der Inhalt dieses Satzes, wenn er jetzt heißt: »Ich sage Dir, daß das Betreten verboten ist«. Bei dieser Umformung des Textes, die erst seine kommunikative Situation freilegt, beginnt der Text in ganz neuer Weise zu sprechen. Jetzt läßt sich die Frage stellen, wer eigentlich die Instanz dieses Ich und dieses Du ist und in welchen Rollen sie durch das Schema des Textes einander zugeordnet sind.

Bisher sind wir einfach von der Tatsache ausgegangen, daß es Texte gibt und Textschemata, die die Einheit der Texte sichern. Wenn wir jetzt nach den konkreten Organisations- und Artikulationsformen der Texte, das heißt nach der Realisierung ihrer Einheit fragen, so müssen wir zunächst einmal hinter alle die festen Textformen zurückgehen, die uns als abgrenzbare Texteinheiten bekannt sind. Wir müssen nun einsetzen beim Ursprung der Textbildung, das heißt beim Gespräch. Gewöhnlich würden wir Bedenken haben, jede sprachliche Äußerung zwischen zwei oder mehreren Gesprächspartnern einer ganz gewöhnlichen Unterhaltung als Texte zu bezeichnen. Dennoch ist in solchen Äußerungen, die noch vor jeder Verfestigung zu Textformen zu liegen scheinen, der Ansatzpunkt zu finden auch noch für die komplizierteste und umfassendste sprachliche Organisation, die wir als Text bezeichnen. Nehmen wir als Textmodell das Gespräch oder die noch unverbindlichere Unterhaltung, so ist das, was uns hier als das bestimmende Merkmal auffällt, zunächst die sehr große Unbestimmtheit der Teiltexte, aus denen die Unterhaltung sich, gelegentlich in jähem Wechsel der Gesprächsrichtung, zusammensetzt. Gerade wegen ihrer Unbestimmtheit, die man textuelle Plastizität nennen könnte, ist es aber so einfach, jeden Teiltext aufzunehmen, an ihn einen anderen Teiltext anzubinden, ohne daß dabei die Einheit des Gesprächs oder der Unterhaltung selbst beeinträchtigt würde. Die Textqualität verändert sich jedoch schlagartig da, wo der Text eine feste Form gewinnt und damit zugleich einen festen institutionellen Ort. In gewisser Weise ist der Text nicht einfach eine Fortentwicklung des Gesprächs, der ungebundenen Kommunikation, sondern sein Gegenteil. Damit ein Textschema sich stabilisiert, bedarf es der gesellschaftlichen Institutionen, innerhalb deren dies möglich wird. Ja man könnte so weit gehen, den Satz aufzustellen, daß, je länger der Text ist, und das heißt, je komplexer das System seiner Organisation ist, er desto mehr der institutionellen Sicherung bedarf. Dies wird ganz unmittelbar anschaulich beim Redetext. Während das Gespräch immer die Chance des Eingreifens aller am Gespräch Beteiligten enthält, setzt die Rede oder, wie wir noch allgemeiner sagen wollen, der Diskurs eine Situation voraus, in der die Rollen von Sprecher und Adressaten stabilisiert sind. Zu dieser Stabilisierung gehört einerseits der feste Rahmen einer durch eine Institution gesicherten Situation und andererseits nicht zuletzt die vorhersehbare Länge des Diskurses, das heißt des Zeitraums, in dem die Relation von Sprecher und Zuhörer bzw. Zuhörenden eindeutig festgelegt ist.

Man kann sich dies an einfachen Beispielen klarmachen, etwa an einer Predigt, einer Vorlesung, einem Vortrag oder dem Plädoyer eines Anklägers oder Verteidigers. Immer wird man sehen, daß die Stabilität bestimmter Textformen abhängig ist von der Stabilität bestimmter institutionell gesicherter Situationen. Ein interessanter Grenzfall ist übrigens in diesem Zusammenhang die Radioübertragung zum Beispiel eines Gottesdienstes oder einer Festansprache. Während der wirkliche Teilnehmer an einer solchen Veranstaltung sich über das von ihm erwartete Verhalten nicht im Unklaren befindet, ergibt sich beim Zuhörer am Radio eine Zweideutigkeit: Soll er sich mit der ursprünglich angesprochenen Gemeinde, dem ursprünglich angesprochenen Publikum identifizieren und sich, obwohl von ihm durch eine eigene Adressatensituation getrennt, so verhalten, als sei er Teil des ursprünglichen Publikums? Die Situationsunsicherheit des Hörers, der nur in vermittelter Weise an einem ursprünglichen Publikum teilhat, ist ein interessantes Phänomen. Es entsteht nur bei dieser Differenz. Die feste Institution der Rundfunkpredigt ist dagegen wieder ein eindeutiger, problemloser Kommunikationskontext.

Wenn man im Dialog, im ungenormten Gespräch, den Ursprung

der Textbildung sehen kann, so setzen doch gerade diejenigen Texte, die wir als Texte im eigentlichen Sinne vor Augen haben, die Entfernung von dieser Ursprungssituation voraus. Dieser Differenz kann ein Kommunikationsmodell, das nur auf die Verständlichkeit des Ausgesagten, nicht aber auf dessen Texthaftigkeit ausgerichtet ist, nicht Rechnung tragen. Der Text ist nicht nur Kommunikation, sondern als eine Form des sprachlichen Handelns eine stabilisierte Kommunikation, die unter besonderen institutionell gesicherten Bedingungen steht. Im eigentlichen Sinne haben wir es mit Texten also erst da zu tun, wo ein Schema gegen die Beliebigkeit einer noch völlig offenen Sprachverwendung, wie in der ungenormten Kommunikation der Unterhaltung, absichert. Der Text setzt das Durchhalten eines einheitlichen Gesichtspunktes und im Hinblick auf diesen die Bezogenheit eines Anfangs auf ein Ende voraus. Der Text ist erst geschlossen, wenn der ›Eröffnungsklausel‹ des Textes eine ›Schlußklausel‹ antwortet, die den noch offenen Text sättigt.

Wenn Texte auf Textschemata bezogen sind, so stellt sich die Frage, ob eine Systematik dieser Schemata möglich ist oder ob wir mit einer unübersehbaren Vielfalt vom Textschemata rechnen müssen. Bevor wir aber dieser Frage nachgehen, wollen wir zunächst grundsätzlich unterscheiden zwischen Sprachhandlungen, die notwendig an die Form des Satzes gebunden sind und sich jeweils in einem Satz erfüllen und solchen Sprachhandlungen, die satzübergreifend sind oder doch sein können. Die erste Gruppe, die man als Ein-Satz-Sprachhandlungen bezeichnen kann, sind zwar Sprachhandlungen im vollen Sinne, aber noch keine Texte. Betrachten wir dazu einige Beispiele. Eine der wichtigsten Ein-Satz-Sprachhandlungen ist die Frage. Also etwa: »Was heißt und zu welchem Ende studiert man Universalgeschichte?« Diese Frage ist niedergelegt in einem einzigen Satz. Dagegen ist ihrer Beantwortung bei Friedrich Schiller eine ganze Abhandlung gewidmet. In einem Satz verwirklicht sich auch der Befehl: »Du sollst nicht töten.« Eine eigene Gruppe von Ein-Satz-Sprachhandlungen sind jene, bei denen der Handlungscharakter der Sprachhandlung aus dem Verb hervorgeht, das die Sprachhandlung selbst bezeichnet. So etwa bei dem Verb ›erklären‹: »Ich erkläre Sie hiermit für verhaftet.« Oder bei ›einladen‹: »Ich lade Sie ein, morgen mittag mit mir essen zu gehen.« Oder bei ›verbieten‹: »Ich verbiete Ihnen, weiterhin mein Haus zu betreten.« Es gibt noch viele Verben dieser Art, die die Sprachhandlung selbst schon bezeichnen, die der Satz vollzieht. Der englische Sprachphilosoph Austin hat in seinem Werk *How to Do Things with Words* die Verben der englischen Sprache, die in dieser Weise funktionieren, systematisch zu erfassen und in einzelne Klassen einzuteilen versucht.[8]

Den Ein-Satz-Sprachhandlungen, bei denen entweder das Verb schon die Sprachhandlung selbst benennt oder diese durch andere sprachliche Mittel ausgedrückt wird, stehen die satzübergreifenden Sprachhandlungen entgegen, deren Organisation nicht mehr ohne weiteres auf der sprachlichen Ebene beschreibbar ist. Es sind gerade die Schemata dieser satzübergreifenden Sprachhandlungen, das heißt der Texte, die für die Frage nach den Formen der Literatur besonders wichtig sind. Um diesen Bereich aber systematisch erfassen zu können, müssen wir zunächst eine neue Unterscheidung einführen. Wir wollen, einem Sprachgebrauch des Philosophen Wittgenstein folgend, unterscheiden zwischen Sachlage und Sachverhalt[9] und daran anschließend zwischen der Bezogenheit einer Sachlage auf einen vorausgesetzten Sachverhalt und der Bezogenheit von Sachlage und Sachverhalt auf eine gegebene Sprechsituation. Die Unterscheidung von Sachlage und Sachverhalt ist für eine Abgrenzung der einzelnen Textarten und mit ihnen der einzelnen Formen von Sprachhandlungen von grundsätzlicher Bedeutung. Wir verstehen unter Sachlage das sprachliche, syntaktisch und semantisch organisierte Schema eines denkbaren Wirklichkeitszusammenhangs. Unter Sachverhalt dagegen verstehen wir diesen Wirklichkeitszusammenhang selbst. Die Möglichkeiten der Zuordnung einer Sachlage zu einem Sachverhalt, bezogen auf eine vorausgesetzte Sprechsituation, ergeben ein relativ begrenztes Repertoir möglicher elementarer Textschemata als Sprachhandlungsschemata.

Betrachten wir noch einmal die Frage. Hier gibt es zwei Möglichkeiten: Im einen Fall wird als Möglichkeit angenommen, daß eine Sachlage einen Sachverhalt abbildet und der Adressat der Sprechsituation wird aufgefordert, aufgrund seines Wissens darüber Auskunft zu geben, ob der Möglichkeit eine Wirklichkeit entspricht. Dies ist die sogenannte Satzfrage. Also zum Beispiel: »Haben Sie die Bücher mitgebracht?« Eine solche Frage wird mit ja oder nein beantwortet. Aus der Kompetenz des Angesprochenen wird damit über Zuordnung oder Nichtzuordnung einer Sachlage zu einem möglichen Sachverhalt entschieden. Frage ich dagegen: »Wer war am Telefon?«, so setze ich dabei voraus, daß

[8] J. L. Austin: *How to Do Things with Words* (Zur Theorie der Sprechakte). Deutsche Bearbeitung v. E. v. Savigny. Stuttgart 1972.

[9] Wittgenstein verwendet diese Unterscheidung in seinem Tractatus logico-philosophicus. Über die literaturwissenschaftliche Anwendbarkeit dieser Unterscheidung vgl. Verf.: ›Der Gebrauch der Negation in fiktionalen Texten‹. In: *Text als Handlung*. bes. S. 99 f.

1. eine sprachlich geäußerte Sachlage einem Sachverhalt entspricht und 2., daß die Sachlage unvollständig ist, daß sie eine Leerstelle enthält, von der ich 3. erwarte, daß sie durch den in der Sprechsituation Angesprochenen besetzt werden kann. Dieser Fragetyp ist die sogenannte Wortfrage. In anderer Weise sind Sachlage und Sachverhalt einander beim Befehl zugeordnet: »Legen Sie die Bücher auf meinen Schreibtisch!« Dieser Befehl enthält eine Sachlage, von der erwartet wird, daß sie durch den Angesprochenen in einen Sachverhalt überführt wird. Das Gebot ist die allgemeine Form des Befehls. Sie regelt ein Verhalten, das heißt sie bestimmt den Übergang einer Sachlage in einen Sachverhalt nicht nur im einzelnen Fall, sondern, zumindest der Absicht nach, in einer Klasse von Fällen. Also zum Beispiel: »Du sollst Deinen Nächsten lieben wie Dich selbst.« Das Verbot hingegen verhindert oder sucht zu verhindern, daß entweder in einem einzelnen Fall oder in einer Klasse von Fällen eine mögliche Sachlage Sachverhalt wird. Also zum Beispiel: »Ich verbiete Dir, ohne mein Wissen das Auto zu benutzen.« Oder: »Betreten des Rasens verboten.«

Es gibt eine große, aber dennoch überschaubare Vielzahl von möglichen Zuordnungen einer Sachlage zu einem Sachverhalt, bezogen auf eine Sprechsituation. Jede dieser Zuordnungen bedingt letzten Endes eine eigene Möglichkeit eines minimalen oder übergreifenden Textschemas. Unsere bisherigen Beispiele waren bezogen auf minimale Textschemata. Wir wollen uns jetzt solchen Textschemata zuwenden, die nicht nur bestimmt sind durch eine je verschiedene elementare Zuordnung einer Sachlage zu einem Sachverhalt, sondern durch eine komplexe, im Normalfall die Einheit des Satzes übergreifende Organisation der Sachlage selbst.

Die einfachste Form der Organisation von Konzepten zu einem übergreifenden Zusammenhang ist die Beschreibung. Historisch gesehen hat die Beschreibung erst spät als ein eigenes Textschema Bedeutung gewonnen. Vor dem 18. Jahrhundert erscheint die Beschreibung zumeist als Teiltext im Rahmen von übergreifenden Texten. Was die Beschreibung wesentlich bestimmt, ist die Gleichzeitigkeit, das heißt das Nebeneinanderstehen der Elemente, auf die sie sich bezieht. Wenn aber der Gegenstand des Textes, seine Sachlage, die einen Sachverhalt abbildet, unter dem Gesetz der Gleichzeitigkeit steht, so stellt sich für die Organisation des Textes die Aufgabe, diese Gleichzeitigkeit in eine Abfolge von Sätzen, das heißt in ein zeitliches Nacheinander zu übersetzen. Da das Beschriebene selbst keine Anhaltspunkte gibt für die Organisation der Beschreibung in ihrem Nacheinander, ist es Sache des

Beschreibenden, ein Abfolgeschema zu erfinden, das das Ganze einleuchtend organisiert. Als Beispiel der Beschreibung wählen wir ein Stück aus Goethes *Italienische Reise*, die Beschreibung des Tempels von Segesta.

Die Lage des Tempels ist sonderbar: am höchsten Ende eines weiten, langen Tales, auf einem isolierten Hügel, aber doch noch von Klippen umgeben, sieht er über viel Land in eine weite Ferne, aber nur ein Eckchen Meer. Die Gegend ruht in trauriger Fruchtbarkeit, alles bebaut und fast nirgends eine Wohnung. Auf blühenden Disteln schwärmten unzählige Schmetterlinge. Wilder Fenchel stand acht bis neun Fuß hoch verdorret von vorigem Jahr her so reichlich und in scheinbarer Ordnung, daß man es für die Anlage einer Baumschule hätte halten können. Der Wind sauste in den Säulen wie in einem Walde, und Raubvögel schwebten schreiend über dem Gebälke[10].

Jeder Satz dieser Beschreibung zeigt Landschaft und Tempel unter einer anderen Hinsicht. Aus dieser Vielfalt aber ergibt sich kein buntes Durcheinander, sondern der Eindruck eines aus vielfältigen Perspektiven sich aufbauenden dynamischen Ganzen.

Unter allen Textschemata ist das der erzählenden oder, wie wir allgemeiner sagen wollen, das der narrativen Texte das komplexeste und in seinen Erscheinungsformen und Funktionen das vielgestaltigste. Das narrative Schema übergreift das deskriptive, indem es auf einzelne Zeitmomente bezogene Sachlagen unter dem übergreifenden Gesichtspunkt der Abfolge und des zeitlichen Zusammenhangs organisiert. Unter dem Gesichtspunkt einer Verlaufseinheit faßt das narrative Schema einen Zusammenhang aufeinander bezogener vergangener Zeitmomente zusammen. Die Sachlage, die der narrative Text erstellt, ist bezogen auf einen Sachverhalt als einen Geschehenszusammenhang, der so überhaupt erst seine Artikulation und damit erst eigentlich einen Sinn erhält.

Das narrative Schema ist in allen uns bekannten Kulturen das wichtigste Instrument für die Organisation von Wissen und Erfahrung. Es ermöglicht es ebenso, ein mythisches Weltsystem aufzubauen wie einen historischen Horizont für die Orientierung des Selbstverständnisses zu eröffnen. Das narrative Schema ist aber nicht nur ein Schema von hoher organisierender Leistung im Bereich der unmittelbaren Lebenszusammenhänge. Es ist zugleich von allen elementaren Textschemata das fruchtbarste, was seine Benutzung für die Zwecke der fiktionalen, das heißt der poetisch imaginativen Verwendung betrifft.

10 J. W. v. Goethe: *Italienische Reise. Goethes Werke. Hamburger Ausgabe.* Hamburg [5]1961, Bd. XI, S. 270.

Beschreibung und Erzählung sind ihrem Wesen nach auf einzelnes bezogen. Ein drittes Textschema, das im Verlauf der Geschichte zu immer größerer Bedeutung gekommen ist, ist das der systematischen Texte. Systematische Texte befassen sich nicht mit der je einmaligen Zuordnung einer Sachlage auf einen Sachverhalt, sei dieser als ein Nacheinander oder ein Nebeneinander organisiert, sondern mit der Beschreibung von Klassen von Sachlagen, das heißt mit Aussagen, die in einem bestimmten Gegenstandsbereich allgemeingültig sind. Systematische Texte dienen nicht nur der Formulierung allgemeingültiger Aussagen über bestimmte Gegenstandsbereiche, sondern zugleich der Vereindeutigung der Begriffe, die zur sprachlichen Erfassung von Wirklichkeit und Erfahrung verwendet werden. In systematischen Texten werden die Voraussetzungszusammenhänge geklärt, die ins Spiel kommen, wenn Wirklichkeit sprachlich erfaßt wird. Ein systematischer Text in diesem Sinne ist etwa Kants *Kritik der reinen Vernunft* oder Max Webers *Wirtschaft und Gesellschaft.* Aus diesem Werk nehmen wir ein kurzes Beispiel:

Die Soziologie bildet – wie schon mehrfach als selbstverständlich vorausgesetzt – *Typen*-Begriffe und sucht *generelle* Regeln des Geschehens. Im Gegensatz zur Geschichte, welche die kausale Analyse und Zurechnung *individueller*, *kultur*wichtiger, Handlungen, Gebilde, Persönlichkeiten erstrebt. Die Begriffsbildung der Soziologie entnimmt ihr *Material*, als Paradigmata, sehr wesentlich, wenn auch keineswegs ausschließlich, den auch unter den Gesichtspunkten der Geschichte relevanten Realitäten des Handelns.[11]

Systematische Texte lassen sich dadurch perspektivieren, daß sie problematisiert und zurückbezogen werden auf das systematisierende Subjekt. Was so entsteht, ist das Schema der Reflexion, für das die Essais von Montaigne ein berühmtes Beispiel sind. Zur Illustration nehmen wir ein kleines Beispiel aus dem 12. Kapitel des zweiten Buchs der Essais:

Diejenigen, welche unser Leben mit einem Traum verglichen, hatten vielleicht mehr recht als sie dachten. Wenn wir träumen, lebt und handelt unsere Seele und übt ihre Fertigkeiten nicht mehr und nicht minder als wenn sie wacht: Aber schwächer und dunkler und nicht so gewiß, so daß der Unterschied ist wie zwischen der Nacht und dem hellen Tage, ja wie zwischen der Nacht und dem Schatten. Dort schläft sie; hier schlummert sie mehr oder weniger; immer ist es Dunkelheit, kimmerische Dunkelheit. Wir wachen schlafend und schlafen wa-

[11] M. Weber: *Wirtschaft und Gesellschaft. Studienausgabe.* Hrsg. von J. Winckelmann, 1. Halbband. Berlin 1964, S. 14.

chend. Ich sehe im Schlafe nicht so deutlich; was aber das Wachen anbetrifft, so finde ich solches niemals ganz rein und ohne Wolken.[12]

Doch auch nach der Seite des Textadressaten kann die Sachbezogenheit des systematischen Textes perspektiviert werden: Dies ist der Fall bei argumentativen Texten, die mit dem Widerstand eines Adressaten rechnen, der erst noch überzeugt werden muß. In einem gewissen Maße ist fast jeder systematische Text nicht nur feststellend, sondern zugleich auch argumentierend. Doch gibt es Formen, wie etwa in den platonischen Dialogen oder in Pascals *Verteidigung des christlichen Glaubens*, in denen das argumentative über das systematische Moment dominiert.

Deskriptives, narratives und systematisches Textschema kann man als die drei wesentlichsten Schemata zur Textbildung auffassen. Daneben aber gibt es eine Vielfalt von anderen. Unter diesen verdient noch besondere Erwähnung ein Textschema, das man als das der projektiven Texte bezeichnen kann. In diesem wird eine Sachlage entworfen, die erst Sachverhalt werden soll. Hierher gehören Befehl, Wunsch, Versprechen usw., aber auch der Plan, der einen ganzen Zusammenhang von Veränderungen in einem bestimmten Gegenstandsbereich organisiert. Projektive Texte können entweder positiv gerichtet sein auf Veränderung im Bereich des Wirklichen oder aber negativ auf deren Verhinderung.

Die bisher erörterten Textschemata, die sich jeweils bestimmten durch ein spezifisches Verhältnis von Sachlage und Sachverhalt bezogen auf eine Sprechsituation, kommen als solche faktisch gar nicht vor. Vielmehr ist die Einheit des Textes, die sich herstellt durch das Durchhalten eines leitenden Gesichtspunkts, der die drei Momente überspannt, immer bezogen auf ein historisch ausdifferenziertes und institutionell gesichertes System von Sprachhandlungen. Die elementaren Textschemata, die sich abstrakt konstruieren lassen, sind nur die Voraussetzung für je verschiedene Textschemata, die in einem historischen Textuniversum einander zugeordnet sind.

Es wäre für unseren Zusammenhang nicht nötig gewesen, auf die Probleme der Textbildung so genau einzugehen, wenn nicht die pragmatischen, konkreten Handlungszwecken dienenden Textschemata zugleich fiktionalisiert werden könnten. Die Möglichkeit der Fiktionalisierung von pragmatischen Textschemata schafft dem Bereich der Literatur im engeren Sinne eine Grundlage. Es ist für das Verständnis von Dichtung und Literatur wesent-

12 M. E. de Montaigne: *Essays*, II. Buch, 12. Kap. in: *Gesammelte Schriften*. Hrsg. von O. Flake u. W. Weigand. München und Leipzig 1910, Bd. 4, S. 73.

lich zu erkennen, in wie hohem Maße die literarischen Formen zurückbezogen sind auf die pragmatischen Formen der Textbildung. Veränderungen im Bereich der Dichtung und Literatur sind zumeist nicht ohne Zusammenhang mit wesentlichen Veränderungen im System der pragmatischen Textschemata, die als die Sprachhandlungsschemata im eigentlichen Sinne aufgefaßt werden können.

Wenn also die literarischen Formen von den pragmatischen Formen wesentlich bestimmt werden, so werden doch andererseits im Bereich der literarischen Formen Möglichkeiten der Textbildung gefunden und ausgeschöpft, die im pragmatischen Bereich noch keine Verwendung gefunden haben oder vielleicht auch nie Verwendung finden werden. Es gibt im literarischen Bereich eine Komplexität der Textbildung, die erst eigentlich sichtbar machen kann, welche Möglichkeiten der Sinnkonstitution die Verwendung von Sprache für die Bildung von Texten enthält. So kann gerade die Literatur über die pragmatischen Realisierungen hinaus sichtbar machen, was sich an unausgeschöpften Möglichkeiten, ausgehend von der pragmatischen Textbildung, gewinnen läßt.

7. Hans Ulrich Gumbrecht

Fiktion und Nichtfiktion

Was ist ein Text? Mit diesem Problem haben wir uns in der letzten Lektion beschäftigt und damit die Frage aufgeworfen, von der dieser gesamte dritte Block handelt. Wir haben im letzten Kapitel darzulegen versucht, daß die Einheit eines Textes als Einheit einer Sprachhandlung verstanden werden kann und haben dann eine Reihe von Sprachhandlungsschemata unterschieden. In der heutigen Kollegstunde greifen wir etwas auf, was bereits in der letzten Lektion – wenn auch nur kurz – erwähnt worden ist, die Unterscheidung zwischen fiktionalen und nicht-fiktionalen Texten.

B: Vielleicht verbirgt sich diesmal dahinter nur die alte, problematisch gewordene Unterscheidung zwischen poetischen und nichtpoetischen Texten.
A: Ja, denken Sie an das Beispiel der Fußballaufstellung im Lyrikbund. Das können wir in diesem Zusammenhang sogar ganz gut wieder aufgreifen.
B: Wenn ich mich recht erinnere, kann man diesen Text als nicht-poetischen *und* als poetischen ansehen, je nach dem Lektürezusammenhang: in der Sportzeitung als nicht-poetischen und bei Handke als poetischen.
A: Richtig. Damit ist schon ein erster Hinweis für unsere Unterscheidung zwischen fiktionalen und nicht-fiktionalen Texten gefunden. In unserer Theorie der Texte sollen wir nämlich vor allem auf die Situation achten, für die bestimmte Texte geschrieben und in der sie aufgenommen werden.
Gehen wir doch, um der Unterscheidung von diesem Ansatz aus auf den Leib zu rücken, von einem Sachverhalt aus, wie wir ihn alle aus eigener Erfahrung oder aus Gesprächen kennen:
C: Herr Roß will sein Auto in die Garage stellen, und seine Verwandte Johanna Comperz winkt ihn dabei ein. Leider versteht der Fahrer ihre temperamentvollen, aber wenig deutlichen Zeichen nicht, und da er obendrein am Steuer etwas unsicher ist, ramponiert er den Kotflügel seines Autos am Garageneingang ziemlich erheblich.
A: Man kann sich leicht vorstellen, daß es Herrn Roß peinlich wäre, vor seinen Arbeitskollegen oder Freunden zu erzählen wie er sein Auto beschädigt hat. Es wäre deshalb kaum überraschend, wenn er von dem beschriebenen Sachverhalt eine etwas andere Darstellung, etwa die folgende gäbe:

C: »Meine 70jährige Tante hat erst vor wenigen Monaten ihren Führerschein gemacht. Neulich hat sie uns nun besucht, und nach dem Kaffee wollte sie nach Hause fahren, ich zum Fußball. Wir hatten beide unsere Autos vor der Garage geparkt. Gerade als ich losfahren will, bewegt sich auch der Fiat meiner Tante, anscheinend muß sie mit ihren Schuhen auf der Kupplung abgerutscht sein. Ihr Wagen macht jedenfalls einen Satz – und mein Kotflügel war im Eimer ...«

A: So eine Geschichte erzählt man als Autofahrer nicht nur, um sich selbst zu entschuldigen. Man kann sie auch so aufbauen, daß die Zuhörer über die Ungeschicklichkeit der 70jährigen Tante und jungen Führerscheinbesitzerin lachen. Unter ihr Lachen könnten sich dann Kommentare mischen wie: »Frauen am Steuer – das ist immer gefährlich«, »Wenn sie erst 70 ist, dann hat sie ja noch viel Zeit zu lernen ...«. Sicher haben Sie auch schon ähnliche Situationen erlebt, und sicher haben Sie auch Ihre Frauen oder einen anderen Eingeweihten dann für einen Spielverderber gehalten, wenn er gesagt hat: »Erzähl' doch keine Märchen! Du hast den Wagen selber an die Garagentür gefahren, und jetzt machst Du noch die arme Tante Johanna schlecht, die Dir doch nur helfen wollte.« Die Zuhörer unterdrücken in einer solchen Situation peinlich berührt ihr Lachen; man versucht die Situation zu retten und sagt, dieser Einwand sei völlig aus der Luft gegriffen. Wenn aber der Spielverderber nun weiter bohrt und fragt, ob es denn Lackspuren vom Fiat der Tante am Auto von Herrn Roß gegeben habe, dann sucht man rasch nach einem neuen Gesprächsthema.

Und nun stellen Sie sich vor, Sie wollten diese erfundene Geschichte wie sie ist dem Vertreter der Kraftfahrzeugversicherung Ihrer Tante vortragen. Würden Sie sich da nicht vorher mit Ihrer Tante absprechen?

B: Natürlich. Sonst ergeben sich doch vielleicht Unstimmigkeiten. Der Versicherungsvertreter könnte einen ja auch auffordern, Beweise für den geschilderten Unfallhergang beizubringen ...

A: Ja, und wenn das nicht gelänge, dann könnte derjenige, der den Sachverhalt verändert, am Ende statt einer Vergütung der Reparatur einen Einschreibebrief mit dem folgenden Schlußsatz erhalten:

C: »Wir sehen uns gezwungen anzunehmen, daß Sie uns wissentlich falsche Angaben über den Unfallhergang gemacht haben. Diese Ihre vermutliche Absicht erfüllt den Tatbestand des versuchten Versicherungsbetrugs. In den nächsten Tagen wird Ihnen ein Schreiben unseres Rechtsanwalts zugehen.«

B: Nun ja, mulmig ist einem natürlich schon zumute, wenn man einer offiziellen Person so etwas aufbindet ...

A: Und warum? Weil wir es offenbar als ganz unpassend empfinden, dem Versicherungsvertreter in dieser Gesprächssituation einen erfundenen, wir können auch sagen: einen fiktionalen Text zu erzählen. Wenn die Wahrheit herauskommt, haben wir die Konsequenzen zu tragen.

Wenn wir nun aus den beiden Beispielen Einsichten über den grundlegenden Unterschied zwischen *fiktionalen und nichtfiktionalen Kommunikationssituationen* gewinnen wollen, dann müssen wir zuerst sehen, welches *Rollenverhältnis* der nicht-fiktionalen Kommunikationssituation im Büro des Versicherungsvertreters zugrunde liegt.

Sie kennen alle die *Verpflichtungen,* die dem Versicherungsvertreter und dem angeblich Geschädigten aus einem solchen Gespräch erwachsen. Der Versicherungsvertreter muß zunächst prüfen, ob der Fall so, wie er ihm geschildert wurde, zu jenen Unfallhergängen gehört, für die seine Versicherung sich zum Schadenersatz verpflichtet hat. Erst wenn er zu dem Schluß kommt, daß seine Versicherung hier wirklich zahlungspflichtig ist, muß er seine Versicherung veranlassen, dem Geschädigten einen Betrag zur Behebung seines Schadens zu überweisen. Aber natürlich hat die Versicherung ihrer Verpflichtung gegenüber dem Versicherten und dem Geschädigten nur dann nachzukommen, wenn auch diese im Gespräch ihre Verpflichtungen gegenüber der Versicherung erfüllen. Das heißt: die von ihnen dargestellte *Sachlage* sollte den anderwärts nachgeprüften realen *Sachverhalt* des Unfallherganges möglichst genau abbilden.

Das Beispiel kann uns also zeigen, was wir bei der alltäglichen Kommunikation ganz von selbst beherrschen: *in pragmatischen Kommunikationssituationen, also in solchen Begegnungen und Gesprächen, die praktischen Zwecken dienen, sind die Rollen der Gesprächspartmer in wechselseitigen Verpflichtungen, damit auch in wechselseitigen Handlungserwartungen klar festgelegt* und es gibt sogar Gesetze, die denjenigen Gesprächspartnern Strafe androhen, die eine Rolle in einer pragmatischen Kommunikationssituation übernehmen, ohne sich an die von ihr vorgegebenen Verpflichtungen zu halten.

B: Da könnte es am Ende Herrn Roß sogar teuer zu stehen kommen, wenn er seine Stammtischgeschichte unverändert dem Versicherungsvertreter erzählte?

A: Ja gewiß: ein Versicherter, der vor dem Versicherungsvertreter eine Sachlage entwickelt, die nicht dem feststellbaren Sachverhalt entspricht, erhält nicht nur keine Schadensvergütung, sondern macht sich unter Umständen auch des Betrugs schuldig. Umge-

kehrt muß eine Versicherung, die keine Entschädigung auszahlt, obwohl der Sachverhalt des Unfallherganges den vertraglich festgelegten Bedingungen entspricht, mit strafrechtlicher Verfolgung rechnen. Wenn Herr Roß seine Stammtischgeschichte in der *unpassenden Situation* des Gesprächs mit dem Versicherungsvertreter wiederholt, würde er also die Rolle, die ein Gespräch mit einem Versicherungsvertreter ihm auferlegt, nicht erfüllen, und für einen solchen Fall sind gesellschaftliche Sanktionen vorgesehen. Sanktionen sind Strafmaßnahmen, die für einen solchen Fall gesetzlich verordnet sind. Dasselbe gilt natürlich für das Verhalten der Versicherung. – Pragmatische Kommunikationssituationen sind demnach unter anderem durch Sanktionen gekennzeichnet, die immer dann eintreten, wenn die Verpflichtungen, die sie den Redepartnern auferlegen, nicht erfüllt werden.
B: Ich glaube, mir ist jetzt klar, weshalb wir das Versicherungsgespräch überhaupt den pragmatischen Kommunikationssituationen zuordnen: weil der Geschädigte hier verpflichtet ist, nach bestem Wissen und Gewissen zu sagen, wie es wirklich war ...
A: Oder, abstrakter formuliert: weil in pragmatischen Kommunikationssituationen eine genaue Übereinstimmung zwischen der beschriebenen Sachlage und dem zugrundeliegenden Sachverhalt bestehen soll.
Man könnte allerdings hier etwas einwenden. Wäre dies nämlich die allgemeine Regel, dann könnten Befehle *nicht* zu den pragmatischen Sprachhandlungen gehören, ebenso wenig Prospekte, mit denen Reiseveranstalter im Frühjahr für Sommer-Flugreisen werben. Denn im Befehl wie im Reiseprospekt werden Sachlagen dargestellt, denen noch keine Sachverhalte in der Wirklichkeit entsprechen. Wir sehen also, daß die Verpflichtung zur Übereinstimmung von beschriebener Sachlage und realem Sachverhalt keineswegs von allen Texten eingelöst wird, die wir spontan zu den pragmatischen Texten rechnen.
B: Gibt es aber nicht auch etwas, was allen pragmatischen Texten gemeinsam ist?
A: Ja, das ist der *Anspruch* ihrer Sprecher oder Autoren an die Hörer oder Leser, die in diesen Texten entwickelten Sachlagen in Handlungsdispositionen umzusetzen oder in konkreten Handlungen abzuarbeiten. Schlicht gesagt: wer einen pragmatischen Text mitteilt, will etwas Bestimmtes von dem Angeredeten oder will wenigstens etwas bei dem Angeredeten bewirken. Insofern können sogar politische Nachrichten oder auch philosophische Texte zu den pragmatischen gerechnet werden. Dazu gehört umgekehrt, daß Autor oder Sprecher gewisse Voraussetzungen erfüllen müssen, wenn sie ernst genommen werden wollen.

B: Wie ist es nun bei den Befehlen oder bei den Reiseprospekten? Beide haben uns vorhin doch Schwierigkeiten gemacht.
A: Ja, der Befehl wird mit dem Ziel formuliert, daß die in ihm entwickelte Sachlage durch den Befehlsempfänger in einen tatsächlichen Sachverhalt überführt wird: dies ist der Anspruch des befehlenden Sprechers. Aber sein Ziel hat nur dann Aussicht, verwirklicht zu werden, wenn er *tatsächlich* Befehlsgewalt über den Angesprochenen hat, und wenn die dargestellte Sachlage eine in der Wirklichkeit *mögliche* Situation bezeichnet. Dies sind die Ansprüche des Hörers.
Der Reiseprospekt wird mit dem Ziel verfaßt, Adressaten zum Kauf von Billets für einen Flug zu bewegen, der noch nicht verwirklicht ist; aber seine Empfänger werden ein Flugbillet nur kaufen, wenn sie überzeugt sind, daß das Reisebüro *tatsächlich* sichere Verträge mit einer Luftlinie abgeschlossen hat.
Für alle pragmatischen Kommunikationssituationen gilt also, daß wechselseitige Ansprüche und Verpflichtungen zwischen den Kommunikationspartnern bestehen und daß sie unter Umständen sogar durch Sanktionen erzwungen werden können.
B: Und solche Ansprüche und Verpflichtungen, geschweige denn Sanktionen, bestehen natürlich nicht, wenn Herr Roß seine erfundene Geschichte im Kreis seiner Arbeitskollegen erzählt ...
A: Nicht so schnell. Versuchen wir doch erst einmal zu klären, weshalb wir einen Gesprächsteilnehmer für einen Spielverderber halten, der in dieser Runde auf der Übereinstimmung von dargestellter Sachlage und realem Sachverhalt besteht.
B: Ich glaube, wir halten sein Eingreifen deshalb für unpassend, weil er dem realen *Sachverhalt* eine Wichtigkeit gibt, die ihm in der Gesprächsrunde mit den Arbeitskollegen gar nicht zukommt.
A: Es geht sogar noch weiter. Der Spielverderber verhält sich so, als ob die erfundene Geschichte einen ähnlichen Einfluß auf ein zukünftiges Verhalten der Zuhörer haben könnte wie ein pragmatischer Text. Nun werden aber die Zuhörer von Herrn Roß, z. B. seine Arbeitskollegen, aller Wahrscheinlichkeit nach nie die Gelegenheit haben, seine Tante kennenzulernen, oder sich gar von ihr in eine Garage einwinken zu lassen. Eben deshalb kann die von Herrn Roß erzählte Geschichte nicht etwa als eine *Warnung* vor seiner Tante oder als Miesmacherei wirksam werden. Als Zuhörer in einer solchen Situation wird man die erzählte Geschichte gar nicht so ernst nehmen. Man käme nie auf den Gedanken, den Erzähler, wie etwa ein Versicherungsvertreter oder ein Polizeiagent in einer anderen Situation es tun würden, aufzufordern, die Übereinstimmung der artikulierten Sachlage mit einem realen Sachverhalt nachzuweisen. Weil es dafür eben keinen Anlaß gibt,

hält man einen Zuhörer, der auf Beweisen besteht, für einen Spielverderber, man vermutet, daß ihn zu solchen Fragen Aggressionen gegen den Sprecher bewegen.

B: Soll man aus der Auswertung dieses Beispiels nun den Schluß ziehen, daß in solchen fiktionalen Kommunikationssituationen gar keine wechselseitigen Handlungserwartungen zwischen Autor und Sprecher auf der einen Seite und Lesern oder Hörern auf der anderen Seite bestehen?

A: Wenn Sie etwa als Gastgeber Ihren Gästen Witze oder erfundene Geschichten erzählen, dann hoffen Sie, Ihre Zuhörer zu unterhalten, und Ihre Gäste nehmen selbstverständlich an, daß Sie eben diese Absicht haben. Die Autoren fiktionaler Texte haben sogar oft das Ziel, *weit langfristiger* auf ihre Leser einzuwirken. Aber weder Sie als Gastgeber noch literarische Autoren haben einen *Anspruch* auf die Erfüllung dieser Erwartungen. Ein Gastgeber kann *nicht durch Sanktionen* erzwingen, daß seine Gäste lachen und natürlich haben auch umgekehrt die Gäste keine Handhabe, den Gastgeber zum Erzählen von Witzen zu bewegen. Genau auf dieses Fehlen von Sanktionen in fiktionalen Kommunikationssituationen bezieht sich Jean-Paul Sartre, wenn er die Beziehung zwischen dem literarischen Autor und seinen Lesern einen »Pakt der Großherzigkeit« nennt.[1]

B: Immerhin, das Publikum einer Party lacht doch, wenn der Gastgeber einen Witz erzählt, reagiert also auf seine Erwartung...

A: Sicher, aber selbst wenn die Zuhörer über die Erzählung des Witzes wirklich so lachen, wie der Gastgeber es sich erhofft, so kann man dieses Lachen nicht als das Umsetzen einer beschriebenen Sachlage in einen tatsächlichen Sachverhalt bezeichnen, wie es für die pragmatische Verständigung charakteristisch ist. Hier schält sich ein zweites – wiederum nur negativ beschreibbares – Merkmal fiktionaler Kommunikationssituationen heraus: der Wirklichkeitsgehalt der beschriebenen Sachlagen ist bedeutungslos für das Einlösen der Funktionen eines fiktionalen Textes. Damit soll nicht gesagt werden, daß fiktionale Texte keine Wirkung in der Wirklichkeit haben könnten. Auf ihre besondere Funktion werden wir später noch zu sprechen kommen. Wenn aber der Wirklichkeitsgehalt der artikulierten Sachlagen nun unbedeutend für die Funktionen fiktionaler Texte ist, dann folgt daraus, daß auch die traditionelle Diskussion über Wirklichkeit und Wahrheit fiktionaler und pragmatischer Texte im Rahmen unserer Theorie unwichtig geworden ist.

[1] Vgl. Jean-Paul Sartre: *Was ist Literatur? Ein Essay.* Hamburg 1958. S. 31 ff.

B: Sie sagen: im Rahmen unserer Theorie. Wären auch Theorien denkbar, in denen dies sich anders verhielte?
A: Auf jeden Fall. Es ist dies sicherlich auch eine Frage der Definition. Und natürlich kann ich als Autor dieser Sendung nicht darauf bestehen, daß sich das gesamte Funkkolleg meiner Auffassung anschließt.
Im Rahmen der hier entwickelten Theorie, so will ich jetzt sagen, erwarte ich jedenfalls von pragmatischen Texten, daß sie einen praktischen Bezug zur Wirklichkeit haben, halte diese Erwartung fiktionalen Texten gegenüber jedoch für unpassend. Dennoch kommt es häufig vor, daß auch fiktionale Texte reale Sachverhalte abbilden.
Darüberhinaus bezeichne ich solche Texte als pragmatisch, in denen die beschriebene Sachlage zwar nicht tatsächlich auf reale Sachverhalte bezogen ist, deren Autor oder Rezipient aber diesen Anspruch erheben. Tatsächlich ist der Anspruch, der in der Kommunikationssituation jeweils vorgegeben ist, in vielen Fällen entscheidend dafür, ob ein Text als fiktionaler oder als pragmatischer Text aufzufassen ist: wäre dem nicht so, dann würde man Lügen ohne weiteres fiktionale Texte nennen müssen, die literarische Darstellung eines historischen Ereignisses hingegen ungefragt für pragmatisch halten.
B: Gut, wir wissen nun, daß wir gegenüber allen nicht fiktionalen, oder auch pragmatischen Texten bestimmte Erwartungen haben, und daß alle pragmatischen Kommunikationssituationen dem Autor und dem Leser bzw. dem Sprecher und dem Hörer bestimmte Rollen aufgeben. Wir wissen weiter, daß einige Merkmale dieser Rollen in fiktionalen Kommunikationssituationen nicht gelten. Es fehlen uns aber noch die positiven Merkmale, die alle fiktionalen Kommunikationssituationen gemeinsam haben.
A: Auch diese Merkmale sind vielfach unwillkürlich wirksam, denn wir alle wissen im täglichen Umgang wenigstens in der Regel fiktionale Kommunikationssituationen richtig zu erkennen.
Um diesen positiven Merkmalen zu begegnen, wählen wir uns eine Beispielgeschichte als Untersuchungsgegenstand aus. Beispielgeschichten kennen wir als Veranschaulichung von Sprichwörtern, Aphorismen oder als Hilfsgeschichten zur Erläuterung theoretischer Argumentationen in wissenschaftlichen Abhandlungen. Wir gebrauchen sie selber oft zur Veranschaulichung, wenn wir allgemeine Einsichten deutlich machen wollen.
Noch ist allerdings nicht klar, ob Beispielgeschichten zur Gruppe fiktionaler Texte gehören, obwohl das der Fall zu sein scheint, wenn man die traditionelle Definition fiktionaler Texte auf sie anwendet. Denn den in ihnen bezeichneten Sachlagen entspricht

kaum einmal ein wirklicher Sachverhalt.

B: *Einspruch!* Wie ließe sich dann noch zwischen guten und schlechten Beispielen unterscheiden?

A: Ich glaube, wie gut oder schlecht ein Beispiel ist, hängt eher davon ab, auf welche Weise es das zugrundeliegende Sprachhandlungsschema erfüllt. Aber das ist nicht so einfach in zwei drei Sätzen zu entwickeln. Wenn wir uns den Unterschied zwischen einer guten und einer schlechten Beispielsgeschichte klar machen, dann können wir notwendig auch die positive Funktion von Beispielgeschichten erkennen. Haben wir sie ausgemacht, können wir die Frage stellen, ob diese Funktion mit der Funktion fiktionaler Texte übereinstimmt. – Aber zunächst erstmal hier die Beispielgeschichte.

Um die angebliche Erfahrungstatsache zu erläutern, *daß treulose Menschen mit Notwendigkeit ihre bösen Taten selbst aufdecken,* hat Marie de France, eine in England lebende französische Dichterin des 12. Jahrhunderts, eine Geschichte erzählt, deren Inhalt man etwa so zusammenfassen kann:[2]

C: Ein reicher Mann, der sich krank fühlte, rief einen Arzt zur Untersuchung. Der Arzt sagte dem reichen Mann, daß er erst dann eine Diagnose stellen könne, wenn ihm dafür ein ganzer Becher vom Blut des Kranken zur Verfügung stehe. Der reiche Mann befolgte den Rat des Arztes, aber seine Tochter schüttete *aus Versehen* den Inhalt des Bechers aus. Um ihr Mißgeschick zu vertuschen, füllte sie ihn mit eigenem Blut wieder auf. Als der Arzt nun die Blutprobe analysierte, stellte er die Diagnose, daß der reiche Mann sich deshalb krank fühle, weil er schwanger sei. Der reiche Mann glaubte ihm, aber er war doch verzweifelt über diesen seinen Zustand. Dies bemerkte die Tochter, und weil sie Mitleid mit ihrem Vater hatte, gestand sie ihm ein, daß der Arzt in Wirklichkeit ihr Blut analysiert hatte, und daß sie selbst schwanger war.

A: Wollten wir hier eine historische Interpretation unternehmen, dann wäre darauf hinzuweisen, daß die *mittelalterlichen Leser* die Schwangerschaft eines Mannes nicht wie wir als undenkbar ausschlossen, und daß sie diese Beispielgeschichte sehr wahrscheinlich für *gelungen* hielten. In unserem Zusammenhang interessiert aber nur, daß wir diese Beispielsgeschichte für *verfehlt* halten müssen. Woran liegt das?

Wir sind offenbar der Ansicht, daß die Beispielsgeschichte den abstrakten Satz von den Treulosen, die *notwendig* ihre Tat selbst

2 Der altfranzösische Originaltext und eine deutsche Übersetzung finden sich in Marie de France: *Äsop.* Eingeleitet, kommentiert und übersetzt von Hans Ulrich Gumbrecht. München 1973. S. 146–149.

aufdecken, überhaupt nicht veranschaulicht. Das heißt, um es in wissenschaftlicher Sprache zu sagen: die in der Beispielsgeschichte dargestellte Sachlage weist nicht dieselben Konzepte auf, wie der im Erfahrungssatz von den Treulosen, die ihre Tat *notwendig* selbst aufdecken, enthaltene reale Sachverhalt.
B: Es war zwar schon davon die Rede: aber, könnten Sie trotzdem vielleicht noch einmal sagen, was unter »Konzepten« zu verstehen ist?
A: »Konzepte« meint etwas an sich sehr Einfaches. Man könnte auch »Begriffe« dafür sagen. Das Konzept oder der Begriff – »Haus« z. B. – faßt alle einzelnen Häuser, ob sie nun grün oder rot, lang oder kurz, hoch oder flach sind, zusammen, weil es eben ein ganzes Bündel von Merkmalen gibt, die für alle diese Einzelhäuser gelten, und die dieses Konzept bezeichnet.
Aber vielleicht verdeutliche ich es lieber noch einmal an unserem literarischen Beispiel: In der Beispielsgeschichte heißt es, die treulose Tochter gestehe *aus Mitleid* ein, daß sie das Blut des Vaters mit ihrem eigenen ersetzt habe; der Erfahrungszustand postuliert hingegen, daß treulose Menschen *notwendig* ihre Taten eingestehen. Die Motivation der Beispielgeschichte – »aus Mitleid« – stellt aber keine *notwendige* Beziehung zwischen dem Schwindel der Tochter und ihrem Eingeständnis dar.
Wir halten also die Beispielgeschichte deshalb für *mißlungen*, weil ein wesentliches Merkmal ihres Konzeptes nicht dem zugrundeliegenden Erfahrungssatz entspricht.
B: Nun wäre der Erfahrungssatz doch aber eigentlich auch ein Konzept der Geschichte, nur eben ein wesentlich abstrakteres. Und, wenn das stimmt, dann wäre die Geschichte deshalb keine gute Beispielgeschichte, weil ihre beiden Konzepte – das abstrakte des Erfahrungssatzes und das wesentlich konkretere der entfalteten Geschichte – nicht zur vollen Deckung kommen.
A: Das wäre das eine, was uns die Geschichte zeigt. Ein zweites wäre dieses: sie läßt uns erkennen, daß die Funktion von Beispielgeschichten darin liegt, abstrakte Konzepte möglichst präzise durch die konkreteren Konzepte einer Geschichte abzubilden.
B: In gewissem Sinn sind Beispielgeschichten also Texte, die sich auf sich selbst, das heißt: ihre konkrete Entfaltung auf ein ihnen selbst zugrundeliegendes abstraktes Konzept beziehen?
A: Ja, und deshalb wurde von der Wissenschaft in jüngster Zeit der Vorschlag gemacht, eine Textklasse, zu der auch Beispielgeschichten gehören, *autoreferentielle Texte* zu nennen.
B: Warum gebraucht man ein so kompliziertes Wort wie »autoreferentiell«, um eine wahrscheinlich einfache Sache zu bezeichnen?
A: Autoreferentiell – und das heißt: »auf sich selbst zurückwei-

send« – sollen diese Texte deshalb heißen, weil bei ihnen nicht mehr ein bestimmtes Verhältnis zwischen dargestellter Sachlage und wirklichem Sachverhalt aufzudecken ist wie bei den pragmatischen Texten, sondern nur noch Verhältnisse zwischen der abstrakten Grundstruktur der geschilderten Sachlage und ihren konkreten Artikulationsformen. Diese Texte weisen also nurmehr auf sich selbst zurück, wenngleich sie ihrer Wirkung nach über sich selbst hinausweisen. Deshalb sollen Hörer oder Leser von Beispielsgeschichten niemals einzelne reale Sachverhalte als Entsprechung der in den Geschichten artikulierten konkreten Sachlagen aufsuchen, sondern immer auf den allgemeinen Gehalt der artikulierten Sachlage durchstoßen.

B: Damit wäre aber eine Verhaltensverpflichtung für Leser oder Hörer von autoreferentiellen Texten gefunden, wie wir sie ähnlich bei der Analyse der Stammtischgeschichte zu Beginn der heutigen Kollegstunde gefunden hatten, und zwar als Teil der Rolle des Rezipienten in einer fiktionalen Verständigungssituation. Würde dies nicht vermuten lassen, daß ein Zusammenhang besteht zwischen fiktionalen und autoreferentiellen Kommunikationssituationen?

A: Diese Hypothese läßt sich in der Tat stützen, vor allem, wenn wir uns daran erinnern, wovon der Erfolg oder der Nichterfolg beim Erzählen erfundener Geschichten abhängt.

Wenn Sie sich noch einmal an unser erstes Beispiel erinnern: in der Kommunikationssituation, in der Herr Roß seinen Arbeitskollegen oder Freunden die Geschichte vom angeblichen Autounfall erzählt, bemüht er sich darum, den Einzelfall so darzustellen, daß er als besonderer Fall für das allgemeine Bild von einer technisch ungeschickten alten Dame erscheint: dieses allgemeine Konzept soll die besondere Geschichte möglichst plastisch und amüsant vor Augen führen.

B: Sollten wir nun angesichts so vieler Gemeinsamkeiten nicht Beispielgeschichten und fiktionale Texte, die Geschichte der Marie de France und die Geschichte von Herrn Roß beispielsweise, *beide* der Klasse fiktionaler Texte zuordnen?

A: Würden wir das tun, dann übersähen wir zumindest eine wichtige formale Verschiedenheit: die abstrakte Lehre, welche die konkrete Beispielgeschichte der Marie de France verdeutlichen soll, gehört fest zu ihrem Text. Die abstrakten Konzepte, auf die man die konkrete Geschichte von Herrn Roß beziehen kann, sind hingegen erst in der Interpretation der Hörer immer neu und oft sogar verschieden zu gewinnen.

Die *entscheidende Besonderheit der fiktionalen Kommunikationssituation*, und damit können wir eine weitere Klärung vornehmen, liegt nun darin, daß der Rezipient nicht nur keine direkte, sondern *überhaupt keine eindeutige Beziehung zwischen der dargestellten Sachlage und wirklichen Sachverhalten* herstellen soll. Hier liegt die Erklärung für ihre Erfahrung, daß man fiktionale Texte in den verschiedensten Lebenssituationen lesen kann – auch dann, wenn die Lebenswirklichkeit der Rezipienten, an die der Autor bei seiner Produktion dachte, von der unseren grundsätzlich verschieden ist. Selbst wenn der Autor eines rezipierten Textes eine eindeutige Beziehung zwischen Sachlage und wirklichen Sachverhalten vorgesehen hat, ist der Rezipient in der fiktionalen Kommunikationssituation nicht verpflichtet diese *eine* vorgegebene Beziehung nachzuvollziehen. Er ist vielmehr frei, *verschiedene Relationen zwischen dargestellten Sachlagen und wirklichen Sachverhalten* durchzuspielen.

B: Ist es im Rahmen dieser Freiheit nicht sogar auch möglich, pragmatische, also Gebrauchstexte, in eine fiktionale Kommunikationssituation einzubringen?

A: Gewiß. Genau diese Möglichkeit der *Fiktionalisierung* pragmatischer Texte in fiktionalen Verständigungssituationen schöpfen jene modernen Autoren aus, die pragmatische oder scheinbar pragmatische Texte einem literarischen Publikum für die Mußestunden ästhetischer Lektüre anbieten.

Diese Freiheit der Rezipienten in der fiktionalen Kommunikationssituation erklärt, warum der Wirklichkeitsgehalt der in Texten entwickelten Sachlagen in der fiktionalen Kommunikationssituation unwichtig ist, ohne daß deshalb die Kommunikation im Rahmen solcher Situationen für die Lebenspraxis der Rezipienten wirkungslos bleiben müßte.

B: Wenn aber prinzipiell alle Sprachhandlungsschemata in fiktionalen Kommunikationssituationen verwendet werden können, ist es dann noch sinnvoll, von fiktionalen Texten als einer besonderen Textklasse zu sprechen?

A: Wahrscheinlich kennen Sie Texte, deren erste Sätze Sie als Rezipient dazu anhalten, sich ihnen gegenüber nicht wie gegenüber pragmatischen Texten zu verhalten. Zu diesen Sätzen gehört der formelhafte Anfang »Es war einmal« im Märchen ebenso wie die im Roman des 18. Jahrhunderts beliebten einleitenden Beteuerungen des Autors, er habe sich hinsichtlich eines beschriebenen Sachverhaltes nicht hinreichend informieren können und bitte deshalb die Leser um Entschuldigung. Solche Texte verbieten dem *Rezipienten* meist schon zu Beginn *die Übernahme von Rollen aus pragmatischen Kommunikationssituationen.* Anders gesagt: sie legen es ihm nahe, die Rolle des Rezipienten in der fiktionalen Kommunikationssituation zu übernehmen und so die Unbestimmtheit dieser Situation auszugleichen.

B: Können nun die letzten Sätze nicht als eine präzise Definition der Klasse fiktionaler Texte verstanden werden?

A: Keineswegs. Es wäre aber andererseits unvereinbar mit der bisher verfolgten Fragerichtung, wenn wir bei der Bestimmung fiktionaler Texte jetzt von gewissen Merkmalen der Textoberfläche ausgehen würden. Ein Definitionsversuch muß in sich schließen, daß fiktionale Texte all jene sind, die mit den verschiedensten Verfahren den Rezipienten zur Übernahme der Rolle aus der fiktionalen Kommunikationssituation veranlassen. In der folgenden Definition werden fiktionale Texte deshalb von einem ihrer kommunikativen Ziele her bestimmt, und dieses ist die Übernahme der Rezipientenrolle aus der fiktionalen Kommunikationssituation eben durch die Rezipienten. Hier nun die Definition. Sie ist in mehrere Teildefinitionen aufgeteilt. In der ersten geht es um das Verhältnis: fiktionaler Text/autoreferentieller Text.

C: Die *Klasse fiktionaler Texte* bildet einen Teilbereich der Klasse *autoreferentieller Texte*. Autoreferentielle Texte sind Texte, die unsere Aufmerksamkeit auf das Verhältnis zwischen den in ihnen artikulierten Sachlagen und den diesen Sachlagen zugrunde liegenden Schemata lenken.

A: Hier die zweite Teildefinition:

C: Man nennt all jene autoreferentiellen Texte *fiktionale Texte,* die es dem Rezipienten erlauben, ja sogar nahelegen, verschiedene Beziehungen zwischen ihren Sachlagen und wirklichen Sachverhalten durchzuspielen. Sie erlauben ihm also gegebenenfalls auch, sich auf *eine* solche Beziehung festzulegen, ohne daß sie ihm genau vorschreiben, auf welche er sich festlegen müsse.

A: Aus den beiden Teildefinitionen können wir nun drittens den folgenden, für die Bestimmung fiktionaler Texte wesentlichen Schluß ziehen:

C: Aus den beiden ersten Bestimmungskriterien können wir den Schluß ziehen, daß es unangemessen ist, wenn wir wirkliche Sachverhalte hinter den in fiktionalen Texten konstituierten Sachlagen suchen. Mit diesem letzten Teil der Definition der Klasse fiktionaler Texte haben wir noch einmal die irrige Meinung korrigiert, fiktionale Texte seien all jene, die von einer nicht-existenten Welt handeln.

A: Zusammenfassend läßt sich also jetzt sagen:

C: Die *pragmatischen Texte* unterscheiden sich von den fiktionalen Texten nicht etwa dadurch, daß in ihnen dargestellten Sachlagen stets in der Wirklichkeit auffindbare Entsprechungen hätten, sondern vielmehr durch den *Anspruch,* solche Entsprechungen zu haben, ein Anspruch, der freilich in vielen Fällen vom Sprecher wissentlich nicht eingelöst wird. Dieser Anspruch des Sprechers in der *pragmatischen Verständigungssituation* stellt sich uns als eine Folge seines wesentlichen *Ziels* dar: er will durch das Konstituieren einer Sachlage den Hörer oder Leser dazu bewegen, diese in einen Sachverhalt der Lebenswelt umzusetzen oder hinter ihr einen Sachverhalt zu sehen, dessen Berücksichtigung wichtig für sein tägliches Handeln ist. Die Aufmerksamkeit des Rezipienten wird also auf das Verhältnis zwischen dargestellter Sachlage und realem Sachverhalt gerichtet, nicht auf verschiedene Schichten des tatsächlichen Sachverhalts.

B: Mit welcher Absicht, mit welchem Ziel ist eigentlich diese Definition formuliert worden?

A: Vor allem doch wohl, um Situations- und Textklassen zu unterscheiden. Es sind ja, das darf man nicht vergessen, analytische Kriterien, also Kriterien, die durch Analyse, und das heißt: durch Auseinandertrennen der einzelnen Teile gewonnen sind. Sie können deshalb auch gar nicht greifen, wenn wir versuchen, die fiktionalen Texte sozusagen von der Innenseite zu beschreiben.

Wenn wir also versuchen zu zeigen, wie Texte *aufgebaut* sind, die ihren Lesern die Übernahme der besonderen fiktionalen Rezipientenrollen nahelegen; wenn wir uns fragen, welchen *Gewinn* Leser aus der Übernahme dieser Rolle ziehen können. Aber beschäftigen wir uns zuerst mit der Beantwortung der zweiten Frage. Dabei können wir auf eine Art von ›Taktik‹ der wissenschaftlichen Rekonstruktion zurückgreifen, die sich bisher bewährt hat: bei der genauen Bestimmung von Phänomenen können wir von der Analyse ähnlicher oder aber grundsätzlich verschiedener Phänomene ausgehen. Das heißt dann in diesem konkreten Fall: um am Ende zu wissen, welchen Gewinn Leser aus der Lektüre fiktionaler Texte ziehen können, fragen wir uns zuerst einmal, welche Folgen eine *unangemessene Lektüre fiktionaler Texte* hat.

Wenn man von einem Menschen sagt, er *mache sich Illusionen*, dann meint man damit, daß er hinter den in fiktionalen Texten bezeichneten Sachlagen wirkliche Sachverhalte vermutet und sucht. Für ein solches Verhalten zum Text verwendet die Literaturwissenschaft den Begriff *Illusionsbildung*.

B: Wird uns nicht der Fall eines solchen Lesers fiktionaler Texte, der sich Illusionen macht, in einem der bedeutendsten Texte der Weltliteratur vorgestellt? Ich meine den an der Wende vom 16. zum 17. Jahrhundert entstandenen Roman *Don Quijote de la Mancha* von Miguel de Cervantes, dessen Titelheld – anscheinend – die Folgen seiner Illusionsbildung ausbaden muß.

A: Wahrscheinlich haben Sie dieses Werk irgendwann einmal kennengelernt, vielleicht in einer gekürzten Fassung oder in der Fernsehbearbeitung. Dann erinnern Sie sich auch, warum Sie über Don Quijote gelacht haben. Don Quijote hat so viele Ritterromane – das sind fiktionale Texte aus der im 16. Jahrhundert schon weit zurückliegenden Epoche des Mittelalters – gelesen, daß er nicht nur Entsprechungen für die dort artikulierten Sachlagen in seiner eigenen Wirklichkeit sucht, sondern ganz fraglos die ihn umgebende Alltagswirklichkeit als Entsprechung der Romanwirklichkeit erlebt. Daraus folgt, daß er diese Wirklichkeit, in der er lebt, falsch einschätzt und dementsprechend in jeweiligen Situationen unangemessen handelt.[3] Dulcinea, ein Bauerntrampel, wird in seiner Vorstellung zu einer edlen Dame, deren Liebe nur durch Heldentaten zu erringen ist; Windmühlen hält Quijote für böse Riesen, die man bekämpfen muß; und die Wirte von Dorfschänken redet er an, als seien sie edle Grafen. Weil er die beschriebenen *Sachlagen* der Ritterromane als zum Teil schon *wirkliche, zum Teil noch zu verwirklichende Sachverhalte* auffaßt, muß Quijote immer wieder schmerzlich die Verschiedenheit der wirklichen Welt von seinen *Illusionen* erfahren.

B: Ist es dann richtig, daß Quijotes von der Lektüre gelenktes Verhalten auf einem *doppelten* Trugschluß beruht? Zum einen vergißt er, daß viele der wirklichen Sachverhalte, auf die sich Ritterromane beziehen, zwar im Mittelalter, aber nicht mehr im 16. Jahrhundert bestehen: so das Rittertum, so Kreuzzüge, so ein bestimmter Verhaltenskodex der Liebesbeziehungen zu einer Dame. Aber es gibt in diesen Texten auch beschriebene Sachlagen die selbst im Mittelalter keine Entsprechung in der Wirklichkeit hatten: so Riesen, Märchenprinzessinnen oder Zauberschlösser. Ihrer Funktion nach waren solche konkreten Sachlagen schon immer Veranschaulichungen von abstrakten Konzepten: so machen etwa die Riesen Grausamkeit augenfällig, die verwunschenen Prinzen und Prinzessinnen das verborgene Glück usw. Sie können also nur angemessen aufgenommen werden, wenn die Aufmerksamkeit des Lesers auf das Verhältnis zwischen abstrak-

[3] Vgl. die folgende Passage aus dem Anfangskapitel des *Quijote:* »Kurz, der gute Junker versank so tief in seine Lektüre, daß er die Nächte von Untergang bis Aufgang und die Tage von Aufgang bis Untergang damit zubrachte und sich endlich durch zu viel Lesen und zu wenig Schlaf das Gehirn so ausdörrte, daß er den Verstand verlor. Er füllte sich den Kopf mit allem an, was er in seinen Büchern fand, als da sind: Verzauberungen, Fehden, Schlachten, Herausforderungen, Wunden, Zärtlichkeiten, Liebeshändel, Seestürme und andre Tollheiten mehr; und so tief arbeitete er sich hinein, daß ihm endlich dieser Wust von Hirngespinsten, den er las, als die verbürgteste Geschichte von der Welt erschien.« – Zitiert nach: Miguel de Cervantes: *Der scharfsinnige Ritter Don Quijote von der Mancha.* Band I. Wiesbaden 1955. S. 27.

teren und konkreteren Schichten der beschriebenen Sachlage gerichtet ist. Quijote vergißt es zum einen, dieser Anforderung der Rezipienten aus der fiktionalen Kommunikationssituation gerecht zu werden; zum zweiten zieht er keine Konsequenzen aus dem historischen Abstand zwischen der ihn umgebenden Lebenswelt und der Lebenswelt mittelalterlicher Autoren und Leser.

A: Nun dürfen wir natürlich nicht vergessen, daß der *Don Quijote* selbst ein fiktionaler Text ist, also auch von uns nicht im Ernst als Abbildung lebensweltlicher Situationen verstanden werden darf. Es war also gar nicht legitim, über Don Quijote so zu reden, als handele es sich um einen zeitgenössischen Leser. Wer seine Romanlektüren heute in derselben Weise ins Handeln umsetzt wie Don Quijote, den weist man kurzerhand in eine Nervenklinik ein. Ritterromane könnten *heute* auf keinen Leser mehr illusionsbildend wirken, weil zeitgenössischen Rezipienten der Gegensatz zwischen den in ihnen beschriebenen Sachlagen und ihrer eigenen Lebenswelt unüberbrückbar erscheint.

B: Läßt sich das Gesagte jetzt nicht erst einmal zusammenfassen? Mir wird sonst der rote Faden nicht mehr ganz deutlich.

A: Wir gingen doch aus von dem Begriff der Illusionsbildung: Wenn Sie Texte *illusionsbildend* nennen, dann meinen Sie schon immer, daß es sehr schwer ist, den Unterschied zwischen konstituierten Sachlagen und realen Sachverhalten zu erkennen. Von der Seite des Textes aus könnte man formulieren: gerade solche Texte sind illusionsbildend, die den Unterschied zwischen den in ihnen beschriebenen Sachlagen und der Wirklichkeit *zu verwischen suchen.*

Sicher haben Sie schon von dem Text gehört, der in der modernen Literaturwissenschaft als das Paradebeispiel für eine solche Verschleierung seines fiktionalen Charakters gilt: ich meine Eric Segals *Love Story.* Sie werden sich erinnern, daß die gesamte Szenerie, die in diesem Text entwickelt wird, das Leben an einer amerikanischen Universität, das Milieu der Einwanderer und die Welt der großbürgerlichen Familie aus Boston *Entsprechungen in der Alltagswirklichkeit* haben. Nach der Einschätzung des Autors wurde nun *Love Story* deshalb zum großen Bestseller des vergangenen Jahrzehnts, weil auch die Liebesgeschichte vom schwerreichen Erben Oliver und der Italoamerikanerin Jenny der *Alltagswirklichkeit normaler junger Menschen* in Amerika entspreche.[4]

B: Wenn Segal mit dieser Annahme recht hätte, wäre denn nicht *Love Story* eine Art Beispielgeschichte zu einem allgemeinen

[4] Materialien zur Produktion und Rezeption der *Love Story* finden sich bei Hans Ulrich Gumbrecht: *Literaturkritik.* München 1973. S. 109–120.

Sachverhalt, dem zahllose einzelne Geschichten der Wirklichkeit entsprechen?

A: Nehmen wir einmal die im Text beschriebene Sachlage, den Inhalt von *Love Story* vor, um zu überprüfen, ob man tatsächlich diese Folgerung ziehen kann.

C: Da sind Oliver, ein sportlicher Jurastudent, und Jenny, eine schöne Studentin der Musikwissenschaft. Beide sind offenbar füreinander geschaffen. Leider gehört der junge Mann einer der steinreichen Großbürgerfamilien Bostons an, während der Vater des Mädchens ein aus Italien eingewanderter Bäcker ist. Dieser Umstand scheint aber nur eine kurze Spanne lang für Oliver und Jenny ein Ehehindernis darzustellen. Denn es fällt dem jungen Mann nicht allzu schwer, mit seiner Familie, die mit der unstandesgemäßen Bindung nicht einverstanden ist, zu brechen. Er verzichtet auf das in Aussicht stehende Erbe, um das Mädchen Jenny für immer an sich zu binden. Oliver wird natürlich bald ein erfolgreicher Advokat, was ihn den Verzicht aufs Erbe um so leichter verschmerzen läßt. Doch nun, als das Glück vollkommen ist, erkrankt Jenny an Leukämie und stirbt nach wenigen Monaten. Oliver jedoch findet Trost zur rechten Zeit: als er das Krankenhaus als junger Witwer verläßt, trifft er seinen Vater, der dort auf ihn wartet. Der reiche Vater hatte sich eines Besseren besonnen und wollte in letzter Stunde die Behandlung seiner Schwiegertochter bezahlen. Da es aber dafür zu spät ist, schließt er immerhin seinen weinenden Sohn in die Arme.

B: Wenn ich vorhin richtig aufgepaßt habe, müßten wir jetzt, um herauszufinden, ob dies eine Beispielgeschichte ist, nach den Konzepten der Geschichte fragen, oder genauer: nach zwei Bereichen von Konzepten, den Konzepten der konkreten Geschichte und denen des allgemeinen, abstrakten Erfahrungssatzes.

A: Ganz recht. Versuchen Sie einmal die konkreten Konzepte der Geschichte zu bestimmen:

B: Also: ein reicher Erbe trennt sich von seiner steinreichen Familie, um das arme Mädchen zu heiraten; er kann wieder dahin zurückkehren, weil das arme Mädchen stirbt.

A: Ja, so etwa ließe sich das Schema, das Konzept der Geschichte, verdeutlichen. Aber, ist denn nun damit tatsächlich ein in der Alltagswelt normaler Sachverhalt beschrieben?

B: Sie meinen, nur dann ließe sich überhaupt aus der Geschichte die allgemeinere Lehre ziehen, also der Erfahrungssatz gewinnen, da der doch für alle gelten muß?

A: Ja, aber das ist doch hier nicht der Fall. Denn daß z. B. Liebe als Motiv für die Partnerwahl stärker ist als das wirtschaftliche Interesse, ist zwar ein schöner Wunsch, der sich jedoch leider nur

selten erfüllt. Daß die einmal vollzogene Trennung von der reichen Familie am Ende noch rückgängig gemacht werden kann, ist gleichfalls eher ein schöner Traum als die Regel. Schließlich bekommen unbemittelte Ehefrauen reicher amerikanischer Erben doch selten so rechtzeitig Leukämie, daß dem ausgescherten Erben die Rückkehr zur Familie konfliktfrei ermöglicht wird.
Wenn *Love Story* tatsächlich rezipiert wird wie ein pragmatischer Text, genauer gesagt, wie eine Beispielgeschichte, dann bewerten ihre Leser das konzeptuelle Grundschema als eine Behauptung über die *normale* Wirklichkeit. Im Falle der *Love Story* machen sie sich aber Illusionen, wenn sie das konzeptuelle Grundschema als Behauptung über die normale Wirklichkeit verstehen. Wir würden ja auch alltagssprachlich einen Menschen als anfällig gegenüber Illusionen bezeichnen, der heute noch an die grenzenlose Chance des sozialen Aufstiegs oder an die Versöhnung der Mitglieder verschiedener sozialer Klassen etwa in den Vereinigten Staaten glaubt.
Illusionen werden heute natürlich nicht nur durch Texte, sondern weit häufiger noch durch Filme und Fernsehsendungen geweckt, jedenfalls bei der Mehrzahl der Rezipienten. Gerade deshalb, weil heutige Rezipienten auf diese Weise ihre Illusionen mit vielen anderen Rezipienten teilen, erscheinen sie nicht wie *Don Quijote* als Sonderlinge. Heute nimmt jeder Kommunikant teil an *Schemata der illusionären Einschätzung der eigenen Lebenswelt;* sie werden im Kontext der Sozialwissenschaft *›Ideologie‹* genannt und Ideologen sind kollektive Erscheinungen.
Jetzt sollten wir doch noch einmal auf die Love-Story zurückkommen.
In den wenigen Sätzen der Analyse über den Text haben wir schon zwei Vorbedingungen genannt, die den Leser eigentlich fiktionaler Texte bewegen können, sie so zu rezipieren, als handle es sich um pragmatische Texte. Leser werden einen eigentlichen fiktionalen Text besonders dann als pragmatisch rezipieren, wenn zum einen die in ihm artikulierten Sachlagen zum großen Teil Entsprechungen in der Wirklichkeit haben; zum anderen, wenn die in Texten entwickelten *Sachlagen als Abbildungen von wirklichen Sachverhalten* zu verstehen sind, wenn ihnen also Grundschemata vorgegeben sind, die wir auch in *anderen Texten* (oder Medien) wiederfinden.
B: Ist es da nicht einleuchtender, wenn man den Satz inhaltlich umdreht und behauptet: je größere Anteile der dargestellten Sachlage eines Textes *unvereinbar* mit der Alltagswelt sind, und je *seltener* sich sein Grundschema in anderen Texten wiederholt, desto eher lesen wir ihn in der Rezipientenrolle der fiktionalen

Kommunikationssituation? Denn was wir normalerweise als einfache ›Wirklichkeitsferne‹ fiktionaler Texte empfinden, dient doch offenbar der Einstimmung des Lesers auf seine besondere Rolle in der fiktionalen Verständigungssituation.

A: Nehmen wir doch einen Text! Falls Sie bereits in dem zur vorbereitenden Lektüre für diese Kollegstunde empfohlenen Roman *Hundert Jahre Einsamkeit* des Kolumbianers Gabriel García Márquez gelesen haben, dann haben Sie sicher die Erfahrung gemacht, wie Ihre Lektüre durch die Wirklichkeitsferne des Textes gesteuert wird.[5]

C: Daß man bei der Lektüre von *Hundert Jahre Einsamkeit* nicht auf den Gedanken kommt, von diesem Roman werde die Wirklichkeit Südamerikas oder die eigene Alltagswelt abgebildet, liegt daran, daß es ganz einfach *keine Wirklichkeit* gibt, in der sich Geistliche nach dem Genuß einer Tafel Schokolade vom Erdboden erheben, in der Kinder mit einem korkenzieherförmigen Schweineschwanz geboren werden oder irgend ein Mensch acht Liter Kaffee und dreißig rohe Eier in sich hineinschlingen kann. Sogar im Roman selbst, genauer gesagt: in seinem Anfangs- und in seinem Schlußteil, gibt es Figuren, die aussprechen, wie unmöglich die Welt von Macondo ist, in der die Familie Buendía hundert Jahre Einsamkeit erlebt. Es ist geradezu das Grundprinzip dieser Welt, daß alles Geschehen die Normen der lebensweltlichen Wahrscheinlichkeit durchbricht. Deshalb weiß der Leser sehr schnell, daß es *unergiebig* ist, diesen Roman wie *einen pragmatischen Text* zu rezipieren.

A: Vielleicht erinnern Sie sich noch, wie auf den letzten Seiten von Hundert Jahre Einsamkeit beschrieben wird, wie Aureliano Buendía, der Vater des letzten Sprosses der Familie, ein Manuskript entziffert. Von diesem Manuskript heißt es, daß hier die zu Ende gegangenen hundert Jahre Einsamkeit noch vor ihrem Beginn von dem Zigeuner Melchíades aufgezeichnet worden waren. In dem Manuskript, das ein Element der Fiktion ist, soll also genau dieselbe Welt enthalten sein, die wir in der vorgängigen Lektüre des Romans konstituiert haben. Wir können deshalb den Schluß ziehen, daß der folgende Kommentar im Roman über dieses Manuskript auch als ein Kommentar des Autors García Márquez zu seinem Roman gelesen werden kann, als ein Kommentar, der uns hilft, eine angemessene Lektüre zu finden:

C: Seine letzte Verschlüsselung, die Aureliano zu durchschauen begann ..., fußte darauf, daß Melchíades die Fakten nicht in der althergebrachten Zeit der Menschen geordnet hatte, sondern daß

[5] Der genaue Titel des Buches: Gabriel Garcia Márquez: *Hundert Jahre Einsamkeit*. Hamburg 1972.

er ein Jahrhundert alltäglicher Episoden vereinigt hatte, so daß sie alle gleichzeitig existieren.[6]

A: Was an dieser Stelle als eine Besonderheit des wunderbaren Manuskripts des Melchíades bezeichnet wird, kennzeichnet Márquez' Roman insgesamt. Sicher ist Ihnen aufgefallen, daß die Vertreter verschiedener Generationen der Buendía-Familie immer wieder dieselben Namen und dieselben Eigenschaften aufweisen. Deshalb fällt es bei der Lektüre so schwer, die hundert Jahre Einsamkeit als eine *Abfolge* von Situationen und Protagonisten zu ordnen. Wenn der Autor zeigt, daß die Personen selbst unfähig sind, sich in der Zeit zu orientieren, dann können wir auch diese Beschreibung im Rahmen der Fiktion als eine weitere Kommentierung unserer Lektüreerfahrung verstehen.

B: Aber warum mutet uns Márquez zu, seinen Roman als ein *Nebeneinander* von Episoden zu lesen, und nicht, wie wir es gewohnt sind, als ein *Nacheinander* von Szenen?

A: Eine Antwort auf diese Frage bietet sich an, wenn wir auf die Einsichten zurückgreifen, die wir in den ersten Teilen der heutigen Kollegstunde erarbeitet haben. Offenbar sollen wir alle Sachlagen, die im Text zwar *nach und nach* dargestellt werden, aber inhaltlich nur so schwer als zeitliches Nacheinander identifiziert werden können, in *eine Struktur von Konzepten ohne zeitliche Abfolge* umsetzen. Als *Leser* des Romans *Hundert Jahre Einsamkeit* kehren wir also genau jene Überführung von *Textschemata* in *Geschichten* um, die wir als grundlegend für die *Produktion* autoreferentieller Texte erkannt haben, zu denen als eine Untergruppe die fiktionalen Texte gehören.
So wie uns die Unfähigkeit der Protagonisten, sich in der Zeit zu orientieren, nahelegte, daß die Abfolge des Dargestellten in der Lektüre zu löschen ist, so weisen uns die Gespräche der Protagonisten über Ähnlichkeiten und Unterschiede der Charaktereigenschaften in der Familie darauf hin, eine solche abstrakte Grundstruktur zum Roman zu rekonstruieren.

B: Ähnlichkeiten und Unterschiede – darin scheint ja überhaupt ein Grundkonzept des Romans zu liegen. Denn es kommen immer wieder Figuren vor, die denselben Namen, aber nur z. T. identische, oftmals auch völlig entgegengesetzte Eigenschaften haben.

A: Ja, man könnte dies an einer genauen Figurenanalyse zeigen. Aber wir sollten vielleicht jetzt zum Schluß doch wieder unser Grundthema aufnehmen. Die Konzeption, die der fiktionalen Welt in *Hundert Jahre Einsamkeit* zugrunde liegt, ist nicht auf

[6] *Hundert Jahre Einsamkeit,* S. 313 f.

eine, historisch bestimmte Wirklichkeit bezogen, und es steht dem Leser frei, die *Art* des Bezugs zwischen der beschriebenen Sachlage des Textes und verschiedenen historisch wirklichen Sachverhalten zu bestimmen. Wenn wir als Leser nun aber *nicht* verpflichtet sind, die Sachlage auf *einen* bestimmten Sachverhalt zu beziehen und wenn uns die Arten der Beziehung zwischen Darstellung und realer Sachlage nicht vorgegeben sind, dann sind wir auch frei, die einzelnen Konzepte, aus denen sich die Darstellung zusammensetzt, in verschiedenen Weisen zusammenzufügen.

B: Diese Freiheit haben wir doch offenbar bei einem pragmatischen Text nicht?

A: Sie können sich leicht vorstellen, welche Folgen es hätte, wenn man die einem Kochrezept zugrunde liegenden Rezepte in beliebiger Weise aufeinander zuordnen würde.

Diese Freiheit, die konzeptionelle Struktur eines Romans wie *Hundert Jahre Einsamkeit* immer neu zu arrangieren, hat eine bestimmte – negative – Voraussetzung in der fiktionalen Kommunikationssituation, das Fehlen von einer durch Sanktionen abgesicherten Erwartung des Autors an den Leser, die dargestellten Sachlagen des Textes in Handlungsdispositionen umzusetzen.

Der Autor des fiktionalen Textes kann nur hoffen, daß wir dessen konzeptuelle Struktur variieren. Bei einem solchen Spiel mit der konzeptuellen Struktur eines Textes kann man freilich erst im Rahmen einer *zweiten Lektüre* aus dem Vollen schöpfen. Denn erst dann lassen sich beispielsweise alle Protagonisten und alle Ereignisse auf den letzten Aureliano zuordnen.

Diesen Sachverhalt, daß nämlich die Leser fiktionaler Texte aufgefordert sind, deren konzeptuelle Grundstruktur in verschiedener Weise zu strukturieren, kann man nun mit einem Terminus, mit einem wohldefinierten Begriff bezeichnen. Der Literaturwissenschaftler spricht hier von ›Polivalenz‹, Vieldeutigkeit, oder auch von ›Ambiguität‹, Mehrdeutigkeit der fiktionalen Texte.

B: In der Sache war mir das schon klar. Und die Termini muß man ja wohl lernen.

A: Wenn man sich mit Texten näher beschäftigen will, empfiehlt es sich wohl, eine Reihe wichtiger Begriffe zu kennen. Wissenschaftler übertreiben dies zwar oft; denn sehr vieles ist ja durchaus auch umgangssprachlich genau zu beschreiben.

Aber noch einmal zu Ihrer Bemerkung, daß es Ihnen in der Sache klar war. Sie haben doch sicherlich schon die Erfahrung gemacht, daß verschiedene Leser oft einen und denselben Roman ganz *verschieden interpretieren* oder haben selbst schon Schwierigkeiten gehabt, fiktionale Texte *auf eine einzige Aussage* festzulegen.

B: Wenn man also von dieser Polivalenz oder Ambiguität ausgeht, heißt das denn nun, daß man praktisch jeden fiktionalen Text auf unendlich viele Weisen lesen kann? Oder ist die Zahl möglicher und zulässiger Lektüren beschränkt?

A: Wenn wir uns vergegenwärtigen, daß die Zahl der konkreten historischen Sachverhalte, mit denen man die konstituierten Sachlagen von Texten in Beziehung setzen kann, prinzipiell unabschließbar ist, daß sich auch für die Arten der Beziehung zwischen Sachlagen und Sachverhalten keine Höchstzahl ergibt, und daß schließlich bei einem vielschichtigen Text noch hinzukommt, daß auch die Kombinationsmöglichkeit der ihm zugrunde liegenden Konzepte ins Unendliche gehen kann, dann kommt man allerdings zu der Antwort, daß auch die Möglichkeiten, ein und denselben fiktionalen Text unterschiedlich zu lesen, unendlich vielfältig sind. Aber ganz so ist es ja nun nicht. Schauen Sie sich einen Roman an wie *Hundert Jahre Einsamkeit.* Da gibt es doch gewisse Interpretationsvorgaben durch den Autor, etwa die von ihm vorgegebenen Gegensätze oder Oppositionen. Wir haben davon ja gesprochen. An diese muß die Lektüre, wenn sie nicht ganz willkürlich sein soll, schon anknüpfen.

B: Nun, dadurch schränkt sich die Beliebigkeit sicherlich wieder beträchtlich ein. Aber ich frage mich nun ernstlich, ob denn nicht die Lektüre schließlich doch zu einem etwas unverbindlichen Jonglieren wird, zu einem Spiel mit verschiedenen Konzepten, die dann alle möglich sind? Wo bliebe dann sozusagen die lebenspraktische Bedeutung einer Buchlektüre?

A: Das Lesen fiktionaler Texte wäre tatsächlich nur ein Jonglieren um seiner selbst willen, wenn wir die festgestellte Unvereinbarkeit der Sachlagen eines Romans mit wirklichen Sachverhalten unserer Lebenswelt bereits als Beweis dafür nehmen, daß der Roman von der Lebenswelt total abgetrennt ist. So weit sind viele Literaturwissenschaftler in der Tat gegangen. Sicher zu Unrecht.

B: Aber weshalb? Nach allem, was wir bisher besprochen haben, kann ich nicht so recht sehen, warum sie Unrecht haben sollten.

A: Das ist nicht einfach zu erklären. Als Leser eines fiktionalen Textes *arbeiten* wir sein konzeptuelles Grundschema *durch,* indem wir ihm *unter verschiedenen Perspektiven* verschiedene Möglichkeiten der wechselseitigen Zuordnung von Konzepten abgewinnen. Wenn wir die uns umgebende Wirklichkeit wahrnehmen, dann tun wir dies auch unter gewissen Perspektiven. ›Wahrnehmung‹ heißt nämlich nicht etwa »Abbild der uns umgebenden Wirklichkeit, so wie sie nun einmal ist«.

Der Unterschied zwischen der Lektüre fiktionaler Texte und der Wahrnehmung unserer Alltagswelt liegt nun darin, daß uns die

Perspektiven (oder Schemata) für die Wahrnehmung der Alltagswelt von der Gesellschaft und der grundsätzlichen Verfaßtheit des Menschen *vorgegeben* sind, während wir bei der Lektüre fiktionaler Texte diese Perspektiven selbst bilden können. Es ist die denkbar beste Konsequenz unserer Lektüre fiktionaler Texte, daß die von uns gewählten Perspektiven in ein Spannungsverhältnis zu den der alltäglichen Wahrnehmung vorgegebenen Perspektiven treten. Falls wir uns diese Differenz bewußt machen, werden wir freier gegenüber den vorgegebenen Erfahrungschemata, die uns dann nicht mehr als die einzig möglichen erscheinen können. Nicht selten legen uns aber fiktionale Texte auch die Übernahme solcher Erfahrungsschemata nahe, die es uns erlauben, nach der Lektüre Wahrnehmungen auf eine Weise zu strukturieren, die unseren praktischen Interessen besonders angemessen ist. So ist es etwa das besondere Verdienst der großen realistischen Romanautoren des 19. Jahrhunderts, ihren Lesern über angebotene Erfahrungsschemata ein neues Verstehen der sie umgebenden Gesellschaft zu ermöglichen. Solche Auswirkungen der Lektüre fiktionaler Texte können sich sozusagen hinter dem Rücken des Lesers vollziehen. Das soll heißen, daß die Lektüre fiktionaler Texte uns ein neues Verstehen der uns umgebenden Welt ermöglichen, ohne daß wir uns die Diskrepanz vorher angewandter und von den Romanen nahegelegter Erfahrungsschemata bewußt machen. Vielleicht können Sie aber, nachdem Sie diese Kollegstunde gehört haben, einmal darauf achten, wie die Lektüre fiktionaler Texte Ihre Wahrnehmungsgewohnheiten verändert. Solche Selbstbeobachtungen bei der Lektüre fiktionaler Texte soll Sie aber nicht nur von der Richtigkeit der in der heutigen Kollegstunde erarbeiteten Einsichten überzeugen. Vielmehr sollte es Ihnen nun, da Sie die besondere Verfaßtheit fiktionaler Texte und die besondere Struktur der ihnen zugehörigen Kommunikationssituationen kennen, möglich sein, die in fiktionalen Texten angelegten Erkenntnischancen viel konsequenter als bisher auszunutzen. Vielleicht machen Sie eine Probe aufs Exempel mit einer Zweitlektüre des Romans *Hundert Jahre Einsamkeit*.

8. Karlheinz Stierle

Die Struktur narrativer Texte

Am Beispiel von J. P. Hebels Kalendergeschichte *Unverhofftes Wiedersehen*

Die beiden vorherigen Lektionen sollten einige grundlegende Probleme der Textbildung vor Augen führen. Zunächst befaßten wir uns mit der Einheit des Textes und stellten dabei fest, daß diese Einheit sich als Einheit einer Sprachhandlung verwirklicht. Es stellte sich uns dann die Frage nach dem Unterschied von pragmatisch und fiktional bestimmter Textbildung. Bei dieser Unterscheidung ging es um die Gewinnung von zwei Grundkategorien der Textbildung und darüberhinaus der Literatur überhaupt.
Im folgenden wollen wir ein Textschema genauer betrachten, von dem bisher schon unter verschiedenen Voraussetzungen die Rede war, das Textschema nämlich der erzählenden oder, wie wir neutraler sagen wollen, der narrativen Texte. Damit tun wir, nach sehr allgemeinen Annahmen über die Natur des Textes, einen Schritt in Richtung auf den je konkreten Text selbst.

Wir gehen davon aus, daß zwischen der Struktur, die allen Texten gemeinsam ist und der je konkreten Struktur des spezifischen Textes Strukturen von relativer Allgemeinheit liegen, die für unser Verständnis der einzelnen Texte eine wesentliche Rolle spielen. Damit folgen wir einer Grundauffassung der strukturalen Literaturwissenschaft, daß nämlich die konkrete Komplexität des jeweiligen einzelnen literarischen Werkes bezogen werden kann auf ein überschaubares Ensemble von elementaren Strukturen, die durch ihre Kombination und durch ihren je besonderen Kontext unendlich vielfältige Differenzierungen erfahren können. Das Verstehen eines Textes vollzieht sich immer im Hinblick auf diese elementaren Textstrukturen, auch dann, wenn sie uns gar nicht zu Bewußtsein kommen. So ist es ja auch mit der Sprache selbst: Wir benutzen sie und verstehen sprachliche Äußerungen, ohne daß es notwendig wäre, eine Einsicht in den Bau der Sprache zu haben. Aber wir verstehen das, was wir verstehen, sehr viel besser und genauer, wenn wir in der Lage sind, uns die Bauformen der Sprache wie der Texte zu Bewußtsein zu bringen.
An einem konkreten Text, Hebels Kalendergeschichte *Unverhofftes Wiedersehen*[1], wollen wir versuchen, das Schema der

[1] Zur Literatur zu Hebel siehe H. Pross: ›Johann Peter Hebel, ein bibliographischer Bericht‹. In: *Studien zur neueren deutschen Literatur.* Hrsg. v. H. W. Seiffert (1964).

narrativen Texte zu erfassen und zu beschreiben. Wir wollen zugleich die Struktur dieses kleinen Textes zu verstehen suchen und die Konzepte erörtern, die für dieses Verständnis notwendig sind. Der Text von Hebel soll uns also nicht einfach als Beispieltext oder als Vorwand für die Gewinnung solcher Konzepte dienen. Wir wollen uns vielmehr so weit auf diesen Text selbst einlassen, daß erkennbar wird, in welcher Weise allgemeine Konzepte einen konkreten Text in seiner besonderen literarischen Gestalt erschließen können. Zugleich aber soll dabei bewußt werden, daß literaturwissenschaftliche Konzepte, so nützlich und leistungsfähig sie sein mögen, immer nur orientierende Hilfsfunktion für die konkrete Erfassung des Textes haben können und daß es immer neu des Übergangs bedarf von der Einsicht in die Strukturen zur Interpretation ihrer je spezifischen Verwendung und Funktion und nicht zuletzt zur eigenen ästhetischen Erfahrung, die immer zugleich der Ausgangspunkt und der Zielpunkt der Verstehensbemühung bleiben muß.

Die systematische Fragestellung, mit der wir uns Hebels Geschichte erschließen wollen, unterscheidet sich wesentlich von der herkömmlichen, dem Einzeltext zugewandten Interpretation. Sie überschreitet aber auch den Rahmen der traditionellen Gattungstheorie, die nach jeweils besonderen Formen, in erster Linie literarischen Formen der Narration gefragt hatte, ohne deren Zusammenhang mit allgemeinen Strukturen der Narration nachzugehen. Methodischer Bezugspunkt unserer Überlegungen ist in erster Linie die strukturale Erzählanalyse, wie sie in Frankreich seit Beginn der sechziger Jahre entwickelt und mehr und mehr ausgebaut worden ist.[2]

Bevor wir mit der Beschreibung der Erzählstrukturen von Hebels *Unverhofftem Wiedersehen* beginnen, noch einige literaturgeschichtliche Bemerkungen zum Text selbst. Hebels Text ist, wie schon gesagt, eine Kalendergeschichte. Es ist eine jener zahlreichen Erzählungen, die Johann Peter Hebel für den Kalender *Der Rheinländische Hausfreund* geschrieben hat, dessen Redaktionsleitung er vom Jahrgang 1808 ab mit einer Unterbrechung bis 1819 innehatte. Eine Sammlung der Erzählungen, die Hebel zu diesem

Zu Hebels Erzählwerk vgl. W. Zentner: *J. P. Hebel.* Karlsruhe 1965, L. Wittmann: *J. P. Hebels Spiegel der Zeit.* Frankfurt 1969, R. M. Kully: *J. P. Hebel.* Sammlung Metzler. Stuttgart 1969. Zur Kalendergeschichte ferner J. Knopf, *Geschichten zur Geschichte. Kritische Tradition des »Volkstümlichen« – den Kalendergeschichten Hebels und Brechts,* Stuttgart 1973.

2 Zum folgenden vgl. Verf.: ›Geschehen, Geschichte, Text der Geschichte‹. In ders.: *Text als Handlung.* München 1975, S. 49–55, zur Vorgeschichte der strukturalen Erzählanalyse vgl. Funkkolleg Literatur, Studienbegleitbrief 4.

Kalender beitrug, erschien erstmals 1811 gesondert unter dem Titel *Schatzkästlein des rheinischen Hausfreundes*. Die Erzählung *Unverhofftes Wiedersehen* geht auf eine wahre Begebenheit zurück: Im Bergwerk von Falun in Schweden verunglückte 1670 ein junger Bergmann; seine Leiche wurde, mit Kupfervitriol durchtränkt, 1719 gefunden und war durch diesen Zufall der Natur so unverändert, daß die ehemalige Braut des Bergmanns ihn wiedererkannte. Die Geschichte wurde zu einem literarischen Stoff mit ihrer Wiedererzählung in den 1808 erschienenen *Ansichten von der Nachtseite der Naturwissenschaft* des romantischen Naturphilosophen G. H. Schubert. Zwei Jahre später veröffentlichte Hebel die Version der Geschichte, die uns im folgenden beschäftigen soll. Außer durch Hebel wurde die Geschichte aufgegriffen durch F. Rückert und A. von Arnim sowie in E. T. A. Hoffmanns Erzählung *Das Bergwerk in Falun* (1819) und schließlich noch einmal in der gleichnamigen Tragödie von H. von Hofmannsthal (1933 posthum erschienen).

Hebels Geschichte vom *Unverhofften Wiedersehen* ist für die Frage nach den Strukturen narrativer Texte und ihrem Aufbau besonders geeignet. Sie ist, wie im einzelnen zu zeigen sein wird, von hoher erzählerischer Prägnanz, die die narrativen Strukturen besonders durchsichtig machen kann, zugleich aber von ungewöhnlicher Komplexität. Denn der Text hat nicht nur eine fiktionale, sondern auch eine nichtfiktionale, ›historische‹ und schließlich auch eine über das Fiktionale und das Historische hinausreichende mythische Dimension. Gerade das Ineinander von faktischer Verbürgtheit der Geschichte, ihrer fiktionalen Ausgestaltung und mythischen Überhöhung gibt der Erzählung eine literarische Qualität, die bis heute immer wieder zur Beschäftigung gerade mit diesem Text angereizt hat.

Wir wollen jetzt Schritt für Schritt die einzelnen Ebenen des Textes und ihren Beitrag zum Ganzen des Textes analysieren. Die Ebene, die allen übrigen Ebenen der Narration zugrundeliegt, ist die Ebene des Geschehens. Jede Geschichte setzt ein Geschehen voraus, das durch die Geschichte in spezifischer Weise und unter spezifischen Interessen angeeignet wird. Das Geschehen selbst, als Fundament der Geschichte, ist noch sinnindifferent, die aufeinanderfolgenden Geschehensmomente selbst sind diffus, und das heißt, daß Geschehen unter unendlich vielen Gesichtspunkten zu übergreifenden Geschehenszusammenhängen organisiert werden kann. Das Geschehen ist noch ein unartikulierter Bereich, der erst durch die Organisation der Geschichte seine spezifische Form erhält. Die Sphäre des Geschehens ist die elementare Sphäre im Aufbau der Narration. Sie enthält selbst noch nicht die Kriterien ihrer Auswahl und Zuordnung. Sie ist das noch vor aller medienspezifischen und gattungsspezifischen Bearbeitung liegende ideale Faktum selbst, das nie als dieses zur Darstellung gebracht werden kann, das aber andererseits für die Narration als ein idealer Bezugspunkt oder im Falle der Fiktion als ein ideales Äquivalent zu einem solchen Bezugspunkt vorausgesetzt werden muß. Die Sphäre des Geschehens ist also die Sphäre der Verknüpfungsmöglichkeiten, aus denen die Geschichte selbst eine Verknüpfung herausgreift und konkretisiert.

Das Geschehen kann so in der narrativen Konstruktion der Geschichte aufgehoben sein, daß gleichsam kein Rest mehr bleibt und daß jedes Geschehensmoment durch die narrative Konstruktion in eine narrative Funktion einbezogen wird. In der restlosen Überführung des Geschehens in narrative Funktionalität könnte man ein Ideal der Erzählweise erblicken, die sich als klassische Erzählweise bezeichnen läßt. Hier hat jedes Erzählmoment eine spezifische Funktion im Hinblick auf ein vorausliegendes oder folgendes Erzählmoment. Daneben aber bleibt der Geschichte immer die Möglichkeit, Geschehen so in ihre Konstruktion zu überführen, daß dieses darin nicht restlos aufgeht, sondern Momente der Afunktionalität beibehält, die die Möglichkeit anderer als der ausgewählten Geschichte andeuten und damit die Erfahrung des Geschehens als Geschehen in der Geschichte präsent halten.

In Hebels ›wahrer Geschichte‹ ist die Sphäre des Geschehens weder bruchlos in die erzählerische Konstruktion überführt und in ihr aufgehoben, noch setzt sich das Geschehen in seiner Vielsinnigkeit und Offenheit auf Kosten der narrativen Prägnanz durch. Was narrative Prägnanz genau heißt, wollen wir im Augenblick noch offenlassen, hier können wir sie vorläufig definieren als überschaubare und klare Artikulation des Erzählzusammenhangs. Geschehen und der Konstruktionszusammenhang der Geschichte sind in Hebels Text auf kunstvolle Weise miteinander verknüpft. Geschehen erscheint im *Unverhofften Wiedersehen* als es selbst in seiner narrativen Afunktionalität, und zwar in mehrfacher Perspektive.

Da eigentlich alles in Hebels Erzählung auf der Zufälligkeit von Ereignissen, nicht aber auf einem Zusammenhang von beabsichtigten und verwirklichten Handlungen sowie auf dabei entstehenden Konflikten und Lösungen von Konflikten beruht, könnte man hier von einer Dominanz des Geschehens über die Geschichte sprechen. Wir wollen uns die Sphäre des Geschehens im *Unverhofften Wiedersehen* – schon der Titel selbst verweist ja durch das Moment des Unverhofften auf die Dominanz eines

Geschehenszusammenhangs – einmal genauer ansehen. Die Sphäre des Geschehens, die über den eigentlich narrativen Zusammenhang hinausreicht, ist in sich selbst spannungsvoll. Gerade diese Spannung ist eine wesentliche Voraussetzung für die besondere Qualität dieses Textes. Ein erstes Geschehensmoment ist der Tod des Bergmanns kurz vor seiner Vermählung. Dieses Geschehensmoment hat seinen Ort in der menschlichen Arbeitswelt, es ereignet sich als Unfall in einem Bergwerk, da wo Natur durch den Menschen erschlossen und angeeignet wird. Im folgenden Abschnitt wird dieses eine Geschehen in eine Serie von Geschehensmomenten eingerückt, die zusammen nicht eine Geschichte ergeben, sondern die nur deshalb beieinanderstehen, um das Vergehen von Zeit an der Unverbundenheit der einzelnen Geschehensmomente sinnfällig werden zu lassen.
Die Serie dieser Geschehensmomente ist durch das Adverb ›unterdessen‹ eingeleitet. Damit ist ein Vorzeichen gesetzt, das besagt, daß es im folgenden nicht um diese Geschehensmomente selbst geht, sondern daß sie zwischen einen Erzählanfang und einen Erzählfortgang, genauer eine narrative Eröffnungsklausel und eine narrative Schlußklausel eingelagert sind. Der mit ›unterdessen‹ eingeleitete, aus einer Folge von Gliedsätzen bestehende Satz faßt historisch herausragende Momente zusammen, die darin übereinstimmen, daß es nicht Taten sind, die hier herausgegriffen werden, sondern entweder ein Erleiden oder aber ein Handlungsvollzug von unbestimmbarer Zurechnung. Zwar scheint der letzte Gliedsatz in einer neuen Perspektive zu stehen: »Und die vereinigte französische und spanische Macht könnte Gibraltar nicht erobern.« Doch schließt auch dieser Gliedsatz an das Vorausgehende insofern an, als das Geschehen hier nicht eine verwirklichte, sondern eine unverwirklichte Handlung bedeutet. Die mit dem folgenden Satz beginnende Serie historischer Denkwürdigkeiten schließt in die Reihe der Geschehensmomente auch Handlungsmomente ein, aber so, daß diese durch ihren Kontext ebenfalls zu bloßen Geschehensmomenten werden: »Die Türken schlossen den General Stein in der Veteraner Höhle in Ungarn ein, und der Kaiser Joseph starb auch. Der König Gustav von Schweden eroberte russisch Finnland, und die französische Revolution und der lange Krieg fing an, und der Kaiser Leopold der Zweite ging auch ins Grab.« Die historische Zeit, deren Vergehen hier das eigentliche Thema ist, wird angefüllt durch den Hinweis auf historische Denkwürdigkeiten, die in punktueller Unverbundenheit auftauchen und sogleich durch neue ersetzt werden. Mitten in deren Verlauf aber bringt der nun folgende Satz eine Veränderung. Die historische Zeit der herausragenden Denkwürdigkeiten, das

heißt die historische Ereigniszeit wird durch einen unvermittelten Übergang im Satz abgelöst von der Zeit der immer gleichen menschlichen Tätigkeiten, die nicht in der Dimension des Einmaligen und des historischen Fortschreitens stehen, sondern in einer gleichsam naturhaften Dimension der immer wiederkehrenden alltäglichen menschlichen Tätigkeit. »Napoleon eroberte Preußen, und die Engländer bombardierten Kopenhagen, und die Ackerleute säeten und schnitten.« Nach diesem Wechsel mitten im Satz zwischen der Zeit der historischen Ereignisse und der Zeit der geduldigen menschlichen Arbeit im Rhythmus des Jahres, die immer wiederkehrt und nicht die Einmaligkeit des historisch herausragenden Geschehens gewinnt, folgt ein Satz, der nunmehr ganz in der Dimension einer naturhaft gebundenen Zeit der alltäglichen Arbeit aufgeht: »Der Müller mahlte, und die Schmiede hämmerten, und die Bergleute gruben nach den Metalladern in ihrer unterirdischen Werkstatt.« Aus der Sphäre der immer gleichen Handlungen in der alltäglichen Arbeitswelt, deren Wiederkehr etwas von der kreislaufhaften Beständigkeit der Natur hat, führt aber der nächste Satz wieder heraus, der ein Geschehen zur Darstellung bringt, das schon durch die Eröffnung des Satzes mit ›als aber‹ eigens herausgehoben ist und der im Kontext der alltäglichen Arbeit der Bergleute einen ungewöhnlichen Zufall der Natur zum Gegenstand hat. Es ist die Wiederentdeckung des verschütteten Leichnams eines jungen Bergmanns, der sich in Vitriol-Wasser unversehrt von den Einflüssen der Zeit erhalten hat. Von allen Geschehensmomenten, die Hebels Geschichte vereinigt, ist dieses dadurch herausgehoben, daß es ein Ereignis der Natur ist, ein ›Naturwunder‹, oder, in der Sprache Goethes, eine »unerhörte Begebenheit«. Ein Zufall der Natur will es, daß das Gesetz der Vergänglichkeit aufgehoben zu sein scheint. Es folgt auf dieses Geschehensmoment ein letztes und abschließendes: Der Leichnam des jungen Bergmanns wird von einer alten Frau als eben der junge Bergmann wiedererkannt, dem sie vor Zeiten versprochen war und der wenige Tage vor ihrer Vermählung nicht aus dem Berg zurückkehrte. Erst mit dieser Identität stellt sich zwischen den einzelnen Geschehensmomenten eine Verknüpfung her, die diesen einen Sinn zuerteilt, den sie von sich selbst aus noch nicht haben und zu dessen Beschreibung wir nunmehr zu einer neuen Schicht im Aufbau des Textes übergehen müssen, nämlich jener der Geschichte selbst.

Zuvor aber wollen wir noch einmal überlegen, was die einzelnen Geschehensmomente der Geschichte miteinander, auch unabhängig von ihrer narrativen Verknüpfung, verbindet. Es gibt drei große Sphären, denen die Geschehensmomente zugehören, aus denen die Geschichte aufgebaut ist: Die Sphäre der alltäglichen menschlichen Arbeit, die Sphäre der Natur und die Sphäre der historischen Welt mit ihren einmaligen Geschehensmomenten. Dabei ergibt sich durch den Kontext, daß nicht die einmaligen Ereignisse der großen Weltgeschichte im Vordergrund stehen, sondern jene, die hervorgehen aus der Verschränkung von Sphäre der Natur und Sphäre der alltäglichen menschlichen Arbeit. Der Tod des Bergmanns ist ein Geschehen, das sich ereignet an einem Ort, wo menschliche Arbeit der Natur ihre Schätze abringt. Diese Arbeit ist Unberechenbarkeiten unterworfen, in denen die Natur gleichsam zur Gegenspielerin des Menschen wird. Daß der Bergmann aus dem Bergwerk ›nimmer‹ zurückkehrt, ist das Werk der Natur, die den handelnden Menschen zu ihrem Objekt macht. Die folgenden Geschehensmomente sind entweder solche, in denen die Natur in die Handlungswelt des Menschen eingreift, wie im Beispiel des Erdbebens von Lissabon, oder historische Ereignisse, die indes durch ihre Reihung und die Zurückführung auf ihr pures Vergangensein merkwürdig nivelliert erscheinen. Auch der historische Raum ist der Zeit des kreatürlichen Werdens und Vergehens ausgesetzt. In dieser Zeit steht für Hebel auch die Welt der menschlichen Arbeit in ihrer beständigen und alltäglichen Wiederkehr, die hier an keine Fortschrittsdimension gebunden zu sein scheint. Dann tritt erneut die Natur in ihrer Rolle als Gegenspielerin auf den Plan, diesmal aber nicht als die des sinnzerstörenden und sinnaufhebenden Todes, sondern, durch den Zufall einer einmaligen Konstellation, als bewahrende und sinnstiftende, wobei dieser Sinn selbst jedoch nicht ein naturhafter, sondern ein dem christlichen Glauben entspringender ist.

Die einzelnen Geschehensmomente der Geschichte stellen durch ihre Wiederholung und Entgegensetzung einen Spielraum für die Konstruktion einer Geschichte bereit, ohne doch selbst schon in dieser Geschichte aufzugehen. Um die Geschehensmomente als Momente eines sie umgreifenden Sinnzusammenhangs erfassen zu können, ist es jetzt notwendig, von der Ebene des Geschehens überzugehen zur Ebene der Geschichte. Es ist die Ebene der Geschichte, das heißt des spezifischen Arrangements der Geschehensmomente im Kontext eines Verlaufszusammenhangs, die den narrativen Sinn bewirkt und damit zugleich die Geschehensmomente selbst in ihrer Funktion vereindeutigt. Die Geschichte ist eine Instanz der Vermittlung zwischen dem puren Geschehen auf der einen Seite, das in sich selbst noch ganz sinnindifferent ist, und auf der anderen Seite einem abstrakten System von Konzepten, unter denen Geschehen erfaßt und geordnet werden kann, etwa als Mord, als Unfall, als Krieg, als Spiel, und wie auch immer

solche Konzepte lauten mögen. Wir kommen hierauf noch zurück.
Im Hinblick auf die Geschichte ordnen sich die Geschehensmomente an auf einer Achse der Narration. Diese Achse der Narration, auf der die Geschehensmomente der Geschichte situiert sind, ergibt sich durch Differenz von Anfangspunkt und Endpunkt der Geschichte. Um jedoch überhaupt von Anfangspunkt und Endpunkt einer Geschichte reden zu können, bedarf es einer konzeptuellen Opposition auf der Zeitachse. Nur wenn sich etwas relevant verändert hat, verlohnt es sich, davon zu erzählen. Je eindeutiger und klarer diese konzeptuelle Opposition ist, um so prägnanter ist der Rahmen, innerhalb dessen sich die Geschichte entfalten kann. Die Geschichte selbst als Bewegung zwischen zwei Zeitpunkten, die bestimmt sind durch eine konzeptuelle Differenz, kann aufgefaßt werden als eine Interpretation dieser Differenz. Die Geschichte erzählt, was die Differenz von Anfangspunkt zu Endpunkt bewirkt hat, und erklärt damit ihr Zustandekommen.
Die Differenz von Anfangspunkt und Endpunkt der Geschichte konstituiert somit ihre narrative Achse. Auf dieser Achse sind Einheiten der Geschichte situiert, die ihrerseits wiederum als Untergeschichten aufgefaßt werden können, die nach demselben Prinzip organisiert sind wie die umgreifende Geschichte selbst. Man kann eine Geschichte, die die Differenz eines Zustands A zu einem Zustand B auf der Zeitachse erklärt, immer genauer erzählen, und das heißt, es läßt sich ein immer weiter entwickeltes System von Untergeschichten entfalten, so daß jede Geschichte zu einer unendlich langen Geschichte ausgefaltet werden könnte. Dabei bleibt der umfassende Bezugsrahmen, der allen Teilgeschichten ihren abschließenden Sinn gibt, die Begründungsrelation von Anfangspunkt und Endpunkt der Geschichte, die man auch Eröffnungs- und Schlußklausel nennen könnte, unverändert. Die Eröffnungsklausel und die Schlußklausel der Geschichte sind einander zugeordnet als eine noch sehr abstrakte und vieldeutige Relation, die dadurch vereindeutigt, das heißt interpretiert wird, daß sie konkretisiert wird durch Relationen niedererer Ebene, die ihrerseits wiederum solche Relationen unter sich haben können. Daß die Geschichte prinzipiell unabschließbar, das heißt immer mehr ins Detail vertiefbar ist, heißt zugleich, daß sie eine gegebene Differenz immer feiner und detaillierter interpretieren kann. Es hängt jeweils nur vom Gattungsrahmen ab oder, anders gesagt, von den pragmatischen oder fiktionalen Bedingungen des Erzählens, wie komplex das System der narrativen Relationen sein kann. Im Fall der Kalendergeschichte ist durch die Tradition der

Gattung ein begrenzter narrativer Raum vorgegeben, der jeweils in einer prägnanten Erzählfigur zu erfüllen ist. Wir wollen uns im folgenden fragen, wie die Geschehensmomente von Hebels *Unverhofftes Wiedersehen* zu einer Geschichte organisiert sind, die in besonderem Maße die Forderung nach narrativer Prägnanz erfüllt.

Die Geschehensmomente der Geschichte werden dadurch erst im eigentlichen Sinne Momente der Geschichte, daß sie eintreten in eine narrative Funktion. Die narrative Wertigkeit der Geschehensmomente ist daher bezogen auf ihre Stelle im Zusammenhang der umgreifenden Geschichte. Unter diesem Gesichtspunkt erweisen sich die Geschehensmomente in Hebels Geschichte als von ganz unterschiedlicher Qualität. Obwohl in dem mittleren Teil der Geschichte unter die alltäglichen und immer wiederkehrenden Geschehensmomente solche eingefügt sind, die im Kontext der Ereignisgeschichtsschreibung einen herausragenden Platz beanspruchen dürften, sind diese doch im Kontext unserer Geschichte von nur untergeordneter Bedeutung. Formal erweist sich dies darin, daß sie in der bloßen zeitlichen Reihung nebeneinanderstehen, ohne zueinander in eine narrative Funktion zu treten. Ihre einzige Funktion besteht darin, das Vorübergehen der Zeit und das Unterworfensein alles Irdischen unter die Zeit sinnfällig zu machen.

Die Geschehensmomente dieses mittleren Teils werden nun aber von Geschehensmomenten umfaßt, die sich erst zu einem narrativen Zusammenhang oder, wie wir auch sagen können, zu einer narrativen Funktion zusammenschließen und damit die narrative Achse legen, die das Geschehen erst zur Geschichte macht. Der Gesichtspunkt, unter dem das Eingangsgeschehen und das Geschehen am Ende der Geschichte zu einer narrativen Funktion zusammentreten, ist der der Hochzeit. Genauer noch ist es die durch das Unglück des jungen Bergmanns unmöglich gewordene Hochzeit, die, während die objektive Zeit weiterschreitet, im Bewußtsein der Braut in einer gleichsam zum Stillstand gebrachten Zeit gegenwärtig bleibt. Das Zufallsspiel der Natur bewirkt, daß scheinbar nun auch die objektive Zeit zum Stillstand gekommen ist, so daß in einem unwahrscheinlichen Augenblick objektive und subjektive Zeit als stillstehende Zeit zusammenzufallen scheinen. Der Augenblick vor der Hochzeit kehrt so gleichsam noch einmal wieder. Diesmal aber soll die Erwartung keine trügerische mehr sein. Die äußerliche Unversehrtheit des Jünglings, die in rührendem Kontrast steht zur äußerlichen Hinfälligkeit der alten Frau, wird symbolisch gedeutet als Hinweis auf die Möglichkeit, in einer anderen Welt das vollenden zu können, was

die diesseitige Welt versagt hat. Zwischen der narrativen Ausgangssituation und der narrativen Endsituation, die scheinbar noch einmal die Ausgangssituation wiederholt, liegt aber eine Differenz, die in einem narrativen Detail konkretisiert wird, an dem die zentrale, die Geschichte umgreifende narrative Funktion sinnfällig wird.
Das Detail, in dem sich der narrative Zusammenhang der Geschichte am prägnantesten ausweist, ist das schwarz-rotgesäumte Halstuch. Säumen des Halstuchs und Anlegen des Halstuchs gehören zum Hochzeitsbrauchtum, das für diese Geschichte vorausgesetzt ist. Das bloße Handlungsschema von Säumen des Halstuchs und Anlegen des Halstuchs als symbolischer Akt der Hochzeitsvorbereitung und des Vollzugs der Hochzeit wird nun aber erst dadurch zu einer narrativen Funktion, daß beide Momente über alle Erwartbarkeit hinaus auseinandergezogen sind, so daß zwischen beiden eine Spannung entsteht, die wir als narrative Spannung bezeichnen können. Während die Ausgangssituation jäh dort abbricht, wo mit dem Anlegen des Halstuchs die Vermählung ihren zeichenhaften Ausdruck finden sollte, wird dieser symbolische Akt ein Menschenalter später von der alten Frau an ihrem unversehrt jugendlichen, doch toten Bräutigam nachgeholt. Sie legt ihm das Halstuch an. In diesem Akt vollzieht sich ein weiterer Schritt im Hinblick auf das, was die alte, selbst schon dem Tod entgegensehende Frau noch immer unerschütterlich erwartet: die Vereinigung mit dem jetzt tot und in jugendlicher Schönheit vor ihr liegenden Bräutigam.
Wir haben gesehen, wie die Geschichte als ein Organisationsprinzip des Geschehens wirksam wird. Nur unter ganz bestimmten Voraussetzungen ist Geschehen überhaupt geeignet, in eine Geschichte überführt, als Geschichte organisiert zu werden. Diese Voraussetzungen sollen uns nunmehr noch genauer beschäftigen. In Hebels Bearbeitung der Geschichte wird durch die konkrete Realisierung der Narration, und das heißt insbesondere durch das Verhältnis von erzählerischer Ausführlichkeit und erzählerischer Reduktion sinnfällig, daß die Geschichte nicht nur außergewöhnlich ist als Geschichte eines eher merkwürdigen denn denkwürdigen Zufallsspiels der Natur. Sie wird bei Hebel zugleich zur denkwürdigen und rührenden Geschichte einer außergewöhnlichen, durch nichts angefochtenen und in sich selbst ruhenden Treue. Rührend wird dieses Wiedersehen ja eben dadurch, daß es einer fast märchenhaft selbstverständlichen Erwartung entspricht. Dennoch liegt weder in der Geschichte eines Naturwunders noch in der einer denkwürdigen menschlichen Treue schon der Sinn von Hebels Geschichte beschlossen. Die Sinnfülle dieser

Geschichte ist gerade darin begründet, daß sie von der Ebene der bloßen unerhörten Begebenheit hineinreicht bis in eine mythische Dimension. Um diese Dimension und damit die allgemeinste Struktur der Geschichte erfassen zu können, ist es notwendig, nunmehr die Ebene der Geschichte zu überschreiten im Hinblick auf die leitenden Konzepte, die wir als die zentralen Relevanzgesichtspunkte der Geschichte auffassen können.

Wir setzen die Relevanzgesichtspunkte, die den Zusammenhang der Geschichte organisieren, als eine eigene Ebene an, die Ebene der abstrakten Konzepte, unter denen die Geschichte steht. Jede Geschichte setzt einen Zusammenhang von Konzepten voraus, die zueinander in einer spezifischen Beziehung stehen und die die abstrakteste Fundierungsebene der Geschichte ausmachen, von der her sich erst die Relevanz von Geschehenszusammenhängen für eine Geschichte erfassen läßt. Jede Geschichte ist also bezogen auf eine Menge einander zugeordneter und zugleich in Opposition zueinander stehender Konzepte, die ihrerseits noch nicht narrativ gerichtet sind, sondern nur die Voraussetzung darstellen für die narrative Organisation. Man kann dies oft bei Romantiteln feststellen, die die Konzepte selbst benennen, unter denen die narrative Organisation steht. Nicht selten enthält der Titel die Benennung der einander zugeordneten und zu einander in Opposition stehenden zentralen Konzepte, die der Roman als narrative Fiktion dann selbst einlöst. So etwa, um nur drei Beispiele zu nennen, in den bekannten Romanen *Krieg und Frieden*, *Schuld und Sühne*, *Rot und Schwarz*.[3]

Man kann diese abstrakteste Ebene des narrativen Textes die Ebene der Achronie, das heißt der Zeitenthobenheit nennen, da es hier nur um die Zuordnung von Konzepten und noch nicht um deren narrative Organisation geht. Ein gegebenes elementares Oppositionspaar von Konzepten kann ja in zwei verschiedenen Richtungen auf der Zeitachse angeordnet sein. Nehmen wir etwa die Opposition von Glück und Unglück, so lassen sich daraus im Prinzip zwei narrative Strukturen gewinnen, eine, die vom Glück zum Unglück und eine zweite, die vom Unglück zum Glück führt. Daraus lassen sich dann weitere Strukturen durch Kombination

[3] Unter den durch die Narration zur Anschauung gebrachten Konzepten müßte noch weiter differenziert werden. Als eigene Bereiche könnten etwa aufgefaßt werden: Personen- und Rollenkonzepte, Handlungskonzepte, moralische Wertkonzepte, historische Konzepte wie z. B. Epochenkonzepte etc. Das Erkennen von leitenden Konzepten ist am einfachsten möglich im Bereich der einander zugeordneten Personen, die sich unter konzeptuellem Blickpunkt als Personensystem auffassen lassen. Oft ist es, besonders bei ausdifferenzierten narrativen Werken nicht einfach, die leitenden Konzepte zu erkennen. Andererseits hängt die erzählerische Prägnanz wesentlich von der Prägnanz der leitenden Konzepte und ihrer Zuordnung ab.

und durch Vereinigung mit anderen Konzepten entwickeln. Die Opposition von Konzepten, die für Hebels Geschichte bestimmend ist und deren narrative Achse festlegt, ist die elementare Opposition von Leben und Tod. Genau diese Opposition ist es, die durch die Farben rot und schwarz des Halstuchs symbolisiert und damit durch die Projektion auf eine andere Textebene besonders herausgehoben wird. Im Gegensatz etwa zu der Opposition von gut und böse, von stark und schwach etc. ist die Opposition von Leben und Tod schon von vornherein zeitlich gerichtet, da der Tod ja nach unserer Erfahrung dem Leben nachfolgt, nicht aber ihm vorausgeht. Dennoch läßt sich rein formal die Opposition von Leben und Tod in zwei zeitlich bestimmte Strukturen überführen: 1. der Zustand ›lebendig‹ wird in den Zustand ›tot‹ überführt, 2. der Zustand ›tot‹ wird in den Zustand ›lebendig‹ überführt. Werden beide Möglichkeiten gekoppelt, so ergibt sich daraus eine nun schon komplexere Struktur: Leben wird zu Tod, Tod wird zu Leben. Genau diese Struktur liegt Hebels ›Unverhofftem Wiedersehen‹ zugrunde.

Um die eigentliche Bedeutung dieser Struktur erfassen zu können, müssen wir kurz auf die Mythentheorie des französischen Ethnologen Claude Lévi-Strauss eingehen[4]. Wir verdanken ihm die folgenreiche Entdeckung, daß bei mythischen Texten der narrative Verlauf selbst nicht schon die abschließende Sinnebene ist, sondern die hinter ihr liegende Ebene der Konzepte, und zwar gerade jener Konzepte, deren Oppositionsstruktur unaufhebbar und unvermittelbar zu sein scheint. Es ist die zentrale Voraussetzung der strukturalen Mythentheorie von Lévi-Strauss, daß in der Vermittlung solcher nach unserer Erfahrung unvermittelbarer Oppositionen die besondere Qualität und Intention im eigentlichen Sinne mythischer Texte liegt. Ein Mythos hat nach Lévi-Strauss die Aufgabe, solche Oppositionen von Konzepten untereinander narrativ zu vermitteln, das heißt sie auf einer narrativen Achse zueinander in Verbindung zu bringen, die nach unserer Erfahrung als absolute Oppositionen erscheinen. So zeigt der Mythos etwa den Übergang von männlich zu weiblich, von Pflanze zu Tier, von Kultur zu Natur und nicht zuletzt von Tod zu Leben. Indem das unserer Erfahrung entsprechende Folgeverhältnis von Leben und Tod in der Geschichte vom ›Unverhofften Wiedersehen‹ aufgehoben ist oder aufgehoben zu sein scheint, steht sie im Umkreis derjenigen Geschichten, die Lévi-Strauss im engeren Sinne als mythische Geschichten bestimmt hat.

Gewiß ließe sich fragen, ob eine solche, noch sehr allgemeine

[4] Vgl. C. Lévi-Strauss: ›Die Struktur der Mythen‹. In: *Strukturale Anthropologie* 1969, S. 226ff.

Bestimmung ausreicht, um den spezifisch christlichen Gehalt dieser Geschichte auszuschöpfen. Doch interessiert hier zunächst einmal nur das Prinzipielle, und das heißt eine besondere achronische Struktur und ihre narrative Realisierung. Bereits hier allerdings erweist sich ein Unterschied zwischen unserer Geschichte und denen, die Lévi-Strauss als mythische Geschichten im engeren Sinne bestimmt hat. Das mythische Schema von Lévi-Strauss sieht vor, daß eine Opposition von Konzepten durch den narrativen Verlauf vermittelt wird. Dementsprechend also müßte unsere Geschichte so aussehen, daß sie, wie zahlreiche mythische Geschichten dies ja faktisch tun, den Weg vom Leben zum Tod durch eine wunderbare Verwandlung vom Tod zum Leben rückgängig machen würde. Doch geht unsere Geschichte nicht so weit. Sie ist so angelegt, daß der zweite Teil der narrativen Struktur nicht mehr als Geschichte gesetzt ist, sondern lediglich als die subjektive Erwartung der im Mittelpunkt der Geschichte stehenden alten Frau, oder, um hier den christlichen Ausdruck zu verwenden, als Hoffnung.
Wir wollen uns dies noch etwas genauer ansehen. Die Geschichte beginnt mit dem abrupten Übergang vom Leben zum Tod im Augenblick der Hochzeit, die neues Leben begründen soll. Der nächste Schritt der Geschichte ist nun, daß die Opposition von Leben und Tod, die zunächst einmal sich gemäß unserer Erfahrung darstellte als Wechsel vom Leben zum Tod, in einer zweiten Phase der Erzählung erscheint als ein sinnlich erfaßbares zweifaches konzeptuelles Paradox, zu dem die Oppositionskonzepte vereinigt werden und das man auf die Formel bringen kann: lebendig – tot gegen tot – lebendig. Was diese Formel zusammenfaßt, ist das, worauf bei Hebel der erzählerische Nachdruck und das heißt die größte Fülle der Verbildlichung im Detail gelegt ist. Der unversehrte Leichnam des Jünglings, an dem durch eine Laune der Natur die Zeit vorübergegangen ist, macht das Paradox anschaulich, das man als tot-lebendig erfassen kann. Dem steht nun entgegen das Bild der alten Frau, die, obgleich noch lebend, doch schon ein Bild der Hinfälligkeit und Todesnähe ist, so daß sie mit dem Ausdruck ›lebendig-tot‹ erfaßt werden kann. Die Opposition in sich konträrer Momente, die auf der einfachen Opposition von Leben zu Tod aufgebaut ist, findet nun ihre Auflösung in einer dritten Phase, der des Vorgriffs auf eine ausstehende Zukunft. Der angeschaute Widerspruch ›lebendig-tot‹ wird im Blick eines unergründlich naiven Vertrauens zur symbolischen Verheißung der Aufhebung des Todes in einem neuen Leben.
Wenn also zumindest in der subjektiven Perspektive der Erwartung am Ende der Geschichte die Verkehrung der Eingangsrela-

tion vom Leben zum Tod durch die Relation vom Tod zum Leben steht, so ist diese Umkehrung nicht mehr wie im Mythos bewirkt durch eine eigene Dimension des Mythisch-Wunderbaren, sondern durch den Zufall der Natur, der für das naive Vertrauen der alten Frau ein Sinnbild für die christliche Hoffnung von der Aufhebung des Todes zu einem neuen Leben darstellt. Diese Struktur, die Nähe und Ferne der Hebelschen Geschichte zum Mythos bezeichnet, schafft den umfassenden Bedeutungszusammenhang der Geschichte, der alle übrigen Bedeutungsstrukturen in sich einbegreift und zugleich die narrative Prägnanz der Geschichte bestimmt. Gerade an Hebels Geschichte vom ›Unverhofften Wiedersehen‹ wird besonders sinnfällig, wie die Struktur der achronischen Konzepte, die der Geschichte zugrundeliegen, diese selbst in ihrer Bedeutung und damit in ihrer möglichen Wirkung bedingen.

Eine Analyse, die einen narrativen Text im Zusammenspiel seiner Strukturen und Ebenen und damit im Hinblick auf seine besonderen Wirkungsbedingungen erfassen will, muß gerade auf die Erfassung der Ebene der achronischen konzeptuellen Strukturen besonderen Wert legen, da diese die Relevanzgesichtspunkte festlegen, unter denen ein Geschehen in Geschichte überführt wird. Eine solche achronische Struktur liegt allen narrativen Texten zugrunde. Die achronische Struktur des Mythos, die Lévi-Strauss als erster aufgedeckt hat, ist nur ein besonderer Fall einer sehr viel allgemeineren Struktur.

Wir können hier eine Bemerkung über den fiktionalen und den pragmatischen Gebrauch des narrativen Schemas anschließen. Der auf Wirklichkeit bezogene narrative Text macht Wirklichkeit immer nur dann zum Gegenstand der narrativen Erfassung, wenn sie ganz bestimmten Relevanzgesichtspunkten unterliegt, die sich im Text als implizite oder auch als explizit in die Sprache des Textes eingehende Konzepte erfassen lassen. Die Aufmerksamkeitsrichtung ist hier ganz der dargestellten Wirklichkeit zugewandt. Diese erscheint aber erst als relevant, wenn sie unter einer bestimmten Konfiguration von Konzepten steht. Dagegen ist bei der fiktionalen Narration, also etwa einem Roman oder einem Drama, das System der Konzepte und damit das der Relevanzgesichtspunkte selbst das eigentliche Thema. Dies meint Aristoteles, wenn er von der Dichtung sagt, sie sei philosophischer als die Geschichtsschreibung. Die Fiktion meint nie allein den besonderen Fall, den sie darstellt, sondern immer etwas Allgemeines, für das der besondere Fall einsteht. So geht es der Fiktion nicht einfach darum, Wirklichkeit zu erfassen und abzubilden, sondern sie ist darauf gerichtet, Wirklichkeitsäquivalente zu finden, die die konzeptuellen Konfigurationen zur Anschauung bringen können. In gewissem Maß kann dies freilich auch immer schon der nichtfiktionale Text, aber zumeist nur partiell und mehr oder weniger zufällig. Die vorausgehende Lektion ist darauf schon genauer eingegangen.

Wir haben bisher die Ebene des Geschehens sowie die Ebene der Geschichte und deren zweiseitige Bezogenheit einmal auf die Ebene des Geschehens, einmal auf eine abstrakte Ebene, die Ebene der Konzepte, besprochen. Damit ist aber die Konkretheit des narrativen Textes noch nicht erfaßt. Wir müssen jetzt übergehen von der Ebene der Geschichte zur Ebene ihrer Realisierung. Hier haben wir zwei Perspektiven zu unterscheiden. Zuerst einmal ist jede Geschichte bezogen auf einen Erzähler, der immer die Möglichkeit hat, die zeitliche Abfolge der Geschichte nach Kriterien neu zu organisieren, die außerhalb der Geschichte selbst liegen. Schon in der Antike war es ein Kunstgriff, besonders des alexandrinischen Romans, nicht mit dem Anfang der Geschichte zu beginnen, sondern an einem Punkt der Geschichte einzusetzen, von dem aus dann abwechselnd die Vorgeschichte und die Nachgeschichte in den Blick gebracht werden können. Die Manifestation der Geschichte steht also unter der einheitlichen Perspektive eines Erzählers, der, da er die Geschichte in ihrer Ganzheit überblickt, die Möglichkeit hat, sie nach ganz verschiedenen Gesichtspunkten der Wirkung beim Leser neu zu arrangieren. Doch wird die Geschichte erst wirklich konkret mit ihrer sprachlichen Artikulation nach den Möglichkeiten einer gegebenen Syntax und einer gegebenen Semantik. Erst die Perspektivierung durch den Erzähler und die sprachliche Realisierung geben der Geschichte ihre abschließende Gestalt und damit zugleich auch ihre besondere Nuancierung. Beide Ebenen werden im französischen Sprachgebrauch der strukturalen Erzählanalyse als ›Diskursebene‹ zusammengefaßt. Doch ist es nicht unwichtig zu sehen, daß diese Ebene in Wirklichkeit aus zwei Ebenen, einer noch außersprachlichen und einer abschließenden sprachlichen Ebene des Erzählens besteht.

Wir wollen zunächst die Ebene der noch außersprachlichen Erzählerperspektive genauer betrachten und ihre Rolle im ›Unverhofften Wiedersehen‹ zu erkennen suchen. Dabei gehen wir, um dies noch einmal zu wiederholen, davon aus, daß sich die sprachliche Gestalt der Geschichte unterscheiden läßt von der Geschichte als von einem Erzähler angeeignete und durchdrungene und diese wieder von der Geschichte selbst. Diese kann immer nur eine Abstraktion sein, die sich ergibt aus einer einzelnen oder aus einer Vielzahl von Konkretisationen. Indem die Geschichte Diskurs wird, wird sie zunächst also gebunden an die Perspektive eines Erzählers und seiner je spezifischen Erzählsituation. Diese gibt die Bedingungen vor für die besondere Gattungsstilisierung, der die Geschichte unterworfen wird. Wie jeder Sprecher in einer Sprecherrolle spricht, so jeder Erzähler in einer Erzählerrolle, die nie ganz frei ist, sondern immer bezogen ist auf den Ort des Erzählens und seine Funktion im Kommunikationszusammenhang einer Gesellschaft. Prinzipiell aber ist es dem Erzähler in der Perspektive des Diskurses freigestellt, wie er das Ganze der Geschichte zur Darstellung bringen soll. Der Erzähler ist nicht an den zeitlichen Verlauf der Geschichte unmittelbar gebunden. Er hat durchaus die Möglichkeit, eine vom Geschichtsverlauf selbst abweichende Reihenfolge der Darbietung zu wählen. Eine solche Entscheidung des Erzählers wird da insbesondere notwendig, wo die Geschichte selbst noch nicht die Ordnung ihrer Abfolge vorgibt. Ein gutes Beispiel dafür ist das Erzählproblem, das die Beschreibung einer Schlacht mit ihren zahlreichen parallelen Geschehens- und Handlungsverläufen stellt. Hier, wo man von einer sich verzweigenden Geschichte sprechen kann, ist der Erzähler darauf angewiesen, nach Gesichtspunkten der Lenkung des Leserinteresses in freier Entscheidung eine mögliche Abfolge der Geschichtsmomente zu arrangieren. Dasselbe gilt für die Erzählmomente, wo die Erzählung innehält und in Beschreibung umschlägt.

Ein sinnfälliges Beispiel für die relative Autonomie des Diskurses mit Hinblick auf die Geschichte, die er darstellt, findet sich in Hebels ›Unverhofftem Wiedersehen‹ schon gleich zu Beginn, wo erzählt wird vom Tod, der kurz vor der Hochzeit unerwartet dazwischentritt. Der Erzähler schaltet hier frei mit den Erzählmomenten und ihrer Abfolge, und zwar so, daß dadurch die Erzählmomente selbst in der größten Eindringlichkeit zur Darstellung kommen. Der erste Teil der Geschichte, der im Zeichen der bevorstehenden Vermählung und des plötzlich hereinbrechenden Todes steht, ist aufgebaut aus fünf Erzählmomenten, die durch den Diskurs so ineinander verschlungen sind, daß nicht die bloße Abfolge von Hochzeitsvorbereitungen und jähem Tod, sondern deren Ineinander den Diskurs bestimmt. Der erste Augenblick, mit dem die Narration einsetzt, ist der Augenblick der Festlegung des Hochzeitstages: »Auf Sankt Luciä wird unsere Liebe von des Priesters Hand gesegnet.« Schon an dieser Stelle wird in der Negation und zugleich in perspektivischer Versetzung die Möglichkeit des Todes aufgerufen: »Denn du bist mein einziges und alles, und ohne dich möchte ich lieber im Grab sein als an einem anderen Ort«, sagt die Braut. Das folgende Erzählmoment, der

Ausruf in der Kirche, der der Heirat vorausgeht, steht im Zeichen eines erzählerischen Vorgriffs, der ein späteres Moment des Verlaufszusammenhangs, nämlich den Tod des Bergmanns, vermittelt mit der Situation der Hochzeitsvorbereitungen. »Als sie aber vor Sankt Luciä der Pfarrer zum zweitenmal in der Kirche ausgerufen hatte: So nun jemand Hindernisse wüßte anzuzeigen, warum diese Personen nicht möchten ehelich zusammenkommen, da meldete sich der Tod.« Dieser allegorische Vorgriff des Erzählers, der den Tod als eine der in der Kirche anwesenden Personen erscheinen läßt, wird nun im folgenden Begründungssatz aufgelöst, und zwar so, daß hier in einer kühnen syntaktischen Konstruktion Leben und Tod zueinander in bezug gesetzt werden. In dem Begründungssatz wird zugleich die narrative Abfolge von Leben und Tod wie auch das Beisammenbestehen von Leben und Tod durch die Vermittlung des Diskurses sinnfällig gemacht. »Denn als der Jüngling den anderen Morgen in seiner schwarzen Bergmannskleidung an ihrem Haus vorbeiging, der Bergmann hat sein Totenkleid immer an, da klopfte er zwar noch einmal an ihrem Fenster und sagte ihr guten Morgen, aber keinen guten Abend mehr.« Morgen und Abend des einen Tages, der Erwartung und ihre jähe Vernichtung zusammenbringt, stehen in einem narrativen Folgeverhältnis, das syntaktisch relativiert ist, da sich das zeitbestimmende ›als‹ nur auf den Morgen und das Anklopfen, nicht aber auch auf den Abend beziehen kann. Zugleich wird die Katastrophe selbst, der Tod, hier nur mit der größten Zurückhaltung und einem Minimum an Bestimmungen als Negation einer vertrauten und alltäglichen Handlung zur Darstellung gebracht. Der Bergmann sagte ihr »keinen guten Abend mehr«. Der folgende Satz nimmt diese Negation auf und macht die zeitliche Bestimmung dabei zu einer absoluten. »Er kam nimmer aus dem Bergwerk zurück.« Der Satz geht aber noch weiter und führt in seinem Weitergehen zurück zu einem Punkt der narrativen Abfolge, der hier bereits überschritten ist, nämlich noch einmal zum Morgen jenes verhängnisvollen Tages, diesmal in der Perspektive der Braut. »Und sie saumte vergeblich selbigen Morgen ein schwarzes Halstuch mit rotem Rand für ihn zum Hochzeittag.« Damit ist nun aber der Satz noch immer nicht abgeschlossen. Er kehrt zu seinem Ausgangspunkt zurück und verschränkt erneut die zeitlichen Ebenen: »Sondern als er nimmer kam, legte sie es weg, und weinte um ihn und vergaß ihn nie.«
Was an dem soeben erörterten Textstück deutlich werden kann, ist die Freiheit des Erzählers, Momente der Geschichte so zu organisieren und dem Leser zu präsentieren, daß die konkrete Darbietung der einzelnen Erzählmomente nicht mehr nur dem

Gesetz der zeitlichen Abfolge selbst unterworfen ist. Die Abfolge der Geschichte kann, wie wir gesehen haben, in eine Abfolge des Diskurses übersetzt werden, die zu dieser eine relative Autonomie bewahrt. Doch sind damit die Möglichkeiten des Erzählers mit Hinblick auf die Geschichte noch nicht erschöpft. Neben dem Arrangement der narrativen Gleichzeitigkeit und Nachzeitigkeit verfügt der Erzähler über die Möglichkeiten der narrativen Akzentuierung. Der Erzähler kann die Ereignisse ausführlicher darstellen oder er kann sie raffen und nur das Allerwesentlichste zur Darstellung bringen. Damit verfügt er über Möglichkeiten, die denen des ›Schnitts‹ im Film vergleichbar sind. Eine weitere Leistung des Erzählers ist die narrative Perspektivierung, die die Distanz festlegt, in der dem Leser die einzelnen Figuren erscheinen, wodurch seine Identifikationsbereitschaft vorstrukturiert wird. Schließlich hat der Erzähler die Wahl der Einstellung zu der Geschichte, die er erzählt. Er kann die Geschichte neutral erzählen, so daß sie gleichsam sich von selbst zu erzählen scheint, seine Einstellung kann aber auch die der ironischen Distanz, des humorvollen Verstehens, der leidenschaftlichen Anteilnahme, der Bewunderung oder des Mitleids sein.
Mit der Erörterung der Erzählereinstellung sind wir bereits zur letzten Ebene der Narration, zur Ebene der sprachlichen Realisierung oder der Textoberfläche weitergegangen. Die sprachliche Realisierung hat zwei Dimensionen, die die Perspektive des Erzählers, aber damit zugleich auch die Perspektive des Lesers festlegen können. Dies ist einmal der Bereich der semantischen Konkretisation, das heißt der Wahl der Wörter und damit der Perspektive, in der sie das Gemeinte zur Darstellung bringen, zum anderen der Bereich der syntaktischen Konkretisation, das heißt der Organisation einer Sachlage im hierarchischen Aufbau des Satzes. Hier, in der abschließenden Dimension der semantischen und syntaktischen Konkretisierung erweist sich erst die eigentliche literarische Kunst. Erst hier erfüllt sich auch die je spezifische Einstellung, die der Erzähler seinem Gegenstand entgegenbringt. In der Wahl der Wörter und der Satzkonstruktionen zeigt sich in besonderem Maße die Geschicklichkeit des Erzählers. Man könnte diese Geschicklichkeit, diese Gelenkigkeit im Verfügen über die sprachlichen Mittel zur Realisierung einer außersprachlichen Bedeutung sprachlichen Takt nennen. Gerade Hebel ist dieser Takt beim Erzählen in hohem Maße eigen. Auch dafür mag wieder ein Beispiel genügen.
Nächst dem Augenblick des ›unverhofften Wiedersehens‹ selbst ist der ergreifendste Augenblick dieser Geschichte jener, wo die alte Frau von dem soeben wiedergefundenen Bräutigam Abschied

nehmen muß. Das Ergreifende und doch ganz Unpathetische dieses Abschieds ist durch die Kunst der semantischen und mehr noch der syntaktischen Organisation mit der größten Diskretion und dadurch umso eindringlicher zur Darstellung gebracht. Der Abschluß der Geschichte, der Gang zum Grab, steht im Zeichen der Freude und nicht der Trauer. Die alte Frau trägt ein schönes Sonntagsgewand, wie der Erzähler erklärend hinzufügt: »als wenn es ihr Hochzeittag und nicht der Tag seiner Beerdigung wäre«. Das Weitere, das die Geschichte zum Abschluß bringt, steht in einem Satz, der, mit »denn« eingeleitet, als eine Erklärung für das befremdende Verhalten der alten Frau erscheinen kann. »Denn als man ihn auf dem Kirchhof ins Grab legte, sagte sie: ›Schlaf nun wohl. Noch einen Tag oder zehen im kühlen Hochzeitbett, und laß dir die Zeit nicht lang werden. Ich habe nur noch wenig zu tun, und komme bald, und bald wird's wieder Tag. Was die Erde einmal wiedergegeben hat, wird sie zum zweitenmal auch nicht behalten‹, sagte sie, als sie fortging, und noch einmal umschaute.« Im Zentrum dieses Denn-Satzes stehen, in direkter Rede, die Abschiedsworte an den toten Bräutigam. Diese sind aber nicht zeitlich situiert im Augenblick des Abschieds selbst, sondern danach, im Moment des letzten Umschauens, als der Abschied gleichsam schon vollzogen ist. Der Augenblick des letzten Umschauens, der endgültigen Trennung, erhält aber dadurch seine unvergleichlich poetische Eindrücklichkeit, daß er nicht, wie es seinem thematischen Gewicht entsprechend zu erwarten gewesen wäre, in einem Hauptsatz, sondern in einem Nebensatz, genauer im zweiten Glied eines Nebensatzes erscheint, also an ganz untergeordneter Stelle der Satzhierarchie. Zugleich aber ist er thematisch dadurch herausgehoben, daß das Umschauen das letzte ist, was die Geschichte in den Blick bringt. Der Augenblick des Zurückschauens der alten Frau ist der eigentliche Zielpunkt der Geschichte, doch ist dieser durch die syntaktisch-semantische Konkretisation mit der größten Diskretion zur Anschauung gebracht. In der sprachlichen Realisierung wird das einfache Vertrauen sinnfällig, das das Zurückschauen zugleich zu einem Vorausschauen auf einen jenseitigen Augenblick der Erfüllung werden läßt. Gerade weil hier alles durch die Sparsamkeit und intensivste Ausnutzung der sprachlichen Mittel geschieht, ist dieses Bild des Abschieds vielleicht eines der eindrucksvollsten, das die Erzählliteratur kennt.

Was den letzten Satz der Geschichte wie eine Reihe anderer Sätze zuvor kennzeichnet, ist eine syntaktische Kühnheit, die bis an die Grenzen des in der Schriftsprache Zulässigen geht. Denn der Mittelteil dieses Satzes, der in direkter Rede gehalten ist, ist in zweifacher Weise bezogen auf die Angabe einer Situation. Zunächst ist die Rede der alten Frau syntaktisch abhängig von dem vorausgehenden »Denn als man ihn auf dem Kirchhof ins Grab legte, sagte sie«. Doch ist die dann folgende Rede zugleich syntaktisch abhängig von einem nachfolgenden »sagte sie, als sie fortging, und noch einmal umschaute«. Die syntaktische Offenheit dieser Konstruktion, der andere syntaktische Offenheiten gleicher Art im Text entsprechen, sind Zeichen dafür, daß der Leser das Gelesene auffassen soll als die gesprochene Sprache eines leibhaftigen Erzählers, der in der Mündlichkeit seines Erzählens gewissermaßen die durch die Geschichte weitergegebene Erfahrung selbst verbürgt. Gerade darin ist der Text in ganz ursprünglichem Sinne eine Erzählung. Walter Benjamin hat in seinem Essay *Der Erzähler* die Voraussetzungen dieser einfachen narrativen Form unvergleichlich eindringlich dargestellt: »So haftet an der Erzählung die Spur des Erzählenden wie die Spur der Töpferhand an der Tonschale.«[5] Mit dieser Bestimmung ist zugleich das Wesentliche des Diskurses getroffen, der bei Hebel die Geschichte zur Darstellung bringt.

Unser Versuch, am Beispiel von Hebels ›Unverhofftem Wiedersehen‹ die Ebenen der Narration und ihre je verschiedene Leistung für die Komplexität des konkreten Textes zu erfassen, bedarf abschließend noch eines Ausblicks auf eine Perspektive, in der der Diskurs gewissermaßen über sich selbst hinausreicht. An jeder Stelle im Diskurs gibt es die Möglichkeit, sekundäre Bedeutungen ins Spiel zu bringen, etwa dadurch, daß ein bestimmtes Wort oder ein Satz eine Anspielung enthält oder sonst auf einen Bedeutungszusammenhang verweist, in dem das Wort oder die Wortverbindung üblicherweise ihre Stelle haben. Wir bezeichnen solche Formen sekundärer Bedeutung, die die primäre Bedeutung perspektivieren, als Konnotationen. Während aber bei der Konnotation im eigentlichen Sinne eine primäre Wortbedeutung durch eine sekundäre ergänzt wird, gibt es andererseits Redefiguren wie die Metapher oder die Metonymie[6], bei denen die primäre Bedeutung des Worts gerade nicht in den Kontext hineinpaßt und erst durch diesen Widerspruch zum Kontext eine sekundäre Bedeutung entsteht, die die primäre außer Kraft setzt. Es gibt eine Stelle in Hebels Erzählung, wo Metaphern gehäuft auftreten. Sie finden sich da, wo die alte Frau im Anblick ihres toten, aber unverändert

[5] W. Benjamin: *Der Erzähler. Schriften II.* Frankfurt 1955, S. 238. Am frühesten hat Benjamin auf die »kritische, gespannte Auseinandersetzung des überkommenen Hochdeutsch mit der Mundart« bei Hebel aufmerksam gemacht. Vgl. Johann Peter Hebel: ›Zu seinem hundertsten Todestag‹. In: *Schriften II*, S. 279–283.

[6] Vgl. hierzu die folgende Lektion.

jungen Bräutigams die Erwartung eines anderen Lebens ausspricht. Der Zufall der Natur wird zur angeschauten Metapher, in deren Perspektive die noch offene Geschichte sich auf ihren Endpunkt hin, das nach dem Tod erwartete gemeinsame Leben, abschließen läßt. So erscheint der Tod des Jünglings als Schlaf, sein Sarg als Hochzeitsbett.

In anderer Weise als die sekundären Bedeutungen, die zu dem ausdrücklich Gesagten eine eigene Sphäre des unausdrücklich Gesagten hinzubringen, perspektiviert die Verneinung im Satz, die Satznegation, die sprachlich artikulierte Geschichte.[7] Denn zu dem, was als Geschichte positiv sprachlich gesetzt wird, tritt in der Verneinung eine kontrastive Möglichkeit hinzu, die als Möglichkeit abgewiesen, aber zugleich durch die Form der Verneinung präsent gehalten wird. Weil sie die Geschichte in einem Horizont des Möglichen situieren, der im Kontrast steht zur Geschichte selbst, kann den Negationen in narrativen Texten eine wesentliche Bedeutung zukommen. Auch hierfür kann noch einmal auf Hebels Text zurückgegriffen werden. Mehrfach zeigt sich in ihm, welche Bedeutung die Negation für den narrativen Text gewinnen kann. Der Diskurs, in dem sich die Geschichte vom ›Unverhofften Wiedersehen‹ konkretisiert, bringt insistent die Endgültigkeit zu Bewußtsein, die dem Verlust des Alltäglichen und Vertrauten zukommt. »Er sagte« heißt es von dem Tag des Unglücks »keinen guten Abend mehr«. Und dann »Er kam nimmer aus dem Bergwerk zurück«. Und noch im selben Satz in der Als-Konstruktion: »sondern als er nimmer kam, legte sie es weg, und weinte um ihn und vergaß ihn nie«. Erneut wird diese Endgültigkeit sprachlich benannt, wo sie bereits aufgehoben ist oder aufgehoben scheint. Als der unverweste Leichnam des Jünglings gefunden wird und ihn die alte Frau als ihren ehemaligen Bräutigam erkennt, heißt es: »... bis die ehemalige Verlobte des Bergmanns kam, der eines Tages auf die Schicht gegangen war und nimmer zurückkehrte.« Und dann noch einmal in der Rede der alten Frau: »Acht Tage vor der Hochzeit ist er unter die Erde gegangen und nimmer herauf gekommen.« Und weiter: »Aber er öffnete den Mund nimmer zum Lächeln oder die Augen zum Wiedererkennen.« Jedesmal ist hier das Vertraute und Gewohnte negiert und so als das unwiederbringlich Verlorene zu Bewußtsein gebracht. Dann aber, mit dem Gang zum Grab, der zugleich als Hochzeitsgang erscheint, tritt die Negation in eine neue Perspektive: Das Verneinte ist nun nicht mehr das verlorene Vertraute, sondern jetzt gerade das, was dem einst Vertrauten ein Ende setzte. »... laß dir die Zeit nicht lang

7 Vgl. Verf.: *Der Gebrauch der Negation in fiktionalen Texten. Text als Handlung.* S. 98–130.

werden« heißt es nun in der Abschiedsrede der alten Frau. Und schließlich: »Was die Erde einmal wiedergegeben hat, wird sie zum zweitenmal auch nicht behalten.« Nun, in der neuen Perspektive der Hoffnung, ist die Verneinung nicht mehr rückwärts sondern vorwärts gewandt, damit zugleich ist ihr Inhalt nicht mehr die vertraute Erinnerung, sondern das, was dem Erinnerten ein Ende setzte, nämlich daß die Erde den Bergmann behielt. So perspektiviert die Negation zweimal die Geschichte, indem sie einmal Gegenwart und Vergangenheit, einmal Gegenwart und Zukunft ineinander blendet.

Unsere Analyse sollte am Beispiel von Hebels ›Unverhofftem Wiedersehen‹ zeigen, wie eine Geschichte oder genauer ein narrativer Text sich aufbaut aus einem Zusammenhang von einander überlagernden Ebenen, die sich wechselseitig interpretieren und perspektivieren. Erst die Durcharbeitung dieser Schichten erlaubt es, den narrativen Text in seiner Komplexität so zu erfassen, daß diese dann der historischen Interpretation, das heißt der Situierung der Narration in ihrem literarischen und gesellschaftlichen Kontext erst eigentlich offensteht. Uns ging es zunächst nur um die Erfassung der narrativen Strukturen bis zu dem Punkt, wo die konkrete Interpretation einsetzen muß. Das systematische Vorgehen, wie wir es am Beispiel Hebels zu demonstrieren suchten, darf nicht absolut gesetzt werden. Aber es erscheint hilfreich dafür, den Text soweit aufzubereiten, daß die historische Interpretation auf einer gesicherten Grundlage der Strukturerschließung ansetzen kann.

Es wäre jetzt also zu fragen nach der Bezogenheit der aufgewiesenen Strukturen auf eine narrative Pragmatik oder Poetik. Im Fall von Hebels Geschichte ist der Kontext eines den Bedürfnissen eines bürgerlichen und bäuerlichen Publikums entsprechenden Kalenders die pragmatische Vorgabe. Was den Kalender selbst bestimmt, das Ineinander von natürlicher und historischer Zeit und zugleich die Bezogenheit der Zeit auf eine Welt der Zeitlosigkeit, ist zugleich die Thematik, die in der Geschichte vom ›Unverhofften Wiedersehen‹ zur Darstellung kommt. Wenn diese Geschichte einerseits einen historischen Bezugspunkt hat und andererseits hineinreicht in die Dimension der Fiktion und des Mythos, so ist sie zugleich pragmatisch bestimmt durch ihren Ort im Kalender und damit durch eine ganz bestimmte Rezeptionssituation. Die Kalendergeschichte, in welcher Gestalt sie sich auch präsentiert, hat bei Hebel in erster Linie die Aufgabe, einen Augenblick der Besinnung, eines Innehaltens im bürgerlichen und bäuerlichen Leben zu strukturieren, der Nachdenklichkeit den sprachlich vermittelten und eingelösten narrativen Stoff zu

geben. Es entspricht dieser Absicht, daß die Geschichten Hebels oft nicht mehr, wie es sonst in den Kalendergeschichten zu sein pflegt, in einer unvermittelten und eindeutigen Lehre aufgehen, sondern daß sie Ausgangspunkt sein wollen eines Nachdenkens, das in seinem Resultat durch die Geschichte selbst noch nicht vorweggenommen ist.
Hebels Erzählung vom ›Unverhofften Wiedersehen‹ kann sicher nicht einstehen für die unendliche Vielfalt narrativer Formen, die von der einfachen Anekdote oder Kalendergeschichte bis zu dem, eine Gesellschaft umspannenden Romansystem etwa von Balzacs *Menschlicher Komödie* reichen. Aber auch da ist es nicht sinnlos, zur Orientierung des Lesens und des Verstehens auf ein Erzählmodell zurückzugreifen, wie es sich an sehr viel einfacheren Texten entwickeln läßt und wie wir versucht haben, es an Hebels ›Unverhofftem Wiedersehen‹ aufzuweisen.

Unverhofftes Wiedersehen

In Falun in Schweden küßte vor guten fünfzig Jahren und mehr ein junger Bergmann seine junge hübsche Braut und sagte zu ihr: »Auf Sankt Luciä wird unsere Liebe von des Priesters Hand gesegnet. Dann sind wir Mann und Weib und bauen uns ein eigenes Nestlein.« – »Und Friede und Liebe soll darin wohnen«, sagte die schöne Braut mit holdem Lächeln, »denn du bist mein einziges und alles, und ohne dich möchte ich lieber im Grab sein, als an einem andern Ort.« Als sie aber vor St. Luciä der Pfarrer zum zweitenmal in der Kirche ausgerufen hatte: »So nun jemand Hindernisse wüßte anzuzeigen, warum diese Personen nicht möchten ehelich zusammenkommen«, da meldete sich der Tod. Denn als der Jüngling den andern Morgen in seiner schwarzen Bergmannskleidung an ihrem Haus vorbei ging, der Bergmann hat sein Totenkleid immer an, da klopfte er zwar noch einmal an ihrem Fenster und sagte ihr guten Morgen, aber keinen guten Abend mehr. Er kam nimmer aus dem Bergwerk zurück, und sie saumte vergeblich selbigen Morgen ein schwarzes Halstuch mit rotem Rand für ihn zum Hochzeitstag, sondern als er nimmer kam, legte sie es weg, und weinte um ihn und vergaß ihn nie.
Unterdessen wurde die Stadt Lissabon in Portugal durch ein Erdbeben zerstört und der Siebenjährige Krieg ging vorüber, und Kaiser Franz der Erste starb, und der Jesuitenorden wurde aufgehoben und Polen geteilt, und die Kaiserin Maria Theresia starb, und der Struensee wurde hingerichtet, Amerika wurde frei, und die vereinigte französische und spanische Macht konnte Gibraltar nicht erobern. Die Türken schlossen den General Stein in der Veteraner Höhle in Ungarn ein, und der Kaiser Joseph starb auch. Der König Gustav von Schweden eroberte russisch Finnland, und die französische Revolution und der lange Krieg fing an, und der Kaiser Leopold der Zweite ging auch ins Grab. Napoleon eroberte Preußen, und die Engländer bombardierten Kopenhagen, und die Ackerleute

säeten und schnitten. Der Müller mahlte, und die Schmiede hämmerten, und die Bergleute gruben nach den Metalladern in ihrer unterirdischen Werkstatt. Als aber die Bergleute in Falun im Jahre 1809 etwas vor oder nach Johannis zwischen zwei Schachten eine Öffnung durchgraben wollten, gute dreihundert Ellen tief unter dem Boden, gruben sie aus dem Schutt und Vitriolwasser den Leichnam eines Jünglings heraus, der ganz mit Eisenvitriol durchdrungen, sonst aber unverwest und unverändert war; also daß man seine Gesichtszüge und sein Alter noch völlig erkennen konnte, als wenn er erst vor einer Stunde gestorben oder ein wenig eingeschlafen wäre an der Arbeit. Als man ihn aber zu Tag ausgefördert hatte, Vater und Mutter, Gefreundte und Bekannte waren schon lange tot, kein Mensch wollte den schlafenden Jüngling kennen oder etwas von seinem Unglück wissen, bis die ehemalige Verlobte des Bergmanns kam, der eines Tages auf die Schicht gegangen war und nimmer zurückkehrte. Grau und zusammengeschrumpft kam sie an einer Krücke an den Platz und erkannte ihren Bräutigam; und mehr mit freudigem Entzücken als mit Schmerz sank sie auf die geliebte Leiche nieder, und erst als sie sich von einer langen heftigen Bewegung des Gemüts erholt hatte: »Es ist mein Verlobter«, sagte sie endlich, »um den ich fünfzig Jahre lang getrauert hatte, und den mich Gott noch einmal sehen läßt vor meinem Ende. Acht Tage vor der Hochzeit ist er unter die Erde gegangen und nimmer herauf gekommen.« Da wurden die Gemüter aller Umstehenden von Wehmut und Tränen ergriffen, als sie sahen die ehemalige Braut jetzt in der Gestalt des hingewelkten kraftlosen Alters und den Bräutigam noch in seiner jugendlichen Schöne, und wie in ihrer Brust nach fünfzig Jahren die Flamme der jugendlichen Liebe noch einmal erwachte; aber er öffnete den Mund nimmer zum Lächeln oder die Augen zum Wiedererkennen; und wie sie ihn endlich von den Bergleuten in ihr Stüblein tragen ließ, als die einzige, die ihm angehörte und ein Recht an ihn habe, bis sein Grab gerüstet war auf dem Kirchhof. Den andern Tag, als das Grab gerüstet war auf dem Kirchhof und ihn die Bergleute holten, schloß sie ein Kästlein auf, legte sie ihm das schwarzseidene Halstuch mit roten Streifen um, und begleitete ihn alsdann in ihrem Sonntagsgewand, als wenn es ihr Hochzeittag und nicht der Tag seiner Beerdigung wäre. Denn als man ihn auf dem Kirchhof ins Grab legte, sagte sie: »Schlaf nun wohl. Noch einen Tag oder zehen im kühlen Hochzeitbett, und laß dir die Zeit nicht lang werden. Ich habe nur noch wenig zu tun, und komme bald, und bald wird's wieder Tag. Was die Erde einmal wiedergegeben hat, wird sie zum zweitenmal auch nicht behalten«, sagte sie, als sie fortging, und noch einmal umschaute.

Johann Peter Hebel: *Werke*. Bd. II.
Hrsg. v. W. Altwegg, Atlantis-
Ausgaben. Zürich o. J., S. 229–231

9. Jürgen Link

Das lyrische Gedicht als Paradigma des überstrukturierten Textes

In der letzten Lektion hatten wir uns mit grundlegenden Eigenschaften narrativer Textkonstitution beschäftigt. Als Beispiel diente uns dabei Johann Peter Hebels Kalendergeschichte *Unverhofftes Wiedersehen.* Diese kleine Erzählung ist in Prosa geschrieben. Hätten wir uns gefragt, warum sie sicherlich nicht zur Gattung Lyrik gehört, so wären wir vielleicht versucht gewesen zu sagen: »Nun ja: Hebel erzählt in Prosa, so wie unsereins dem Nachbarn oder Bekannten eine Geschichte erzählen würde. Er reimt nicht. Er spricht nicht in Versen. Im Buch hat seine Erzählung ein normales Schriftbild.« Und doch hatten wir die narrative Textkonstitution unabhängig von der Prosa- oder Versform definiert. Als wesentlich hatten wir nur genannt: dem Text muß eine Geschichte zugrunde liegen, d. h. die semantische Gliederung eines zeitlichen Geschehens nach dem Prinzip der unumkehrbaren (irreversiblen) Umwandlung einer Anfangs-Situation in eine End-Situation. Haben wird dabei eventuell etwas vergessen?

Überlegen wir einmal: Leicht könnten wir uns vorstellen, daß Hebel selbst oder ein anderer Autor die Geschichte vom »Unverhofften Wiedersehen« in Verse gebracht hätte. Wie wir gleich feststellen werden, wurde Hebels Anekdote tatsächlich zweimal als Anregung für gereimte rhythmisierte Fassungen verwendet: einmal bei Achim von Arnim und einmal bei Friedrich Rückert. Wir können uns vorstellen, was das Resultat einer solchen Versifizierung sein wird: es wird dadurch so etwas wie eine Ballade zustande kommen.
Wir erinnern uns an die Schulzeit und an Schiller:

> Jetzt schnell, eh die Brandung wiederkehrt,
> Der Jüngling sich Gott befiehlt,
> Und – ein Schrei des Entsetzens wird rings gehört,
> Und schon hat ihn der Wirbel hinweggespült,
> Und geheimnisvoll über dem kühnen Schwimmer
> Schließt sich der Rachen, er zeigt sich nimmer.

Das ist eine Strophe aus dem *Taucher.* Sie hat Verse und Reime, aber eindeutig liegt auch ihr eine Geschichte zugrunde, die wir alle kennen und in Prosa wiedergeben könnten. Ist also eine solche Ballade nicht auch narrativ? Und heißt das dann, daß sie nicht zur Lyrik gehört? Die Begriffe scheinen ziemlich verwirrt – versuchen wir, sie zu entwirren:
Die Verwirrung beruht auf der Vermengung zweier Begriffs-

paare, die nicht das gleiche meinen. Auf der einen Seite steht narrative und lyrische Textkonstitution gegeneinander, wir können auch sagen: Narrativik und Lyrik – auf der anderen Seite: prosaische und poetische Form, Prosa und Poesie. Das eine kann mit dem anderen kombiniert werden: wir können eine Prosageschichte in Reime bringen, dann haben wir zwar Poesie daraus gemacht, aber noch nicht Lyrik, denn an der zugrunde liegenden Geschichte hat sich nichts geändert. Unsere Reimgeschichte wäre ein narrativer Text in poetischer Form, und genau darum handelt es sich bei Schillers Balladen wie z. B. dem *Taucher*.

Die gerade getroffene Unterscheidung wird der eine oder andere Leser vielleicht als denn doch etwas zu rasch und burschikos hingesagt empfinden. Sollen wir denn wirklich poetische Geschichten aus der Lyrik ausscheiden und der Narrativik zuweisen? Ist es richtig, z. B. zwischen Schillers Balladen und seinen übrigen Gedichten einen so tiefgreifenden Gattungsunterschied anzunehmen?

Wir wollen diese Frage zunächst ein wenig genauer untersuchen. Als Anschauungsmaterial sollen uns die beiden Versfassungen der Hebelschen Geschichte vom Unverhofften Wiedersehen dienen, mit der wir uns in der vorangegangenen Lektion ausführlich beschäftigt haben.

Wir beginnen mit der Umdichtung von Friedrich Rückert. Sie heißt *Die Goldne Hochzeit* und umfaßt 21 achtzeilige Strophen, von denen wir hier nur einige betrachten können.

Hier zunächst die vier Eingangsstrophen:

Die Goldne Hochzeit

»Brechet auf den Felsenschacht,
Der geruht hat lang';
Zieht hervor aus seiner Nacht
Goldnen Überschwang!
Sprenget auf den Grubengang,
Daß die Wunderpracht,
Die er längst in sich verschlang,
Sei ans Licht gebracht!«

Höret ihr, wie auf den Höhn
Zither spielt der Geist,
Wie uns lockend sein Getön
Hier zur Bergwand weist?
Rühret Arm und Waffen dreist,
Wühlet mit Gedröhn,
Bis der Fund, den er verheißt,
Daliegt goldenschön! –

Und die Schar der Knappen bringt,
Sonder Zeitverlust,
Schaufel, Karst und Hack', und schwingt
Sie mit Macht und Lust.
Bis ihr Fleiß den tauben Wust
Des Gesteins bezwingt,
Und entgegen Erzgekrust
Ihren Streichen springt.

Aber aus dem offnen Spalt,
Was man sich verspricht,
Zieht man itzt den Reichgehalt
Schweren Goldes nicht;
Staunend aus der Nacht ans Licht
Zieht man die Gestalt
Eines Jünglings, von Gesicht
Schön, doch todeskalt.

Ist das denn Narrativik, ist das eine Geschichte? Alles scheint doch ein wenig verworren. Was spielt sich denn nun eigentlich ab?
Nun: bei unserer Analyse Hebels und der Narrativik allgemein hatten wir niemals behauptet, Geschichten müßten immer schön in chronologischer Reihenfolge erzählt werden. Rückert beginnt die Hebelsche Geschichte also mit dem Anfang des Schlußteils: nach 50 Jahren öffnen die Bergknappen den Stollen und finden die konservierte Leiche des jungen Bergmanns.
Gut!, das haben wir natürlich auch gemerkt, besonders aufgrund der letzten beiden Strophen. Aber zu Beginn war von »ihr« und »wir« die Rede, ohne daß im mindesten klar wurde, worauf sich das in der Geschichte bezog.
In der Tat sind hier Stilzüge aufgefallen, die zumindest zur Lyrik hin tendieren, obwohl sich alle Anreden auf die Geschichte beziehen lassen:

Brechet auf den Felsenschacht,
Der geruht hat lang'...

Rückert hat diese Aufforderung zu Beginn in Anführungszeichen gesetzt. Es spricht hier also der Auftraggeber der Bergknappen, der Steiger also oder der Unternehmer; er fordert die Knappen auf, nach Gold zu graben.
Anschließend heißt es:

Höret ihr, wie auf den Höhn
Zither spielt der Geist,
Wie uns lockend sein Getön
Hier zur Bergwand weist?

Diese Frage steht nicht in Anführungszeichen, dementsprechend muß man sie als sogenannten ›inneren Monolog‹ der Bergknappen deuten. Daß sie hier nur denken, nicht aber laut sprechen, ist umso erklärlicher, als sie vom »Geist« des Berges gerade einen geheimnisvollen Wink erhalten, wo sie graben sollen. Der Geist lockt sie zu der Stelle, wo der Jüngling verborgen liegt.
Alle Anreden sind also den in der Geschichte Handelnden eindeutig zuzuordnen. Alles könnte so auch in einer Prosafassung stehen. Gerade der ›innere Monolog‹ begegnet sehr häufig auch in Romanen oder Erzählungen. Und doch nähert sich der Gebrauch der Anredeformen, das Verwechslungsspiel von »ihr« und »wir« einem Merkmal der Lyrik im engeren Sinne an, das wir später betrachten werden: dem absoluten Gebrauch der Personalpronomina, d. h. ihrem Gebrauch ohne eindeutige Zuweisung zu bestimmten Personen.
Der Beginn der Rückertschen Ballade bedeutete zugleich die größte Annäherung an eigentliche Lyrik. Im weiteren Verlauf bleibt alles ganz narrativ, wie folgende weitere Auszüge zeigen sollen:

Durch den Strom der Menge bricht,
Die mit Staunen weicht,
Eine Greisin; stört sie nicht,
Wie sie näher schleicht!
Die, wie sie den Platz erreicht,
Thränend ihr Gesicht
Zu dem Jüngling niederneigt,
Dann es hebt, und spricht:
[...]
Die ihr mich von Haupt und Haar
Zitternd und ergraut
Sehet, heut vor fünfzig Jahr
War ich eine Braut.
Er hier, den ihr vor mir schaut
Liegen goldenklar,
Sollt als Bräut'gam mir vertraut
Werden am Altar.

Rückert hat seine *Goldne Hochzeit* selbst in den Abschnitt ›Volkssagen‹ seiner Gedichte eingeordnet, der außerhalb seiner eigentlichen lyrischen Gedichte steht. Sagen sind ähnlich wie Märchen eindeutig narrative Formen, in Prosa sowohl wie in Versform möglich. Wir scheinen mithin zu Recht solche narrativen, balladesken Gedichte aus der eigentlichen Lyrik auszuschließen.

Wenn wir das tun, so wollen wir allerdings nicht in einem schematischen und beckmesserischen Sinne verstanden werden. Es wird sich als nützlich erweisen, die lyrische Gattung idealtypisch möglichst präzise zu definieren. Darüber dürfen wir jedoch nie vergessen, daß es in der Wirklichkeit nicht nur reine Gattungen gibt, daß vielmehr Mischungen und Grenzformen nicht nur möglich, sondern sehr häufig und oft genug besonders reizvoll sind. Werfen wir einen letzten Blick auf Rückerts Gedicht:

Fünfundzwanzig noch einmal
Gingen mir vorbei,
Daß ich heut, gebückt und kahl,
Goldhochzeitrin sei.
Welche Wunderzauberei
Bringt an Tages Strahl
Mir zur Goldhochzeit herbei
Golden den Gemahl?

An dieser Strophe zeigt sich, warum Rückert seine Fassung *Die Goldne Hochzeit* genannt hat: bei ihm wird zwar das narrative Grundschema Hebels übernommen (›tot-lebendig‹ / ›lebendig-tot‹), alle Gegensätze werden jedoch zusätzlich noch auf einen identischen Begriff gebracht: den des ›Golds‹. Im Berg wird nicht irgendein Erz, sondern ›Gold‹ gegraben. Die Leiche des Jünglings ist selbst vergoldet, sie erscheint sozusagen als ›Gold in zweiter Potenz‹. Worin diese besondere Identität besteht, erklärt die Braut: ›Gold‹ ist auch Symbol der Treue. Schließlich tritt noch die Zahl »50 Jahre« hinzu: die Zahl der »goldenen Hochzeit«. Hier bezieht das Gedicht sich auf den *pragmatischen* Bereich der Leserschaft: es bietet sich geradezu an, von einem Enkelchen auf einer »goldenen Hochzeit« dem Jubiläumspaar vorgetragen zu werden.

Wir werden Rückerts Verfahren mit dem Konzept des ›Golds‹ später als allgemein poetisches, besonders aber lyrisches Verfahren noch genauer besprechen. Auch hier zeigt sich also eine gewisse Tendenz zur Lyrik.

Diese Tendenz würde sich in Achim von Arnims Version *Des ersten Bergmanns ewige Jugend* noch viel deutlicher nachweisen lassen. Zwar ist auch seine Fassung von ihrer Grundstruktur her narrativ und balladesk, aber noch stärker als bei Rückert wird die narrative Kette aufgelöst zugunsten eingeschobener lyrischer Impressionen.

Arnims Version beginnt folgendermaßen:

Ein Knabe lacht sich an im Bronnen,
Hält Festtagskuchen in der Hand,

Er hatte lange nachgesonnen,
Was drunten für ein neues Land.
Gar lange hatte er gesonnen,
Wie drunten sei der Quelle Lauf;
So grub er endlich einen Bronnen,
Und rufet still ich sich, Glück auf!
Ihm ist sein Kopf voll Fröhlichkeiten,
Von selber lacht der schöne Mund,
Er weiß nicht, was es kann bedeuten
Doch thut sich ihm so vieles kund.

Er höret fern den Tanz erschallen,
Er ist zum Tanzen noch zu jung,
Der Wasserbilder spiegelnd Wallen
Umzieht ihn mit Verwandelung,
Es wandelte wie Wetterleuchten
Der hellen Wolken Wunderschar,
Doch anders will es ihm noch deuchten,
Als eine Frau sich stellet dar:
Da weichen alle bunten Wellen,
Sie schauet, küßt sein spiegelnd Bild,
Er sieht sie, wo er sich mag stellen,
Auch ist sie gar kein Spiegelbild.

Ein Zusammenhang mit der Hebelschen Geschichte will sich hier zunächst gar nicht ergeben. Das liegt einmal daran, daß Arnim das Motiv des Berges und des jungen Bergmanns im Sinne eines in der Romantik immer wiederkehrenden Symbols gedeutet hat: danach steht der Berg und besonders die Tiefe des Berges für die irrationalen Kräfte des Unbewußten und der Poesie, und diese Kräfte symbolisieren sich nicht nur im Gebirge, sondern auch in anderen Naturelementen wie dem Wasser. So kommt es, daß Arnim eine mythische »Königin des Berges« konstruieren kann, die sich dem jungen Helden zunächst im Wasser eines Brunnens, in dessen Tiefe er sich wie Narziß verliebt hat, offenbart. Daß er danach im Bergbau tätig ist, deutet Arnim entsprechend als Liebesverhältnis zur mythischen »Königin des Berges«. Als der Held sich dann später irdisch verliebt und verlobt, behält die Königin ihn aus Eifersucht bei sich in der Tiefe, wo er nach fünfzig Jahren gefunden wird. Mit der Kenntnis dieses narrativen Schemas bei Arnim sind dennoch die Unschärfen des Textes keineswegs sämtlich beseitigt. So wechselt z. B. das Tempus ohne Motivation durch die zugrunde liegende Geschichte:

So grub er endlich einen Bronnen,
Und rufet still in sich, Glück auf!

Hier wird die Vergangenheit mit der Gegenwart identifiziert. Das Umgekehrte ereignet sich in der folgenden Strophe:

Der Wasserbilder spiegelnd Wallen
Umzieht ihn mit Verwandelung,
Es wandelte wie Wetterleuchten
Der hellen Wolken Wunderschar.

Offenbar benutzte Arnim die Tempora ohne festen Bezug zur Geschichte, wir wollen sagen: absolut. Wir werden feststellen, daß es sich dabei um ein typisch lyrisches Verfahren handelt. Ebenso könnte die durchgängige Symbolik als eine Eigenschaft erscheinen, die besonders untersucht werden müßte.
Wir wollen hier diese Überlegungen am Beispiel der poetischen Fassungen von Hebels ›Unverhofftem Wiedersehen‹ abbrechen. Wir bezweckten damit vor allem, daß die folgende idealtypische Definition lyrischer Textkonstitution nicht als zu schematisch mißverstanden wird: Wie uns gerade die balladesken Texte gezeigt haben, können in narrativen Texten bestimmte Merkmale der Lyrik wie absoluter Gebrauch der Personalpronomina und Tempora oder eine lyrische Art der Symbolik vorkommen: das ändert aber nichts an der Tatsache, daß solche Texte hauptsächlich in die Narrativik einzuordnen bleiben.
Wir setzen nun unsere systematischen Überlegungen fort. Wir waren bei der Folgerung stehen geblieben, daß ein lyrischer Text vor allem dadurch gekennzeichnet sein müßte, daß er nicht-narrativ konstituiert wäre. Also dürfte ihm keine Geschichte zugrunde liegen. Hören wir uns unser erstes Beispiel an, ein lyrisches Gedicht des Schweizer Dichters Conrad Ferdinand Meyer:

ZWEI SEGEL
Zwei Segel erhellend
Die tiefblaue Bucht!
Zwei Segel sich schwellend
Zu ruhiger Flucht!

Wie eins in den Winden
Sich wölbt und bewegt,
Wird auch das Empfinden
Des andern erregt.

Begehrt eins zu hasten,
Das andre geht schnell,
Verlangt eines zu rasten,
Ruht auch sein Gesell.

Vergleichen wir dieses Gedicht mit Hebels ›Unverhofftem Wiedersehen‹ oder auch mit Schillers ›Taucher‹, so tritt die besondere Textkonstitution der Lyrik deutlich hervor: Zur narrativen Struktur der Geschichte gehört notwendig eine nicht umkehrbare Nacheinander-Ordnung bestimmter Handlungen wie etwa von Jugend/Alter, Liebe/Tod in Hebels Erzählung. Dieses Nacheinander der Geschichte ist prinzipiell, es bliebe auch dann bestehen, wenn Hebel etwa seine Erzählung mit dem Tod, mit dem Schluß begonnen hätte. Im Bewußtsein des Lesers, der die ganze Erzählung gelesen hätte, würde die Geschichte sich dennoch im Nacheinander ordnen.

In dem Gedicht von Meyer gibt es auch einzelne Vorgänge und Handlungen: es ist von der ›Bewegung‹ von Segeln im Wind die Rede. Aber ein nicht umkehrbares Nacheinander von Handlungen existiert nicht. Die Vorgänge aller drei Strophen erscheinen gleichzeitig, oder besser gesagt: außerzeitlich. Die ›Bewegung‹ der Segel wirkt auf der einen Seite wie ein punktueller Vorgang, wie eine Momentaufnahme, etwa ein Urlaubsfoto oder auch ein Reklamebild, auf der anderen Seite erscheint das Ganze deshalb auch der Zeit ›enthoben‹, außerhalb des Nacheinander in idealer Gleichzeitigkeit ›ewig‹ dauernd. Dieser Effekt ist in erster Linie das Ergebnis der nicht-narrativen Textkonstitution, d. h. einer Textkonstitution, die sich nicht auf eine Geschichte stützt.

Hören wir noch einmal die erste Strophe:

Zwei Segel erhellend
Die tiefblaue Bucht!
Zwei Segel schwellend
Zu ruhiger Flucht!

Hier fehlen sogar völlig finite, d. h. durch Tempus und Person bestimmte Verben: statt dessen wird die gesamte Sprachhandlung von den beiden Partizipien »erhellend« und »schwellend« getragen, die die nicht-narrative Punktualität besonders überzeugend zum Ausdruck bringen. Würden wir die Strophe ins Narrative umschreiben, etwa so

Es waren einmal zwei Segel, die erhellten eine tiefblaue Bucht

– so bemerken wir sofort, daß wir bereits durch diesen narrativen Beginn eine ganz andere Textsorte konstituiert hätten. Wir könnten nun unmöglich so fortfahren wie Meyer, egal ob in Poesie oder Prosa.

Die erste und grundlegendste Eigenschaft des lyrischen Textes ist also seine Nicht-Narrativität. Aber haben wir damit schon viel gewonnen? Können wir nun etwa den Eindruck, den uns das

Gedicht ›Zwei Segel‹ hinterlassen hat, erklären? Ganz sicherlich nicht ausreichend. Denn wenn wir unsere Leser jetzt sofort einzeln über ihre Eindrücke befragen könnten, so bekämen wir ganz sicher völlig andere Antworten als die: »Dieser Text war nicht-narrativ.«

Vielleicht würde der eine oder andere sagen, dieser Text habe ihn in eine gewisse ›Stimmung‹ versetzt, vielleicht auch, er habe bei ihm bestimmte ›Gefühle‹ wachgerufen. Und möglicherweise würde er gerade solche Eindrücke als typisch für Lyrikaufnahme halten. Er würde meinen, das wäre der entscheidende Unterschied zu narrativen Texten, wo man vielleicht mehr mit dem ›Verstand‹ dabei sei, wo man ›Spannung‹ empfinde u. ä. Sicher wäre diese Auffassung nicht so verbreitet, wenn sie nicht tatsächliche Eigenschaften der Lyrik im Blick hätte. Nur: Können uns Begriffe wie ›Gefühlsausdruck‹ und ›Stimmung‹ wirklich weiterhelfen? Versuchen wir, der Frage nachzugehen.

Gefühl und Stimmung, was ist damit gemeint?

Wohl etwa dies: Der Autor, hier Conrad Ferdinand Meyer, habe, vielleicht beim Anblick weißer Segel auf einem See oder am Meer, intensiv gefühlt, er habe eben eine poetische Stimmung gehabt. Die habe er dann zu Papier gebracht derart, daß wir als Hörer oder Leser des Gedichtes dann ebenso intensiv die gleiche oder eine ähnliche Stimmung nachfühlen könnten. Gegen diese weitverbreitete Vorstellung sprechen allerdings schwerwiegende Tatsachen: Zunächst der literarische Produktionsvorgang selbst. Kaum irgendwo läßt sich feststellen, daß einem Autor mitten im Gefühl einer Stimmung, sei es etwa einer Naturstimmung oder eines erotischen Gefühls das Gedicht als deren Ausdruck sozusagen direkt aus der Feder geflossen wäre. Und gerade Conrad Ferdinand Meyer ist ein Autor, der oft jahrelang an seinen Gedichten herumfeilte und dabei ganz offensichtlich viel rationale Verstandesarbeit leistete. Hinzu kommt das Medium des Textes selbst: es ist sprachlich. Psychische Zustände aber, die wir Gefühle nennen, sei es Angst, sei es Lust, werden weit eher durch komplexe sinnliche Gestalten wie etwa Bilder erregt als durch Sprache. Dementsprechend lautet das Argument meistens auch: die lyrische Sprache sei fähig, bestimmte Bilder sinnlich so konkret hervorzurufen, daß eine entsprechende Stimmung dadurch ausgelöst würde. Aber fragen wir uns noch einmal, was wir von dem Gedicht ›Zwei Segel‹ aufgenommen haben, was in uns ›nachgeschwungen‹ hat, wie die Vertreter der Stimmungstheorie sagen würden. War das wirklich nur die bildliche Vorstellung zweier weißer Segel auf blauem Wasser? Dieses Bild könnte uns ein raffiniert gemachtes Reklamefoto in bunt möglicherweise viel intensiver »unter die Haut gehen lassen«. Aber die Segel waren im Gedicht nicht nur sinnlich repräsentiert, die schienen noch einen tieferen Sinn, eine weitergehende Bedeutung zu tragen. Eine solche mehrfache Bedeutung spielte in unserem Eindruck sicherlich eine größere Rolle als nur das Bild. Eine solche mehrfache Bedeutung aber ist eine sprachliche Struktur und insofern etwas rational Zugängliches, keineswegs nur eine Gefühlsstimmung. Diese besondere sprachliche Struktur der Lyrik gilt es also zu analysieren. Ausgangspunkt unserer Überlegungen soll die bekannte Erscheinung des Liedes, d. h. des musikalisch vertonten lyrischen Textes sein.

Auch dabei, etwa bei einer Vertonung von Hugo Wolff, könnte man natürlich von Stimmung und Gefühl reden. Aber man versteht vielleicht besser, was damit konkret gemeint ist: es werden gleichzeitig mindestens zwei verschiedene Bedeutungsstrukturen, der sprachliche Text und die musikalische Folge, aufgenommen. Außer der Abfolge beider einzelnen Strukturen existiert also ständig die gleichzeitige Einheit von beiden, die natürlich auch gegensätzlich sein kann. Man kann sich das bildlich klarmachen durch das Beispiel eines mehrstimmigen musikalischen Satzes: darin gibt es horizontale und vertikale Beziehungen. Im Liede wären die Beziehungen zwischen Wort und Ton vertikaler Art.

Denken wir uns nun die Musik wieder weg. Kehren wir zurück zu unserem Meyer-Gedicht. Wir sehen nun, daß wir auch ohne musikalische Ebene, allein im sprachlichen Text, gleichzeitig mehrere Ebenen haben, die wir mit mehreren Stimmen einer Komposition vergleichen könnten. Eine besondere Ebene bildet der rein lautliche und rhythmische Ablauf. Stellen wir uns eine Sprache vor, die wir nicht verstehen. Wir würden dennoch den regelmäßigen Rhythmus der Verse und die Wiederkehr gleicher Klänge wahrnehmen. Vielleicht gefällt uns das Klangarrangement der Strophen sogar, ohne daß wir deren Sinn begreifen. Auch wer kein Spanisch kann, ist vielleicht vom Klang der Strophen des folgenden Gedichtes fasziniert, das der im spanischen Bürgerkrieg ermordete republikanische Dichter Federico Garcia Lorca 1924 schrieb:

Canción de Jinete	Reiterlied
Córdoba. Lejana y sola.	Córdoba. Einsam und fern.
Jaca negra, luna grande, y aceitunas en mi alforja Aunque sepa los caminos yo nunca llegaré a Córdoba.	Schwarzes Pferd, großer Mond, Oliven in der Tasche meines Sattels. Wohl kenne ich die Wege, doch nie mehr erreiche ich Córdoba.
Por el llano, por el viento, jaca negra, luna roja. La muerte me está mirando desde las torres de Córdoba.	Durch die Ebene, durch den Wind – schwarzes Pferd, roter Mond. Der Tod starrt mich an von den Türmen von Córdoba.
Ay qué camino tan largo! Ay mi jaca valerosa! Ay qué la muerte me espera, antes de llegar a Córdoba!	Ach, wie lang ist der Weg! Ach, mein wackeres Pferd! Ach, mich holt schon der Tod, eh ich ankomm' in Córdoba!
Córdoba. Lejana y sola.	Córdoba. Einsam und fern.

Wenn man der Sprache aber mächtig ist, dann kann man sogleich noch mehr sagen, und damit sind wir bei den Fakten, die dem Klischee von der ›Stimmung‹ und vom ›Gefühlsausdruck‹ zugrunde liegen: wir empfinden Lautfolge und Rhythmus als passend zur Bedeutung der Sprache, die vertikale Beziehung zwischen beiden Ebenen scheint uns als harmonisch, der Sinn der Worte ist von Meyer sozusagen überzeugend lautlich ›vertont‹ worden. Im Text ist von harmonischer ›Bewegung‹ die Rede – und auch der Rhythmus bewegt sich ohne Stauungen und Brüche, sozusagen ›gleitend‹ vorwärts. Nirgends widerspricht die Satzbewegung dem Vers:

Wie eins in den Winden
Sich wölbt und bewegt,
Wird auch das Empfinden
Des andern erregt.

Begehrt eins zu hasten,
das andre geht schnell,
Verlangt eins zu rasten,
Ruht auch sein Gesell.

Achtet man einmal auf solche vertikale Korrespondenzen, so fällt einem zusätzlich auf, daß auch der regelmäßig abwechselnde

Reim von je zwei Versen, der sogenannte Kreuzreim, sehr gut paßt zu den zwei Segeln, die gemeinsam schnell oder langsam fortschreiten.

Wir können nun bereits vorläufig zusammenfassen: Das, was bei der Lyrik die ›Stimmung‹ zu sein scheint, beruht darauf, daß die lyrische Textkonstitution die Tendenz besitzt, mehrere Ebenen mit Bedeutung, d. h. mehrere Teilstrukturen nach Art eines mehrstimmigen musikalischen Satzes aufeinanderzuschichten. So entsteht eine Gesamtstruktur, die wir überstrukturiert nennen wollen. Lyrische Textkonstitution ist also gleichzeitig nicht-narrativ und überstrukturiert. Beides zusammen produziert jene Intensität der Rezeption, die häufig auch verstärkende emotionale Reaktionen auslöst. Wir sehen nun, inwiefern Lyrik tatsächlich mit dem Problem-Kreis des ›Gefühls‹ in Zusammenhang steht. Uns soll jedoch im folgenden lediglich die auslösende semantische Struktur beschäftigen, nicht die Frage des möglichen psychischen Echos, die dem Bereich einer strukturalen Tiefenpsychologie zuzuweisen wäre.

Wenn wir von mehreren gleichzeitig existierenden Bedeutungsebenen im lyrischen Text sprechen, so scheint das paradox zu sein. Wäre das nicht im Grunde so, als ob mehrere Personen gleichzeitig Verschiedenes sprächen wie manchmal in der Oper, nur daß dort jeder Satz so oft wiederholt wird, bis man schließlich alles mitbekommt? Und weiter: wie soll denn die Lautebene, der Klangkörper des Textes einen eigenen Sinn bekommen, der nicht mit der normalen Bedeutung der Wörter indentisch ist? Dies ist in der Tat ein zentrales Problem der Lyrikforschung.

Das Beispiel der Aufnahme eines fremdsprachigen Textes durch einen Hörer, der die Sprache nicht versteht, zeigt zunächst folgendes: Könnte der Rhythmus noch nach Kriterien wie ›glatt‹ oder ›hart‹ eingeordnet werden, so sind die Laute allein an und für sich bedeutungslos. Verbindet man etwas mit den Lauten, so bewußt oder unbewußt durch Ähnlichkeiten mit bekannten Wörtern einer bekannten Sprache. Die Bedeutung, oder wie wir auch sagen wollen: semantische Füllung kann also nicht vom Himmel fallen, sie geht immer von der natürlichen Sprache aus. Durch Kombination von Wörtern mit Rhythmen oder Lautfolgen kann jedoch eine Bedeutungsübertragung auf andere Ebenen erfolgen. Eines der bekanntesten Beispiele ist die Wagnersche Leitmotiv-Technik: tritt eine Figur erstmals auf, so wird sie auffallend von einem bestimmten Motiv begleitet, Siegfried etwa vom Siegfried-Motiv. Durch diese Kombination erhält die an und für sich bedeutungslose musikalische Figur nun die Bedeutung ›Siegfried‹. Taucht sie später in anderen Zusammenhängen auf, etwa im Monolog einer anderen Figur, so ist bedeutet, daß diese Figur nun an Siegfried ›denkt‹ o. ä.. Ähnlich in dem Gedicht von Meyer: ein einziges Mal erscheint das Wort ›bewegen‹ darin; durch die Kombination mit Vers und Rhythmus wird auf diese jedoch die Bedeutung ›harmonische Bewegung‹ übertragen, und dieses Konzept wird nun durchgehend, wie durch ein Leitmotiv, vom Rhythmus repräsentiert. Wir wollen eine solche Bedeutungsübertragung auf nichtsemantische Strukturen Semantisierung der Strukturen nennen. Die Semantisierung der lautlichen und rhythmischen Ebene ist ein grundlegendes Verfahren der Lyrik.

Die Tendenz des lyrischen Textes zur Überstrukturierung und zur Semantisierung mehrerer Ebenen erklärt auch die Vorliebe der Lyrik für die poetische Form. Zwar spricht man zu Recht auch von ›lyrischer Prosa‹, und grundsätzlich sind lyrische Textkonstitution und Prosaform auch vereinbar. Aber die Vorliebe für möglichst viele Bedeutungsebenen legt die Benutzung der poetischen Form von vornherein nahe, weil dadurch zusätzliche Ebenen, wie eben der Vers, der Reim, der Rhythmus hinzukommen. Aber auch die Ebene der ausgesprochenen Bedeutung, d. h. die thematische Ebene selbst kann vom lyrischen Text vertikal verdoppelt und vervielfacht werden. So erwähnten wir bei dem Meyer-Gedicht bereits unseren Eindruck, der Autor meine mit den ›Zwei Segeln‹ nicht nur die Bildebene selbst, also zwei Segelboote, sondern noch mehr. Fragten wir uns: Was genau? so ließen sich sicher eine ganze Reihe zusätzlicher Bedeutungen denken. In einer Seminarstunde schlugen Studenten vor: »Ein Liebespaar«, »die Harmonie des Reimpaars und überhaupt der Poesie«, »die Harmonie zwischen zwei schönen Menschen oder zwei schönen Dingen«. Sicher werden den Lesern dieser Zeilen noch andere Möglichkeiten einfallen. Dazu ist zunächst zweierlei zu sagen: Erstens handelt es sich bei allen Vorschlägen nicht um beweisbare Elemente der ersten im Text vorhandenen Bedeutungsebene. Dort ist nur von »zwei Segeln« in »tiefblauer Bucht« die Rede. Diese erste Bedeutungsebene, deren Bedeutungen für jeden beweisbar und deutlich sind, ist die Ebene der Denotation. Im Gegensatz zur Denotation heißen alle Bedeutungen, die man nur erraten, hypothetisch annehmen, assoziieren kann, Konnotationen. Konnotationen sind also ›Liebespaar‹, ›Reimpaar‹ und alles Ähnliche. Der Aufbau konnotativer Bedeutungsebenen ist eines der wichtigsten Mittel des lyrischen Textes, es ist allerdings auch das Mittel, das zum Streit zwischen verschiedenen Interpretationen führen kann und meistens auch führt. Wer hat den nun recht?

Manche Literaturtheoretiker versuchen, aus der Not eine Tugend zu machen. Sie vertreten die These, daß bei der Erschließung konnotativer Bedeutungen als solcher, die man nur vermuten kann, prinzipiell alles richtig ist. Das versuchen sie dadurch zu begründen, daß der lyrische Text etwas Mysteriöses, angeblich ›Unerschöpfliches‹ sei. Versuchen wir, uns die Dinge anhand unseres Meyer-Beispiels genauer anzusehen. Ist wirklich jede beliebige Deutung gleich plausibel? Könnte man statt ›Liebespaar‹ genauso gut ›Dreiecksverhältnis‹ annehmen? Deshalb nicht, weil die ›drei‹ sich an der ›zwei‹ des Textes stieße. Die Denotationen schränken also die möglichen Konnotationen ein. Mindestens muß zwischen Denotation und Konnotation ein Bedeutungsteil gemeinsam sein. Insofern sind die oben genannten Interpretationsvorschläge in der Tat sämtlich plausibel, da für sie sämtlich gilt: ›harmonische Bewegung eines Paars‹. Die semantische Beziehung zwischen Konnotation und Denotation heißt in solchen Fällen metaphorisch, in denen ihnen ein Bedeutungsteil gemeinsam ist. Aber es gibt noch weitere Möglichkeiten zu prüfen, welche Interpretationen am ehesten vom Text angeregt werden. Zwischen ›Liebespaar‹ und ›Reimpaar‹ etwa besteht der Unterschied Mensch/Sache. Machen wir nun eine Probe aufs Exempel, indem wir nur die zwei letzten Strophen hören, die ursprünglich denotierte Bedeutung ›zwei Segel‹ also wie in einem Experiment weglassen: Wir vertauschen außerdem noch die Reihenfolge der 2. und 3. Strophe:

Begehrt eins zu hasten,
Das andre geht schnell,
Verlangt eins zu rasten,
Ruht auch sein Gesell.

Wie eins in den Winden
Sich wölbt und bewegt,
Wird auch das Empfinden
Des andern erregt.

Schade, daß wir nun nicht ein Umfrageergebnis der Assoziationen sämtlicher Leser herstellen können. Doch werden sicherlich die Kombination des Wortes ›Gesell‹ mit dem Begriff ›Paar‹ und der neutralen Ausdrucksweise ›eins‹/›das andre‹ sehr stark in Richtung der Konnotation Liebespaar wirken. Am stärksten wirkt dabei die Denotation des Begriffs ›Gesell‹, der eindeutig den menschlichen und zusätzlich erotischen Bereich signalisiert. ›Gesell‹ ist also Metapher in bezug auf die erste Bedeutungsebene, die der Segelboote, und Denotation in bezug auf die zweite, zusätzliche Ebene. An diesem Wort lag es also vor allem, wenn wir bereits beim ersten Lesen den Eindruck hatten, mit den Segeln sei noch etwas anderes gemeint. ›Gesell‹ ist in bezug auf ›Segel‹, ›Bucht‹,

›Winde‹ usw. denotiertes Signal einer konnotativen Ebene. Für diese Konnotation muß dann allerdings gelten, daß sowohl ›Segel‹ wie ›Bucht‹ wie ›Winden‹ je eine zweite Bedeutung parallel stehen muß. Das geht sehr gut bei ›Liebespaar‹: der ›Bucht‹ entspräche ihre ›Umwelt‹, den ›Winden‹ etwa die ›Lebensschicksale‹. Das ist hochgradig plausibel, obwohl die Konnotation ›Reimpaar‹ auch nicht auszuschließen wäre. Wie wir sehen, läßt sich die Interpretation also ganz rational diskutieren, es ist keineswegs so, daß man den Zugang zum lyrischen Text »entweder im Gefühl hat oder nicht«.

Wir können nun unsere Überlegungen zu dem Gedicht von Meyer abschließen und die Resultate zusammenfassen: Der lyrische, überstrukturierte Text vervielfältigt die Ebenen der Bedeutung auf der einen Seite durch Semantisierung der lautlichen und rhythmischen Ebenen, auf der anderen Seite durch Aufbau zusätzlicher, konnotativer Bedeutungsebenen. In unserem Fall ist die konnotative Ebene (›harmonische Bewegung eines Liebespaars durch Freud und Leid‹) insgesamt parallel zur denotativen organisiert. Sie ist ebenfalls in sich so abgeschlossen wie das Bild. Wir sprechen in solchen Fällen von einem Symbol. Dadurch schränken wir den Allerweltssinn dieses Begriffs für die Literaturtheorie ein. Wir erkennen nun auch noch deutlicher, wie sämtliche Ebenen im Gedicht verbunden sind: in der ›Mitte‹ unserer vorgestellten vertikalen Parallelität der Ebenen steht die Wortbedeutung, das geschlossene Vorstellungs-Konzept der harmonischen Bewegung zweier Segel im Wind. ›Darüber‹ sozusagen wird die konnotative symbolische Struktur errichtet (es könnten auch mehrere sein). ›Darunter‹ schließlich liegen die lautlich-rhythmischen Ebenen, die durch die gemeinsame Teilbedeutung von denotiertem Bild und konnotiertem Symbol semantisch gefüllt werden. Also durch das Konzept einer ›harmonischen Bewegung zu zweit‹. Eben eine solche Bewegung wird durch die Parallelität der Verse und Sätze und Reime und Rhythmen je erneut suggeriert. Wir verstehen nun die starke Wirkung, die von der Gesamtstruktur ausgeht. Der Eindruck der ›Tiefe‹ entsteht eben dadurch, daß der lyrische Text die Tendenz besitzt, die vertikale Vielfalt der Ebenen ständig noch weiter zu vermehren. Selbstverständlich wächst dabei die Gefahr der totalen Unverständlichkeit. Einige Lyriker haben sie bewußt und gewollt überschritten.

Das Gedicht von Meyer wählt eine klassische Mittelstellung zwischen reizloser Eindeutigkeit und hermetischer, also unverständlicher Verschlüsselung. Die von Meyer verwendete klassische Symbolform wurde in Deutschland von Goethe entwickelt. Typisch dafür ist, daß das konnotierte Symbol zwar nur angedeutet wird (hier durch das Wort ›Gesell‹), daß es aber immerhin nicht ganz im Dunkeln gelassen, sondern signalisiert erscheint. Durch den Rätselcharakter wird eine erhöhte ästhetische Aufmerksamkeit auf den Text erzwungen. Wir haben den Eindruck, daß noch eine ›tiefere Bedeutung‹, wie es heißt, vorliegt. Aber sie springt nicht ins Auge, so daß wir den Text wieder und wieder lesen und seine Bezüge durchspielen müssen, bis sich eine oder mehrere plausible symbolische Bedeutungen abzeichnen.

Wir kommen nie endgültig zur Ruhe, da keine Deutung mathematisch beweisbar ist, wir werden aber auch nicht in die Verzweiflung oder Frustration absoluter Dunkelheit, in der sich keinerlei Sinn abzeichnet, gestoßen. In der Mitte steht das Bild in seiner sinnlichen Evidenz und Geschlossenheit. Wir alle wissen, daß die so umschriebene Spielart des lyrischen Textes sicherlich nicht die einzig mögliche, daß sie eine historisch begrenzte Erscheinung ist. Versuchen wir also, von ihr Abstand zu gewinnen. Betrachten wir ein zweites, ganz anderes Gedicht:

Bertold Brecht: RUDERN, GESPRÄCHE
Es ist Abend. Vorbei gleiten
Zwei Faltboote, darinnen
Zwei nackte junge Männer: Nebeneinander rudernd
Sprechen sie. Sprechend
Rudern sie nebeneinander.

Wieder ist es schade, jetzt nicht die Reaktion der Leser erfassen und wiedergeben zu können. Aber wir könnten uns durchaus denken, daß der eine oder andere nun sagt: »Das soll ein lyrisches Gedicht sein? Ohne Versmaß, ohne Reim? Ist das nicht sehr trocken und unpoetisch, auch unlyrisch? Was soll das ganze überhaupt?«

Wir hatten bereits festgestellt, daß Lyrik sich prinzipiell auch mit Prosa vertragen könnte, es ließe sich lyrische Prosa denken. Aber Brecht wollte mit RUDERN, GESPRÄCHE keineswegs nur lyrische Prosa geben. Sonst hätte er den Text nicht in fünf Verse abgeteilt, die man beim Vorlesen entsprechend deutlich hervorzuheben hätte.

Sicherlich ist richtig, daß dieses Gedicht kaum ›Gefühle‹ und ›Stimmungen‹ hervorrufen wird, wie das bereits diskutierte Klischee sie von jeder Lyrik fordert. Es ist bekannt, daß Brecht einiges gegen das ›romantische Glotzen‹ im Theater hatte, auch Lyrik schrieb er mit anderen Zielen. Poesie muß nicht eingehen wie Likör. Daß auch Brechts Gedicht eine poetische Form besitzt, läßt sich zeigen: zwar reimt es sich nicht, zwar kennt es keine regelmäßig wiederkehrenden Verse, aber es besitzt zweifellos

einen Rhythmus. Einen Rhythmus allerdings, der in extremem Gegensatz zu dem Rhythmus des Meyer-Gedichts steht. War der Rhythmus dort fließend, waren die Verse glatt gefügt, so stockt und staut sich bei Brecht alles extrem: die Verse sind hart gefügt, nie stimmen die Satzenden mit Versenden überein, das ganze steckt voller Widersprüche, und vielleicht ist dabei Absicht im Spiel. Daß wir es nicht mit einfacher Prosa, etwa einer Tagebuchnotiz, zu tun haben, das zeigen solche Umstellungen wie »Vorbei gleiten / Zwei Faltboote« statt zu sagen: »Zwei Faltboote gleiten vorbei.« Brecht nannte den durch solche harte Fügung entstehenden Rhythmus gestisch, er zielte damit auf bestimmte Effekte, die im Augenblick noch nicht deutlich werden, aber sicher ganz im Gegensatz zum Effekt der ›Stimmung‹ stehen.
Versuchen wir also, unser anhand des Meyer-Gedichts entwickeltes Analyseverfahren auch hier anzuwenden. Beginnen wir mit der denotierten Bedeutungsebene, verkürzt gesagt: mit dem, was wir eindeutig vor uns stehen haben. Wieder könnte es sich auf den ersten Blick um ein sogenanntes ›Erlebnis‹ des Dichters handeln. Brecht hätte etwa abends auf einer Terrasse an einem See gesessen und zugesehen, wie zwei nackte Sportler in zwei Faltbooten vorbeiruderten. Schön und gut, wird man sagen, aber was soll's? So etwas erlebt jeder von uns zigmal, und wir hielten es wohl zu Recht für eigenartig, das aufzuschreiben und auch noch zu veröffentlichen. Hellhörig geworden durch das Meyer-Gedicht könnten wir uns also sagen: Ein Erlebnisgedicht kann schlecht vorliegen, vielleicht deutet auch hier die eigenartige Textform auf einen konnotierten symbolischen Sinn? Nur suchen wir vergeblich nach einem eindeutigen Signal für eine zweite Bedeutungsebene, so wie es das Wörtchen ›Gesell‹ in Meyers Gedicht war. Brecht scheint zunächst tatsächlich nur einen Vorgang zu beschreiben, allerdings beschreibt er ihn sehr eigenartig. Stellen wir uns einen Mann auf der Seeterrasse vor, der auf zwei Faltboote mit Sportlern zeigen würde und dann sagte: »Nebeneinander rudernd / Sprechen sie. Sprechend / Rudern sie nebeneinander.« Da würden wir in der Tat hellhörig und fragten uns: ›Was will er mit dieser eigenartigen Art der Beschreibung noch anderes zum Ausdruck bringen? Offenbar scheinen ihm die beiden Ruderer irgend etwas anderes zu verdeutlichen!‹
Warum also diese Betonung von drei Wörtern durch Wiederholung und Umstellung: ›rudern‹, ›sprechen‹ und ›nebeneinander‹? Warum zuerst das eine als finites Verb, das andere als Partizip, dann umgekehrt? Das Partizip drückt hier Einheit, Identität einer Handlung mit einer zweiten aus, so als ob ich sagte »rauchend arbeite ich«. Durch den Tausch und die Wiederholung wird die

Identität möglicherweise besonders unterstrichen. Die beiden verschiedenen und doch identischen Handlungen scheinen also zwei andere, ebenfalls gleichzeitig gegensätzliche und doch identische Sachverhalte zu repräsentieren: nur welche? Wiederum könnten wir sicherlich verschiedene Möglichkeiten nennen und herumraten. Wir wollen das Verfahren diesmal abkürzen und gleich unsere eigene Hypothese nennen: Wir meinen, daß die beiden gleichzeitig diskutierenden und rudernden Sportler die dialektische Einheit von Theorie und Praxis konnotativ symbolisieren. Wir müssen diese Hypothese begründen. Dabei zeigt sich gleich ein bedeutsamer Unterschied zu Meyer: Um sein Gedicht interpretieren zu können, war irgendeine Kenntnis über die besondere historische Zeit des Autors, über seine Weltanschauung oder seine politische Haltung nicht unabdingbar notwendig.
Wir werden zwar abschließend uns vergewissern können, daß natürlich auch Meyers Gedicht Ausdruck einer bestimmten Zeit und Ausdruck bestimmter Ideologeme, also gesellschaftlich bedingter Konzepte (Vorstellungswerte), ist, aber Meyer stößt uns sozusagen nicht darauf. Das ist bei Brecht anders. Sicherlich ließe sich die gegebene Deutung auch rein sprachlich (durch eine sehr genaue semantische Analyse) verständlich machen – aber sie gewinnt doch erst ihre Überzeugungskraft durch unser Wissen, daß Brecht Marxist war und die dialektische Einheit von Theorie und Praxis insofern für ihn tatsächlich ein ganz zentrales Konzept darstellte. Diese Berücksichtigung außertextlicher realhistorischer Umstände, die wir pragmatisch nennen wollen, ist nicht nur an dieser Stelle notwendig. Wir haben das konnotierte Symbol ja noch nicht zu Ende gedeutet. Wenn ›rudern‹ für ›Praxis‹ und ›sprechen‹ für ›Theorie‹ steht, dann fehlt noch die Deutung des ›nebeneinander‹. Auch hier erleichtert die Rückbesinnung auf den Marxismus als Brechts Weltanschauung die Aufschlüsselung: zwei junge Männer bewegen sich nebeneinander vorwärts, wobei die Bewegung das Fortschritts-Symbol konnotieren könnte und dementsprechend das ›nebeneinander‹ dann das Konzept der ›Solidarität‹.
Daß eine solche Deutung nicht einfach, wie man zu sagen pflegt, »an den Haaren herbeigezogen« ist, kann der Vergleich mit einem ähnlichen Symbol zeigen, das sogar außerhalb des marxistischen Kontextes situiert ist: vor uns liegt eine Serie von Zeitungsanzeigen der Rheinisch-Westfälischen Immobiliengesellschaft, die alle durch Bilder ein dem Solidaritäts-Konzept ähnliches, das Partnerschafts-Konzept symbolisieren wollen. Als Bild dienen etwa zwei Radsportler auf einem Tandem, oder eben auch eine Reihe von Ruderern in einem Boot. Die sprachlichen Konzepte dazu lauten

»Gemeinschaftsarbeit«, »Partnerschaft«.
Eine solche zufällige Übereinstimmung zeigt uns, daß wir es bei dem zugrunde liegenden symbolischen Konzept mit einem Konzept des kollektiven Bewußtseins, mit einem Kollektiv-Symbol zu tun haben.
Gewiß wollen wir nun nicht etwa ›überinterpretieren‹. Aber es scheint doch nicht ohne Bedeutung, daß Brechts Sportler nicht in einem Boot hintereinander, sondern eben jeder in seinem eigenen nebeneinander rudern. Dadurch wird die Diskussion als integraler Bestandteil des solidarischen Vorwärtskommens, des Fortschritts sinnfällig. Zieht man schließlich noch die Information hinzu, daß Brecht dieses Gedicht 1953 in der DDR schrieb, in einer für ihn zwiespältigen politischen Situation nach dem 17. Juni, als er in starker Opposition gegen die konkrete politische Taktik der DDR-Führung stand, gleichzeitig aber in die DDR als sozialistischen Staat und besonders in die Arbeiterschaft der DDR große Hoffnungen setzte, so gewinnt auch die ›Nacktheit‹ und ›Jugend‹ der Ruderer eventuell zusätzlichen Sinn. Damit könnten dann die jugendlichen Kräfte in der DDR gemeint sein, die sich daran machten, die Marxsche Dialektik von Theorie und Praxis wirklich zu beachten. ›Nacktheit‹ wäre so etwas wie eine Kulturrevolution, das Abwerfen von altem ideologischen Ballast, wie es in den Nonnen des gleichzeitigen Gedichts »Heißer Tag« symbolisch repräsentiert ist:

Heißer Tag
Heißer Tag. Auf den Knien die Schreibmappe
Sitze ich im Pavillon. Ein grüner Kahn
Kommt durch die Weide in Sicht. Im Heck
Eine dicke Nonne, dick gekleidet. Vor ihr
Ein ältlicher Mensch im Schwimmanzug, wahrscheinlich ein Priester
An der Ruderbank, aus vollen Kräften rudernd
Ein Kind. Wie in alten Zeiten! denke ich
Wie in alten Zeiten!

Gerade die Gegenüberstellung mit diesem Kontrastgedicht liefert weitere Argumente für die von uns gegebene Deutung. Dicke Vermummung steht gegen Nacktheit, Trägheit gegen Rudern und Sprechen, jeder in seinem Boot gegen das alte ›alle in einem Boot‹, in dem wie üblich allerdings die einen rudern, die anderen gerudert werden.
Auch bei Brecht ordnet sich also die konnotative Bedeutungsebene zu einem geschlossenen Symbol. Nur ist der Bezug zwischen denotierter Bildebene und konnotierter Symbolebene nicht wie bei Meyer metaphorischer Art. Vielmehr verweist das eine nicht

über ein semantisches Gemeinsames auf das zweite als etwas anderes, sondern eines repräsentiert in sich selbst gleichzeitig das Zweite, ist sein realer Bestandteil. Rudern ist Praxis, miteinander sprechen ist im Gegensatz dazu Theorie. Der Bezug zwischen beiden ist also ein Bezug in der Realität, ein pragmatischer Bezug, der in der klassischen Rhetorik als *pars pro toto*, zu deutsch: ›der Teil steht fürs Ganze‹ bezeichnet wird. Bezüge dieses Typs, die auf pragmatischen Zusammenhängen beruhen, nennen wir metonymisch. Wir können also diesen Unterschied zwischen dem Symbol Meyers und dem Symbol Brechts festhalten: Meyers Symbolisierung eines Liebespaars mittels der »Zwei Segel« verfuhr metaphorisch, Brechts Symbolisierung der dialektischen Einheit von Theorie und Praxis mittels des gleichzeitigen Rudern und Diskutierens verfährt metonymisch. Wir wollen nun abschließend noch darüber nachdenken, was solche und andere Unterschiede über den verschiedenen historischen Standort und das verschiedene poetische Engagement beider Autoren festzustellen erlauben.

Wir hatten die Analyse des Brechts-Gedichts noch nicht ganz abgeschlossen. Eine Frage war noch offen geblieben: die nach der Funktion der lautlichen und rhythmischen Gestalt. Gehen wir von der Abfolge der Sätze aus. Es beginnt mit einer lapidaren Kennzeichnung des Standpunkts des Beobachters: »Es ist Abend.«

Das ist sicher real gemeint, möglicherweise konnotiert es gleichzeitig Brechts Bewußtsein, ins Alter eingetreten zu sein. »Vorbei gleiten / Zwei Faltboote«. Das erinnert noch sehr an das Gedicht von Meyer, wenn man von dem ›gestischen‹ Rhythmus absieht. Wie bei Meyer scheinen die Boote spontan von selbst bewegt zu werden, von der Strömung vielleicht wie Meyers Boote von den Winden. Nun aber wendet sich der Blick auf das »darinnen«: der Antrieb dieser Bewegung, die nur auf den ersten Blick spontan-harmonisch-natürlich wie bei Meyer aussieht, wird vom zweiten Blick als bewußt menschlich-gesellschaftlich geplant erkannt. Und der eigentliche ›Motor‹ der ›Bewegung‹ ist in den solidarisch verbundenen Menschen die kollektive dialektische Einheit von Theorie und Praxis im Sinne von Marx. Hier kommt der Prozeß des nachdenklichen Beobachtens eines alltäglichen Vorgangs zum Ziel. Dem entspricht die abschließende verschränkt-dialektische Formulierung. Die Funktion der lautlich-rhythmischen Organisation besteht bei Brecht also darin, die Etappen dieses eigenartig hinblickenden Erkenntnisprozesses ästhetisch transparent zu machen. Dieser Vorgang, dieses zu einer dialektischen und damit gleichzeitig ästhetischen Organisation, dieses Finden der Konzepte ist hier identisch mit dem lyrischen Vorgang. Würde die

Form – etwa durch Klangspiele oder eingängig-einschmeichelnden Rhythmus oder gar Reim – davon ablenken, so würde der Kern dieser lyrischen Gestalt zerstört. Das würde ablenken. Man würde denken »wie schön das klingt!« und bekäme die Schönheit des Wesentlichen nicht mit, die nur in sprachlicher Sparsamkeit, Prosanähe und Nüchternheit, ›nackt‹ sozusagen wie die ganz auf ihr Rudern und Sprechen konzentrierten jungen Männer ästhetisch zum Ausdruck kommen kann.

Wir haben gesehen, wie zwei verschiedene poetische und lyrische Konzepte von ›Bewegung‹ zwei recht verschiedene lyrische Gebilde hervorbrachten. Bei Meyer handelte es sich um die Vorstellung harmonischer ›Bewegung‹ der Natur und der Seele: So wie zwei Segel in gleichen Winden und gleicher Strömung sich natürlich und spontan parallel bewegen, so zwei liebende Seelen in gleicher Umwelt und gleichen Freuden und Leiden, gleichen ›Geschicken‹, wie das häufig verwendete Wort lautet. Die Entwicklung der historischen Zeit spielt dabei keine Rolle: So ist es ewig, suggeriert das Gedicht, so ist die Natur und so ist der Mensch. Wir sehen also, daß die Abgeschlossenheit des Gedichts mit dem lyrischen Konzept seiner zeitlichen Dimension zusammenhängt. Dieses Konzept ist das der mythischen Zeitdimension, gekennzeichnet durch Enthobenheit aus der historischen Entwicklung und zyklische Struktur der ›ewigen Wiederkehr‹. Paradoxer- und doch symptomatischerweise entspricht dem Ausgreifen ins Zeitlose des Mythos und ins Ewig-Menschliche die Intimität und Privatheit des Symbols vom harmonischen Liebespaar. Dieser Widerspruch, der ja, wie wir sahen, gleichzeitig lyrische ästhetische Tugend ist, verweist den Blick des Literaturhistorikers auf die ideologischen Rahmenbedingungen des Meyerschen Gedichts. Private Harmonie wird hier mittels der mythischen Perspektive zum idealen Modell von Geselligkeit (vgl. noch einmal das wichtige Wort ›Gesell‹), erotisch-intime Geselligkeit ist Modell von Kommunikation und Interaktion, wie man heute sagen würde, überhaupt – damit aber auch von Gesellschaft, wenn sie auch nicht thematisiert wird. Ein Gedicht also, dessen sozialer Träger zweifellos innerhalb eines bürgerlich bestimmten historischen Blocks, wie der Ausdruck des italienischen Marxisten Antonio Gramsci lautet, zu situieren wäre. Neben dem Ideologem des Mythisch-Ewigmenschlichen spielt dabei das Ideologem der Dominanz des Natürlichen auch innerhalb des gesellschaftlichen Bereichs eine wesentliche Rolle: aus ihm gewinnt das Gedicht die Möglichkeit der bruchlosen Integration des menschlich-gesellschaftlichen Elements der Boote in die Naturszene ebenso wie der klassisch-harmonischen Symbolisierung seelisch-harmonischer Bewegung durch natürlich-harmonische Bewegung. Und nur dieser Rahmen rechtfertigt auch die eingängige lautlich-rhythmische Gestalt, die sich ebenso spontan und natürlich gibt wie das zentrale Bild erscheint.

In all dem erscheint Brechts Gedicht wie eine bewußte Negation des Meyerschen. Sowohl das Konzept der mythischen Zeitdimension wie vor allem auch das der Dominanz des Natürlichen im Gesellschaftlichen werden bewußt konterkariert. Das Konzept von ›Bewegung‹ beruht nicht mehr auf Spontaneität und Natürlichkeit, sondern nun auf Bewußtsein, Planung, gesellschaftlicher Praxis und Solidarität. Der private Mythos wird durch das ideologische Konzept der ›Arbeiterbewegung‹, die mittels kollektiver Symbole konnotiert ist, ersetzt. Damit situiert sich Brechts Gedicht auch bewußt in einem anderen, neuen ›historischen Block‹. Was seine spezifischen ästhetischen und genauer lyrischen Qualitäten angeht, so sahen wir, daß sie nur dann als geringer als die der »Zwei Segel« erscheinen werden, wenn der Beurteiler sich historisch nicht von den Normen der bei Meyer herrschenden Ästhetik und des entsprechenden historischen Blocks lösen kann. Eben diese historisch begrenzten Normen liegen, wie wir nun sagen können, auch der weit verbreiteten Auffassung zugrunde, jede Lyrik müsse Gefühls- und Stimmungs-Ausdruck sein. Gemeint ist damit eine lyrische Textkonstitution, in der die verschiedenen Strukturebenen sich in der Weise gegenseitig intensivieren, daß die suggestive Kombination etwa eines Naturbilds mit einem eingängig lautlich-rhythmischen Ablauf ins Zentrum gerückt erscheint. Die Möglichkeiten lyrischer Textkonstitution sind, wie wir sahen, keineswegs auf diesen Typ, oder – wie wir auch sagen können: auf diesen lyrischen Stil beschränkt. Brechts Gedicht repräsentiert einen anderen lyrischen Stil mit eigenen ästhetischen Möglichkeiten und Qualitäten. Der Literaturhistoriker hätte zu fragen, nach welchen tendenziellen Gesetzmäßigkeiten lyrische Stile sich entwickeln.

Einige Faktoren solcher Entwicklung können wir abschließend bereits nennen: auf der einen Seite gibt es eigentlich ästhetische Faktoren, die sich aus der Vielzahl theoretischer Möglichkeiten lyrischer Textkonstitution ergeben. Auf der anderen Seite wirken einschränkend oder anregend ideologische Konzepte als Rahmenbedingungen der lyrischen Entwicklung. Die dialektische Wechselwirkung beider Faktoren, so kann man annehmen, wird auf die Stilentwicklung von entscheidendem Einfluß sein.

Am Ende von vier Kollegstunden, die Ihnen Antworten geben sollten auf die Frage »Was ist ein Text?« befinden wir uns unversehens nicht mehr im Bereich der bloßen Beobachtung und Beschreibung von Eigenschaften, die einen Text konstituieren, wir sind längst dabei, Texte zu interpretieren. Unmerklich nämlich gehen Aussagen über Texte, die nicht nur Beschreibungen, sondern auch Ansichten und Urteile enthalten, über in die Textauslegung. Es ist ein alter Streit, ob man überhaupt über Texte reden kann, ohne sie dabei jeweils neu auszulegen. Denn schon die Sprechbetonung beim lauten Lesen ist ja der Ansatz zu einer Auslegung. So sind auch in den vergangenen Kollegstunden, in denen wir uns über die verschiedenen kommunikativen Spielarten der Literatur, über die Unterscheidung zwischen pragmatischen und poetischen Texten und schließlich über die Besonderheiten von Erzählung und Lyrik verständigten, immer schon Texte *interpretiert* worden. In den letzten Minuten, bei der Behandlung des Brecht-Gedichtes und beim Vergleich zwischen Meyers und Brechts Verskunst hat sich deutlicher als bisher die Schwelle herausgestellt, über die hinweg in jedem Fall Textbeschreibung und Textanalyse in Textinterpretation übergehen. In dem Augenblick, in dem historische Argumente beigezogen werden, ist es ganz klar: Sie können nicht für jedwedes Gedicht gleichermaßen, sondern nur für jedes Gedicht und für jeden Autor besonders gelten. Weil jeder Text seine besondere Geschichte hat, auch wenn er überzeitlich gelten will, darum kann Textinterpretation, die sich auf diese Geschichte einläßt, auch nicht in dem Maße systematisch gelehrt werden wie die verschiedenen Methoden der Textanalyse. Hier kommt es auf die Einfälle, auf das Vorwissen und vor allem auf die jeweiligen Lebensinteressen des Interpreten ebenso an wie auf die Sinndeutungs-Angebote, die der Text von sich aus macht. Interpretieren ist also, da hat Emil Staiger durchaus recht, eine Kunst – oder ein Handwerk, aus dem man eine Kunst machen kann – eher als eine systematisch zu lehrende Wissenschaft. Dennoch ist das Interpretieren von Texten seit altersher – vom Kommentar bis zum frei spekulierenden Essay – eine der Hauptaufgaben und – sagen wir es ruhig, eines der reizvollsten Spiele all derer gewesen, die mit Texten umgehen. Wir widmen deshalb den ganzen nächsten Block von vier Kollegstunden verschiedenen Beispielen der Interpretation und vergessen dabei neben den poetischen Hauptgattungen nicht, daß die Auslegung von nicht-poetischen Texten wie der Bibel oder Gesetzeswerken schon früh zur Herausbildung ganzer Berufsstände geführt hat. Wenn bei diesen Interpretationen das Arsenal der Begriffe und Verfahrensweisen, mit dem wir die Konstitution von Texten bestimmt haben, nicht überall sichtbar verwandt wird, sondern Eigenheiten der Interpreten deutlich zutage treten, so liegt das eben daran, daß die Kunst der Interpretation nicht völlig systematisierbar ist und auch nicht systematisiert werden soll. Denn eben ihre Offenheit garantiert, daß jede neue Textbegegnung auch neue Erkenntnisse zutage fördern kann. Die Wissenschaftlichkeit einer Interpretation wird allein dadurch garantiert, daß der Interpret kenntlich macht, wie er zu seinen Wertungen und Urteilen gelangt. Dies sollen Sie in den nächsten Stunden verfolgen und – wenn Sie sich die angekündigten Texte rechtzeitig vornehmen, nach Möglichkeit auch selber mitmachen.

IV Textauslegung

Die Kunst der Interpretation soll in den nächsten Lektionen des Kollegs an Beispielen gezeigt und geübt werden. Hans Magnus Enzensberger hat kürzlich unseren Deutschlehrern zugerufen, es gäbe überhaupt nicht die ›richtige‹ Interpretation. Wir wollen zusehen, ob Hans Magnus Enzensberger offene Türen einrennt oder ob er damit womöglich nur für die schöne Literatur spricht, weil zum Beispiel ein Richter aus keinem geringeren Anlaß als dem, Gerechtigkeit zu üben, zu einem sicheren Urteil anhand von Texten kommen muß. Man sieht schon, wir werden uns nicht nur mit schöner Literatur befassen, obwohl eine Drameninterpretation, ein Vergleich zweier Romane und der schwierige Umgang mit moderner Lyrik den größten Teil dieses Abschnitts für sich in Anspruch nehmen. Wenden wir jedoch zunächst einen Blick auf die Interpretation nichtfiktionaler Texte. Die Bibel hat von jeher ihre Ausleger gefunden, lange Zeit waren nur die geistlich Berufenen dazu befugt, diese Kunst auszuüben. Älter als jede Auslegung schöner Literatur ist auch die praktische Auslegung, d. h. die Rechtssprechung nach Gesetzestexten. Von diesen beiden klassischen Bereichen nichtfiktionaler Literatur soll in diesem Kapitel die Rede sein.

10. Ludwig Fischer, Eberhard Lämmert

Auslegung nichtfiktionaler Texte

a) Ludwig Fischer

Auslegung der Bibel

Was hat ein Abschnitt über Bibelauslegung im Funkkolleg Literatur zu suchen?

Das hängt unter anderem davon ab, was man unter Literatur versteht.

Wenn – wie in früheren Kollegstunden besprochen – der Begriff ›Literatur‹ nicht mit ›Dichtung‹ gleichzusetzen ist, sondern alle sprachlichen Äußerungen meint, die schriftlich oder auf eine andere Weise fixiert sind, dann gehört auch die Bibel zweifellos zur Literatur. Innerhalb des riesigen Bereichs fixierter sprachlicher Äußerungen gibt es aber offensichtlich ganz unterschiedliche Arten von Texten. In der siebten Kollegstunde war ein Ansatz vorgelegt worden, nach dem zwei große Gruppen von Texten, ›fiktionale‹ und ›nichtfiktionale‹, voneinander unterschieden werden sollten. Nach der dort erläuterten Auffassung müßte die Bibel eindeutig den ›nichtfiktionalen Texten‹ zugeordnet werden. Denn – wir nehmen jetzt die Begriffe wieder auf – sie gehört in eine pragmatische Kommunikationssituation; der Gehalt der biblischen Texte soll in eine Handlungsdisposition des Hörers oder Lesers umgesetzt werden, – wenigstens dem traditionellen Anspruch der Bibel nach. Für die Verletzung der gesellschaftlich vorherrschenden Kommunikationssituation, in der die Bibel verwandt wird, gibt es Sanktionen. Zum Beispiel für eine offenkundig blasphemische Verwendung zentraler biblischer Texte. Die biblischen Texte – als pragmatische – haben, so scheint es, nichts außer den Sprachbestandteilen mit etwa einem Gedichtband gemein.

Und doch haben auch Lyriker immer wieder mit ihren Texten auf die Bibel zurückgegriffen. Ich denke gar nicht nur an Bertolt Brecht, der 1928 von einem Berliner Damenblatt nach seinem ›stärksten Eindruck‹ gefragt wurde. Er antwortete mit einem einzigen Satz:

Sie werden lachen: die Bibel.

Die Literaturwissenschaftler haben inzwischen sehr genau nachgewiesen, daß Brecht viele Wendungen, Formelemente, Stilmuster aus der Bibel, besonders der Übersetzung Luthers, für seine literarische Produktion benutzt hat. Gelegentlich gibt er auch ganz deutlich an, daß er sich auf biblische Texte bezieht, etwa wenn er einem Gedicht die Überschrift ›Psalm‹ voranstellt. Läßt sich bei Brecht parodistische und bis ins Blasphemische reichende Absicht in solchem Verweis erkennen, so haben viele expressionistische Lyriker den Titel ›Psalm‹ über Gedichte gesetzt, die mit dem Ton der Klage und Verzweiflung auch die Ausdruckshaltung mancher Psalmen des Alten Testaments aufnehmen. Und Hans Magnus Enzensberger hat in seinen ersten Gedichtband ›Verteidigung der Wölfe‹ ein Gedicht aufgenommen, in dem er dreimal ein hebräisches Wort verwendet, das in den biblischen Psalmen als eine Art Einsatzzeichen für die Musikbegleitung steht:

Hans Magnus Enzensberger: Candide

während die hellschreiber knattern,
ordnest du in der vase den mohn.
während pompeji untergeht in der lava,
lobst du meinen tabak.
während drei kanzler das land verkaufen,
gießt du mit sorgfalt den tee auf.
während die stadt zerschmettert wird,
holst du blaufelchen aus dem bach.
während das weltall explodiert,
schleuderst du gern deinen honig.

nichts ist gewaltiger als der mensch;
d. h.
spiralnebel, kulturkrisen, weltkriege
sind ephemere belanglosigkeiten,
stroh der zeit,
kindereien.

wichtig ist, daß du auf knirschender scheibe
sorgsam den lehm führst (sela):
wenn dann die pest hereinschaut,
kommt sie zu spät;
ein paar jahrhunderte gehn, und die mädchen
freun sich an den farbigen schalen.

wichtig ist, daß du um deine schulter
das passende tuch legst (sela):

wenn dann das schiff zerbricht,
bricht es zu spät;
ein paar kulturen gehn, und, wer dich liebt,
freut sich der anmut deines profils.

wichtig ist, daß du den richtigen reiser
auf den richtigen baum setzt (sela):
wenn dann die henker klingeln,
kommen sie schon zu spät;
einige eiszeiten gehn, und die kinder
freun sich der lieblichen aprikosen.

dämonie? ist gewöhnlich dilettantismus.
katastrophen? kaffeeklatsch der geschichte,
überdauert von tonkrügen, von profilen,
und von deinen aprikosen, candide.[1]

Aber eine solche Benutzung der Bibel entspricht doch offenkundig nicht dem allgemein vorausgesetzten, vorherrschenden und geschichtlich verankerten Zweck dieses Buches. In unserem Kulturkreis gehört die Bibel, auch für Nicht-Christen, ganz selbstverständlich in den religiösen, genauer: den kirchlichen Bereich. Aus ihr wird in den Gottesdiensten vorgelesen, über einzelne Textstellen wird in den Predigten gesprochen, bei Taufen, Trauungen, Beerdigungen werden Bibelverse zitiert. Ganz sicher ist, daß gegenüber früheren Jahrhunderten die Zahl derer, die im stillen Kämmerlein regelmäßig in der Bibel lesen, ganz drastisch abgenommen hat. Und die Zeiten, in denen aus der Bibel Anweisungen fürs Alltagsleben oder gar für die Entscheidungen von rechtlichen Streitfällen entnommen wurden, sind längst vorbei. Zwar leben Bibelzitate unerkannt auch in unserer Umgangssprache fort, etwa in Sprichwörtern – »Wer andern eine Grube gräbt, fällt selbst hinein.«, dieses Sprichwort kann man wiederfinden im Alten Testament, Sprüche Kapitel sechsundzwanzig Vers siebenundzwanzig: Wer eine Grube gräbt, fällt darein, und wer einen Stein wälzt, auf den rollt er zurück.[2]
Für die meisten in unserem Land, und nicht nur in unserem, ist die Bibel jedoch ein fremdes Buch, isoliert in dem gesellschaftlich abgekapselten, an den Rand gedrängten kirchlichen Raum. Deshalb wirkt die Benutzung der Bibel für die Produktion poetischer Texte, wirkt die Anspielung auf biblische Sprache und Aussage als ausgesprochen bildungsbürgerlich, ja für viele als esoterisch. Und

1 Hans Magnus Enzensberger: *verteidigung der wölfe*. Frankfurt/M 1957. S. 22
2 Die Bibel oder die ganze Schrift des Alten und Neuen Testaments nach der deutschen Übersetzung D. Martin Luthers, Stuttgart o. J.

oft wird die Verwendung biblischer Elemente in der Kunstliteratur heute nur noch von Spezialisten erkannt.
Aber noch anders hat die Bibel mit Dichtung zu tun als nur durch die lange Tradition, in der sie auch für die Verfertigung poetischer Texte benutzt wurde, sei es durch die Verwendung biblischer Stoffe, Sprachmuster oder Formelemente, sei es im Bezug auf ein biblisch fundiertes Weltbild. Denn die Bibel selbst enthält Texte, die ihrer Herkunft nach als weltliche, als profane Dichtung zu bezeichnen sind.
In den Jahrhunderten, als die Schriften der Bibel entstanden, muß das gesamte Handeln und Denken der Menschen in ganz anderer Intensität von religiösen Vorstellungen bestimmt gewesen sein als in unserer Zeit. Eine Unterscheidung von religiöser und weltlicher Dichtung dürfte daher schwerfallen. Dennoch kann man besonders im Alten Testament recht gut Texte oder Reste von Texten erkennen, in denen religiöse Vorstellungen so gut wie ganz zurücktreten und die profan-alltäglichen Lebensbereichen zu entstammen scheinen. Ja, ein ganzes Buch des Alten Testaments, das sogenannte Hohelied, besteht aus einer Sammlung von Liebesliedern.
Vielleicht gehörte ja für die Verfasser oder Sänger dieser Lieder auch das ganz Sinnliche an der Liebe in den Erlebnisbereich des religiösen fundierten Daseins. Zumindest später aber faßte man Texte wie das Hohelied als ›eigentlich‹ weltliche Poesie, als profanes Stück Literatur auf. Das mußte Probleme ergeben, wenn ein solcher Text in einer Sammlung von Schriften stand, die für den religiösen und kultischen Gebrauch bestimmt war. Also muß diese Textsammlung irgendwann einmal fixiert worden sein. Sonst hätte man ja die ›profan‹ erscheinenden Stücke einfach wieder ausscheiden können.
Das Alte Testament und das Neue Testament sind Sammlungen von Schriften ganz unterschiedlicher Art und Herkunft. Zum Beispiel enthält das Alte Testament unter anderem religiös begründete und verwandte Gesetzestexte, Urkunden, geschichtliche Berichte, mythische Erzählungen – wie etwa die Schöpfungsgeschichte –, aber auch Gebete und prophetische Predigten. Und im Neuen Testament finden sich neben den Evangelien, die als Glaubensdokumente in Form von Ereignisberichten erscheinen, beispielsweise verschiedenartige Briefe. Die Zusammenstellung zu einer Sammlung ganz bestimmter Schriften, die Fixierung des sogenannten Kanons der biblischen Texte, vollzog sich allmählich.
Der Prozeß dürfte im Judentum bei der Festlegung des Alten Testaments erheblich länger gedauert haben als bei der Abgren-

zung des Neuen Testaments durch die frühchristlichen Kirchen. Jahrhundertelang bildeten die fünf Bücher Mose im Judentum den Kern einer nicht genau eingegrenzten Sammlung heiliger Schriften, und erst zwischen etwa 100 vor Christus und 100 nach Christus legten die jüdischen Gemeinden den Umfang ihrer heiligen Schriften fest. Ob das erwähnte Hohelied zu diesem Kanon maßgeblicher religiöser Texte gehöre oder nicht, war lange umstritten und wurde auch nach Abschluß der Kanonbildung immer wieder erörtert, wie es mit einigen anderen biblischen Texten auch geschah.

Das Neue Testament entstand aus Sammlungen von Schriften in den christlichen Gemeinden. Um die Mitte des zweiten Jahrhunderts setzt in verschiedenen der noch ziemlich unabhängigen Gemeinden eine keineswegs einheitliche Festlegung des Bestandes an solchen Schriften ein. Der Inhalt und Umfang des Bestandes war zwischen den sich bildenden Kirchen sehr umstritten. Die bald um Rom zentrierte westliche oder lateinische, dann katholische Kirche legte gegen Ende des vierten Jahrhunderts durch eine Reihe von Beschlüssen den Kanon des Neuen Testaments fest, der uns bis heute in der Bibel begegnet.

Der mehr oder weniger genau begrenzte Kanon des Neuen und des Alten Testaments hat also von gewissen Daten an eine autoritative Geltung für die Glaubensgemeinschaft. Wenn nun, wie wir sagten, Texte darin eingeschlossen sind, denen zumindest nach einiger Zeit der Überlieferung ein ursprünglich weltlicher Charakter zugeschrieben wurde, dann mußten doch diese Texte für den religiösen Gebrauch sozusagen umfunktioniert werden. Der Wortlaut der Texte lag ja durch die schriftliche Überlieferung fest. Also mußte für diejenigen Stücke, die ihrem Wortlaut nach als weltliche Texte erschienen, ein zweiter Sinn hinter dem buchstäblichen vermutet werden. Diese bestimmten, zu einem gewissen Zeitpunkt für das religiöse Verständnis sozusagen anstößigen Schriften oder Schriftstellen wurden uminterpretiert, den eigentlich gemeinten religiösen Inhalt sah man unter oder hinter ihrer oberflächlich erkennbaren Aussage.

Die Umdeutung wurde demnach erforderlich, weil Texte aus einem anderen Entstehungs- und Verwendungszusammenhang zu stammen schienen als dem, für den sie mit der Kanonfixierung bestimmt wurden. Ob diese Texte nun wirklich aus profanen Kommunikationssituationen heraus entstanden waren oder nur für ein späteres Verständnis ›profan‹ waren – die wirkliche oder geglaubte Verlagerung erzwang, eine Art doppelten Sinns in ihnen anzunehmen. Kann man diesen Sachverhalt verallgemeinern? Führt auch in anderen Fällen die Verlagerung feststehender Texte

zu einer notwendigen Uminterpretation?
Wenn zum Beispiel ein Schriftsteller eine Gebrauchsanweisung, etwa für eine so profane Sache wie einen Fotoapparat, in ein Gedicht einbaut – solche Verfahren gibt es ja in der modernen Lyrik –, dann wird diese Gebrauchsanweisung einen anderen Sinn bekommen als den, tatsächlich zum Gebrauch eines Fotoapparates anzuleiten. Und sie wird dementsprechend auch anders interpretiert werden müsen. Kehren wir zur Bibel zurück: Der allgemeine Zwang, einen übertragenen Sinn hinter dem buchstäblichen anzunehmen, wird um so stärker, je autoritativer die Geltung des verlagerten Textes ist. Die Bibel gibt das deutlichste Beispiel dafür: Über viele Jahrhunderte hinweg haben die biblischen Schriften als religiöse Texte des Christentums absolute Autorität für weite Lebensbereiche, zumindest für die religiöse Praxis beansprucht. Die in die Bibel eingeschlossenen weltlich erscheinenden Schriftstücke mußten bei einem solchen theologisch begründeten Geltungsanspruch unbedingt uminterpretiert werden. Bei dem mehrfach erwähnten Hohenlied kommt einem das recht schwierig vor. Der Text besteht ja aus wirklich unmißverständlichen Liebesliedern. Zum Beispiel heißt es da:

Hoheslied, Kap. 7, Vers 2 – 8

2. Wie schön ist dein Gang in den Schuhen, du Fürstentochter! Deine Lenden stehen gleich aneinander wie zwei Spangen, die des Meisters Hand gemacht hat.
3. Dein Schoß ist wie ein runder Becher, dem nimmer Getränk mangelt. Dein Leib ist wie ein Weizenhaufen, umsteckt mit Rosen.
4. Deine zwei Brüste sind wie zwei Rehzwillinge.
5. Dein Hals ist wie ein elfenbeinerner Turm. Deine Augen sind wie die Teiche zu Hesbon am Tor Bathrabbims. Deine Nase ist wie der Turm auf dem Libanon, der gen Damaskus sieht.
6. Dein Haupt steht auf dir wie der Karmel. Das Haar auf deinem Haupt ist wie der Purpur des Königs, in Falten gebunden.
7. Wie schön und wie lieblich bist du, du Liebe voll Wonne!
8. Dein Wuchs ist hoch wie ein Palmbaum und deine Brüste gleich den Weintrauben.[3]

Schon in der frühchristlichen Bibelauslegung wurde eine Interpretationsmethode gefunden, um aus derartigen Schriftstellen einen religiösen Sinn herauszulesen. Man sah in dem Wortlaut der Texte eine bildliche Verkleidung des eigentlich Gemeinten. Den buchstäblichen, den sogenannten historischen Schriftsinn faßte man als allegorische Darstellung des übertragenen, des sogenann-

[3] Die Bibel oder die ganze Heilige Schrift des Alten und Neuen Testaments nach der deutschen Übersetzung D. Martin Luthers. Stuttgart (Württ. Bibelanstalt) o. J.

ten geistigen Schriftsinns. Daher heißt das Auslegungsverfahren, mit dem dieser zweifache Schriftsinn ermittelt wird, Allegorese. Beim Hohenlied stand jahrhundertelang als Ergebnis der Allegorese fest, daß mit der Geliebten, mit der Braut des Textes die christliche Kirche gemeint sei, mit dem Geliebten, dem Bräutigam der auferstandene Christus.

Diese Technik der allegorischen Auslegung ist aber wohl kaum innerhalb der christlichen Kirchen entwickelt worden. Die Griechen benutzten sie viel früher schon bei der Interpretation der Epen Homers, der Ilias und der Odyssee. Die frühkirchlichen Bibelausleger erhielten die Methode der Allegorese aus der griechischen Deutungstradition übermittelt, und zwar durch Juden, die außerhalb Israels im spätgriechischen Kulturraum lebten und zum Christentum übertraten. Aber die Bibelinterpreten fanden im Neuen Testament selbst gewissermaßen Modelle der Allegorese vor, mit den Gleichnissen Jesu, die in den Evangelien überliefert wurden.

Die Theologen wissen aber inzwischen, daß längst nicht alle der in den Evangelien aufgezeichneten Gleichnisse auf den historischen Jesus zurückgehen. Die Schreiber legten Jesus allegorische Aussagen in den Mund, und manchmal lieferten sie die Auslegung gleich mit, wie etwa der Evangelist Lukas im fünfzehnten Kapitel:

3 Da sagte er zu ihnen dieses Gleichnis: 4 Welcher Mensch unter euch, der hundert Schafe hat und eins von ihnen verliert, läßt nicht die 99 in der Wüste zurück und geht dem verlornen nach, bis er es findet? 5 Und wenn er es gefunden hat, legt er es voll Freude auf seine Schultern; 6 und wenn er nach Hause kommt, ruft er seine Freunde und Nachbarn zusammen und sagt zu ihnen: Freuet euch mit mir! denn ich habe mein Schaf gefunden, das verloren war. 7 Ich sage euch: So wird im Himmel mehr Freude sein über *einen* Sünder, der Buße tut, als über 99 Gerechte, die der Buße nicht bedürfen.[4]

Die Technik der Allegorese erlaubte also, entsprechend dem religiösen Verwendungszusammenhang der Bibel Schriftstellen umzuinterpretieren, die nicht unmittelbar einen religiösen Sinn erkennen ließen, oder auch umgekehrt religiöse Aussagen in eine profane Bildlichkeit zu kleiden. Aber eine allegorische Auslegung zum Beispiel des Hohenliedes war doch nur nötig, wenn das Alte Testament, in dem dieser Text steht, auch von den christlichen Kirchen als Heilige Schrift übernommen wurde. Die ersten Christen stammten aus dem Judentum, für sie blieben auch nach dem Übertritt zum neuen Glauben die heiligen Schriften der Juden

[4] Die Heilige Schrift des Alten und des Neuen Testaments. Zürich 1960

gültig. Denn Jesus hatte sich in seiner Verkündigung auf diese Schriften bezogen, und von Anfang an sahen die Christen in ihm den Stifter des neuen Bundes zwischen Gott und den Menschen, so daß der alte Bund des Gottes Jahwe mit dem Volk Israel zugleich vollendet und aufgehoben war. Die heiligen Schriften der Juden galten auch in den christlichen Kirchen als kanonisch, obwohl dies in der katholischen Kirche offiziell erst 1546 beschlossen wurde. Aber im Judentum herrschte ein gesetzliches Verständnis der Schriften, die wir als Altes Testament bezeichnen. Das heißt: Den Juden galten die Aussagen dieser Schriften als strenge Anweisung, die die Alltagspraxis bis ins kleinste regelten und mit deren Erfüllung man sich vor Gott rechtfertigte. Dieses Verständnis des Alten Testaments hat Jesus bekämpft, und die Christen verstanden ihn als den von Gott gesandten Vermittler, der durch seinen Sühnetod die Verpflichtung auf eine gesetzliche Erfüllung des Alten Testaments ein für allemal aufgehoben hatte. Wenn nun die Christen an dem Alten Testament als heiliger Schrift festhielten, mußten sie da nicht einen neuen Sinn in den Texten sehen?

Im Neuen Testament selbst finden sich bereits Belege für eine Umdeutung des Alten Testaments. Wieder ging es darum, hinter dem buchstäblichen Sinn des Textes einen zweiten zu erkennen, der nun auf den neuen Gottesglauben nach Christi Leben und Tod bezogen war. Man sah in Ereignissen und Personen, von denen das Alte Testament berichtet, sozusagen vorgebildete Entsprechungen zu Christus und den an ihn Glaubenden. In den Briefen des Paulus finden sich eine ganze Reihe solcher Umdeutungen des Alten Testaments; so wird zum Beispiel im Römerbrief Adam als antithetisch voraufgehende Entsprechung zur Gestalt Christi bezeichnet. Und im ersten Korintherbrief erinnert Paulus an die Flucht der Juden durchs Rote Meer und den Zug durch die Wüste, wovon im Alten Testament berichtet wird, und an die wunderbare Ernährung durch Manna und durch Wasser aus dem Felsen. Diese Erzählung bezieht er auf Christus und die Christen:

Der erste Brief (des Paulus) an die Korinther, Kap. 10, Vers 1 – 6

1 Denn ich will euch darüber nicht in Unkenntnis lassen, ihr Brüder, daß unsre Väter alle unter der Wolke waren und alle durch das Meer hindurchzogen
2 und alle auf Mose getauft wurden in der Wolke und im Meer
3 und alle dieselbe geistliche Speise aßen
4 und alle denselben geistlichen Trank tranken; denn sie tranken aus einem geistlichen Felsen, der nachfolgte, der Fels aber war Christus.

5 Allein, an der Mehrzahl von ihnen hatte Gott kein Wohlgefallen; denn sie wurden hingestreckt in der Wüste.
6 Diese Dinge aber sind als Vorbilder für uns geschehen, damit wir uns nicht nach Bösem gelüsten lassen, wie jene gelüstet hat.[5]

Das griechische Wort für ›Vorbild‹ an dieser Stelle heißt ›typos‹. Daher nennt man eine derartige Neudeutung, wie sie Paulus hier vornimmt, eine typologische Interpretation. Für die Übernahme des Alten Testaments durch die Christen war die typologische Auslegung von entscheidender Bedeutung. So konnte man auch die Aussagen der heiligen Schriften des Judentums auf den neuen Gottesglauben beziehen.

Das setzt aber voraus, daß man die neue geschichtliche Phase, die man mit Christus angebrochen sah, als Fortsetzung der Geschichte des jüdischen Volkes verstand, insofern diese Geschichte das Handeln desselben Gottes mit den Menschen darstellte.

Die Christen betrachteten die Geschichte der Israeliten, von der das Alte Testament als einem Wirken Gottes handelt, als voraufgehenden Abschnitt derselben Heilsgeschichte, die durch Leben und Tod Christi in eine neue Phase getreten war und nun auf die Wiederkunft Christi am Jüngsten Tag zuläuft. Die typologische Auslegung machte es möglich, eine Analogie zwischen Ereignissen und Gestalten der alten und der neuen Phase der Heilsgeschichte herzustellen und so dem Alten Testament durch das Herauslesen eines zweiten Schriftsinns seine Gültigkeit zu erhalten.

Für den gläubigen Christen müßte eigentlich eine solche Uminterpretation des Alten Testaments auch heute gelten. – In den Kirchen wird nach wie vor in Weihnachtsgottesdiensten aus Prophetenschriften des Alten Testaments vorgelesen, weil man bestimmte Stellen als Vorausdeutung auf die Geburt Christi versteht.

Werden die beiden genannten Verfahren, die Bibel auf einen zweifachen Schriftsinn hin zu interpretieren, bis heute in der theologischen Auslegung angewandt?

Allegorese und Typologie sind in der langen Geschichte der Bibelauslegung sehr unterschiedlich bewertet und gehandhabt worden. Luther zum Beispiel lehnte die Allegorese scharf ab, weil die biblischen Texte aus sich selbst heraus klar und verständlich seien und nicht der Suche nach einem zweiten, eigentlichen Sinn bedürften. Dennoch hat er in seinen Predigten selbst immer wieder allegorische Interpretationen benutzt, weil eben nicht alle

[5] Die Heilige Schrift des Alten und des Neuen Testaments. Zürich 1960

Stellen der Bibel direkt von seinem Verständnis des christlichen Glaubens sprachen. Das Prinzip eines zweifachen Schriftsinns gilt bis heute, wenn auch anders als in früheren Jahrhunderten, wo es zeitweise zu komplizierten Interpretationsschemata von einem dreifachen oder gar vierfachen Schriftsinn ausgebaut war.
Man unterschied im Mittelalter den wörtlichen oder buchstäblichen Schriftsinn von drei verschiedenen Stufen oder Schichten des übertragenen, des geistigen Schriftsinns. Das wohl bekannteste Beispiel ist das Interpretationsschema für Bibelstellen, in denen von Jerusalem und dem Tempel die Rede ist: Dem wörtlichen Sinn nach sei das irdische, reale Jerusalem gemeint, dem übertragenen Sinne nach zum einen die christliche Kirche, zum anderen der ›Tempel des Geistes im Herzen der Gläubigen‹, zum dritten das ›himmlische Jerusalem‹ als Ort der Seligkeit.
Solche Deutungsschemata kann man heute nicht mehr ohne weiteres anwenden. Einen entscheidenden Umbruch bedeutet auch für die Bibelauslegung die Entstehung des neuzeitlichen wissenschaftlichen Weltbildes, vor allem mit der sich entwickelnden historisch-kritischen Erforschung der Bibel selbst. Sie behielt ihren Anspruch als autoritative Basis des christlichen Glaubens, gleichzeitig begann man sie aber als geschichtlich bedingtes Produkt bestimmter Menschen zu sehen und zu erforschen. Man könnte an den Streit zwischen aufkommenden Naturwissenschaften und Theologie um die ›Wahrheit‹ der Schöpfungsgeschichte erinnern. Oder an die Frage, wie die Wundergeschichten des Neuen Testaments zu verstehen seien. Soll man noch glauben, daß Jesus wirklich Tote auferweckte? Der Text, in dem die Wundergeschichten stehen, erhebt noch heute den Anspruch, Grundlage des lebensentscheidenden Glaubens zu sein.
Der Theologe Rudolf Bultmann hat in unserem Jahrhundert sehr programmatisch Konsequenzen aus dieser Problematik zu ziehen gesucht. Er erklärt, man müsse die Texte auch des Neuen Testaments als Produkte von Menschen betrachten, die von den Lebens- und Denkformen ihrer Zeit geprägt waren. Totenauferwekkung, Auferstehung aus dem Grabe seien mythische Vorstellungsweisen, die zu dem damaligen Weltbild gehört hätten. Die ersten Christen hätten, in ihrer historischen Umgebung, ihren Glauben an Christus in solchen Vorstellungselementen ausdrükken müssen. Hinter der zeitbedingten mythologischen Ausdrucksweise müßten die heutigen Interpreten diesen Glauben an Christus als das Eigentliche der Aussage sichtbar machen. Denn durch diesen Kern der Glaubenszeugnisse in der Bibel sei auch der heutige Mensch zu einem existentiell entscheidenden Bekenntnis zu Christus aufgefordert. Bultmanns Interpretationsprinzip wird

als ›Entmythologisierung‹ bezeichnet.
Mit diesem Verfahren wird erneut ein zweiter, ein eigentlicher Sinn in den Texten der Bibel gesucht, nun mit Hilfe der modernen, historisch-kritisch verfahrenden Wissenschaften.
Entscheidend dabei ist zum einen, daß die biblischen Texte nun grundsätzlich jeglicher Literatur darin gleichgestellt werden, daß sie zeitbedingte Produkte von Menschen sind, die sich in den gesellschaftlich definierten Denkweisen ihrer Zeit ausdrücken müssen. Damit müssen diese Texte von jedem, der sie in einer anderen Zeit und einer anderen kulturell-gesellschaftlichen Umgebung verstehen will, neu interpretiert werden. Der Interpret muß immer den geschichtlichen Abstand zwischen sich und dem Text reflektieren und die historischen Voraussetzungen seiner eigenen Verstehensweise mitbedenken. Zum anderen aber geht es bei der Bibel nach wie vor um einen Geltungsanspruch, der über alle Zeiten hinweg den, der die Texte liest oder hört, im Zentrum der Existenz treffen will. Die Aktualisierung der biblischen Texte durch Auslegung zielt also, dem Anspruch nach, auf die Lebenspraxis dessen, der sie von ihrem eigentlichen Sinn her verstehen soll. In der modernen Theologie wird diese Frage nach der Auslegungs- und Verstehensmöglichkeit der Bibel als ›hermeneutisches Problem‹ intensiv diskutiert.
Demnach liefert die Geschichte der Bibelauslegung ein besonders illustratives Beispiel für die grundsätzlichen Fragen der Textinterpretation. Denn die Bibel ist eine Sammlung von Schriften, die über Jahrtausende hinweg ihrem Wortlaut nach sich gleich geblieben sind. Die geschichtliche Differenz zwischen den Entstehungsbedingungen des fixierten Textes und den Verstehensbedingungen der Leser oder Hörer ist immer größer geworden. Zugleich haben die biblischen Schriften einen grundsätzlich immer gleichen Anspruch auf Geltung für Lebenspraxis und Selbstverständnis des einzelnen behalten. Daher spitzt sich das allgemeine hermeneutisches Problem, wie ein Text bei dem unüberspringbaren geschichtlichen Abstand zwischen seinen Enstehungs- und seinen jeweiligen Deutungsvoraussetzungen verstanden werden müsse, bei der Bibelinterpretation aufs Äußerste zu.
Die Geschichte der Bibelauslegung zeigt infolgedessen auch, wie sich die Prinzipien der Interpretation im Laufe der Zeiten verändern. Mit den gesellschaftlichen Lebens- und Denkbedingungen wandeln sich die Voraussetzungen der Deutung.
Man könnte sogar noch einen Schritt weiter gehen. Mit den Auslegungs- und Verstehensgrundsätzen ändert sich offenbar sogar die Definition der Textarten. Womöglich gibt es solche Unterschiede auch innerhalb einer und derselben geschichtlichen

Phase: Wer heute den nach wie vor bestehenden Anspruch biblischer Texte akzeptiert, Denken und Handeln auch im Alltag grundlegend zu bestimmen, der nimmt diese Texte als ›pragmatische‹. Wer dagegen – zum Beispiel als ausdrücklicher Atheist – diesen Anspruch ablehnt, der wird die Bibel als Sammlung weithin ›fiktiver‹ Texte betrachten. Nun steht eine solche Definition nicht jedem ohne weiteres frei; es gibt, wie wir in den texttheoretischen Kollegstunden hörten, gesellschaftlich dominierende Definitionen bestimmter Texte oder Textgruppen, und der Verstoß gegen diese vorherrschenden Definitionen kann – buchstäblich oder im übertragenen Sinne – eine Bestrafung nach sich ziehen. Wenn nun aber eines Tages aufgrund einer veränderten gesellschaftlichen Praxis die Einbettung der Bibel in zumindest einen Teil der Lebenspraxis, für den sie unmittelbar autoritative Geltung hat, ganz und gar verschwände, dann müßten doch die biblischen Schriften als fiktive Texte erscheinen. So ist es ja mit den religiösen Texten vieler Völker gegangen, zum Beispiel mit den Mythen der Griechen. Ihr pragmatischer Charakter ist für uns verlorengegangen, wird nur als verflossener in geschichtlicher Ferne noch sichtbar.

Die radikale Religionskritik des 19. Jahrhunderts hat diese Folgerung schon gezogen. Ihr war die Bibel nichts als ein Dokument der Ideologie, der unbegriffenen Projektion menschlicher Vorstellungen in einen erdachten überirdischen Raum. Die Bibel wird damit zum fiktionalen Text deklariert, weil ihr pragmatischer Charakter als geschichtlich erklärbarer, historisch einmal notwendiger, aber zu überwindender Irrtum erscheint.

Wie kann man danach noch ernsthaft, gar mit wissenschaftlicher Nüchternheit, von dem Anspruch der Bibel sprechen, eben nicht einfach als fiktiver Text abgetan zu werden?

Was die Bibel ganz wesentlich von den religiösen Texten vieler anderer Glaubensgemeinschaften unterscheidet, ist die Verarbeitung von realer Geschichte in den biblischen Schriften. Damit ist nicht gemeint, sie sollten nun schlicht als historisches Dokument gelesen werden, etwa über Einzelheiten der Geschichte des alten Israel. Sondern fast überall in den biblischen Schriften liegt die Aneignung realer Geschichte in Form von Glaubenszeugnissen vor. Gerade das Geschichtliche in den Texten transportiert also Glaubenserfahrung und -anspruch.

Dann bedeutet zum Beispiel Bultmanns Programm der ›Entmythologisierung‹ nicht, gewissermaßen einen überzeitlichen Sinn aus den biblischen Schriften herauszulesen und den geschichtlichen Gehalt abzutun. Die moderne Theologie, gerade in Bultmanns Nachfolge, konzentriert sich sehr darauf, die Verquickung

von historischer Substanz mit Glaubenszeugnis und Glaubensanspruch in den Texten herauszuarbeiten. Etwa die intensive Diskussion, die um die Spannung zwischen der erschließbaren Figur des historischen Jesus und seiner Darstellung in den Evangelien geführt wird, dokumentiert die Anstrengung, die Bibel weder zum bloßen Mythenbuch noch zur bloßen Geschichtsquelle werden zu lassen.
Damit setzt sich also die Arbeit an dem zentralen hermeneutischen Problem fort, wie der Jahrtausende alte Text der Bibel auch heute noch so verstanden werden kann, daß er menschliches Selbst- und Weltverständnis bestimmt und Handlungsdispositionen schaffen kann. An der Auslegung der Bibel ist jedenfalls auch zu lernen, daß ›fiktional‹ und ›nichtfiktional‹ keine unveränderlichen Wesensmerkmale von Texten meint, sondern ihre durchaus wandelbare Einbettung in geschichtlich bedingte Kommunikationszusammenhänge.

b) Eberhard Lämmert

Auslegung von Gesetzestexten

A: Also mir langt's. Noch eine halbe Stunde Funkkolleg über Bibelinterpretation, und man hat uns beigebracht, daß selbst Bibeltexte nichts als Wachs unter den Händen geschickter Ausleger sind.[6]

B: Vor Mißbrauch ist tatsächlich kein Text geschützt. Andererseits: Soll man das Hohelied denn bloß wörtlich nehmen? Und Gleichnisse müssen doch auf viele und ganz verschiedene Weisen auslegbar sein, um vom zweiten bis ins zwanzigste Jahrhundert und von Rio bis Reykjavik aufs Leben zu passen.

A: Meinetwegen Gleichnisse. Aber in der Bibel gibt es doch auch Texte, die gar kein Herumdeuteln vertragen. Regelrechte Gesetzestexte. Zum Beispiel den Dekalog. Die zehn Gebote reden eine klare Sprache und Gott selbst, verkündet die Bibel, hat sie auf zwei Gesetzestafeln festgehalten.

B: Selbst da muß man ganz schön auf der Hut sein. Nicht nur, daß die Bibel die Gebote an verschiedenen Stellen, im zweiten und im fünften Buch Mose, überliefert und daß an beiden Stellen weit mehr als nur diese zehn zu finden sind! Man muß nur einmal gegeneinander halten, wie das katholische Arbeitsbuch von 1969 und ein evangelischer Katechismus von 1971 die Gebote zählen, und man findet: Nicht einmal in der Aufteilung stimmen die Texte überein, und ob das Gebot »Du sollst nicht töten« das fünfte oder schon das sechste ist, läßt sich nicht ohne harten Streit der Bibelexegeten – und danach noch kaum – eindeutig entscheiden.

C: Ganz zu schweigen von den gegensätzlichen Auslegungen dieses Gebots. Pazifisten haben es für sich in Anspruch genommen; Wehrdienstverweigerer werden auf Herz und Nieren nach ihrer Auslegung gefragt, und doch konnten Kreuzzüge und Heilige Kriege mit dem Gebot vereinbart werden.

B: Entscheidend ist doch, ob die Auslegung auf das Einverständnis anderer stößt oder ob sie gar eine Stütze in weltlich geltenden Gesetzen findet.

A: Wenn ich es recht verstanden habe, kann eine Interpretation durch Gesetze gestützt werden ...

C: Ja, zum Beispiel das fünfte oder sechste Gebot »Du sollst nicht

[6] Die voraufgehende Lektion über Bibelauslegung war als halbstündige Funksendung ebenfalls in Gesprächsform angelegt. Darauf beziehen sich die erste Äußerung des Sprechers A und die folgenden Passagen.

töten«. Auch unser Strafgesetzbuch erklärt das Töten unter allen Umständen, selbst die nachgewiesene fahrlässige Tötung, für strafbar.
Z: Strafgesetzbuch Paragraph 222: »Wer durch Fahrlässigkeit den Tod eines Menschen verursacht, wird mit Freiheitsstrafe bis zu fünf Jahren oder mit Geldstrafe bestraft.«
C: Außerdem unterscheidet unser Strafgesetzbuch aber noch ziemlich genau zwischen Totschlag und Mord. Und hat sogar noch einen eigenen Paragraphen für den besonderen Fall der Kindestötung.
Z: Strafgesetzbuch Paragraph 217: »Eine Mutter, welche ihr nichteheliches Kind in oder gleich nach der Geburt tötet ...«
A: (FÄLLT EIN) Warum ist da ausdrücklich vom nichtehelichen Kind die Rede?
C: Ja, da hat eine soziale Not, die ihre lange Geschichte hat, im Wortlaut unserer Strafgesetze noch bis in unsere unmittelbare Gegenwart hinein ihr Fortleben. Jedenfalls muß nach geltendem Recht auch Recht gesprochen werden, in diesem Fall also werden ledige Mütter immer noch besonders bedacht – allerdings nicht mehr mit dem Tode bedroht.
B: Dann hängt es also sehr weitgehend vom Wortlaut der geltenden Gesetze ab, wie eine Straftat öffentlich beurteilt und geahndet wird.
C: Beziehungsweise von dem, der die Gesetze machte, und dem, der sie anwendet.
A: Wenn das so ist, warum werden dann alle Gesetze nicht so formuliert, daß ihr Wortlaut ganz eindeutig ist und keine Beugung durch Auslegungsfinessen zuläßt?
B: Natürlich bemüht sich jeder Gesetzgeber, Gesetze so eindeutig wie möglich zu formulieren.
C: Na großartig! Dann hätten wir am Ende der 10. Kollegstunde endlich einmal die Chance, der verflixten Vieldeutigkeit der Poesie und sogar dem mehrfachen Schriftsinn der Bibel zu entrinnen; wir hätten endlich einmal mit eindeutigen Texten zu tun, an die man sich halten kann und über deren Sinn man nicht lange zu grübeln braucht.
A: Ein richtiges Weihnachtsgeschenk!
C: Es gibt noch einen weiteren Grund dafür, die Interpretationskunst an Gesetzestexten zu erproben. Wer Gesetze auslegt ...
A: Ich denke, eindeutige Texte muß man nicht auslegen?
C: Ich nenne da mal einen wirklich bündigen Gesetzestext. Art. 22 unseres Grundgesetzes hat sechs Wörter – oder nur vier, wenn man genau hinsieht.
Z: Die Bundesflagge ist schwarz-rot-gold.

A: Ein wirklich eindeutiges Gesetz.
B: Was für ein Rot ist denn gemeint: zinnoberrot, karminrot oder was?
C: Darf auch gelbes Tuch genommen werden?
A: Das ist eines der eindeutigsten Gesetze, die ich kenne. Und man sieht schon: selbst da sind Auslegungen nötig. Damit nämlich *eine* Bundesflagge noch halbwegs wie die andere aussieht, muß in zusätzlichen Auslegungen entschieden werden, in welchem Spielraum die Wörter »rot« und »gold« anzuwenden sind.
C: Zum Glück ist wenigstens bei Schwarz die Sache klar.
B: Nur zum Teil. Denn wie die Farben laufen: längs oder quer, und wie Länge und Breite der Streifen sich zueinander verhalten sollen – all das muß geregelt werden. Und dabei haben wir es mit einem der allereinfachsten Gesetze zu tun. Das Entscheidende gegenüber der Interpretation eines Gedichts und selbst der Bibel gegenüber aber ist: Hier muß entschieden werden, wie die geltende Interpretation lauten soll. Hier kann nicht alles nach Belieben originell sein oder gar am Ende hübsch offenbleiben, wie bei der Interpretation eines Gedichts oder auch einer Theaterszene. Gesetze verlangen von ihren Auslegern praktisches Handeln und Urteile haben oft einschneidende Folgen für die Betroffenenen.
A: Reden wir also über die Interpretation von Gesetzestexten. Was leistet sie und wie kommen bei aller wünschbaren Eindeutigkeit von Gesetzestexten unterschiedliche Auffassungen und sogar unterschiedliche Urteile zustande.
C: Zunächst sind auch Gesetzestexte wie alle anderen Sprachzeugnisse von sich aus keineswegs eindeutig. Denn sie teilen mit allen Sprachzeugnissen den Spielraum der Wortbedeutungen, den historischen Bedeutungswandel und den Wandel ihrer Verständlichkeit. Dennoch gibt es Gesetze, vor allem Gesetze technischer Art, die durch eine Differenzierung der Begriffe und insbesondere durch die Anwendung von Fachausdrücken stark zur Eindeutigkeit hin tendieren. Auf der anderen Seite stehen Gesetze, wie die Hauptartikel unseres Grundgesetzes und überhaupt die Verfassungsgesetze, bei denen ein großer Spielraum der Auslegung die Regel ist. Schon deshalb weil Begriffe wie »Würde« in Art. 1 des Grundgesetzes oder Sprachformeln wie »freie Entfaltung der Persönlichkeit« in Art. 2 einen so weiten Bereich menschlichen Verhaltens normieren, daß sie notwendigerweise stark der jeweiligen Auslegung bedürfen. Demgegenüber ist der Normenbereich, den Art. 22 über die Bundesflagge deckt, vergleichsweise sehr eng, und darum haben wir es hier trotz allem noch mit einem recht eindeutigen Gesetz zu tun.
A: Da ist von Norm und Normenbereichen die Rede. Bedeutet

das, daß Gesetze menschliche Verhaltensweisen normieren?
B: Das ist halbwegs richtig. Einerseits können Gesetze mit ihrem Zwang zur Befolgung das Verhalten der Menschen, über die sie verhängt werden, nach ihrem Wortlaut und dessen Auslegung normieren; andererseits reagieren die Gesetzgeber häufig auf materielle und moralische Normen, die bereits existieren und sichern deren Bestand.
A: Und diese Sicherung geschieht eben durch Gesetze?
B: Ja, und durch Rechtsprechung. Das eben ist die Form, in der Gesetze praktisch ausgelegt werden. Darin übrigens unterscheidet sich die Auslegung von Gesetzestexten noch einmal deutlich von anderen Formen der Auslegung, insbesondere von der literarischer Texte. Die Auslegung von Gesetzestexten hat nämlich stets ein praktisches Ziel und muß deshalb auch immer zu einem klaren Ergebnis kommen. Ebenso hat sie stets einen praktischen Anlaß: Sie geht von einem Fall aus, den es zu entscheiden gilt. Lautet die Primärfrage an einen dichterischen Text: »Was sagt das Gedicht?« so befragt man einen Gesetzestext stets daraufhin: »Was sagt das Gesetz dazu?«[7] Selbst die wichtigsten Auslegungsmuster, die sogenannten Kommentare, halten Argumente und Denkschritte für den Ernstfall bereit.
C: Mit anderen Worten: Gesetze werden nicht, wie andere literarische Texte, bloß nach ihrem Inhalt befragt, sondern stets nach ihrer möglichen Anwendung auf einen konkreten Fall. Dabei bestimmt denn auch der Fall und nicht etwa nur die Güte des Gesetzes, ob seine Anwendbarkeit eindeutig, zweifelhaft oder unmöglich ist.
B: Und selbst dann, wenn das Gesetz sich nur unklar äußert, muß der juristische Interpret entscheiden und wie bei einem lückenhaften Gesetz gegebenenfalls das Recht fortbilden, um im anstehenden Falle zu einem Urteil zu kommen.
A: Allerhand Verpflichtungen, aber auch allerhand Freiheiten hat also der Interpret von Gesetzen.
B: Eine der Freiheiten, freilich auch seine Sorgfaltspflicht besteht darin, unter Umständen mehrere Gesetzesparagraphen zur Klärung eines Falles heranzuziehen und obendrein zwischen ihnen abzuwägen.
C: Da gibt es kuriose Fälle genug. Ganze Gesetzeswerke reichen oft nicht aus, um mit der veränderlichen Umwelt fertig zu werden. Als die ersten Flugzeuge ihre Start- und Landevorschriften bekommen mußten, war es nötig, auf Gesetze zurückzugreifen, die für Seehäfen gemacht waren.

7 Heinz Wagner: Interpretation in Literatur- und Rechtswissenschaft. In: *Archiv für die civilistische Praxis* Bd. 165 (= NF 45), 1965, S. 520–558. Hier: S. 530.

Z: »Lange Zeit glaubte man, das Luftrecht sei nur eine Abart des Seerechts. Diese Auffassung hat ihren Niederschlag in dem italienischen Codice della navigazione von 1941/42 gefunden ...«[8]
C: Verkehrsregeln für Pferdefuhrwerke mußten noch lange Zeit herangezogen werden, um die Autofahrer im Zaum zu halten. Kein Wunder, daß da mit Galoppverbot oder Tränkeverbot nicht alles zu bewerkstelligen war.
Z: In England [...] beruhen die Fahrregeln auch heute noch [...] auf einem Gewohnheitsrecht, das allein von den Gepflogenheiten des Fuhrverkehrs seinen Ursprung nimmt.
C: In England spielt die praktische Rechtsprechung für die Herausbildung von Gewohnheitsrechten eine besondere Rolle. Gewohnheitsrechte aber bringen es von sich aus mit sich, unscharf begrenzt zu sein, und so können sie unter Umständen sogar dazu dienen, für ganz neue Rechtslagen, wie etwa den Kraftfahrzeugverkehr, noch eine gute Weile zu taugen.
B: Ein Richter muß also oft mit Gesetzen arbeiten, deren Verfasser den Fall, auf den sie anzuwenden sind, noch gar nicht im Auge haben konnte. Das bedeutet aber doch, daß er sich mit seiner Auslegung keineswegs nur auf den Gesetzestext stützen kann.
C: Richtig, oft muß der Richter sogar mit seinem Spruch eine Lücke des Gesetzes schließen. Jedenfalls bildet er mit seiner Interpretation das Recht selbst fort.
A: Dann ist es ja wirklich das, was sich Novalis unter dem wahren Leser eines Buches vorstellte: die »höhere Instanz«, der der Autor nur vorgearbeitet hat.[9]
C: Nicht doch: Man sollte nicht vergessen, daß ein Richterspruch andere Folgen hat als der Genuß von Poesie. Deshalb muß der Richter sich strikter als es von jedem Interpreten sonst verlangt wird, an der bisherigen Rechtsprechung orientieren. Urteile letztinstanzlicher Gerichte, die in vergleichbaren Fällen gesprochen wurden, sind seine Pflichtlektüre vor der eigenen Gesetzesauslegung. Und außerdem kann ein Richter bei allem Ermessensspielraum – im Gegensatz zur Interpretation fiktionaler Texte – die Methoden seiner Gesetzesauslegung nicht nach Belieben wählen.
A: Wer schreibt ihm denn die Methoden vor? Und gibt es überhaupt verbindliche Methoden der Gesetzesauslegung?
C: Mit dem Vorschreiben ist es dort, wo die Richter die dritte Gewalt im Staate sind, so eine Sache. Am klarsten sagt das der Art.

8 Rüdiger Schleicher, Friedrich Reymann, Hans Jürgen Abraham: *Das Recht der Luftfahrt. Kommentar und Quellensammlung.* Dritte, völlig neu bearb. u. erw. Aufl. Berlin 1960. Bd. I, S. 1.

9 Novalis (Friedrich von Hardenberg): Schriften Bd. 2: *Das philosophische Werk I.* Hrsg. v. Richard Samuel. Stuttgart 1960. S. 470.

1 des Schweizer Zivilgesetzbuches:
Z: Kann dem Gesetz keine Vorschrift entnommen werden, so soll der Richter nach Gewohnheitsrecht und, wo auch solches fehlt, nach der Regel entscheiden, die er als Gesetzgeber aufstellen würde.
Er folgt dabei bewährter Lehre und Überlieferung.
A: Das ist ein wahrhaft kantischer Grundsatz. Aber jedenfalls ist er damit auch an die Tradition stärker als jeder andere Interpret gebunden.
B: An die *bewährte* Tradition!
C: Dann wären in der Gerichtsbarkeit ja die gewohnten, schon herrschenden Gesetzesauslegungen immer im Vorteil. Und die herrschenden Auslegungen sind allemal, wie sagt man doch: die Auslegungen der Herrschenden.
B: Sachte. Es reicht schon zu sagen, daß richterliche Gesetzesauslegungen »von sozial wirksamen Determinanten« oder »ethisch-weltanschaulichen Leitbildern«[10] so gut mitbestimmt sind wie jede andere menschliche Rede oder Tätigkeit. Darüber hinaus legen ihm die Methoden der Gesetzesinterpretation eine ganze Reihe von Schranken oder mindestens Prüfungspflichten auf.
A: Also wie sehen diese Methoden nun aus?
B: Am besten läßt sich an einem Beispiel zeigen, wie verschiedene Methoden ansetzen. Denn keineswegs gibt es unter den Rechtsgelehrten ein vollständiges Einverständnis über die Anzahl und erst recht nicht über den Namen dieser Methoden. Allerdings gruppieren sie sich, wie wir sehen werden, immer ungefähr in derselben Weise. Doch greifen wir zuerst nach dem Modellfall einer Auslegung, den der Arbeitsrechtler Wolfgang Siebert einmal durchgespielt hat:
Z: Wolfgang Siebert: »Die Methode der Gesetzesauslegung«.[11]
C: Ja, das kleine Bändchen von 1958. Später müssen wir allerdings noch einige weitere Überlegungen dazu anstellen.
Z: Hier der Fall: 1948 hat der Niedersächsische Landtag ein Gesetz zum Schutz der Arbeitszeit für Jugendliche verabschiedet, das ihnen erhebliche Verkürzungen der Arbeitszeit brachte. So hieß es in § 10 über die »Regelmäßige Arbeitszeit«:
Die Arbeitszeit der Jugendlichen darf 7 Stunden täglich und 40 Stunden wöchentlich nicht überschreiten.
§ 14,1 bestimmte die Ausnahme:

[10] Bernd Rüthers: *Die unbegrenzte Auslegung. Zum Wandel der Privatrechtsordnung im Nationalsozialismus.* Tübingen 1968. S. 475.
[11] Wolfgang Siebert: *Die Methode der Gesetzesauslegung.* Erläutert an § 34 des Niedersächsischen Arbeitsschutzgesetzes für Jugendliche. Zugleich ein Beitrag zur Abgrenzung von regelmäßiger Arbeitszeit und Mehrarbeit. Heidelberg 1958.

Aus dringenden Gründen des Gemeinwohls kann die Gewerbeaufsicht eine Überschreitung der regelmäßigen Arbeitszeit für Jugendliche über 16 Jahre bis zu 8½ Stunden wöchentlich gestatten.

Und § 16,1 regelte das besondere Entgelt:

Muß die regelmäßige tägliche Arbeitszeit überschritten werden, so stehen dem Jugendlichen neben dem Entgelt hierfür Überstundenzuschläge zu ...

Das Gesetz brachte eine Reihe von Handwerksbetrieben in Schwierigkeiten, weil die Jugendlichen vorher, nach dem Reichsgesetz von 1938, im allgemeinen wesentlich länger beschäftigt waren. Ein Jahr später beschloß der Landtag deshalb eine Änderung, die die Überleitungsbestimmungen in § 34 des Gesetzes neu faßte:

Zur Erleichterung der Einführung des Gesetzes können die Gewerbeaufsichtsämter in Einzelfällen folgende Ausnahmen zulassen:

1. Abweichend von der Vorschrift des § 10 darf für Jugendliche bis zum vollendeten 16. Lebensjahr eine Arbeitszeit bis zu 7 Stunden täglich und 42 Stunden wöchentlich, nach vollendetem 16. Lebensjahr eine solche bis zu 7½ Stunden täglich und 45 Stunden wöchentlich zugelassen werden.

Der Streitfall richtet sich darauf, ob auch im Rahmen dieser Übergangsbestimmungen für Arbeitszeiten, die den Normalfall des § 10, also 7 Stunden täglich oder 40 Stunden wöchentlich, überschreiten, aber im Rahmen der Höchstzeiten bleiben, die § 34 nun nennt, Überstundenzuschlag zu bezahlen ist oder nicht.

C: Die erste Frage richtet sich nach dem *Wortlaut* des Gesetzes. Man spricht dabei auch von der *grammatischen Auslegung*. Sie entspricht am ehesten den philologischen Verfahren, nach Sinn und Bedeutungsumfang einzelner Wörter und Satzkonstruktionen zu fragen. Wir greifen hier nur die Frage nach den Ausdrücken »regelmäßige Arbeitszeit« in § 10 und »Überschreitung der regelmäßigen Arbeitszeit« in § 14,1 heraus. Für den Fall der Überschreitung der regelmäßigen Arbeitszeit – erinnern wir uns – sieht der § 16 eine Überstundenvergütung vor. Handelt nun die spätere Übergangsbestimmung in § 34,1 von einer Erweiterung der regelmäßigen Arbeitszeit, wie sie § 10 regelt, oder von den Überschreitungen, denen die §§ 14 und 16 gewidmet sind? Danach richtet sich nämlich, ob Jugendliche, die nach der Übergangsregelung in einzelnen genehmigten Ausnahmen noch länger arbeiten müssen als § 10 es vorsah, Überstundenzuschläge erhalten oder nicht.

B: Der § 34,1 sagt aber doch deutlich:

Z: Abweichend von der Vorschrift des § 10 darf für Jugendliche die Arbeitszeit vorläufig etwas verlängert werden.

B: Das meint doch: Die regelmäßige Arbeitszeit darf verlängert werden.

Z: Das Landesarbeitsgericht Hannover sah es immerhin in einigen Fällen anders und sprach Jugendlichen in solchen Fällen Überstundenvergütung zu. Da aber der Überleitungsparagraph 34 mit seiner Ausnahmeregelung sich ausdrücklich auf § 10 und nicht auf die §§ 14 und 16 bezieht, kann diese Entscheidung nach dem Wortlaut des Gesetzes tatsächlich in Zweifel gezogen werden.

C: Hier setzt nun eine andere Methode ein, um den Sachverhalt genauer zu prüfen. Man nennt sie die *systematische Auslegung* oder auch die *objektive Methode*. Dabei werden die in Frage stehenden Einzelbestimmungen des Gesetzes mit anderen Teilen des Gesetzes daraufhin befragt, wie weit sie widerspruchsfrei auszulegen sind, wie weit also die Einheit des Gesetzes zu wahren ist. Darüber hinaus kann dann auch nach der Vereinbarkeit dieses Gesetzes mit anderen Gesetzen gefragt werden, so daß schließlich die in Frage kommenden Gesetzeswerke untereinander zu möglichst guter Abstimmung gebracht werden. Danach lautet also die Frage: Welche Funktion hat der § 34 innerhalb des ganzen Gesetzes? Hier wieder nur einer der dabei ins Auge zu fassenden Gesichtspunkte: Der Paragraph kündigt an, daß er die Einführung des Gesetzes zur Beschränkung der Arbeitszeit Jugendlicher erleichtern soll. Da § 14 die Überschreitungen von Arbeitszeiten ohnehin »aus dringenden Gründen des Gemeinwohls« gestattete, kann die Erleichterung – allerdings die für die Arbeitgeber – wohl nur darin bestehen, vorübergehend und im Ausnahmefall die *regelmäßige* Arbeitszeit zu verlängern. Das bedeutet aber: kein Überstundenzuschlag.

A: Aus Gründen des Gemeinwohls verlängerte Arbeitszeit muß also danach vom Arbeitgeber höher vergütet werden als eine Arbeitszeitverlängerung, die er zugunsten des eigenen Betriebes beansprucht.

B: Das ist allerdings eine merkwürdige und auf den ersten Blick sehr widersprüchliche Sache.

C: Machen wir deshalb noch einen weiteren Schritt und ziehen wir *genetische* und *historische* Methoden heran, die in der Regel unter den Begriff der *subjektiven* Methode zusammengefaßt werden. Einfach gesprochen, lautet hier die Frage: Was wollte der Gesetzgeber mit diesem Gesetz bezwecken. Diese Frage nach dem Ursprung des Gesetzes, nebenbei, ist seit Savigny, dem wohl bedeutendsten Rechtslehrer des frühen 19. Jahrhunderts, also seit jener Zeit, in der auch die historisch-genetischen Methoden der Textphilologie und der Dichtungsauslegung in Blüte standen,

eine der vorherrschenden Arbeitsformen der Gesetzesauslegung gewesen, und erst in neuerer Zeit dringen die objektiv-systematischen Methoden gegen sie vor.
A: Warum heißen diese Methoden »subjektiv«?
C: Weil sie vom Subjekt her, dem Gesetzgeber nämlich, und nicht von den »Objekten«, also den behandelten Sachverhalten her, ihre Schlußfolgerungen ziehen.
B: Dann scheint der Sachverhalt hier doch klar: Handwerker und Industrie- und Handelskammern haben sich massiv beschwert, als das Gesetz, womöglich zu rasch für die wirtschaftliche Kraft der Betriebe, die Arbeitszeit der Jugendlichen verkürzte. Darum wollte der Gesetzgeber für solche Betriebe, die dadurch in Schwierigkeiten gerieten, im Einzel- und Ausnahmefall befristet ökonomische Erleichterungen schaffen.
A: Das spricht tatsächlich dafür, daß hier nicht ein neuer Überstundenfall geschaffen werden sollte.
B: Darf man denn den Willen des Gesetzgebers von anno dazumal tatsächlich zur Richtschnur der Auslegung machen? Wir haben doch genug von Gesetzen gehört, die auf Fälle angewandt werden müssen, an die der Gesetzgeber gar nicht dachte.
C: Der Einwand ist richtig. Und er zeigt, daß eine Methode niemals ohne die Kontrolle der anderen angewandt werden sollte. Hier allerdings treten, in Verbindung damit, daß Paragraph 34 sich ausdrücklich auf Paragraph 10, also die Regelung der regelmäßigen Arbeitszeit, und nicht auf § 14,1 beruft, Übereinstimmungen mit dem Ergebnis anderer Methoden auf, die das Argument, dies sei der Wille des Gesetzgebers gewesen, als verstärkenden und absichernden Beweis zulassen.
A: Dann will ich einmal versuchen, das Übereinstimmende an den mit verschiedenen Methoden gewonnenen Antworten herauszufinden: Die grammatische Befragung, also die Befragung des Textes nach seinem Wortlaut, ergab Zweifel daran, daß § 34 für die ausnahmsweise zu gewährende längere Arbeitszeit Überstundenvergütung vorsieht. Die systematische Auslegung ließ auf der anderen Seite den positiven Schluß zu, daß es sich hier um eine Erweiterung der regelmäßigen Arbeitszeit handelt. Doch blieb widersprüchlich, daß bei Arbeiten im Dienste des Gemeinwohls Überstunden gezahlt werden sollten, bei Arbeiten, die im privaten Interesse des Arbeitgebers erfolgen, jedoch nicht.
Da setzte die historische Erklärung ein. Sie besagte, daß das Gesetz zur wirtschaftlichen Unterstützung finanziell gefährdeter Betriebe eingeführt worden sei, und somit ergab sich auch vom Willen des Gesetzgebers her ein Votum für die Erweiterung der regelmäßigen Arbeitszeit, also keine Überstundenvergütung. Die

einzelnen Methoden führen also mit mehr oder minder geringem Spielraum zum gleichen Ergebnis.

A: Da ist aber bei Wolfgang Siebert in dem zitierten Buch noch von der *teleologischen* Auslegung die Rede, der Frage nach dem Zweck des Gesetzes.

B: Hier müssen wir tatsächlich die neuere Forschungslage[12] zu Rate ziehen und insbesondere bedenken, was wir über pragmatische Texte in den früheren Kollegstunden gehört haben. Tatsächlich glaubte man lange, daß diese teleologische Auslegung ein besonderes Verfahren sei, und tatsächlich eignete sich der Hinweis auf die Zwecke des Gesetzes besonders gut dazu, einen sonst immer sorglosen Umgang mit dem Gesetzestext zu verdecken. Trotzdem wird aber oft mit Vorliebe nach dieser Methode argumentiert. So heißt es etwa auch bei Heinz Wagner, den ich hier zitiere, weil er sich über »Interpretation in Literatur- und Rechtswissenschaft« im Jahre 1965 äußerte, die Anwendung einer Norm, also einer Gesetzesvorschrift, dürfe nicht zu rechtspolitisch unerwünschten Ergebnissen führen.[13] Deshalb müsse ihr Anwendungsbereich unter Umständen kleiner gefaßt werden als ihr Wortlaut besagt. Später heißt es gerade dazu, eine Entscheidung sei vernünftig, »wenn sie mit dem Rechtsgefühl und den Rechtsanschauungen der Gegenwart im Einklang« stünde.[14]

C: Da gebe ich dem Rechtstheoretiker Friedrich Müller eher Recht mit seiner Warnung:

Z: Wer methodisch nicht mehr weiter kann, fängt mit Sinn und Zweck der Vorschrift an.[15]

C: Tatsächlich haben wir es bei Gesetzen mit pragmatischen Texten zu tun, und die ganze Gesetzesauslegung ist eine Sache zum Zwecke der Anwendung, das haben wir gehört. Danach ist *alle* Gesetzesinterpretation teleologisch, das heißt, der Zweck jeder Gesetzesformulierung besteht darin, sie sinnvoll anzuwenden, mehr noch: einmal verabschiedet, muß ein Gesetz sogar angewandt werden, also seine Zwecke erfüllen.

A: Eigentlich tut es mir ja leid: Die Regelung der Arbeitszeit für Jugendliche in Niedersachsen, die zuerst so günstig aussah, bringt den Jugendlichen nun doch im Zweifelsfall kein Überstundengeld.

B: Darin spiegelt sich aber doch nur der Interessenkonflikt, der

12 Vgl. insbes. Friedrich Müller: *Juristische Methodik.* Berlin 1971. Zweite Aufl. Berlin 1976.

13 Heinz Wagner a.a.O., S. 531.

14 ebd. S. 543.

15 Aus einer Vorlesung Friedrich Müllers an der Juristischen Fakultät der Universität Heidelberg.

tatsächlich historisch vorhanden war: Das Interesse der Gesellschaft am Schutz jugendlicher Arbeitskräfte auf der einen Seite und das Interesse derselben Gesellschaft, handwerkliche und industrielle Betriebe nicht bis über die Grenze ihrer Belastbarkeit zu beanspruchen.

C: Tatsächlich wurde der Spielraum der Wortbedeutungen immer schon genutzt, um Interessenkonflikte auszutragen oder auch, um einen historischen Interessenwandel durchzusetzen. Es ist ja bekannt genug, daß etwa der markante Satz in Artikel 5 unseres Grundgesetzes: »Kunst und Wissenschaft, Forschung und Lehre sind frei«, trotz seiner scheinbaren Klarheit viele hart ausgefochtene Prozesse nicht verhindert hat. Überhaupt ist das Wort »Freiheit« eines der biegsamsten Wörter, wenn es darum geht, die eigenen Interessen einer sozialen Schicht, eines Berufsstandes oder auch einer Nation gegenüber anderen zu reklamieren. Und mit der »Gleichheit« steht es ähnlich. Die Gleichheit aller vor dem Gesetz war schon proklamiert, als es in Preußen beispielsweise noch das Dreiklassen-Wahlrecht gab.[16]

B: Ein viel älteres Beispiel für den Auslegungswandel im Laufe der Geschichte liefert eines der berühmtesten Gesetze überhaupt, die »Magna Charta libertatum«, der »große Freibrief«, der 1215 als das englische Grundgesetz verkündet wurde.[16a] Sie sicherte zum Beispiel jedem freien Mann bei Freiheitsentzug ein angemessenes Gerichtsverfahren, den »due process of law«. Dieser Ausdruck wurde jedoch im Englischen bald angewandt auf jedes »gesetzliche Verfahren« überhaupt, und legitimierte damit allmählich auch jedes Polizeiverfahren. Was ursprünglich eine Sicherung zum Schutz der persönlichen Freiheit war, konnte auf diese Weise auf einmal auch für gesetzlich eingerichtete Einschränkungen der Freiheit in Anspruch genommen werden: Mit »police power« behandelt zu werden, ließ sich danach, bei geschickter Auslegung, immer noch als die Erfüllung der Magna Charta verstehen. Allein die großen Vorbilder der Rechtsprechung haben im angelsächsischen Bereich, wo sie besonderen Einfluß auf alle künftige Rechtsprechung haben, dafür gesorgt, daß von so weitmaschigen Begriffen wie »angemessenes Gerichtsverfahren« vernünftiger Gebrauch gemacht wird.

C: Nicht mehr Unvernunft, sondern schon eine massive Ausbeutung der Gesetze war im Spiel, als die Nationalsozialisten sich nach der Machtergreifung der noch geltenden Gesetze bedienen mußten. Besonders allgemeine und redensartliche Formulierun-

16 Vgl. Heinz Wagner a.a.O., S. 535 f.

16a Leonidas Pitamic: Interpretation und Wortbedeutungswandel. In: *Zs. f. öff. Recht 18*, 1938, S. 435 f.

gen wie »angemessen«, »aus wichtigem Grunde« oder »nach Treu und Glauben« standen dabei der gewaltsamen Auslegung offen.[17] Beispielsweise sieht das Arbeitsrecht die fristlose Kündigung »aus wichtigem Grunde« in besonderen Fällen vor: 1922 hatte das Reichsgericht es einmal abgelehnt, die Zugehörigkeit zu einer revolutionären Partei (USPD) und das Eintreten für sie als ein Verschulden anzusehen, das die Kündigung rechtfertige, solange eine ungesetzliche Handlung nicht begangen sei.[18] Nach 1933 galt die kommunistische und bald auch die sozialdemokratische Aktivität eines Arbeitnehmers, selbst wenn sie sich auf die Zeit vor der Machtergreifung bezog, als Verstoß gegen die vertragliche Treuepflicht, der eine fristlose Entlassung rechtfertigte.[19] Das Landesarbeitsgericht Frankfurt führte dazu 1934 in einem Fall ausdrücklich an:

Z: Im nationalsozialistischen Staat kann es keinem Arbeitgeber zugemutet werden, eine kommunistisch eingestellte Frauensperson auch nur einen Tag noch in Arbeit und Brot zu behalten (...) In dem Sichidentifizieren und Sympathisieren mit dem Kommunistengesindel liegt (...) ein Verbrechen gegen den Staat und die Volksgemeinschaft und eine so schwere Verletzung der Treueverpflichtung aus dem Arbeitsvertrag, daß dem Arbeitgeber eine Fortsetzung (...) auch für die Dauer der ordentlichen Kündigungsfrist nach Treu und Glauben unmöglich zugemutet werden kann.[20]

C: Dem Landesarbeitsgericht Karlsruhe genügte schon der Umstand, ›daß ein Arbeitnehmer, der Mitglied der »Ernsten Bibelforscher« war, nicht mit dem »Deutschen Gruß« grüßte, (...) um die fristlose Entlassung aus wichtigem Grunde als gerechtfertigt anzusehen‹. Dort hieß es in der Begründung:

Z: Der Kläger hat sich durch sein Verhalten bewußt außerhalb der Volksgemeinschaft gestellt.[21]

A: Heute kann man sich immerhin auf den schützenden Artikel 3, Absatz 3, unseres Grundgesetzes berufen, nach dem niemand seines Geschlechts, seiner Abstammung, seiner Rasse, seiner Sprache, seiner Heimat und Herkunft, seines Glaubens, seiner religiösen oder politischen Anschauungen wegen benachteiligt oder bevorzugt werden darf.

C: Darüber hat Alfred Andersch ein Gedicht gemacht, dessen erste Strophe wörtlich aus diesem Artikel 3, Absatz 3, des Grund-

[17] Vgl. Bernd Rüthers a.a.O., bes. S. 216 ff.
[18] ebd. S. 239 f.
[19] ebd. S. 238.
[20] ebd. S. 238, Anm. 6.
[21] ebd. S. 240 (Dort auch das Zitat).

gesetzes besteht.[22] Das Gedicht ist aber eine massive Anklage gegen seine Anwendung oder vielmehr die Mängel seiner Anwendung, in unserer Gegenwart.

B: Ich kann es nicht unrecht finden, wenn die Öffentlichkeit, und besonders auch die literarische Öffentlichkeit, die praktische Handhabung unserer Gesetze und ihrer Auslegung mit Aufmerksamkeit verfolgen. Denn obwohl Richter unter der besonderen Verpflichtung stehen, die Gesetze gewissenhaft – also in doppeltem Sinne nach »Treu und Glauben« – und obendrein nach überprüfbaren Methoden auszulegen, so sind sie doch als Bürger innerhalb unserer Bevölkerung keine Ausnahmemenschen, und weil in unserer Demokratie – auch nach dem Grundgesetz – jeder das Recht hat, »seine Meinung in Wort, Schrift und Bild frei zu äußern und zu verbreiten« ...

C: (EINWURF) Artikel 5,1 Grundgesetz ...

B: ... kann die öffentliche Meinung wiederum eine Art von Ausspracheforum für die Auslegung unserer Gesetze darstellen.

C: Schön, wenn das immer so wäre. Aber leider kann die öffentliche Meinung auch anders gelenkt werden. Sie kann aufgebracht werden gegen Einrichtungen oder auch gegen Personen und kann dann Maßregelungen verlangen, die das geltende Recht nicht einmal deckt. Tatsächlich kann sie im Vorhof der Rechtsprechung den Lebensspielraum, den die Gesetze zulassen, unter Umständen empfindlich einschränken.

A: Ja, dafür haben wir frische Beispiele aus unseren Tagen:

Z: Da gibt es den umstrittenen neuen § 88a unseres Strafgesetzbuches, der Gewaltverherrlichung unter Strafe stellen soll, allerdings mit der Ausnahme, daß ein Text dann nicht strafbar ist, wenn ›das Propagandamaterial der Berichterstattung über Vorgänge des Zeitgeschehens oder gar der Geschichte [...] dient‹.

A: Der Luchterhand-Verlag hat erst gar nicht diese Ausnahme ernst genommen, sondern aus Sorge, die Übersetzung des französischen Romans »Der Einzelgänger« von Regis Debray könne vielleicht anstößig werden, die im französischen Text angeführten »Rezepte der Revolution« aus dem Untergrundkampf in Südamerika unübersetzt gelassen. »Nicht die Justiz hat in das Buch eingegriffen, sondern der Verlag selbst aus Furcht und Vorsicht vor der Justiz.«[23] Man kann hinzusetzen, daß womöglich noch mehr die Furcht vor der öffentlichen Meinung hier zu einer übermäßig beflissenen Gesetzesauslegung geführt hat. Das ganze ist ein Beispiel dafür, wie eine allgemeine Stimmungslage in der Öffentlichkeit an der Auslegung von Gesetzen neben aller

[22] Alfred Andersch: Artikel 3 (3). In: *Frankfurter Allgemeine Zeitung* v. 29. 1. 1976.

[23] Jürgen Rühle. In: *Frankfurter Allgemeine Zeitung* v. 18. 9. 1976.

Rechtsprechung mitwirkt.
C: So greift die Interpretation von Gesetzestexten, gleichviel ob durch richterliche Urteile oder auch durch die öffentliche Meinung, real in das Leben aller Mitbürger ein, die denselben Gesetzen unterliegen. Und wir tun gut daran, uns zu merken: nicht die Gesetzestexte allein, sondern sie *und* ihre Auslegungen regeln, welche Freiheiten wir tatsächlich haben oder nicht. Und nicht nur unsere Richter. Wir alle sind an dieser Auslegung beteiligt, das sollten die letzten Beispiele lehren.
B: Interpretation ist also nicht nur eine Sache, die unseren Umgang mit schöner Literatur regelt. Überall, wo wir auf Literatur angewiesen sind, um unser reales Leben zu regeln – seien es nun religiöse oder weltliche Gesetzesbücher –, ist sowohl eine besonnene Auslegung vonnöten als auch wieder die Möglichkeit zur Diskussion dieser Auslegung durch alle, die von ihr betroffen werden. Wo dies hinreichend geschehen kann, dort erst spricht man mit Recht von einem Rechtsstaat.

11. Klaus Reichert

Auslegung fiktionaler Texte (I) Interpretation eines Dramas: William Shakespeare, Hamlet

Die Auslegung poetischer Texte beginnen wir mit einer Drameninterpretation. Dabei halten wir uns bewußt, daß Dramen nicht zur Buchlektüre, sondern für Theaterbretter geschrieben sind und daß ihre Aufführung jedesmal neue Interpretationsforderungen aufwirft: nicht nur für den Literaturwissenschaftler, sondern bereits für den Theaterkritiker und vor allem anderen schon für Schauspieler und Regisseur. Darum ist es angezeigt, einen Dramentext nicht nur für sich zu nehmen, sondern auch nach seinen Aufführungsbedingungen und vor allem nach dem Publikum zu fragen, dem er im Spiel vorgesetzt werden soll. Das heißt für Shakespeares »Hamlet«, die Wirklichkeit des elisabethanischen Zeitalters und die Rolle des Theaters in dieser Zeit ernsthaft zu prüfen, damit »Hamlet« auch verstanden werden kann als ein Stück Geschichte seiner Zeit *und* wiederum als eine poetische Herausforderung an sie.

Die tragische Geschichte des Hamlet, Prinzen von Dänemark – ein Theaterstück des Engländers William Shakespeare, 1600 oder 1601 geschrieben ... In den gleichen Jahren wird in Rom der Philosoph Giordano Bruno als Ketzer verbrannt, schreibt der Mönch Campanella im Gefängnis seine Utopie vom Sonnenstaat, wird in London die Ostindische Kompagnie, eine der letzten und wichtigsten, d. h. lukrativsten englischen Handelsmonopolgesellschaften, gegründet, plant Graf Essex, einst Günstling der Königin Elisabeth, den Staatsstreich und wird hingerichtet, formieren sich auf dem europäischen Kontinent Protestantismus und Katholizismus als politisch-wirtschaftliche Mächte, nicht ohne daß versucht worden wäre, das mehr oder minder anti-katholische England jesuitisch zu infiltrieren, so daß auch ohne den Grafen Essex der Kopf der Königin nicht mehr allzu sicher saß ...

In diesem auf Schlagzeilen reduzierten zeitgeschichtlichen Zusammenhang, der später genauer skizziert und auf seinen konkreten Bezug zum Shakespeare-Theater befragt werden muß, entsteht das Stück *Hamlet*. Es wird ein Erfolgsstück, ein Bühnenhit, hat nicht die Aura eines Bildungsguts, die es dann später bekam. Denn das Publikum, für das Shakespeare und seine Zeitgenossen schreiben, ist bunt gemischt aus allen Klassen, wie in der Geschichte des Theaters nie wieder: unten im Parterre, das an drei Seiten die Bühne umgibt, auf den billigen Plätzen, stehen die sogenannten Gründlinge – Handwerker, Gesellen, Lehrlinge –, auf den Galerien und Rängen, z. T. wohl auch auf der Bühne selbst, sitzen die Bürger und Edelleute. Man ißt, man raucht, man schwätzt. Das sind Momente, die die Rezeptionsbedingungen mitbestimmen. Einstimmung, Identifikation, dürfte da schwerlich aufgekommen sein. Eher die von Brecht, der sich immer wieder auf den Elisabethaner berief, geforderte kritische Distanz. Hinzu kommt, daß dieses gemischte Publikum unterhalten sein will – warum geht es sonst ins Theater, das ja noch keine Bildungsanstalt ist, sondern Vergnügungsstätte – und zwar unterhalten in der jeweils gemäßen Weise.

So bekommen denn die einen im Hamlet eine Kriminalstory, derbe Witze und obszöne Anspielungen zu hören, die jeder versteht, aber auch Einsichten in die unterschiedliche Behandlung der Menschen, sogar noch nach ihrem alle Menschen angeblich gleichmachenden Tod, aufgrund ihrer Klassenzugehörigkeit, so etwa, wenn die beiden Totengräber sich über das christliche Begräbnis der Selbstmörderin Ophelia unterhalten:

Wollt Ihr die Wahrheit wissen? Wenn's kein Edelfräulein gewesen wäre, so wäre sie auch nicht auf geweihtem Boden begraben.[1]

Oder sie hören – sie, die gehört haben, daß es ehrenwert ist, Soldat zu sein –, wie die Hauptfigur Hamlet räsoniert, als der norwegische Thronfolger Fortinbras, in vielem eine Gegenfigur zu Hamlet, mit seinen Truppen in einen sinnlosen Prestigekrieg marschiert:

Ich seh [. . .] beschämt
Den nahen Tod von zwanzigtausend Mann,
Die für 'ne Grille, ein Phantom des Ruhms
Zum Grab gehn wie ins Bett.[2]

Die Zuschauer drumherum hingegen, die auf den Rängen, die Sitzenden, hören viel über Fragen der Herrschaftslegitimität und -usurpation; über die politische Notwendigkeit zu handeln und die so-und-so motivierte private Entscheidung, es nicht zu tun; über Hofintrigen und Systeme zur Bespitzelung auch intimster Bereiche; sie hören Poesie und sie folgen analytischem Denken, in denen beiden man sich vielleicht verlieren könnte.

Sie hören aber auch Sätze wie diesen, der ganz nebenbei fällt:

Das Zeitalter wird so spitzfindig, daß der Bauer dem Hofmann auf die Fersen tritt.[3]

[1] William Shakespeare: Hamlet. Übers. von August Wilhelm Schlegel, Reclam 1974, S. 103 (V. i. 23 ff.)
[2] ebd. S. 87 (IV. iv. 59 ff.)
[3] ebd. S. 106 (V. i. 135 ff.)

Das müßte wörtlich übersetzt etwa heißen, daß die Zeiten so anspruchsvoll werden, daß jetzt schon die Stiefelspitze des Bauern den Hacken des Höflings bedrohlich nah kommt, was wiederum heißen soll, wie in einem Kommentar zu lesen, »daß der soziale Unterschied zwischen Höflingen und Bauern sich bedenklich verringert habe«[4], eine Feststellung, die, da sie historisch stimmt, die Sitzenden auf ihren Rängen sicher nicht bequemer sitzen ließ.
Mag diese inhaltsbezogene Trennung des Publikums in zwei Hälften auch reichlich hypothetisch sein – denn warum sollten sich die Gründlinge nicht für Fragen der Herrschaftslegitimation und die auf den Rängen nicht für den blutigen Krimi interessieren? – so kann doch, fassen wir die Trennung allgemeiner, kein Zweifel darüber bestehen, daß die Erwartungen der Rezipienten, aufgrund der Unterschiede ihrer Interessen und ihrer Bildung, in die verschiedensten Richtungen gingen und daß der Autor diese Erwartungen zu erfüllen bestrebt war, zumal ein Autor wie Shakespeare, der an der Theaterkompagnie, die seine Stücke spielte, auch finanziell beteiligt war.
Der Hamlet – ein Gebrauchsstück; und ein Theatererfolg bei einem sehr gemischten Publikum –: das steht denn doch in denkbar scharfem Gegensatz zu dem, was im Laufe der europäischen Geistesgeschichte aus ihm wurde. Stück und Figur wurden immer weiter aus ihrem historischen Zusammenhang herausgelöst und nicht nur an der jeweils herrschenden Ästhetik gemessen, sondern auch umgekehrt, aus aktualisierendem Interesse, als programmatisch für ästhetische – oder auch politische – Tendenzen der Zeit gesetzt, bis sich schließlich im 19. Jahrhundert die Figur Hamlet vom Stück Hamlet so weit getrennt und zu einer charakterologischen Grunddisposition entwickelt hatte, daß vom hamletischen Menschen im positiven oder negativen Sinn die Rede sein konnte, so wie man vom faustischen Menschen sprach.
Die Behauptung ist wohl kaum übertrieben, daß sich am Beispiel der deutschen Hamlet-Rezeption von etwa 1750 bis 1900 die deutsche Geistesgeschichte in allen ihren Stadien beschreiben ließe. Ein paar Beispiele: Kronzeuge für ein falsches Hamlet-Verständnis war für die Deutschen immer wieder Voltaire, der große Aufklärer, der für die Aufnahme englischer Literatur, und speziell Shakespeares, in Frankreich im 18. Jahrhundert mehr getan hat als jeder andere. Dennoch war für seinen, an den strengen Regeln der französischen Klassik geschulten Geist, Shakespeare ein regelloser Autor, ohne Geschmack und Kunstverstand, der wahllos

[4] H. H. Rudnick (Hrsg.): *William Shakespeare, Hamlet. Erläuterungen und Dokumente.* (Reclam-Universalbibl.) Stuttgart 1872, S. 79 Anm. 152

Komisches und Tragisches vermengte, dessen Helden obszöne oder allzu umgangssprachlich realistische Reden führten, wo den Helden in ihrem Bildungsauftrag doch allein erlesen, stilisiert und keusch sich auszudrücken angemessen war. Vom Hamlet heißt es:

man könnte annehmen, es handle sich um das Werk eines betrunkenen Wilden. Aber unter all diesen vulgären Unregelmäßigkeiten, die das englische Drama bis zum heutigen Tage so absurd und barbarisch machen, findet man im Hamlet-Drama – um das Phantastische noch phantastischer zu machen – einige erhabene Stellen, die einem der größten Genien Ehre antäten. Es scheint, als hätte die Natur im Gehirn Shakespeares die höchstmögliche Stärke und Größe mit all dem vermengt, was geistlose Vulgarität auf ihrer niedrigsten und widrigsten Stufe hervorbringen kann.[5]

und an anderer Stelle:

Es ist gewagt, aber wahr, wenn ich sage, daß das Verdienst dieses Schriftstellers das Verderben des englischen Theaters gewesen ist.[6]

In Deutschland traf ein solches Urteil vor allem auf den Widerspruch Lessings, der dabei war, das auch hier vorherrschende französisch-klassizistische Theater zu entthronen und im Rückgriff auf die Engländer, besonders Shakespeare, ein bürgerliches deutsches Nationaltheater theoretisch zu ermöglichen und praktisch aufzubauen. Von dogmatischen Regeln konnte dabei die Rede nicht mehr sein, sondern von natürlichen Abbildungen des menschlichen Lebens, und zwar in einer bestimmten Gesellschaft. Aber die entscheidende, spektakuläre Wendung zu Shakespeare und besonders zu Hamlet, geradezu seine Anverwandlung, kommt erst mit Herder und den Stürmern und Drängern:

Dolmetscher der Natur in all ihren Zungen... lauter einzelne im Sturm der Zeiten wehende Blätter aus dem Buch der Begebenheiten der Vorsehung der Welt.[7]

Deutschland geriet in ein Hamlet-Fieber, das das gerade abklingende Werther-Fieber ablöste. Rückblickend schreibt Goethe in *Dichtung und Wahrheit*:

Hamlet und seine Monologen blieben Gespenster, die durch alle jungen Gemüter ihren Spuk trieben. Die Hauptstellen wußte ein jeder auswendig und rezitierte sie gern, und jedermann glaubte, er dürfe ebenso melancholisch sein als der Prinz von Dänemark, ob er gleich keinen Geist gesehen und keinen königlichen Vater zu rächen hatte.[8]

[5] Zitiert nach Rudnick, a.a.O., S. 156
[6] Th. Besterman (Hrsg.): *Voltaire on Shakespeare*. Genf 1967, S. 44
[7] J. G. Herder, *Sämtliche Werke*. Hrsg. B. Suphan. Bd. 5. Stuttgart 1877, S. 219
[8] J. W. Goethe: *Werke* (Insel). Bd. 5. Frankfurt 1965, S. 525 (= 3. Teil, 13. Buch)

Goethe selbst entfaltet im *Wilhelm Meister* eine folgenreiche Hamlet-Deutung, die auf Generationen das deutsche Hamlet-Bild bestimmte:

Eine große Tat auf eine Seele gelegt, die der Tat nicht gewachsen ist [...] Hier wird ein Eichbaum in ein köstliches Gefäß gepflanzt, das nur liebliche Blumen in seinen Schoß hätte aufnehmen sollen; die Wurzeln dehnen sich aus, das Gefäß wird zernichtet.[9]

Hamlet wird umgedeutet in ein Opfer seiner eigenen Natur, die eben zum Handeln nicht gemacht sei, er ist ein Träumer und Denker, den sein Schicksal aus der Verantwortung für sein tatenloses Zusehen entlassen hat. Diese Sicht hat nun allerdings mehr mit der Person Goethes zu tun als mit der Figur Hamlet, mehr mit der Rolle der deutschen Intellektuellen am Ende des 18. Jahrhunderts und den Rechtfertigungsversuchen ihres gebrochenen Verhältnisses zur Politik als mit dem in politischen Dingen doch nicht gerade unbewanderten oder gar uninteressierten Hamlet.
Die anschließende deutsche Romantik, für die Hamlet einen der Hauptbezugspunkte darstellte, sah ihn noch extremer: als den geistigen Menschen schlechthin, zerrissen, hilflos und orientierungslos in einer entfremdeten Welt, resigniert vor dem unlösbaren Konflikt zwischen Denken und Handeln. Genau in diese Blase weltschmerzlerischer Tatenlosigkeit sticht dann eine Generation später der liberale Schriftsteller Ludwig Börne, am Vorabend der Pariser Julirevolution von 1830. Die Interpretation Goethes und der Romantiker stellt er nicht in Frage, aber bewertet sie umgekehrt. Hamlets Haltung ist die des deutschen Intellektuellen,

von großen Worten, die ihn lächerlich, von kleinen Handlungen, die ihn verächtlich machen.[10]

Wo er handeln müßte, flüchtet er sich in Philosophie, ja, er ist ein Opfer der deutschen Philosophie, die er in Wittenberg studiert hat.

Wie ein Fichtianer denkt er an nichts, als ich bin ich, und tut nichts, als sein Ich setzen.

Darin ist auch der Grund zu suchen, warum gerade die Deutschen sich so gerne mit Hamlet identifizieren: sie rechtfertigen mit ihrem angemaßten intellektuellen Sonderstatus, daß sie die notwendigen Revolutionen zwar bereden, aber nichts dazu tun, sie zu

[9] Goethe, *Werke*, a.a.O. Bd. 4, S. 323 (= 4. Buch, 14. Kap.)
[10] Nach Rudnick (Anm. 4), S. 191 ff.

verwirklichen. »Deutschland ist Hamlet«, heißt es dann 1844, kurz vor der vergeblichen deutschen Revolution bei Ferdinand Freiligrath, und der liberale Historiker Gervinus sieht in seiner Hamlet-Vorlesung von 1849 in Hamlet geradezu das Symbol der gescheiterten Revolution.

Wir blicken in den Spiegel unserer Gegenwart, als ob dies Werk in diesen Tagen erst geschrieben wäre [...] Das Bild, das wir Deutsche in diesem Spiegel vor uns sehen, ist zum Erschrecken ähnlich.[11]

Es würde an dieser Stelle zu weit führen, die Schicksale Hamlets auf deutschem Boden länger zu verfolgen. Die Mythisierungen, die so wenig mit Shakespeare und so viel mit Deutschland zu tun hatten, gingen weiter. Die wichtigste Neufassung des Hamlet-Problems, die nun zwar nichts mehr mit Deutschland, aber auch nichts mit Shakespeare zu tun hatte, sondern mit Psychoanalyse, nämlich die, die Freud in einer Fußnote zur *Traumdeutung* entwickelte, wird uns später noch beschäftigen.

Nun ist, wie man längst weiß, jede Interpretation bedingt durch die Denkvoraussetzungen und Widersprüche ihrer Zeit und ihrer Gesellschaft. So etwas wie eine überzeitlich gültige oder richtige Interpretation gibt es nicht. Neue literaturwissenschaftliche Theorien gehen sogar so weit zu sagen, ein Kunstwerk bestehe überhaupt aus der Verbindung zwischen der in jedem Text angelegten Sinnmöglichkeit und der von jedem Leser erst zu leistenden Aktualisierung, das Kunstwerk bestehe aus Leerstellen, die vom Leser auszufüllen seien. Diese dem Leser abverlangte Aktivität, die seine jeweiligen Interessen miteinschließt, bestimmt jede Interpretation, die des Wissenschaftlers sowohl wie die des Schauspielers, Regisseurs oder Übersetzers. Gewiß wird ein Schauspieler anderes in einem Text akzentuieren als ein Philologe, aber es gibt hier durchaus Verbindungen: so fußen manche Inszenierungen von Peter Brook auf den Shakespeare-Interpretationen des polnischen Theaterwissenschaftlers Jan Kott, so wie umgekehrt die Hamlet-Einrichtung des Hamburger Theaterdirektors Schröder als eine Voraussetzung der Goetheschen Interpretation zu sehen ist.

Ist von der historischen Bedingtheit jeder Interpretation auszugehen, so gilt das für die Hamlet-Interpretation in besonderem Maße. Denn der Hamlet, diese – wie man gesagt hat – Mona Lisa der Literatur (T. S. Eliot), ist seiner Struktur nach so vieldeutig und sogar widersprüchlich, daß jede Epoche ihn auf sich bezogen und das auch aus dem Text begründet hat. So hat sich die an

[11] G. G. Gervinus, *Shakespeare*. Leipzig [3]1862, Bd. 2, S. 129

biographischen und psychopathologischen Fragestellungen orientierte Forschung der Jahrhundertwende vor allem mit den individuellen Charakterproblemen Hamlets – und von da verallgemeinernd: Shakespeares – befaßt, während z. B. heute vor allem soziale Prozesse im Vordergrund stehen und das Drama als Ausdruck gesellschaftlicher Widersprüche interpretiert wird.
Man muß aber doch aufpassen, daß unter den jeweils zeitbedingten Interpretationsinteressen der Text als ganzer, wie er nun einmal dasteht, nicht immer weiter in den Hintergrund rückt. Der Text darf nicht zum Steinbruch für willkürliches Interpretieren werden. Dem vorzubeugen muß der Interpret die sehr umfängliche Hamlet-Philologie zu Rate ziehen, die seit rund hundert Jahren bestrebt ist, das Stück wieder zurückzubringen in seinen historischen Zusammenhang, seine Voraussetzungen und die seiner Bühne zu rekonstruieren, die Shakespeareschen Intentionen zu klären usw. Hier wurde eine Fülle von Material zutage gefördert, das als gesichert anzusehen ist und weltanschauliche Spekulationen ausschließt. Das vielleicht spektakulärste Ergebnis im Vergleich zur geistesgeschichtlichen Rezeption und Verabsolutierung Hamlets ist, daß Held und Gang der Handlung gar nicht von Shakespeare erfunden wurden und daß der Vieldeutigkeit des Shakespeareschen Textes relativ eindeutige Vorlagen zugrunde liegen.
Der Stoff geht zurück auf eine nordische Sage, die sich in der Historia Danica des Saxo Grammaticus gegen Ende des 12. Jahrhunderts findet. Dem Dänenprinzen Amlethus hat der Onkel den Vater erschlagen, in aller Öffentlichkeit, bei einem Gastmahl. Die Höflinge decken den Mord, der Onkel macht sich zum König und heiratet die Mutter des Amlethus, Gerutha. Der Prinz muß befürchten, als potentieller Rächer vom Onkel ebenfalls umgebracht zu werden, und legt deshalb, wie es heißt, ›den Schein eines lächerlichen Wahnsinns‹ an. Der König mißtraut diesem Wahnsinn, da er sich zwar in unsinnigen Sätzen äußert, hinter denen er aber, und mit Recht, einen beziehungsreichen Sinn vermutet: er schickt darum dem Neffen ein Mädchen als Lockvogel, um seine Reaktionen zu beobachten; er arrangiert eine Unterredung mit der Mutter, die er belauschen läßt, bei welcher Gelegenheit der Lauscher von Amlethus entdeckt, erstochen, zerstückelt und den Schweinen vorgeworfen wird; er schickt ihn schließlich mit zwei Höflingen und dem Brief mit dem Ermordungsauftrag nach England; Amlethus ändert den Auftrag, wird Schwiegersohn des englischen Königs, kehrt nach einem Jahr als Rächer heim, vernichtet den Onkel samt Hofstaat und wird selber König. Bei Saxo heißt es:

So handelte Amlethus als Mann der Tat, ewigen Ruhmes wert. Klugerweise Dummheit erkünstelnd, verbarg er eine fast übermenschliche Weisheit hinter bewunderungswürdiger Erdichtung scheinbaren Blödsinns. Durch Geistesgegenwart erwarb er nicht allein sich selbst Heil, sondern wurde durch sie auch dazu geführt, daß er volle Rache nehmen konnte für seinen Vater.[12]

Man sieht also, daß die wichtigsten Handlungselemente sich bei Saxo finden, dort allerdings anders und unwidersprüchlich bewertet werden und in einen anderen Schluß münden. Eine, dem Zeitgeschmack folgend, das Grausige noch überzeichnende Bearbeitung dieser Sage lag in den Histoires Tragiques des François de Belleforest vor. Hier kommt als neues Motiv der Ehebruch vor dem Brudermord hinzu, und der Stoff ist so geschickt aufbereitet, auch z. T. bereits psychologisch motiviert im Hinblick auf das Verhältnis Hamlets zu seiner Mutter, daß er sich für eine Dramatisierung geradezu anbot. Spätestens 1589 muß es dann auch ein Hamlet-Stück gegeben haben, den verlorengegangenen und von der Forschung sogenannten Ur-Hamlet, den vermutlich Thomas Kyd, ein Freund Marlowes, verfaßt hat. Wie er etwa ausgesehen hat, läßt sich aus einem wohl auf ihn zurückgehenden, deutsch überlieferten Stück schließen, ›Der bestrafte Brudermord‹, der von englischen Komödianten im 17. Jahrhundert in Deutschland gespielt wurde. Dieser Ur-Hamlet muß eine Rachetragödie im Stil der modischen Seneca-Nachfolge gewesen sein, wie sie sich von Kyd und Marlowe u. a. erhalten haben. Stofflich appellierte die Rachetragödie an ein sensationslüsternes Publikum, das an gehäuften Greueln und Grausamkeiten sein Gefallen fand. Stereotypisch wird eine raffinierte, sorgfältig vorbereitete, nervenkitzelnde Rache in Szene gesetzt, die mit dramaturgischen Kniffen wie action und suspense, rascher Handlung und Spannungsstau, arbeitet. Ein Schauerkabinett von Todesarten wird vorgeführt, wobei der Giftmord nach italienischem Vorbild in aberwitzigster Gestalt die prominenteste Stelle einnimmt. Noch im Hamlet gibt es das vergiftete Rapier und den Giftbecher. Zum Muster gehören auch die aus der Antike geläufigen Geistererscheinungen, sowie der Wahnsinn des rasenden Rächers oder der in die Rache Verstrickten. Alle diese Elemente, die wir ja im Hamlet wiederfinden, gehören zur Konvention der Rachetragödie; dabei handelt es sich zumeist, wie gesagt, um Übernahmen aus der Antike oder aus Italien, die im Zusammenhang der europäischen Renaissance und des Humanismus auf den verschiedensten Niveauebenen rezipiert wurden.

Wichtig ist aber nun, daß diese aufgegriffenen Elemente auf eine

[12] nach Rudnick, a.a.O., S. 112

sehr lebendige Volkstheatertradition trafen, mit der sie sich in der Praxis zunächst grob vermischten und aus deren wechselseitiger Integration allmählich das entstand, was elisabethanisches Theater heißt. Vor allem das Komische und Burleske, das Derbe und Obszöne, das Unbotmäßige und Zerstörerische gehen auf diese Tradition zurück, also äußerlich betrachtet die Narren und Clowns, häufig auch die Figuren aus niederen Schichten, wie Soldaten, Bauern, Handwerker. Aber traditionell Komisches und traditionell Ernstes durchdringen sich eben in einer Weise, daß es bald nicht mehr immer klar ist, wie sie strikt auseinander gehalten werden sollen.

So tritt vor allem, um nur ein Beispiel zu nennen, das dem volksmäßig Komischen zugehörige Wortspiel in den ernsthaften Bereich ein. Die Figur des Hamlet ist hier der wichtigste Beleg. Das bedeutet aber nicht bloß, daß das Wortspiel auf einmal salonfähig wird, sondern es bedeutet, daß es in eine andere Dimension eintritt, daß es nicht mehr deckungsgleich ist mit Witz und Gelächter, sondern neue, und zuweilen bodenlose, Sinnbezüge freisetzt. Umgekehrt bekommt der traditionelle Spaßmacher Züge des Weisen, eines über der Handlung Stehenden und sie Kommentierenden, der von Königen in anderer Weise ernstgenommen wird als die politisch-pragmatischen Ratgeber.

Eine der stehenden Figuren der Volkstheatertradition war das Vice, zu deutsch wörtlich das Laster, eine Narrenfigur, deren Funktion es war, die Mitspieler vor allem zu desorientieren – durch Impertinenzen, durch ein Nicht-zur-Sache-Sprechen, durch rätselhafte Repliken, Wortspiele, Verdrehungen – mit dem Hintergedanken aggressiver Kritik und Parodie der ihrem Status nach prominenten Figuren. Der Anglist Robert Weimann hat nachgewiesen, daß Hamlet in einer Schicht als Abkömmling dieser Vice-Figur gesehen werden muß:[13] zu ihr gehört seine »antic disposition«, welche bei Schlegel »wunderliches Wesen« heißt, bei anderen als »bizarrer Anschein« (Rapp) oder »fratzenhaftes Wesen« (Flatter) übersetzt wurde; zu ihr gehört seine Verrücktheit, gehören seine obszönen Reden, die als anstößig und unpassend im Rahmen der Tragödie empfunden worden sein dürften; und zur Vice-Figur gehört auch das verwahrloste Äußere, von dem Ophelia einmal berichtet:

> Prinz Hamlet – mit ganz aufgerißnem Wams,
> Kein Hut auf seinem Kopf, die Strümpfe schmutzig
> Und losgebunden auf den Knöcheln hängend …[14]

[13] Robert Weimann: *Shakespeare und die Tradition des Volkstheaters.* Berlin ²1975, S. 200 ff.

[14] *Hamlet* a.a.O., S. 33 (II. i. 74 ff.)

Wie man sieht, finden sich alle diese Züge aber bereits in den Quellen bei Saxo und Belleforest, woraus man schließen darf, daß der alte Stoff u. a. darum aufgegriffen werden konnte, weil er sich in sehr lebendige, publikumsnahe Formen integrieren ließ, so daß die Wahl des Stoffes durch Shakespeare und seinen Vorgänger, zunächst zumindest, durch bühnenpraktische Erwägungen bedingt war und nicht durch metaphysische oder »allgemeinmenschliche«.

Noch etwas drittes war, neben der Quelle und neben der Vice-Figur, an der Formierung der Hamlet-Gestalt beteiligt: die Konvention des Melancholikers.

Hierzu ein kleiner Exkurs: Nach Ansicht der mittelalterlichen Medizin fließen im menschlichen Körper vier Säfte – Blut, Phlegma, gelbe und schwarze Galle –, die beim gesunden Menschen in harmonischem Mischungsverhältnis stehen. Bei Überproduktion eines der Säfte ergibt sich das Erscheinungsbild oder Temperament des Sanguinikers, des Phlegmatikers, des Cholerikers oder schließlich, bei Überschuß an schwarzer Galle, des Melancholikers. Diese vier Typen nahmen sich seit dem Mittelalter die Satiriker zur Zielscheibe ihres Spottes, um an ihnen die Torheiten des Menschen zu geißeln. Auch der Melancholiker war also eine komische Type, der Lächerlichkeit preisgegeben, und hatte in seinen überlieferten Äußerungsformen nichts zu tun mit dem, was wir heute unter einem Melancholiker verstehen. Noch in den Sittenkomödien des elisabethanischen Theaters, am ausgefeiltesten bei Ben Jonson, findet sich der Typus, der hier allerdings nicht bloß eine literarische Konvention fortsetzt, sondern seine Entsprechung in der Alltagswirklichkeit zumindest des Hofes gehabt zu haben scheint: Er ist eine modisch-affektierte Höflingsfigur, die sich mit Schwermut drapiert, um sich interessant zu machen. Geistesabwesenheit, Verstörtheit, Unberechenbarkeit gehören zu seinem Erscheinungsbild, das sich in einer prosperierenden Zeit als Produkt des Gelangweiltseins, des Überdrusses, herausgebildet hat, wie man annimmt. Eine Art Dandy. Aber der Typus bekommt um 1600 durchaus ernsthafte Züge und ernsthafte Bewertung, wird zum Melancholiker in unserem Sinne, was die Zeitgenossen zwar immer noch in den physiologischen Bedingungen der alten Säftelehre begründen wollten, was aus heutiger Sicht jedoch eher im Zusammenhang der wirtschaftlichen Depression und, allgemein, der politischen Legitimitätskrise zu sehen wäre, von denen noch zu reden sein wird. Von nun an jedenfalls gibt es die Ausgeflippten und Orientierungslosen, die sich in Gestus und Habitus mit dem konventionellen Melancholiker verbinden. Durch den Melancholiker-Typus ist es nun aber erst möglich, das absurde Gebaren Hamlets charakterologisch zu fundieren. Und damit ist etwas sehr Wichtiges gewonnen: Hamlets Wahnsinn ist nämlich jetzt nicht mehr auf eine Maske oder eine Volksbühnenstereotypie reduzierbar, sondern bewegt sich in der Dunkelzone, wo angelegter und echter Wahnsinn ununterscheidbar werden.

Durch die Rekonstruktion der dreifachen Wurzel Hamlets wird der Figur viel von ihrem denkerischen Nimbus, ihrem Ewigkeitswert, ihrem Modellcharakter genommen – nichts aber von ihrer Größe, ihrer Individualität. Sie wird nur demythisiert, wenn man will entdämonisiert. Sieht es aber jetzt nicht so aus, als würde die Figur zerfasert in konventionell ohnehin verhandene Elemente und als verschwände dahinter der Anteil des gewissermaßen bloß redigierenden Autors? Nun, es ging nur darum, die Figur in ihren historischen Kontext zurückzuholen. An der Differenz zwischen historischer Vorgabe und dem, was Shakespeare daraus machte, muß sich das Spezifische dieses Dramas zeigen. Aber ohne den gesamten zeitgenössischen Hintergrund ist auch das Stück als ganzes kaum adäquat zu verstehen. Was hier verhandelt wird, ist nämlich nicht eine altdänische Sage, sondern elisabethanische Wirklichkeit. Als der Hamlet entstand, am Ende der Regierungszeit Elisabeths, stand das junge Bürgertum in seiner ersten schweren Krise. Auf die Phase großer kaufmännischer Expansionseuphorie, gesellschaftlicher Umstrukturierung, Koalierung von Krone und Bürgertum gegen den alten Feudaladel, der Entdekkung des Individuums und seiner Eigenverantwortung im Unterschied zur alten festen Plazierung des einzelnen in einem hierarchisch gegliederten Sozialgefüge, der Entstehung anderer – vor allem moralischer, nicht mehr dogmatisch-theologischer – Bewertungskriterien für Denken und Handeln, auf diese Phase folgte eine Phase großer Ernüchterung, nachdem sich die ersten Schwierigkeiten und Widersprüche der neuen gesellschaftlichen Prozesse zeigten. Äußerlich zeigte sich die Krise in einer anhaltenden wirtschaftlichen Flaute, ausgelöst vor allem durch Schließung der europäischen Märkte, in damit verbundener Arbeitslosigkeit, in Geldentwertung und Preisexplosion, und dies vor dem Hintergrund ständiger Kriegsangst, da u. a. die Thronfolge der kinderlosen Elisabeth nicht gesichert war und der präsumptive Erbe Jakob Stuart die Gefahr einer katholischen Reaktion implizierte, dies vor dem Hintergrund ständiger Bedrohung durch den Staatsstreich von innen, wobei der eingangs erwähnte Aufstand des Grafen Essex nur ein Beispiel ist.

Diese Hintergrunderscheinungen sind die Begründung für ein Bespitzelungssystem, das in jenen Jahren entwickelt wurde und sich z. B. dadurch rechtfertigte, daß angeblich katholische Spione den Hof infiltriert und das Volk unterminiert hatten. Die häufige Schließung der Theater – offiziellerseits begründet mit der Pest oder der Sittenverderbnis – ist sicher auch von hierher zu verstehen. Die Theater stellten ja durchaus ein Sicherheitsrisiko dar, sowohl wegen des von der Bühne herab Vermittelten – am Vorabend des geplanten Essex-Aufstands gegen die Krone wurde auf Bestellung Shakespeares Richard II. gegeben, ein Stück, das von der Absetzung eines Königs handelt –, als auch weil sie berüchtigt waren als Versammlungsstätten für arbeitslose Gesellen – man spielte ja nachmittags –, die sich anderswo nicht versammeln durften und hier womöglich ihre Ideen bezogen. Das Riskante einer Theateraufführung spiegelt sich noch in der besorgten Frage des Königs Claudius beim Spiel der Komödianten im Hamlet, ob auch keine Provokation darin sei. Hamlets Antwort impliziert in ihrer Doppelbödigkeit fast drohend den Sinn des Theaters:

Nein, nein; sie spaßen nur, vergiften im Spaß, keine Provokation in der Welt.[15]

Denn daß hier nicht gespaßt wird, wenn auch gespielt, daß Theater hier eine Erkenntnisfunktion hat und direkt handlungsorientierend eingesetzt ist, das weiß längst jeder Zuschauer.
Den potentiellen Gegner auszuforschen scheint aufgrund solcher Erfahrungen den Herrschenden legitim. Für die Theater gab es den Zensor, dessen Befugnisse ein paar Jahre nach dem Hamlet, 1606, erheblich erweitert wurden, aber Bespitzelung überhaupt scheint tatsächlich alltägliche Praxis gewesen zu sein. Über den 1593 unter nie recht geklärten Umständen erstochenen Dramatiker Marlowe haben sich z. B. Polizeiberichte erhalten, in denen seine in Kneipen geführten Gespräche protokolliert sind. Auch hier konnte also Shakespeare Motive der Quellen anschließen an Erfahrungen der eigenen Zeit. Denn in einer seiner vielen Schichten ist der Hamlet ja tatsächlich ein Stück über Bespitzelung und Denunziation, die in verschiedenen Äußerungsformen thematisiert werden. Claudius bespitzelt Hamlet, um zu erfahren, wieviel er von dem Verbrechen weiß und was er vorhat. Er läßt seinen Kanzler Polonius für sich spionieren, und es ist wichtig, daß wir nie erfahren, ob er in die wahren Gründe für die Bespitzelung eingeweiht ist: d. h. nämlich, er fragt nicht – er funktioniert, er ist ein Werkzeug in den Händen der Macht, um so gefährlicher, als er ein Fachmann ist. Die Staatshörigkeit geht bei ihm so weit, daß er seine Tochter Ophelia, die von Hamlet allem Anschein nach geliebt wird und die ihn wohl wieder liebt, als agent provocateur

[15] ebd. S. 66 (III. ii. 233 f.) Statt ›Provokation‹ (›offence‹) steht bei Schlegel ›Ärgernis‹.

einsetzt, um sein Verhalten auf politische Gefährlichkeit zu überprüfen, wohlverstanden in einer Situation, von der Polonius sich herzhafte Intimitäten erwartet. Und im Schlafzimmer der Königin versteckt er sich auch, um zu schnüffeln:

> Mein Fürst, er geht in seiner Mutter Zimmer.
> Ich will mich hinter die Tapete stellen,
> Den Hergang anzuhören; seid gewiß,
> Sie schilt ihn tüchtig aus, und wie Ihr sagtet,
> Und weislich war's gesagt, es schickt sich wohl,
> Daß noch ein andrer Zeug' als eine Mutter,
> Die von Natur parteiisch, ihr Gespräch
> Im stillen anhört. Lebet wohl, mein Fürst,
> Eh' Ihr zu Bett geht, sprech ich vor bei Euch
> Und meld Euch, was ich weiß.[16]

Dieser Plan des Polonius führt den Bühnenvorgang selber höchst plastisch vor Augen. Man sieht, welche ungeheuren Spielmöglichkeiten in der Bespitzelungsthematik liegen, weshalb sie überhaupt erst für einen Dramatiker interessant wird: das Lauschen hinter Tapeten, das Lauern an Türen, die Schlüssellochperspektive. So ergibt sich die szenische Möglichkeit eines Spiels auf zwei Ebenen: Spiel und Beobachtung des Spiels. Für den Zuschauer erhöht sich dadurch die Spannung beträchtlich, weil aus der jeden Moment erwartbaren Entdeckung des Lauschers nicht abzusehende Komplikationen und Überraschungen zu gewärtigen sind, und weil der Zuschauer nie weiß, wie weit der Belauschte die Lage durchschaut und seine Sätze danach richtet, wie weit belauscht zu werden so sehr zum Erwartungsbereich der Figuren gehört, daß sie nur noch verstellt sich äußern können, immer auf dem Quivive agieren wie Boxer, auch wenn kein Lauscher sichtbar auf der Bühne steht. Im Fall des Polonius ist politisch begründete Spionage als Voyeurismus inszeniert, wodurch persönliche Motivationen der Figur unmittelbar ins Spiel kommen.

Bespitzelung des Intimen gehört zum System totaler Kontrolle. Dazu braucht man Vertrauensleute, denen der Bespitzelte sich aller Wahrscheinlichkeit nach offenbart. So setzt der König neben dem Fachmann auch nicht einfach weitere Hofleute auf Hamlet an, sondern zwei enge Jugendfreunde, Rosenkranz und Güldenstern. Auch sie werden nicht in die Absichten des Königs eingeweiht, denn sie erfahren nur, der Prinz sei gemütskrank, und sie sollten im Umgang mit ihm herausfinden,

[16] ebd. S. 71 (III. iii. 27 ff.)

Ob irgendwas, uns unbekannt, ihn drückt,
Das, offenbart, zu heilen wir vermöchten.[17]

Hamlet hatte gefunden, es sei etwas faul im Staate Dänemark, und die Fäulnis geht so weit, daß bereits die menschlichen Beziehungen von ihr zerfressen worden sind. So begnügen sich denn auch Rosenkranz und Güldenstern nicht mit dem an sich schon perfiden Auftrag, denn sie erraten offenbar die wahre Intention des Königs, und um sich der Herrschaft dienstbar zu erzeigen, spionieren sie auf eigene Faust, gezielt auf Hamlets unterstellte Umsturzpläne. Fortan gibt es keine Tür mehr, hinter der sie nicht lauern.

Hamlets Gegenspionage ist nun nicht etwa bloß Reaktion auf die Unternehmungen des Königs, vielmehr stellt er sich von allem Anfang an auf sie ein. Noch bevor er vom Geist erfährt, daß der alte König ermordet wurde, weiß er, daß irgendetwas nicht stimmt. Wieso die hastige Wiederverheiratung seiner Mutter –

Das Gebackne
Vom Leichenschmaus gab kalte Hochzeitsschüsseln –,[18]

wieso hat sich in seiner Abwesenheit in Wittenberg der Onkel zum König gemacht, wo ihm als dem Sohn die Thronfolge zustünde, und schließlich, warum die sonderbare Zurücksetzung in der großen Ratsszene im 1. Akt?

Die letzte ist für den Zuschauer die erste Begegnung zwischen Claudius und Hamlet, und es muß auffallen, daß der König erst ein Regierungsgeschäft abwickelt, sich dann an den Sohn des Polonius, Laertes, wendet, bevor er das Wort an Hamlet richtet. Dies wird vom Zuschauer, ob er sich dessen bewußt ist oder nicht, als dramaturgisches Signal dafür gewertet werden, daß etwas am Verhältnis der beiden zueinander nicht stimmt. Die schnippischen und zugleich halb rätselhaften Repliken Hamlets bestätigen diesen Eindruck und sie belegen ferner, daß Hamlet von Anfang an auf der Hut ist. Er weiß – oder lernt sehr schnell, wie seine erste Begegnung mit Rosenkranz und Güldenstern zeigt –, daß jeder um ihn herum ein potentieller Spion ist. Sein angelegter Wahnsinn ist eine Form der Gegenspionage, seine provozierenden Wortspiele sind eine andere, sein Experimentiertheater ist eine dritte. Man könnte nun vermuten, das System der Spionage sei ausschließlich bedingt durch den Handlungskern der Mordaufklärung. Daß das nicht stimmt, daß vielmehr Bespitzelung generell zu einem zentralen Thema des Stücks ausgearbeitet worden ist,

[17] ebd. S. 35 (II. ii. 17 f.)
[18] ebd. S. 15 (I. ii. 180 f.)

zeigt eine Passage, die mit der Handlung gar nichts zu tun hat: Polonius gibt seinem Sohn Laertes nach Paris zum Studieren heimlich einen Begleiter mit – man denke: seinem Sohn –, der ihn beobachten und über ihn rapportieren soll. Hier werden – es ist die 1. Szene des 2. Akts – in rund 70 Versen alle Spielregeln der Bespitzelung aufgezählt, vom sich Einschleichen in anderer Leute Vertrauen bis zur denunziatorischen Provokation. Wenn Hamlet also einmal sagt, Dänemark ist ein Gefängnis, so bedeutet das nach heutiger Terminologie auch, daß es ein Polizeistaat ist. Vor diesem Hintergrund klingt Hamlets Satz wie Hohn:

> Die Zeit ist aus den Fugen: Schmach und Gram,
> Daß ich zur Welt, sie einzurichten, kam![19]

Um so höher zielt die Intention der Shakespeareschen Figur, es dennoch zu versuchen: der Widerstand eines einzelnen in aussichtsloser Sache. Wenn der Ausdruck Held Sinn hat, dann hier.[20]

Dennoch ist die Bespitzelung natürlich nur ein Aspekt, obwohl sie zu einem zentralen Thema des Stücks und zu einem dramaturgischen Kunstgriff ersten Ranges ausgearbeitet worden ist. Wichtig ist dabei aber wohl auch, daß sie in den verschiedensten Konstellationen, gleichsam probeweise, durchgespielt wird. Wenn wir von hier aus das Stück neu befragen, stellen wir nämlich fest, daß es mehrere Themenbereiche gibt, die in verschiedener Beleuchtung, probeweise, entfaltet werden. Da ist z. B. die Thematik der Söhne, die ihren Vater auf gewaltsame Weise verloren haben und an denen durchgespielt wird, welche unterschiedlichen Reaktionsweisen denkbar sind: Hamlet versucht zu taktieren; Laertes reagiert rasch und emotional, er probt den Aufstand; der Norweger Fortinbras schließlich ist Realpolitiker: sein Fernziel ist die dänische Krone, aber Dänemark ist mächtig, also läßt er sich auf Verhandlungen ein; um sein großes Heer wehrtüchtig zu halten, unternimmt er den seinen Zielen nach lächerlichen Raubzug auf ein von Polen beanspruchtes Stück Land; und am Schluß kommt er wie zufällig vorbei, um sich die Dänenkrone aufzusetzen.

Gut, man kann sagen, Shakespeare brauchte einen Schluß, und es entsprach der Bühnenkonvention, nach Rebellion und Königsmord am Ende durch einen neuen König die Ordnung wiederherzustellen. Gleichzeitig muß der Handlungsstrang Fortinbras' aber auch im Rahmen der geschilderten Thematik gesehen werden. Dann sieht man, daß er die Reaktionsweisen Hamlets und

[19] ebd. S. 30 (I. v. 188)

[20] Die Bespitzelungsthematik stellte Jan Kott in den Mittelpunkt seiner Interpretation. Jan Kott, *Shakespeare heute*, München/Wien 1964.

Laertes' kritisch kommentiert, indem z. B. gezeigt wird, daß pragmatisches Machtbewußtsein, in der Verfügung über beträchtliches Menschenmaterial, sein Ziel erreicht und daß dagegen heldischer Individualismus historisch überhaupt keine Chance mehr hat – umgekehrt proportional zur ideologischen Entdekkung des Individuums in dieser Zeit.

Die Thematik der vaterlosen Söhne, die gleichsam in je anderer Versuchsanordnung durchgespielt wird, läßt sich um zwei Themenbereiche erweitern, die sich mit dem ersten überschneiden, Wahnsinn und Usurpation. Durchs Thema der Usurpation ist Claudius mit den drei Söhnen verbunden, durchs Thema des Wahnsinns Hamlet mit Ophelia. Von Claudius wird eine Form der Usurpation berichtet – sie liegt dem Drama zeitlich voraus und wird durch die Schilderung des Geistes ins Stück eingebracht –, die sich von den geplanten Formen der drei Söhne gänzlich unterscheidet. Er hat weder einen Rechtsanspruch wie Hamlet oder Fortinbras, noch handelt er emotional begründet wie Laertes. Sein Motiv ist, so scheint es, egoistischer Wille zur Macht, und er setzt ihn gewissenlos und kalkuliert durch. Vergleicht man die vier Haltungen zur Usurpation, so merkt man, daß Shakespeare sehr genau differenziert: die Möglichkeit des Königsmords wird durchaus nicht verworfen, aber scharf abgegrenzt gegen privat motiviertes Machtstreben. – Als anderer thematischer Anschluß an den Vaterverlust war Ophelias Wahnsinn genannt, als eine denkbare Reaktion, eine, die ganz nach innen geht. Wird Ophelia dadurch auch von Hamlet deutlich unterschieden, so ist sie ihm auf einer anderen Ebene darin auch wieder vergleichbar, denn Hamlets angelegter Wahnsinn schlägt unter dem Druck der Ereignisse immer wieder um in einen echten.

Fassen wir zusammen: die Themen, die wir aus dem Gesamtzusammenhang des Stückes herausgelöst haben – Bespitzelung, Vaterverlust, Usurpation, Wahnsinn –, werden in je anderer Versuchsanordnung formuliert und durchprobiert, d. h. Shakespeare scheint es nicht nur um die Darstellung individueller Charaktere gegangen zu sein, sondern zugleich um das Studium verschiedener denkbarer Reaktionsweisen auf gleiche Probleme. Dieses theoretische Interesse, das unbemerkt bleiben mag, weil es sich auf dem Theater ja nur am Einzelcharakter in Szene setzen kann, das aber zugleich durch andere Stücke aus derselben Schaffensperiode, etwa Maß für Maß, noch eindeutiger belegt ist, ist in doppelter Weise im historischen Kontext begründet: zum einen läßt es sich in Beziehung setzen zum neuen Denkstil der Zeit, dem experimentierenden, der uns am greifbarsten in der gleichzeitigen Umstrukturierung der Naturwissenschaft durch Galilei und Bacon entgegentritt. Auf diese Parallele hat Brecht immer wieder hingewiesen:

> Die Experimente des Globetheaters wie die des Galilei, der den Globus in besonderer Weise behandelte, entsprachen der Umbildung des Globus selber.[21]

Zum anderen ist das Interesse Ausdruck der tiefen Unsicherheit der Welterfahrung: die immer komplexer werdende Welt erlaubt es nicht mehr, nur noch in einer Weise, der theologisch-heilsgeschichtlichen, interpretiert zu werden. Aber eine verbindliche, von allgemeinem Konsens getragene Alternative gibt es nicht oder nicht mehr. Zwar scheinen Feudalismus und theozentrisches Weltbild ein für allemal tot und abgelöst durch Humanismus und Renaissance, doch befindet sich die neue Zeit in ihrer ersten größeren Legitimationskrise: die Widersprüche des Neuen treten in Erscheinung und stellen alles Erreichte in Frage; der Rückgriff auf das Alte, aus der Distanz bewährt erscheinende, liegt nahe. Im Hamlet sind Widersprüchlichkeit und Ungleichzeitigkeit des Gleichzeitigen gestaltet. Und zwar als Problematik im Experimentieren mit Möglichkeiten wie als Darstellung der neuen, tagtäglichen Erfahrung.
Ein prägnantes Beispiel für die Ungleichzeitigkeit ist die Aufnahme, die die Erscheinung des Geistes im 1. Akt findet: die Wachsoldaten Marcellus und Bernardo vertreten die traditionelle, vorreformatorische Auffassung: Geister existieren; sie sind von Gott aus dem Fegefeuer geschickt, um irdische Gerechtigkeit zu regulieren, etwa um einen heimlichen Mord zu entdecken und seine Sühnung zu verlangen; Geister sind katholisch. Dagegen haben Horatio und Hamlet in Wittenberg, der Hochburg des Protestantismus, studiert. Für den Rationalisten Horatio ist das Problem kurz erledigt: er hat gelernt, daß es Geister nicht gibt. Für Hamlet ist das Problem schwieriger. Es fällt das berühmte Wort:

> Es gibt mehr Ding' im Himmel und auf Erden,
> Als Eure Schulweisheit sich träumt, Horatio.[22]

Nicht daß Hamlet an Geister glaubt – aber ebensowenig glaubt er nicht an sie. Er ist skeptisch. Der Geist sagt Dinge, die seine trübsten Ahnungen bestätigt, zugleich dürfte es ihn aber an sich nicht geben, denn sein traditioneller Herkunftsort, das Fegefeuer, ist von der Reformation abgeschafft worden. Er käme also aus der Hölle, wäre somit ein böser Geist; dem aber widerspricht, daß er sehr plausible, berechtigte Ansprüche hat. Für Hamlet lassen sich

[21] Bertolt Brecht: ›Das Theater des Shakespeare‹, in: *Der Messingkauf*, in: *Gesammelte Werke*, Bd. 16, Frankfurt 1967, S. 589
[22] *Hamlet* a.a.O., S. 29 (I. v. 166 f.)

diese Widersprüche nicht lösen, er ist bis zuletzt unsicher, was er von dem Geist zu halten hat.
So hypothetisch sich diese Unterscheidung der verschiedenen Einstellungen zur Geistererscheinung anhört, sie entspricht genau den drei historisch möglichen Erwartungshaltungen Geistern gegenüber im Publikum. So sieht sich das Publikum nicht einfach einer Interpretation des Autors gegenüber, sondern findet eigene Überzeugungen dargestellt und zugleich relativiert durch die ebenso begründete Existenz anderer möglicher. Größere politische Zusammenhänge aufreißend ist aber wohl einzig die widersprüchliche, die skeptische Einstellung Hamlets. Was der Geist nämlich von Hamlet fordert, Rache, ist ein Relikt aus der Feudalzeit. Diese Zeit, so schien es nach der ersten Szene, ist endgültig vorbei. Dort hatte Horatio die Vorgeschichte der Handlung berichtet: wie Hamlets Vater Hamlet den »alten Norweg« im Zweikampf besiegte und dieser Sieg Rechtsgültigkeit hatte:

> [...] unser tapfrer Hamlet [...]
> [...] schlug diesen Fortinbras,
> Der laut dem untersiegelten Vertrag,
> Bekräftiget durch Recht und Rittersitte,
> Mit seinem Leben alle Länderein,
> So er besaß, verwirkte an den Sieger.[23]

Daß diese Form des Verkehrs zwischen Völkern der Vergangenheit angehört, zeigen andere Passagen in dieser Szene. Ein Wachsoldat fragt:

> Warum wird Tag für Tag Geschütz gegossen,
> Und in der Fremde Kriegsgerät gekauft?
> Warum gepreßt für Werfte, wo das Volk,
> Den Sonntag nicht vom sauren Werktag trennt?
> Was gibt's, daß diese schweißbetriefte Eil'
> Die Nacht dem Tage zur Gehilfin macht?[24]

Die Antwort heißt, daß Dänemark sich auf den erwarteten Rückeroberungskrieg Norwegens vorbereitet. Das heißt, und das ist ein Hauptindiz für den neuen Geist der Renaissance, daß Kriege nun nicht mehr als Ehrenhändel zwischen den Verantwortlichen abgemacht werden, sondern daß sie eine perfekte Kriegsmaschinerie zur Voraussetzung haben und den Einsatz und die mögliche Vernichtung ganzer Völker implizieren. Schärfer kann der Kontrast zwischen alter und neuer Zeit kaum gefaßt werden, und es verwundert nicht, daß viele Interpreten in Shakespeare den An-

[23] ebd. S. 8 (I. i. 84 ff.)
[24] ebd. S. 7 (I. i. 73 ff.)

walt der guten alten Zeit der Feudalordnung haben sehen wollen.
Bevor nun Hamlet dem Geist begegnet, erfährt er eine andere Lektion zur Praxis des neuen Denkens. In der großen Ratsszene des 1. Aktes, von der schon gesprochen wurde, hört er Claudius eine Gesandtschaft nach Norwegen abfertigen mit dem Ziel, den Konflikt auf dem Verhandlungsweg zu lösen. Auch diese diplomatische Aktivität hat nichts mehr zu tun mit dem feudalen Ehrenkodex. Zudem belegt die Doppelstrategie – Aufrüstung plus Diplomatie – den höheren Komplexitätsgrad vorgestellter Handlungsabläufe, die im Sinne des experimentierenden Renaissance-Denkens gleich in praktische Alternativen eingeplant und abgesichert werden. Hamlet und der Zuschauer werden also gleich beim ersten Auftritt des Claudius mit einem fähigen Politiker, der im Geist der neuen Zeit zu handeln versteht, konfrontiert. Er wird somit aufgebaut als ein durchaus ernstzunehmender Gegenspieler Hamlets und eben nicht als simpler Schurke, mit dem kurzen Prozeß zu machen selbst ein Hamlet sich nicht gar so schwer tun dürfte.
Hamlet, wir erinnern uns, hatte in Wittenberg studiert. Nun kommt er nach Hause und erfährt, daß der neue Geist hier praktiziert wird. Freilich anders als er ihn gelernt hatte; er hatte theoretisiert und spekuliert, hatte von einer neuen Moral erfahren, die Gewissen und Eigenverantwortung des einzelnen ins Zentrum stellte entgegen den alten kirchlich-dogmatischen Vorentscheidungen, hatte von den schier unbegrenzt erscheinenden Möglichkeiten des Menschen gehört, nachdem er sich von seiner mittelalterlich-negativen Einstellung zum Leben, seiner irdischen Wertlosigkeit, emanzipiert hatte.

> Welch ein Meisterwerk ist der Mensch! wie edel durch Vernunft! wie unbegrenzt an Fähigkeiten! in Gestalt und Bewegung wie bedeutend und wunderwürdig! im Handeln wie ähnlich einem Engel! im Begreifen wie ähnlich einem Gott. die Zierde der Welt! das Vorbild der Lebendigen!
> Und doch ....[25]

Und doch – die Praxis dieser Theorie sieht ganz anders aus. Eine Form der unbegrenzten Fähigkeiten des Menschen ist die Usurpation, eine Form seines gottähnlichen Wissens, was heißen mag: seiner Allwissenheit, ist die Bespitzelung, eine Form der bindungslos gewordenen Moral ist der Mord, ist die Verkuppelung Ophelias, ist der Inzest, als welchen Hamlet die Heirat der Mutter mit ihrem Schwager begreift. Das heißt: wenn so die Praxis

[25] ebd. S. 43 (II. ii. 307 ff.)

aussieht, ist dann nicht möglicherweise die Theorie falsch? Und umgekehrt: wenn die Theorie stimmt, hat man dann nicht auch die vielleicht krassen, zeitweilig sogar inhumanen Konsequenzen ihrer Praxis in Kauf zu nehmen? Aber bringt diese Praxis nicht auch wieder positiven Fortschritt, etwa diplomatische Kriegsverhütung statt roher Gewalt? Und wäre also, unter welchen moralischen Opfern auch immer, zu unterstützen? Das vielberedete Zögern Hamlets hat in diesem dialektischen Widerspruch zwischen Theorie und Praxis seine politische Begründung.[26]

Die Schwierigkeiten vergrößern sich, denn es kommt der Geist aus einer anderen Welt, einer Welt, die Hamlet theoretisch und die Claudius praktisch überwunden hat. Der Geist, wir hörten es, stellt Forderungen, die in dieser neuen Zeit eigentlich nicht mehr gestellt werden dürften. Daß Hamlet sie gleichwohl sehr ernst nimmt, kann nur heißen, daß sich ihm hier ein Ausweg aus der Sinnkrise, in die er in Dänemark geriet, anzubahnen scheint. Aber ist das ein Ausweg? Er impliziert doch einen historischen und denkerischen Rückschritt. Was heißt in dem Zusammenhang die Selbstaussage, er sei da, um die aus den Fugen geratene Welt wieder einzurichten, oder genauer: einzurenken? Es heißt doch eben auch, vor dem Hintergrund Feudalismus/Renaissance, historische Entwicklungsprozesse rückgängig zu machen, das angeblich gute Alte zu restaurieren. Das kann also, für Hamlet den Theoretiker, auch nicht der Ausweg sein, obwohl der Grund, weshalb Hamlet auch hier zögert statt diese Möglichkeit gleich auszuschließen, sicher darin zu suchen ist, daß der Geist ad personam argumentiert: er zielt auf Hamlets Sohnespflicht und verlagert damit den Konflikt aus der historisch-gesellschaftlichen in die private Dimension, in der sich die Problematik von Denken und Handeln wieder ganz anders stellt.

Wir kommen damit zum Verhältnis von Individuum und Gesellschaft. Hamlet, in dem wir den Repräsentanten widersprüchlicher gesellschaftlicher Bewegungen sahen, ist zugleich und für den bürgerlichen Zuschauer wohl zuvörderst, ein großes, ein unverwechselbares Individuum. Hamlet ist ein Sohn, ein Liebender, ein Freund. Er ist außergewöhnlich begabt und in der Ausbildung seines Denkens und Fühlens jedem anderen im Stück weit überlegen. Vor allem: er hat Phantasie. Das signalisieren schon die allerersten Sätze, die Hamlet zu sprechen hat, in Form von Wortspielen. Aufschlußreich ist besonders das knappe Rededuell zwischen Hamlet und dem König.

[26] Zum Verhältnis von politischer Theorie und Praxis vgl. André Müllers Hamlet-Analyse in seinem Buch *Lesearten zu Shakespeare*, Berlin und Weimar 1969

Claudius:
Doch nun, mein Vetter Hamlet und mein Sohn –
Hamlet *beiseite:*
Mehr als befreundet, weniger als Freund.
Claudius:
Wie, hängen stets noch Wolken über Euch?
Hamlet:
Nicht doch, mein Fürst, ich habe zu viel Sonne.[27]

In diesen beiden Repliken stecken im Kern zentrale Techniken des elisabethanischen Theaters. Allgemein zunächst steht der Dialog mit einem Partner im Kontext der Illusionsbildung wirklicher handelnder und redender Personen. Zugleich aber tritt Hamlet durch seine erste, beiseite gesprochene Replik aus der Rolle heraus: er bricht die Illusion und verständigt sich, kommentierend, mit dem Publikum über sein Verhältnis zum König, das des Königs zu ihm. Die rätselhafte zweite Replik Hamlets ist gleichzeitig auf drei Ebenen rezipierbar: als Dialogstück innerhalb der Bühnenillusion, als Publikumskommentar, drittens als Impertinenz im Zusammenhang der besprochenen Konvention der Vice-Figur. Um die letzten beiden Rezeptionsebenen zu verstehen, müssen wir uns allerdings von Schlegels Version – »Nicht doch, mein Fürst, ich habe zu viel Sonne« – lösen und aufs Original zurückgehen:

Not so, my Lord, I am too much in the ›sun‹ –

Das »in the sun« spielt auf ein Sprichwort an, das »ausgesetzt, schutzlos, vogelfrei, enterbt« bedeutet, wodurch in einem übertragenen Sinn der Bezug zu Hamlets Situation, oder zu dem, wie er sie interpretiert, hergestellt ist. Zugleich ist sun/Sonne klanggleich mit son/Sohn, und dann heißt die Replik im Sinne einer Impertinenz der Vice-Figur etwa:

Mylord, ich sinniere noch darüber, daß Ihr mich eben gerade Euren Sohn genannt habt.

Das heißt, nach der Königswürde und der Heirat der Königin maßt Ihr Euch nun auch noch die Vaterschaft an, wollt also radikal und total die Identität des alten Königs usurpieren. Mögen öffentliche Funktionen auch übertragbar sein, so entzieht sich doch der private Bereich der Verfügung durch Gewalt, oder muß zumindest gegen diese behauptet werden. Wir sehen also, daß in dieser einen Replik, jenseits seiner Funktion im Dialog, ein dreifacher Sinn angelegt ist, der sich mit Mitteln des Wortspiels realisiert.

[27] *Hamlet* a.a.O., S. 12 (I. ii. 64 ff.)

Wir wollten das im Zusammenhang der Phantasie sehen. Wieso? Zu Beginn der Stunde war gesagt worden, Wortspiele gehörten zur Konvention des elisabethanischen Theaters als Mittel der Distanzierung von Rolle und Publikum. Somit bliebe Hamlet auch hierin im Rahmen des Erwarteten. Aber das stimmt nur halb. Die Wortspiele im Hamlet, wie auch in anderen Tragödien Shakespeares im Unterschied etwa zu den frühen Komödien, sind nicht dadurch bestimmt, daß mit Sprache gespielt wird, daß die assoziativen Möglichkeiten von Sprache beliebig freigesetzt werden, sondern dadurch, daß in ihnen etwas gesagt wird, was anders nicht gesagt werden kann, weil es nicht gesagt werden darf. Der Kunstgriff Shakespeares besteht darin, die Wünsche und Gedanken seines Helden nicht einfach abzudelegieren in die Monologe, sondern sie einzubringen in die Textebene der Dialoge selbst. Dadurch ist ständig der Einspruch gegen das Gesagte in der Rede mitgesetzt und mitgesagt, am deutlichsten in den Szenen mit Polonius und Ophelia. Es bedarf einer ungeheuren Wachheit und Kühnheit der Phantasie, das Bewußtsein stets offenzuhalten für das, was offizieller Verdrängung anheimgefallen ist. Und eine entsprechende Beweglichkeit des Denkens wird im Publikum vorausgesetzt. Es ist ein subversives Dennoch-Sprechen und also, wie Claudius und Polonius genau wissen, gefährlich. Denn dieses Sprechen ist unberechenbar, es entzieht sich der Kontrolle, kann jederzeit Denkbewegungen auch bei anderen in Gang setzen, abhängig von dem phantasievollen und gezielten Gebrauch, den der denkende Hamlet von der Sprache macht.

Seit Platon die Dichter aus seinem Idealstaat verbannt wissen wollte, weil sie lügen, d. h. fabulieren, wurde in der Geschichte immer wieder in Umbruchzeiten das Phantasieverbot verhängt, weil eben Phantasie dem jeweils herrschenden oder zur Herrschaft strebenden System sich nicht integrieren ließ. Und aktuell für Shakespeare war das Thema insofern, weil die Puritaner ja immer wieder mit der Schließung der Theater drohten, und sie schließlich auch verfügten. Vom Verbot bedroht, erlegt sich Phantasie eine Selbstzensur auf, um nicht mundtot zu werden. Solche selbstzensierte Phantasie – umwegige, kaschierte Rede – ist es, die in Hamlets Wortspielen, aber auch in seinen Bildern, Metaphern, Anspielungen, zur Sprache kommt. In der Sprache kann Hamlet sich wehren und das geschlossene politische System, dem er sich gegenübersieht, unterlaufen.

Von hier bekommt auch Hamlets Wahnsinn eine neue Bedeutung, nämlich als eine Form des sich Dennoch-Äußerns unter den gegebenen Verhältnissen. Ursprünglich als ein Täuschungsmanöver geplant, treiben ihn die Vorgänge in ein Privatsystem – zu dem etwa auch eine Privatsprache gehört –, das nicht mehr den Mitspielern intersubjektiv vermittelbar und auch vom Publikum nicht auf Taktik reduzierbar ist. Einerseits ist der Wahnsinn gesellschaftlich erzwungen, und Hamlet wird durch ihn zu einem Ausgeschlossenen, zu jemandem, vor dem die Gesellschaft sich glaubt schützen zu müssen, und vermutlich wird er nur darum nicht in eine Anstalt gesperrt, weil er ein Prinz ist. Doch andererseits ist der Wahnsinn eben auch der private Versuch, sich zu wehren, eine Möglichkeit des Überlebens.

Man sieht aus diesem Beispiel, daß Interpretation ein Doppeltes zu leisten hat: sie darf nicht nur literarisch Gewordenes aus dem gesellschaftlichen Zusammenhang ableiten, sondern sie muß zugleich den umgekehrten Weg gehen, nämlich sehen, ob und in welchem Umfang, zu welchem Ziel, subjektive Momente in den Gesellschaftsprozeß einzubrechen versuchen. Hamlets Sprache und Wahnsinn sind solche Momente, die zwar nichts verändern, aber dennoch den Einspruch des Subjekts, und sei er noch so deformiert, wachhalten im Bewußtsein des Zuschauers. Das heißt für ihn: hier wehrt sich einer, wie vergeblich auch immer, und spielt doch zugleich das Spiel dialogischer Illusion mit. Diese Wehr ist nicht auflösbar in die gesellschaftlichen Gegebenheiten, ist nicht gedacht als Alternative zu den großen historischen Widersprüchen, die im Stück dargestellt sind und von denen die Rede war. Die Wehr ist eher der permanente Einspruch des einzelnen Subjekts gegen die Geschichte in ihren verschiedenen, den einzelnen jeweils zum Funktionieren zwingenden Angeboten.

Unter dem Gesichtspunkt des großen einzelnen, »sich waffnend gegen eine See von Plagen«[28], haben denn auch die Hamlet-Deuter bis in die fünfziger Jahre fast ausschließlich das Drama zu verstehen gesucht. Der gesellschaftliche Zusammenhang blieb weitgehend ausgeklammert. Hamlet scheitert, weil er zu edel, zu intelligent und zu gewissenhaft für diese Welt ist, und er scheitert an ganz persönlichen Konflikten, Konflikten sozusagen seiner Familienverhältnisse. Ja warum eigentlich nicht, stehen doch im sichtbaren Zentrum des Stücks weniger die Beziehungen zur Königin als zur Mutter, weniger zum neuen König als zum Stiefvater, weniger zur alten Herrschaft als zum Vater. Diese Personalisierung hat einen extremen Ausdruck in den zahlreichen Deutungsversuchen der Psychoanalytiker gefunden, ausgehend von einer kurzen Passage in Sigmund Freuds Traumdeutung. Nur von dieser Interpretation soll hier kurz die Rede sein, nicht von

[28] ebd. S. 55 (III. i. 59)

den vielen anderen Versuchen seit Goethe, vom Schicksal und Charakter des großen einzelnen her das Stück zu verstehen, in deren Bezugsrahmen aber eben auch Freud, als theoretischer Endpunkt, gehört. Freud stellt Hamlet in den Zusammenhang seines Ödipus-Konzepts, demzufolge, grob gesagt, der Knabe unbewußte Besitzwünsche auf die Mutter entwickelt, die von Haßgefühlen gegen den Nebenbuhler, den Vater, begleitet sind. Die Haßgefühle führen bis zu Todeswünschen gegen den Vater, die, da sie verdrängt werden, sich als Schuldgefühle dem Vater gegenüber äußern und, in einer Reaktionsbildung, als Idealisierung des Vaters manifest werden können. Freud, der mit vielen vor ihm und nach ihm der Auffassung ist, das Stück sei »auf die Zögerung Hamlets gebaut, die ihm zugeteilte Aufgabe der Rache zu erfüllen«, hält fest, daß Hamlet ja durchaus nicht handlungsunfähig schlechthin, nicht nur ein Denkertypus sei. Vielmehr zögere er nur in bezug auf die Rache, wofür es also ganz spezifische Hemmungsgründe geben müsse. Freud schreibt:

Hamlet kann alles, nur nicht die Rache an dem Mann vollziehen, der seinen Vater beseitigt und bei seiner Mutter dessen Stelle eingenommen hat, an dem Mann, der ihm die Realisierung seiner verdrängten Kinderwünsche zeigt. Der Abscheu, der ihn zur Rache drängen sollte, ersetzt sich so bei ihm durch Selbstvorwürfe, durch Gewissensskrupel, die ihm vorhalten, daß er, wörtlich verstanden, selbst nicht besser sei als der von ihm zu strafende Sünder. Ich habe dabei ins Bewußte übersetzt, was in der Seele des Helden unbewußt bleiben muß ...[29]

Diese bestechende Deutung Freuds ist von seinen Schülern Otto Rank[30] und Ernest Jones[31] erweitert und vertieft worden, vor allem im Hinblick auf eine Gesamtinterpretation des Stückes. So konnten sie den Geist und den Stiefvater als die Aufspaltung einer ursprünglichen Vaterfigur in ihre beiden Aspekte verständlich machen, in den Aspekt des strafenden, bösen Vaters, der Gewissensskrupel auslöst, und in den Aspekt des guten, idealisierten Vaters, der sich als Objekt der Identifizierung eignet. Daß in der Verbindung der Mutter mit Claudius unbewußt wirklich die verdrängten Wünsche des Helden in Erfüllung gehen, ließ sich dadurch belegen, daß Hamlet sie immer wieder als Inzest bezeichnet und, was die Identifizierung mit dem guten Aspekt des Vaters unterstreicht, sich selber als dadurch befleckt, entehrt, empfindet. Viel von der Schuld wird nun der verführenden Mutter zuge-

29 S. Freud: *Die Traumdeutung*. Frankfurt 1961 (Fischer-Bücherei), S. 225
30 Besonders in seinem Buch *Das Inzest-Motiv in Sage und Dichtung*, Leipzig und Wien, ²1926, Kap. II, ›Typen des Inzestdramas‹.
31 *Hamlet und Oedipus*, London 1949, sowie ›The Death of Hamlets Father‹, in *Essays in Applied Psychoanalysis I*, London 1951

schrieben, die es so weit hatte kommen lassen. Dies äußert sich in der Abneigung gegen das weibliche Geschlecht, von der Hamlets gewandeltes Verhältnis zu Ophelia, ihr unverständlich, bestimmt ist. Da andererseits aber auch die Beziehung zur Mutter ambivalent ist und durch sie für ihn das weibliche Geschlecht unantastbar wird, entwickelt Hamlet eine homosexuelle Neigung, die durch seine einzige ungetrübte Beziehung im Stück, die zu Horatio, belegt ist. Man sieht, daß diese Deutungen sehr weit reichen und manches Unverständliche auf einmal sinnvoll eingeordnet werden kann.

Natürlich darf man nun nicht im Hamlet eine klinische Fallgeschichte sehen wollen, vielmehr geht es um den Nachweis, daß hier Grunddispositionen der menschlichen Psyche gestaltet sind, wofür ja auch die die Jahrhunderte überdauernde Wirkung des Stückes spricht, die sicher nicht aus einem unwandelbar starken Interesse an elisabethanischer Geschichte abgeleitet werden kann.

Haben wir es nun mit zwei sich ausschließenden Interpretationen zu tun, dem individualpsychologischen und dem sozialgeschichtlichen? Durchaus nicht. Es wäre vielmehr denkbar, daß beide Verstehensweisen gleichzeitig, etwa in einer Aufführung, erfahrbar gemacht werden könnten. Denn eine nur historische Analyse bleibt ja bis zu einem gewissen Grad museal und muß ergänzt werden durch den Nachweis der immer neuen Gegenwärtigkeit des Werks, für die etwa die Freudsche Deutung als übergeschichtliches Angebot der Identifikation gelten mag. Andererseits kann sich natürlich auch nicht die analysierte Familienkonstellation in einem historischen Vakuum bewegen. Freud hat diese Verkürzung freilich zu verhindern gesucht, was in der Folgezeit häufig vergessen wurde, indem er den Hamlet nicht für sich, sondern im Vergleich zur Ödipustragödie deutete:

> In der veränderten Behandlung des nämlichen Stoffes offenbart sich der ganze Unterschied im Seelenleben der beiden weit auseinanderliegenden Kulturperioden, das säkulare Fortschreiten der Verdrängung im Gemütsleben der Menschheit.[32]

Damit ist also die Geschichtlichkeit Hamlets benannt, die nun durch genaue sozialgeschichtliche Analyse konkret zu fundieren und zu fixieren wäre. Und damit bedingen beide Deutungssysteme sich wechselseitig. Daß in dieser Kollegstunde das Hauptgewicht auf dem sozialgeschichtlichen Aspekt des Stückes lag, hat seinen Grund darin, daß die andere Seite, bei der die Analyse eines als mehr oder weniger überzeitlich gesehenen Charakters im

[32] Freud: *Traumdeutung* a.a.O., S. 224

Mittelpunkt steht, das Gros der gängigen Interpretationen bis heute, zumal derjenigen aus dem akademischen Lager, ausmacht, diese Sicht also den Hörern am ehesten vertraut sein dürfte.
Halten wir noch einmal fest: Hamlet ist ein Repräsentant der objektiven Widersprüche des neuzeitlichen Geistes, und er ist ein Repräsentant der, subjektiv nicht hingenommenen, Ohnmacht des einzelnen, einer Ohnmacht gegenüber der Gewalt von außen, die jeden seiner Lebensbereiche beherrscht, und einer Ohnmacht gegenüber seinem eigenen Inneren, das als ein Produkt der äußeren Verhältnisse gesehen werden muß. Er ist also kaum der große, der außerordentliche einzelne, der Denkertyp, erhaben über allem Irdischen, wie ihn die Kritik gerne haben will, sondern er ist ein gehetztes Individuum, weil er sich nicht anpaßt, ein Opfer, das sich wehrt, ein Subjekt, das in der gegebenen Gesellschaft nicht lebensfähig ist.
Auf den Druck von innen und außen reagiert der Held, der kein Held mehr ist, durch Regression. Der Wendepunkt läßt sich genau lokalisieren: es ist die 4. Szene des 4. Aktes, die Begegnung mit Fortinbras. Der absurde Raubzug des Norwegers mit zwanzigtausend Mann um ein wertloses Stückchen Erde, das nicht groß genug ist, auch nur die Leichen der Erschlagenen alle aufzunehmen, wird von Hamlet gerechtfertigt:

> Wahrhaft groß sein, heißt [...]
> Auch einen Strohhalm selber groß verfechten,
> Wenn Ehre auf dem Spiel.[33]

Der aufgeklärte Philosoph aus Wittenberg, der sich der moralischen und politischen Problematik des Handelns im gegebenen historischen Kontext so genau bewußt war, restauriert auf einmal den veralteten Begriff der Ehre. Das ist keine Entscheidung nach vorn, sondern eine nach rückwärts, zum historisch unmöglich gewordenen Feudalismus, in dessen Zentrum ja der Ehrenkodex steht. Es ist keine Entscheidung zum rationalen Handeln als dem vernünftigen Übergang von der Theorie zur Praxis, sondern es ist der regressive Sprung in eine ganz andere Bezugsebene, das Durchhauen des gordischen Knotens statt seiner Lösung. Es ist die Entscheidung nicht für die Tat, sondern, wie Brecht sagte, für die Untat:

> von Stund' an trachtet
> Nach Blut, Gedanken, oder seit verachtet![34]

[33] *Hamlet* a.a.O., S. 87 (IV. iv. 53 ff.)
[34] ebd. S. 87 (IV. iv. 65 f.)

Erst durch den Willen zur Vernichtung bekommt Hamlet Leben. In kaltem Kalkül verfügt er die Ermordung von Rosenkranz und Güldenstern, die nicht wissen, mit welchem Auftrag sie reisen. Und blindwütig dreinschlagend macht er Laertes das Recht, um seine Schwester zu trauern, streitig.
Nun kann man sagen, er meditiere dann doch wieder auf dem Friedhof sehr ausführlich. Wäre das nicht ein Widerspruch zur These, die hier vertreten wird? Nun – sein früheres Denken war immer auf die Möglichkeit oder Unmöglichkeit des Handelns gerichtet, es stand unter der Spannung, aus dem Zirkel vielleicht ausbrechen zu können. Hingegen hier, in der Friedhofsszene, ist das Denken sozusagen abgeklärt, es kommt von jenseits. In unendlich schönen Sätzen wird meditiert über die Vergänglichkeit, in Sentenzen, die mit der Wirklichkeit, hier und jetzt, nichts mehr zu tun haben. Darum kann Hamlet sich auch am Schluß konkret regressiv verhalten. Gleichsam als Inbild des Rückfalls steht am Schluß die Fechtszene, in der die Entscheidung nach feudalen Prinzipien ausgetragen werden soll. Mag die Entscheidung auch durch die Tücke des Königs bedingt sein, so kann man in dieser Tücke doch auch ein Zeichen sehen, daß Vergangenes, der Ehrenkodex, nicht mehr wiederherstellbar ist in dieser Zeit. Und bei aller Tücke ist Hamlet nicht nur Opfer, sondern eben auch Schlächter. Das Blutbad scheint ihm gelegen zu kommen, denn es ist nicht vorstellbar wie es, für ihn, hätte weitergehen sollen. Was nach dem Blutbad noch folgt, ist die der Bühnenkonvention entsprechende Einsetzung der neuen Ordnung: Fortinbras, der im rechten Moment auf der Szene erscheint.
Und was ist das für eine Ordnung? Bedeutet sie das Ende von Willkür, Terror und Usurpation, also vernünftige Herrschaft und die Rückkehr der Gerechtigkeit? Das ist sehr zu bezweifeln. Denn Fortinbras ist keine Hoffnung ins Blaue, sondern er ist, für den Zuschauer, ein recht genau beschriebenes Blatt: nicht vernünftig, sondern allenfalls, wie gehabt, machtpragmatisch. Zwanzigtausend Mann schickt er in einen sinnlosen Tod aus Prestigegründen – was wird man da erwarten dürfen? Und wenn schon im Stück der illegitime Griff nach der Macht, die Usurpation, zur Debatte steht, wie ist dann die Fremdherrschaft des Norwegers über Dänemark zu interpretieren? Doch eher pessimistisch, wenn nicht zynisch. Daß nämlich trotz aller Hamlets die Skrupellosen triumphieren, die legalen Mörder und die Angepaßten.

12. Helmut Brackert, Hans-Jörg Neuschäfer, Marianne Schuller

Auslegung fiktionaler Texte (II) Vergleichende Interpretation zweier Romane des 19. Jahrhunderts

Von einem Meister der Interpretationskunst, dem Hamburger Romanisten Hellmuth Petriconi, stammt der Satz: »Was das Experiment für die Naturwissenschaft, das ist für uns der Vergleich.« Tatsächlich gibt ein Text, blickt man von einem anderen auf ihn herüber, schärfer seine Eigentümlichkeiten zu erkennen, und andererseits vermag die Gegenüberstellung Gemeinsamkeiten der Zeitumstände oder der Thematik aufzudecken, die jedem einzelnen Stück Literatur seinen Ort in der Geschichte sicherer zuweisen läßt. Das gilt besonders für Romane, die ihrerseits ein Stück Zeitgeschichte darstellen. Die großen europäischen Gesellschaftsromane des 19. Jahrhunderts, zu denen Fontanes Werke als europäische Nachzügler sich gesellen, lassen uns anders und mehr von den Lebensumständen dieser Zeit wissen als die großen Werke der politischen, der Verfassungs- und der Wirtschaftsgeschichte in sich aufnehmen konnten. In der höchst prägnanten Schreibart Flauberts und der nur scheinbar lässigen Erzählweise Fontanes treten unter aufmerksamer und vergleichender Interpretation sowohl der Scharfblick als auch die Befangenheit ihrer Autoren hervor, vor allem aber historische Grundbedingungen, die den Boden für die Liebes- und Ehekonflikte zweier Frauen abgeben, deren Namen über die Romantitel hinaus fast sprichwörtlich wurden für die Frauenschicksale ihrer Zeit: *Madame Bovary* und *Effi Briest.*

a) Hans-Jörg Neuschäfer

Gustave Flaubert, ›Madame Bovary‹

Flaubert ist für die Literaturgeschichte der Moderne in dreifacher Hinsicht wichtig geworden:
Er gilt als der Vollender des ›Realismus‹, d. h. jener literarischen Epoche des 19. Jahrhunderts, die für die Gattung ›Roman‹ noch immer maßgebend ist und die selbst für solche Romanciers, die den Realismus ablehnen, kritischer Bezugspunkt bleibt.
Er gilt zugleich als der Wegbereiter des modernen Romans, in dessen Werk der allgegenwärtige und allwissende, der auktoriale Erzähler zurücktritt; der Autor läßt den Leser nunmehr das Geschehen aus der Perspektive der Romanfiguren wahrnehmen und verwendet dazu die technischen Mittel der erlebten Rede und des inneren Monologs.
Der Roman gilt schließlich als das Musterbeispiel des völlig durchsichtig, bewußt und kontrolliert geschriebenen literarischen Kunstwerks, das gleichsam idealtypisch auch die Möglichkeit einer emanzipatorischen Kunst beweise.
Diese drei allgemein anerkannten Voraussetzungen liegen den drei Abschnitten der Kollegstunde zugrunde und werden teils illustriert, teils aber auch kritisch in Frage gestellt. In Abschnitt I wird vor allem erörtert, welche Bedeutung die Auflösung überlieferter Formmuster für die Ausbildung jenes Typs von Realismus hat, der von Flaubert vertreten wird. In Abschnitt II wird das Verhältnis des Erzählers zu seiner Romanwelt analysiert und gezeigt, daß die Vermittlung der erzählten Welt nicht nur erzähl*technische*, sondern auch *sinngebende* Bedeutung hat. Und in Abschnitt III, wo der Erzähltyp ›Ehebruchsgeschichte‹ mit den Erwartungen des Publikums im 19. Jahrhundert konfrontiert und mit einschlägigen Produkten der zeitgenössischen Trivialliteratur verglichen wird, soll dem Mythos von der ›höheren Wahrheit‹ der Kunst die Ansicht von deren partielle, aber unausweichlichen Befangenheit in den sie prägenden gesellschaftlichen Vorurteilen entgegengesetzt werden. Erst wenn man diese Befangenheit, die vor allem eine Befangenheit des Autors ist, in Rechnung stellt, wird auch dessen emanzipatorische Leistung überhaupt in ihrer konkreten Bedeutung beurteilbar.

1.

Die Hauptperson des 1856/57 erschienenen Romans ist Emma Rouault, die Tochter eines wohlhabenden bretonischen Bauern. Sie wurde im Kloster so weltfremd erzogen und durch übermäßige Lektüre romantischer Trivialliteratur so einseitig auf Illusionen fixiert, daß sie vom Leben geradenwegs die Erfüllung ihrer Träume von Heroismus, Passion und Hingabe erwartet. Stattdessen aber sieht sie sich in den banalen und langweiligen Alltag kleinbürgerlicher Provinzialität hineinversetzt: Sie heiratet den Landarzt Charles Bovary, der gewiß gutmütig ist und seine Frau von Herzen liebt, dem es aber an Energie, Ehrgeiz und Leidenschaftlichkeit gebricht und der sich am wohlsten in Pantoffeln unter der abendlichen Lampe fühlt. Charles entspricht den hochgespannten Erwartungen Emmas ebensowenig wie die übrigen Honoratioren der Kleinstadt Yonville, in der er praktiziert. Sie alle verkörpern bestimmte Aspekte jenes bourgeoisen Geistes, den Flaubert in seinem Roman um so unerbittlicher bloßstellte, als er sich selbst nicht frei von ihm fühlte: Der Apotheker Homais repräsentiert das selbstgefällig, ja reaktionär gewordene Aufklärertum; der Abbé Bournisien die zur Routine erstarrte Religiosität und der Kaufmann L'Heureux den krämerhaften Geschäftssinn, der als einziger aktiv ist. Aber so sehr sich Emma auch desillusioniert fühlt, so läßt sie sich doch nicht ernüchtern. Vielmehr hält sie die Realität für das unangemessene, ihre Roman- und Phantasiewelt für das angemessene Leben, auf dessen Erfüllung sie einen Anspruch zu haben glaubt. Nur so erklärt es sich, daß sie inmitten der bürgerlichen ›Ordnungswelt‹ verhältnismäßig leicht zum Ehebruch verführt werden kann, wenn sie nur in der Sprache ihrer Träume angesprochen wird. Der erste Mann, der dies tut, ist der Gutsbesitzer Rodolphe Boulanger. Aber sowohl er als auch Emmas zweiter Liebhaber, der Notariatsangestellte Léon Dupuis, sprechen sehr rasch wieder die Sprache der Realität und lassen Emma schnöde im Stich, als sie ihren bürgerlichen Ruf bedroht sehen. So enden auch die außerehelichen Verbindungen enttäuschend, ja im Vergleich zu den als falsch entlarvten Liebhabern fällt auf den Ehemann Charles Bovary fast schon wieder ein Abglanz von Achtbarkeit.

Während nun die beiden ersten relativ handlungsarmen Teile des Romans eine deutliche kompositorische Einheit bilden, fällt der dritte und letzte Teil insofern etwas aus dem Rahmen, als er überraschend melodramatisch ist und gewisse Handlungsmuster und Bedeutungsklischees der romantischen Trivialliteratur nicht mehr nur ironisch zitiert, sondern fast schon kopiert. Dazu

gehören etwa der rasche moralische Zerfall Emmas, die teuflische Intrige des bösen L'Heureux, die der letzte Anlaß für Emmas Selbstmord ist, der unmittelbar folgende Tod ihres Ehemanns Charles, der an gebrochenem Herzen stirbt, und die Unterbringung der gemeinsamen Tochter Berthe im Armenhaus. Nur das Kapitel über Emmas Freitod nimmt die Verfahrensweise der beiden ersten Romanteile wieder auf und beschreibt eindringlich, wie die hochgespannten Erwartungen der Hauptperson ein letztes Mal – und diesmal unwiderruflich – enttäuscht werden. Denn während in den von ihr gelesenen Romanen der Selbstmord stets melancholisch-sanft, schön und wie eine Erlösung erschien, ist ihr wirklicher, durch eine Arsenvergiftung verursachter Tod von entsetzlichen Qualen und häßlicher Verunstaltung begleitet.
Sehen wir zunächst vom Romanende ab, so wird ganz deutlich, nach welchem Schema der Text konstruiert ist: Die schwärmerischen Illusionen der Emma Bovary werden mit einer banalen Wirklichkeit konfrontiert und von dieser Wirklichkeit zugleich desillusioniert. Aus diesem Vorgang ergibt sich auch im wesentlichen der vielbeschworene ›Realismus‹ Flauberts. Der Gegensatz von Illusion und Wirklichkeit und die Verwandlung von hochgespannter Erwartung in abgrundtiefe Enttäuschung bestimmt den Text jedenfalls auf allen Ebenen: er bestimmt den Ablauf der Kapitel, die Disposition der Szenen, ja sogar den sprachlichen Duktus der einzelnen Sätze. Was sich dort, im Detail, hundertfach wiederholt, summiert sich im Ganzen zu einer Lebensgeschichte der Frustration. Ganz bewußt greift Flaubert dabei auf eine Romankonstruktion zurück, die zuerst Cervantes angewandt hatte. Auch dessen *Don Quijote* mißt die Wirklichkeit ja an den unangemessenen Lebensnormen einer Literatur, die ein längst vergangenes und illusionär gewordenes Ideal vertritt. Wie *Don Quijote* vergebens den Geist des Rittertums in der Handelswelt des 16. Jahrhunderts, so sucht *Madame Bovary* vergebens den idealistischen Seelenadel der Romantik im kleinbürgerlichen Provinzmilieu des 19. Jahrhunderts. Beide Romane sind also zugleich auch literarische Texte, die selbst wieder Literaturkritik üben, ja die ihr Bild von der Realität durch den Abbau eines vorgegebenen literarischen Weltbildes überhaupt erst gewinnen.
Dennoch gibt es einen entscheidenden Punkt, in dem sich Cervantes und Flaubert auch wieder voneinander unterscheiden: Die cervantinische Konfrontation von Illusion und Wirklichkeit blieb heiter. Don Quijote und Sancho Panza, der eine die Illusion, der andere die Realität verkörpernd, stellten sich zwar gegenseitig in Frage, sie ließen einander aber auch gelten und wurden im Verlauf des Romans sogar Freunde. Anders bei Flaubert: Dort *negieren*

Illusion und Wirklichkeit sich gegenseitig, und zwar so sehr, daß am Ende die romantische Illusion Emmas ebenso als unecht erscheint, wie die bürgerliche Realität als verächtlich. Letztlich entsprechen sich illusionäre Weltflucht und banausischer Wirklichkeitssinn wie zwei Seiten der gleichen Medaille. Wenn die Weltbeschreibung von Cervantes im Prinzip vermittelnd war, so ist die von Flaubert im Prinzip destruktiv oder verneinend.
Dies wird nirgends deutlicher als in der berühmten Szene der *Comices agricoles* im achten Kapitel des 2. Teils. Diese Szene ist so eingerichtet, daß sie zugleich auf zwei örtlich und sprachlich getrennten Ebenen spielt, deren eine den ›realistischen‹ und deren andere den ›romantischen‹ Aspekt verkörpert. Die eine Ebene ist der Dorfplatz, auf dem der Jahrmarkt abgehalten wird, und die Preisverteilung für Ackerbau, Viehzucht und treue Dienstleistungen stattfindet; die andere Ebene ist ein hochgelegenes Zimmer des Rathauses, von dem Emma und Rodolphe das Treiben auf dem Marktplatz beobachten wollen. Doch dazu kommt es nicht, weil Rodolphe Emma alsbald in ein amouröses Gespräch verwickelt. Und während nun unten ein Regierungsvertreter eine politische Rede hält, die ganz und gar aus den Klischees trivialisierter Aufklärungsphilosophie besteht (vor allem Rousseaus), hält Rodolphe oben, zum Zwecke der Verführung, eine sentimentale Werberede, die ebenso ausschließlich aus den Versatzstücken romantischer Liebesthematik (besonders der ›Wahlverwandtschaften‹) besteht. Beide ›Sprachen‹, in die Flaubert die bittere Galle seines *Dictionnaire des idées reçues,*[1] des Wörterbuchs der Gemeinplätze also, gegossen hat, wechseln zunächst abschnittsweise, werden dann immer enger geführt und überschneiden sich schließlich in einer ironischen Kontrapunkttechnik, die den Effekt hat, daß sich die beiden Systeme gegenseitig entwerten:

Danach setzte sich Monsieur Lieuvain; Monsieur Derozerays stand auf und begann eine weitere Rede. Die seine war vielleicht nicht so blütenreich wie die des Regierungsrats; dafür glänzte sie durch einen positiveren Stil, das heißt durch speziellere Kenntnisse und tiefergehende Betrachtungen. Daher waren die Lobsprüche auf die Regierung kürzer gefaßt; die Religion und die Landwirtschaft nahmen mehr Raum ein. Die Wechselbeziehungen zwischen beiden wurden dargelegt, und wie beide von jeher die Kultur gefördert hätten. Rodolphe und Madame Bovary plauderten über Träume, Vorahnungen und Magnetismus. Der Redner griff auf die Wiege der menschlichen Gesellschaft zurück und schilderte die wüsten Zeiten, da die Menschen sich in der Tiefe der Wälder von Eicheln genährt hätten. Dann hätten sie die Tierfelle abgelegt, sich mit Stoffen bekleidet, Furchen

[1] G. Flaubert: *Dictionnaire des idées reçues. Edition diplomatique des trois manuscrits de Rouen.* Hrsg. von Lea Caminiti. Napoli/Paris 1966

gepflügt und Reben gepflanzt. War das nun ein Gewinn, und hatten die neuen Entdeckungen nicht mehr Unzuträglichkeiten als Vorteile mit sich gebracht? Dieses Problem wurde von Derozerays aufgeworfen. Rodolphe war nach und nach vom Magnetismus auf die Wahlverwandtschaften gekommen, und während der Herr Präsident Cincinnatus und seinen Pflug zitierte, Diocletian beim Kohlpflanzen und die chinesischen Kaiser, die den Neujahrstag durch eigenhändiges Säen beginnen, setzte der junge Mann der jungen Frau auseinander, daß diese unwiderstehlichen Anziehungskräfte ihre Ursache in einem früheren Dasein haben.
»Sehen Sie doch uns beide an«, sagte er. »Warum haben wir einander kennengelernt? Welcher Zufall hat es gewollt? Ohne Zweifel haben uns über die Entfernungen hinweg unsere besonderen Neigungen zueinander geführt wie zwei fließende Ströme, die sich vereinigen.«
Und er griff nach ihrer Hand; sie entzog sie ihm nicht.
»Gesamtpreis für gute Bewirtschaftung!« rief der Präsident.
»Zum Beispiel vorhin, als ich in Ihr Haus kam ...«
»Für Monsieur Bizet aus Quincampoix ...«
»Wußte ich da, daß ich Sie begleiten würde?«
»Siebzig Francs!«
»Hundertmal habe ich aufbrechen wollen, aber ich bin Ihnen gefolgt, ich bin geblieben.«
»Mistbereitung.«
»Wie ich heute abend hierbleiben würde, morgen, alle übrigen Tage, mein Leben lang!«
»Für Monsieur Caron aus Argueil, eine Goldmedaille!«
»Denn nie zuvor bin ich in der Gesellschaft jemandem begegnet, der mich so völlig bezaubert hätte.«
»Für Monsieur Bain aus Givry-Saint-Martin!«
»Daher werde ich die Erinnerung an Sie stets in mir tragen.«
»Für einen Merino-Widder ...«
»Sie aber werden mich vergessen; ich werde an Ihnen vorübergeglitten sein wie ein Schatten.«
»Für Schweinezucht Preis ex aequo: für die Herren Leherissé und Cullembourg; sechzig Francs!«
Rodolphe drückte ihr die Hand und er fühlte, daß sie ganz warm war und zitterte, wie eine gefangene Turteltaube, die fortfliegen möchte.[2]

2.

Der destruktive Charakter der *Madame Bovary*, von dem soeben die Rede war, trug wesentlich dazu bei, daß Autor, Verleger und Drucker des Romans unter Anklage gestellt wurden. In dem

[2] G. Flaubert: *Madame Bovary. Sittenbild aus der Provinz*. Übers. von I. Perker und E. Sander. Stuttgart 1975 (Reclams Universalbibliothek 5666[5]), S. 183–185

berühmten Bovary-Prozeß[3], der das Werk rasch bekannt machte, wurde Flaubert vorgeworfen, er stelle die geltenden Werte infrage, vor allem die der Religion und der bürgerlichen Moral. Unter anderem verherrliche sein Roman den Ehebruch. Eine der Stellen, auf die sich der Staatsanwalt stützte, lautet:

Und als sie Charles los war, stieg sie in ihr Schlafzimmer hinauf und schloß sich ein. Zunächst war es wie ein Schwindelanfall; sie sah die Bäume, die Wege, die Gräben, Rodolphe, und noch immer spürte sie die Umschlingung seiner Arme, während das Laubwerk zitterte und das Schilf rauschte.
Doch als sie sich im Spiegel sah, wunderte sie sich über ihr Gesicht. Nie zuvor hatte sie so große, so dunkle Augen von solcher Tiefe gehabt. Etwas Zartes, das sich über sie gebreitet hatte, verklärte sie.
Immer wieder flüsterte sie vor sich hin: »Ich habe einen Geliebten! Einen Geliebten!« Der Gedanke entzückte sie, als durchlebe sie eine zweite Pubertät, die über sie gekommen sei. Endlich also sollten ihr die Liebesfreuden zuteil werden, das fiebernde Glück, das sie so verzweifelt ersehnt hatte. Sie trat in etwas wunderbares ein, wo alles Leidenschaft, Verzückung, Raserei sein würde.[4]

Der Abschnitt ist jedoch weniger eindeutig als der Staatsanwalt annahm. Dieser kannte freilich auch die damals noch neuen und befremdenden Stilmittel des personalen Romans nicht, insbesondere nicht die Form der erlebten Rede, die den letzten, als besonders anstößig empfundenen Absatz prägt.
Dieses Stilmittel besteht darin, daß sich der Erzähler unvermittelt der Denk- und Ausdrucksweise seiner Person annähert, ohne dies durch die Signale der direkten oder indirekten Rede anzukündigen. Während nämlich im traditionellen Roman – auch auktorialer Roman genannt – der Erzähler zumeist über seinen Personen stand und deren Denkweise, wenn nicht kritisch kommentierte, so doch deutlich von seiner eigenen absetzte, ist im sogenannten personalen Roman, dessen Geschichte mit Flaubert erst beginnt, wenigstens stellenweise die Erzählperspektive nicht mehr eindeutig von der Personenperspektive zu unterscheiden.[5] So lernt der Leser des personalen Romans die Welt und die Menschen nicht mehr zweifelsfrei aus der Sicht des Erzählers, sondern scheinbar mit den Augen der beteiligten Personen kennen: in unserem Fall hauptsächlich mit den Augen, überhaupt mit den Sinnen der Emma Bovary. Das geht so weit, daß auch Orts- und Dingbeschreibungen dergestalt personalisiert werden, daß in ihnen nur

[3] Der Bovary-Prozeß (Reden des Anklägers, des Verteidigers, Urteilsspruch) findet sich im Anhang der Pléiade-Ausgabe der *Oèuvres* von Flaubert, Bd. 1. Paris 1951, S. 649 ff.
[4] Flaubert: *Madame Bovary*, a.a.O. [Anm. 2], S. 201.
[5] Vgl. F. K. Stanzel: *Typische Formen des Romans.* Göttingen [3]1965, S. 39–52

mehr das erscheint, was vom Bewußtsein der erlebenden Person aufgenommen wird, nicht mehr aber das, was überhaupt und objektiv vorhanden ist. Zwar ist dieser personale Perspektivismus in *Madame Bovary* nicht konsequent durchgehalten und der Anteil der traditionellen Erzählweise – auf die im übrigen auch neuere Autoren keineswegs verzichten – relativ groß. Doch treten gerade bei Flaubert erstmals Tendenzen deutlich hervor, die für die weitere Entwicklung des modernen Romans von großer Bedeutung sind: Insbesondere der Rückzug des allwissenden Erzählers und die damit verbundene Verunsicherung des Lesers, der nun selbst produktiv werden und sich an der Herstellung des Textsinns beteiligen muß. Das erste Opfer dieser Verunsicherung war, wie wir sahen, der Staatsanwalt selbst.

Gleichwohl ist das Mißverständnis des Staatsvertreters nicht allein auf mangelnde Vertrautheit mit den neuen Stilmitteln des personalen Romans zurückzuführen. Vielmehr sind dessen Vermittlungstechniken, und hier vor allem die Form der erlebten Rede, tatsächlich durch eine fundamentale Zweideutigkeit gekennzeichnet, die gerade bei Flaubert besonders spürbar und problematisch wird. Diese Zweideutigkeit besteht darin, daß sich der Erzähler nur scheinbar auf die Denkweise seiner Person einläßt, sich in Wahrheit aber alle Rechte vorbehält. Schließlich hat die erlebte Rede noch immer einen auktorialen Rest: sie wird ja in der ›Er‹-Form vorgetragen, und das gibt dem Erzähler die Möglichkeit, sich insgeheim auch wieder von der Romanperson zu distanzieren. ›Insgeheim‹ deshalb, weil eben nicht mehr die Signale der direkten oder indirekten Rede gegeben werden, die im traditionellen Roman für klare Verhältnisse sorgten. Vielmehr entsteht nun einerseits der Eindruck, als verkünde, als bewerte und als richte die Person sich selbst, während sie andererseits doch noch immer vom Erzähler kontrolliert wird. Zwar greift der Erzähler im personalen Roman nur noch selten mit seinem auktorialen Kommentar ein. Trotzdem kann er die Person nach seinem Gutdünken in günstigem oder ungünstigem Licht erscheinen lassen, weil er deren Diskurs ja nie vollständig, sondern gleichsam beschnitten, zusammengefaßt und ausgewählt wiedergibt, so daß der Leser keine unmittelbare, sondern immer schon eine vom Erzähler insgeheim zensierte und von dessen unausgesprochenem Urteil überlagerte Ansicht der Person erhält.

Die skizzierte Problematik wird nun im Falle Flauberts noch dadurch verschärft, daß von ihm die Mittel des personalen Romans, die im Prinzip ja auch zu einer stärkeren Identifizierung mit der Roman-Person führen können, in aller Regel zu deren Ironisierung, ja Entlarvung, genutzt werden. Das wird übrigens auch an jener Textpassage deutlich, die wir soeben zitierten. Nehmen wir nur einen einzigen Satz:

[...] sie sah die Bäume, die Wege, die Gräben, Rodolphe, und noch immer spürte sie die Umschlingung seiner Arme, während das Laubwerk zitterte und das Schilf rauschte.[6]

Dieser Satz könnte auch von Hedwig Courths-Mahler stammen. Nur charakterisiert er bei Flaubert eben nicht die Denkweise des Autors, sondern die der Roman-Figur, deren klischeehafte Gefühlswelt er damit zugleich ironisiert. Die Folge dieser eigenartigen Technik der Personendarstellung, die sich dem zu beschreibenden Charakter zwar in einem noch nie dagewesenen Maß nähert, aber nur, um ihn um so unerbittlicher unter die Lupe zu nehmen, ist nun, daß auch der Leser keine echte Sympathie für die Romanperson und für ihre Lage empfinden kann.

Und darin liegt wohl der entscheidende Unterschied zwischen Flauberts Ehebruchsroman *Madame Bovary* und Fontanes Ehebruchsroman *Effi Briest:* Was ein solcher Ehebruch für die beteiligten Personen eigentlich bedeutet, welche gesellschaftlichen Zwänge auf ihnen lasten und wie es überhaupt mit dem Glücksanspruch des Individuums in der bürgerlichen Moral bestellt ist – das alles sind Fragen, für die erst im Roman Fontanes ein wirkliches Verständnis im Leser geweckt wird. Und zwar geschieht dies dadurch, daß Fontane bei allem Abstand zu seinen Personen doch auch Sympathie für sie erzeugt, indem er sie respektabel macht und sie nur vor der Übermacht der gesellschaftlichen Normen, nicht aber infolge ihrer persönlichen Schwächen scheitern läßt.

Nicht so bei Flaubert. Bei ihm liegt das Übel nicht in einer gesellschaftlichen Norm, sondern in der Dummheit und Unfähigkeit der Kleinbürger, denen es vor allem an Feinfühligkeit und am Sinn fürs ›Höhere‹ fehlt. Einzig Emma Bovary unterscheidet sich von der stupiden Umwelt und bricht aus ihr aus. Aber ihr Ausbruch hat doch zugleich den Charakter der Realitätsflucht und des Selbstbetrugs und ist im übrigen rein gefühlsmäßig motiviert: Was Emma vor den übrigen Bourgeois auszeichnet, ist allein ihre Sensibilität, und es scheint fast, als sei der Hauptvorwurf Flauberts gegen den Bourgeois der, daß er nicht sensibel empfinden kann.

[6] Flaubert: *Madame Bovary*, a.a.O. [Anm. 2], S. 201

3.

Gerade im Anschluß an das zuletzt Besprochene müssen nun aber auch noch einige Probleme diskutiert werden, die in der Flaubertkritik umstritten sind. Es sind vor allem drei Fragen, die immer wieder erörtert werden:

1. Ist Emma Bovary nicht insgeheim doch eine tragische Romanheldin?
2. Stellt der Roman die Gültigkeit bürgerlicher Normen in Frage?
3. Wird eine solche emanzipatorische Tendenz nicht durch den Bovary-Prozeß bestätigt, der als eine offizielle Antwort auf eine skandalöse Herausforderung verstanden werden kann?

Gewiß läßt sich eine solche Ansicht bis zu einem gewissen Grad vertreten. Es gibt aber auch Gründe, die dagegen sprechen, den emanzipatorischen Ansatz des Romans auf der pragmatischen Ebene der fiktionalen Roman*handlung* zu suchen. Wir wollen die drei Fragen nacheinander aufnehmen:

Auf die erste Frage, ob Emma Bovary nicht doch eine tragische Romanheldin sei, kann man antworten, daß sie sich eigentlich nur in ihren Träumen, nicht aber in ihrem Bewußtsein von den anderen kleinbürgerlichen Figuren des Romans unterscheidet und daß sie wie diese der Echtheit entbehrt. Gewiß ist sie für das Schöne empfänglich, aber ihrer Sensibilität, die letztlich instinkthaft bleibt, fehlt es an Bewußtheit und der Fähigkeit zur kritischen Unterscheidung. Und wenn sie auch handelt, so gibt doch nicht *sie* ihrem Tun den Sinn, sondern das Weltbild ihrer Lektüre. So bleibt sie im Grunde eine Kopistin wie Homais und lebt eine Ersatzform von Romantik, wie dieser eine Ersatzform von Aufklärung lebt.

Auf die zweite Frage, ob der Roman die bürgerlichen Normen in Frage stelle, läßt sich kaum eine eindeutige Antwort geben. Daß Flaubert den Geist der Bourgeoisie radikal kritisiert, haben wir ja schon gesehen. Das hindert aber nicht daran, daß er zum Teil auch selbst in bourgeoisen Vorurteilen befangen blieb und jedenfalls keine Alternative zum Bestehenden entwarf.[7] Seine Gespaltenheit in den kritischen Ästheten und in den Bourgeois läßt sich im übrigen nicht nur an seiner Biographie, sondern auch an den Bruchstellen des Werks selbst nachweisen.

Bei *Madame Bovary* ist dies vor allem im letzten Teil der Fall, von dem wir ja schon konstatierten, er sei überraschend melodrama-

[7] Auch hier unterscheidet sich Flauberts Roman von Fontanes Effi Briest: Bei Fontane wird die Möglichkeit einer Alternative stets bewußt gemacht, selbst in den Überlegungen des so prinzipientreuen Instetten. So wird, trotz des resignativen und versöhnenden Endes, der Durchblick auf eine bessere Welt nie verstellt.

tisch und falle aus dem übrigen, sehr handlungsarmen Textgefüge heraus. Jedenfalls überstürzen sich hier die Ereignisse in einer Weise, die rational nicht mehr ganz zu erklären ist: Emmas moralische Verrohung, ihr finanzieller Ruin, ihr Selbstmord, der Tod ihres Mannes und die Verelendung ihres Kindes – das alles sind Ereignisse, die in solcher Häufung kaum begründet sind und die erkennen lassen, daß im Verhältnis des Erzählers zu seiner Romanperson etwas außer Kontrolle geraten bzw. einem nicht voll durchdachten Automatismus unterworfen ist.
Die physische und moralische Vernichtung der Ehebrecherin und ihrer ganzen Familie erinnert schon fast an die exorzistischen Schlüsse bürgerlicher Trivialromane. Gewiß war Flaubert mit seinem Bewußtsein weit davon entfernt, deren Moral zu akzeptieren; und die sarkastischen Schlußworte seines Romans, die davon berichten, der ekelhafte Homais sei mit dem Kreuz der Ehrenlegion ausgezeichnet worden, zeigen sehr deutlich, daß er sich auch am Ende nicht auf die Seite des triumphierenden Ungeistes schlug. Dies ändert aber nichts an der Tatsache, daß Flaubert offensichtlich nicht in der Lage war, sich den Ausgang einer Ehebruchsgeschichte anders als für die Frau degradierend vorzustellen. Dem kann man zwar entgegenhalten, es sei ohnehin unvorstellbar, daß in einem Roman des 19. Jahrhunderts die Geschichte einer Ehebrecherin glücklich endet. Doch zeigt gerade das Beispiel Fontanes, daß auch ein unglücklicher Schluß die »gefallene Frau« in einem günstigen Licht erscheinen oder ihr gar moralische Unterstützung angedeihen lassen kann. Davon ist bei Flaubert aber nichts zu spüren. So ist dieser Roman zugleich ein lehrhaftes Beispiel dafür, daß ein fortschrittliches künstlerisches Bewußtsein nicht auch schon ein avanciertes gesellschaftliches Bewußtsein einschließt, wie umgekehrt fortschrittliche politische Gesinnung noch keine literarische Qualität garantiert.
Schließlich die dritte Frage: Auch das Argument, der Roman habe einen Prozeß provoziert, ist noch kein Beweis für den emanzipatorischen Charakter seiner Handlung, wurde doch im gleichen Jahr wie *Madame Bovary* auch Feydeaus Ehebruchsroman *Fanny* vor Gericht gestellt – ein Roman, der heute gerade als Musterbeispiel trivialer bürgerlicher Bestätigungsliteratur gilt. Diese Art der Literatur bot einem Publikum, das an der bürgerlichen Moral eigentlich nur noch aus ökonomischen Gründen festhielt, einerseits frivole Unterhaltung, garantierte ihm andererseits aber auch die Respektierung der bestehenden Normen. So beginnen viele Produkte der bürgerlichen Unterhaltungsliteratur zwar mit einer erstaunlichen erotischen Freizügigkeit, enden aber stets sei's mit der Reintegrierung der ›Sünderin‹ in die bürgerliche Normalität

(so in *Fanny*), sei's mit ihrem oft abschreckend geschilderten Tod (so in Dumas' *Kameliendame*). Ähnlich verläuft aber auch der dritte Teil von *Madame Bovary*, zu dessen Beginn Emma dem Leser noch als erotisches Schauobjekt präsentiert wird, dessen ›verschämte‹ Gestik das ›Unverschämte‹ nur noch besser in Szene setzt:

Nichts war so schön wie ihr brauner Kopf und ihre weiße Haut, die sich von dem purpurnen Farbgrund des Bettes abhoben, wenn sie in einer verschämten Geste ihre beiden nackten Arme übereinanderschlug und das Gesicht in den Händen verbarg [...] Wenn sie sich auf seine Knie setzte, hingen ihre Beine, die nun zu kurz waren, in der Luft, und das zierliche Schuhzeug, das nirgends eine Stütze hatte, hielt sich nur an den Zehen ihres nackten Fußes.[8]

Am Ende aber heißt es von der gleichen Figur, die nun im Sterben liegt:

Sogleich erbrach sie Blut. Ihre Lippen preßten sich noch mehr aufeinander. Ihre Glieder waren krampfartig zusammengezogen, der Körper mit braunen Flecken bedeckt, und ihr Puls glitt unter den Fingern hin wie ein gespannter Faden kurz vor dem Zerspringen. Dann begann sie furchtbar zu schreien.[9]

Die Kunst des Barock hätte den nur scheinbaren Reiz der Dame Welt nicht drastischer entzaubern können als es Flaubert hier mit seiner Ehebrecherin tut.

Gleichwohl ist *Madame Bovary* auch am Ende alles andere als ein bürgerlicher Trivialroman. Denn es ist ja gerade das deformierte Bewußtsein einer Trivialliteraturleserin, das Flaubert zum Bezugspunkt seiner kritischen Darstellung macht. Eben das besagt aber auch, daß das emanzipatorische Potential des Romans nicht so sehr im Bereich der fiktionalen Handlung als im Bereich der literaturkritischen, überhaupt der aesthetischen Selbstreflexion zu suchen ist: *Madame Bovary* ist zunächst einmal ein kritischer Roman über die Erfahrungsweise der Romanleserin. Insofern dabei zugleich gezeigt wird, wie durch die Lektüre romantischer Trivialliteratur ›falsches Bewußtsein‹ erzeugt und verfestigt wird, hat Flauberts Roman gewiß auch einen gesellschaftlichen Aspekt.

Aber was ist das eigentlich für eine Gesellschaftskritik und wodurch ist sie motiviert? Was Flaubert an der von ihm beschriebe-

[8] Flaubert: *Madame Bovary* a. a.O. [Anm. 2], S. 326/7. Die zeitgenössischen Illustrationen, bei denen ›pikante‹ Darstellungen häufig sind, nicht zuletzt aber auch der Bovary-Prozeß selbst, in dem ja auch der Pornographie-Verdacht im Zentrum stand, beweisen im übrigen, daß es bei der ersten Rezeption noch die selbstverständliche Möglichkeit gab, Madame Bovary als Unterhaltungsroman zu lesen.
[9] ebd.: [Anm. 2], S. 394

nen Gesellschaft kritisiert, ist ja vor allem ihre bêtise, die allgegenwärtige Dummheit, von der er sich auch persönlich bedroht und betroffen fühlt und von deren Berührung er sich durch die Unerbittlichkeit seiner Darstellung zugleich freizumachen und zu reinigen hofft. Die beinahe panische, in Haß umschlagende Angst vor der bourgeoisen Banalität ist jedenfalls das eigentliche Motiv für Flauberts Schreiben, insbesondere für seine genaue Stilarbeit. Die Tagebuchaufzeichnungen bestätigen immer wieder, daß die künstlerische Arbeit und das Streben nach Perfektion für Flaubert die einzige Möglichkeit waren, die unerfreuliche Wirklichkeit zu bannen und sich von ihrem Druck zu befreien. Diese Selbstbefreiung verdankt sich wohlbemerkt nicht einer Flucht in eine andere und unwirkliche Welt, sondern gerade der Tatsache, daß Flaubert sich den Gegebenheiten stellt. Dies darf aber nicht darüber hinwegtäuschen, daß es ihm letztlich nicht darum ging, die Gegebenheiten mit den Mitteln der Kunst zu verändern, sondern einzig und allein darum, die Kunst von den Gegebenheiten zu befreien. Daß es ihm als höchstes Ideal vorschwebte, ein »Buch über Nichts« zu schreiben, »ein Buch ohne äußere Bindung, das sich allein durch die innere Kraft seines Stils trägt«[10], belegt diese kunstemanzipatorische Tendenz wohl am deutlichsten und zeigt auch, daß Flauberts Realismus am Ende auf die Verachtung der Realität, nicht auf die Auseinandersetzung mit ihr, hinausläuft. Emanzipatorisch ist Flauberts Roman also nur in Richtung auf eine Autonomisierung der Kunst und gerade nicht im Hinblick auf eine Veränderung der Wirklichkeit.

[10] G. Flaubert: *Briefe.* Hrsg. und übers. von H. Scheffel. Stuttgart 1964, S. 181.

b) Marianne Schuller, Helmut Brackert

Theodor Fontane, Effi Briest

C: Mehrfach ist in den vorangegangenen Studieneinheiten darauf hingewiesen worden, daß die ›Handlung‹ als Grundlage erzählender Texte, also auch des Romans, zu gelten hat.
A: Wir wollen deshalb unsere Interpretation des Romans *Effi Briest* mit der Frage nach der Handlung beginnen.
C: Da jeder Roman – wie uns die Sendung über die Strukturen erzählender Texte gezeigt hat – mehr als die Ebene der Handlung umfaßt, stellt deren Herauslösung aus dem Textganzen selbstverständlich immer eine Konstruktion des Interpreten dar.
A: Versuchen wir einmal, die Handlung des Romans zusammenzufassen, etwa so:
B: Ein preußischer Landrat heiratet während der Bismarck-Ära die noch sehr junge Adlige Effi Briest und zieht mit ihr in eine weit östlich gelegene Kleinstadt. Ein Ehebruch und ein darauf folgendes Ehrenduell machen der Ehe ein Ende. Die unglückliche Frau stirbt nach einigen Jahren gesellschaftlicher Ächtung im Hause der geliebten Eltern.
A: Mag man nun die Handlung so oder in etwas anderer Weise konstruieren, etwa ausführlicher oder noch verknappter, eines scheint gewiß: die Ebene der Handlung ist hier sehr schwach ausgebildet; wir werden sogar von einer gewissen ›Handlungsarmut‹ des Romans reden müssen. Aber bevor wir uns die Frage stellen können, ob und in welcher Weise diese Handlungsarmut für den Roman von Bedeutung ist, müssen wir nach weiteren erzählerischen Dispositionen fragen, aus denen heraus der Roman sich entfaltet. Es fällt auf, daß sich eine bestimmte Anzahl von Gegensatzpaaren wiederholt: jung/alt – Leben/Tod – Licht/Schatten – Natur/Konvention. Diese Oppositionen werden auf den verschiedensten Ebenen des Romans entfaltet.
C: Erzähltheoretisch gesprochen vollzieht sich das als ›Spiegelung‹, ›Umkehr‹, ›Vorausdeutung‹ und ›Anspielung‹.
A: Das schwach ausgebildete Konfliktschema (und damit die schwach ausgebildete Handlungsebene) wird von diesen Oppositionen gesteuert. So kann man sagen, daß den im Roman repräsentierten Konflikten die Opposition von Natur und Konvention zugrunde liegt.
Auch die Figurenkonstellation ist nach solchen Gegensatzpaaren ausgerichtet. Beschränken wir uns hier nur auf die Hauptfiguren:

Instetten steht vornehmlich unter den Gesetzen der Konvention, während die Figur von Effi von Gegensätzen bestimmt ist: sie liebt das Leben und ist doch, was vor allem auf der metaphorischen Ebene zum Ausdruck kommt, bezogen auf den Tod; sie ist das ›Naturkind‹ und unterliegt doch in starkem Maße den Forderungen der Konvention; sie ist leichten Sinnes bis zum Leichtsinn und doch von dunkler Melancholie. Diese Teilhabe an gegensätzlichen Merkmalen ruft das bedenkliche Schwanken ihres Charakters hervor, dem leitmotivisch das Bild von der Schaukel zugeordnet ist:

D: »... ich schaukle mich lieber, und am liebsten immer in der Furcht, daß es irgendwo reißen oder brechen und ich niederstürzen könnte. Den Kopf wird es ja nicht gleich kosten.«[1]

A: Vor allem aber treten diese Gegensatzpaare auf der metaphorischen Ebene auf. Dies lehrt schon ein Blick auf das Eingangsbild, das sie alle in sich versammelt: »Sonnenschein« und »Schatten«; »Kirchhofsmauer« und »Schaukel« usw. Ohne Zweifel könnte dieses als Einführung »realistischer Details« angesehen werden. Ihren metaphorischen, ihren übertragenen Sinn erhalten sie jedoch zusätzlich durch die Beziehung, die sie zum Gang der Handlung unterhalten. Und so wird auch am Schluß das Anfangsbild dem traurigen Romanausgang entsprechend »umbesetzt«:

E: »Auf dem Rondell hatte sich eine kleine Veränderung vollzogen, die Sonnenuhr war fort, und an der Stelle, wo sie gestanden hatte, lag seit gestern eine weiße Marmorplatte, darauf stand nichts als ›Effi Briest‹ und darunter ein Kreuz.«[2]

A: Ist auch die Sonnenuhr durch den Totenstein ersetzt, so wird doch im Angesicht des Todes die Sonne zitiert: im Namen »Heliotrop« – diese Blume umrahmt die Marmorplatte – ist Helios, also der griechische Name für Sonne, enthalten.[3]

C: Wir können den Prozeß, einen Sinnzusammenhang durch Bilder, durch Metaphern also, wie man sehr vorläufig sagen könnte, durch übertragene und nicht im direkten Wortsinn gebrauchte Wendungen herzustellen, Metaphorisierung nennen.

A: Dieser Prozeß der Metaphorisierung nun ist hier so weit vorangetrieben, daß entscheidende Elemente des Romanthemas erst in den Metaphern erscheinen. So liegt beispielsweise in der Erzählung des »Schloon« die ganze Affäre zwischen Effi und Crampas beschlossen und zwar, wiederum auf der erzähltheoretischen Ebene gesprochen, im Sinne einer ›Vorausdeutung‹:

[1] *Effi Briest*, zitiert nach: Theodor Fontane, *Sämtliche Werke*. Hrsg. von Walter Keitel. Bd. 4, München, 1963, S. 34.

[2] ebd. S. 294.

[3] vgl. ebd. S. 295.

D: »›Da wird es ein Sog und am stärksten immer dann, wenn der Wind nach dem Lande hin steht. Dann drückt der Wind das Meerwasser in das kleine Rinnsal hinein, aber nicht so, daß man es sehen kann. Und das ist das Schlimmste von der Sache, darin steckt die eigentliche Gefahr. Alles geht nämlich unterirdisch vor sich, und der ganze Strandsand ist dann bis tief hinunter mit Wasser durchsetzt und gefüllt. Und wenn man dann über eine solche Sandstelle weg will, die keine mehr ist, dann sinkt man ein, als ob es Sumpf oder ein Moor wäre.‹«[4]

C: Die Verlagerung der Handlungsführung auf die Ebene der Metaphorik, hier genauer: der Naturmetaphorik, muß im Zusammenhang mit der Frage nach der Handlung, bzw. Handlungsmöglichkeiten der Figuren gesehen werden. Die Verlagerung in naturhafte Abläufe nämlich erlaubt kaum noch, im engeren Sinne von »Handlung der Figuren« zu sprechen. Denn Handlung setzt doch Intentionalität, d. h. eine – wie auch immer geartete – Ausrichtung auf ein Ziel voraus. Hier aber wird Handlung häufig in bloßes »Geschehen« umformuliert, also in etwas, das dem Menschen zustößt und dem er nicht entrinnen kann.

A: In diesem Sinne sind sowohl Instetten, indem ihm gesellschaftliche Zusammenhänge als bloße Geschehensabläufe erscheinen, als auch Effi nicht Handelnde, sondern Opfer eines nicht von ihnen bestimmten Geschehens.

C: Hierin müssen wir nun die Bedeutung der zunächst nur festgestellten Handlungsarmut erkennen. In diesem Roman entspricht der Ausbildung der Metaphorik die Rückbildung des Handlungsmomentes.

A: Aber wir können die Metaphorik noch etwas genauer bestimmen. Wir haben bisher recht grob von »Naturmetaphorik« gesprochen und diese Redeweise mit dem »Schloon«-Beispiel belegt. Stärker ausgebildet jedoch ist eine hochgradig stilisierte Metaphorik aus dem Bereich der Natur. Als Beispiel dafür haben wir schon den Namen »Heliotrop« genannt, die immer wiederkehrende Nennung der »Immortellen«, die suggestiven Wiederholungen des »wilden Weines« ließen sich hinzufügen.

C: Die Naturmetaphorik also wird selbst noch einmal einem Prozeß, den man als »Ästhetisierungsprozeß« bezeichnen könnte, unterworfen: in der Zitation von Namen, die auf Natur anspielen nämlich wird der Versuch erkennbar, dem Roman eine weitere symbolische Dimension zu geben.

A: Das Zurücktreten der Handlung und Handlungsmöglichkeit zeigt sich in diesem Roman nun noch in einem weiteren auffälligen

[4] ebd. S. 159.

Erzählverfahren, dem der »Aussparung«. Was ist damit gemeint? An einem Beispiel läßt sich das zeigen:

D: »›Also Baron Instetten! Als er noch keine Zwanzig war, stand er drüben bei den Rathenowern und verkehrte viel auf den Gütern hier herum, am liebsten war er in Schwantikow drüben bei meinem Großvater Belling. Natürlich war es nicht des Großvaters wegen, daß er so oft drüben war, und wenn die Mama davon erzählt, so kann jeder leicht sehen, um wen es eigentlich war. Und ich glaube, es war auch gegenseitig.‹

›Und wie kam es nachher?‹

›Nun, es kam, wie's kommen mußte, wie's immer kommt. Er war ja noch viel zu jung, und als mein Papa sich einfand, der schon Ritterschaftsrat war und Hohen Cremmen hatte, da war kein langes Besinnen mehr, und sie nahm ihn und wurde Frau von Briest ... Und das andere, was sonst noch kam, nun, das wißt ihr ... das andere bin ich.‹«[5]

C: Ausgespart, so zeigt sich, wird der Teil der Geschichte, in dem sich in der Regel die Veränderungen, die durch Handlung herbeigeführten Veränderungen zwischen Anfang und Ausgang vollziehen: der Mittelteil.

A: Oder, um es auf das Beispiel anzuwenden: Effis Erzählung von der Beziehung zwischen ihrer Mutter und Instetten nennt nur Anfang und Ende, spart aber die Handlungen der Figuren bzw. ihre handlungsmotivierenden Gefühle usw. gerade aus.

C: Hat diese Erzählung auch nur den Stellenwert einer gerafften Vorgeschichte, ist sie deswegen auch nicht auf der Ebene der Haupthandlung angesiedelt, so ist sie doch für diese von Bedeutung.

A: Die Lebensgeschichte Effis nämlich stellt sich – jedenfalls in entscheidenden Punkten – als eine Wiederholung dieses von ihr erzählten Geschehens dar. Allerdings in der Form der Umkehr: so etwa – ist sie zu jung, ist er zu alt.

C: Noch ein weiteres Merkmal ist für den Roman entscheidend: die Auflösung von Handlung in Gespräch.

A: Ohne Zweifel charakterisiert das Gespräch die Erzählweise gerade des alten Fontane in besonderem Maße. Das läßt sich schon daran ablesen, daß es rein quantitativ den Hauptanteil aller Romane bildet.

C: In der Forschung ist denn auch häufig darauf hingewiesen und versucht worden, die Funktion dieses erzählerischen Mittels zu erklären. Wenn der Erzähler hinter den Gesprächen zurücktritt, kann er übergreifende Wertungen und Parteinahmen kaum mehr

[5] ebd. S. 13.

geltend machen:
E: »Die Personen sprechen über ihr Verhalten und rechtfertigen es, aber in der Konfrontation dieser Rechtfertigungen, im Arrangement der Bezüge, werden diese Rechtfertigungen wieder relativiert. Die Aussage der Geschichte bleibt durch die Aussageweise offen, wird zum ›Debattierstoff‹.«[6]
C: In diesem Zusammenhang spricht man von »Facettierung«[7] und Aufsplitterung eindeutiger Wirklichkeitserkenntnis und von einer sozialgeschichtlichen Verankerung der gesellschaftlichen Plauderei, die man mit dem französischen Wort »causerie« sehr treffend bezeichnet hat: Ausdruck einer gewissen Liberalität und kultivierten Geselligkeit, wie sie sich in bestimmten Kreisen des Adels und bei einzelnen liebenswürdigen Exemplaren des Bürgertums ausgebildet hat. Jedoch läßt sich nicht leugnen, daß die »causerie« auch deswegen in solch starkem Maße Platz greifen kann, weil sie eben auch Entscheidungen und Handlungen ersetzt. Zumal die Gespräche in der Regel einem Sprachmuster folgen, das sich dadurch auszeichnet, daß es gerade die Dinge, die das Subjekt betreffen, nicht zum Ausdruck bringt.
A: Sie sind, wie Effis Mutter es einmal im Hinblick auf ihre Tochter formuliert, »mitteilsam und verschlossen zugleich«[8]. Und die epochemachende Floskel des alten Briest erscheint doch geradezu als unscharfe Reflexion darauf, daß Gespräche diesen Typs auch nichts vermögen, daß ihre Liberalität eben auch leer bleibt: das ist ein weites Feld.
C: Sowohl was den Roman als einen »Roman der guten Gesellschaft« als auch was die Frage nach einer im Text enthaltenen Bewertung durch den Erzähler betrifft, müssen wir noch die höchst auffällige Einführung und Anordnung von Zitaten untersuchen. Bildungsgeschichtlich sind sie, seit dem Erscheinen von Büchmanns »Geflügelten Worten«, 1866 sozusagen an der Tagesordnung. Sie sind aber nicht »bloß Zitat oder noch richtiger façon de parler«[9], sondern sie übernehmen im Roman nicht selten die Funktion, auf das entscheidende Todes- und Liebesmotiv anzuspielen. Zugleich aber stellen sie auch Beziehungen zu anderen Texten dar, die die historischen Möglichkeiten des Romans im Sinne einer Selbstreflexion herausarbeiten.
A: Als Beispiel dafür mag die Anspielung auf das Goethegedicht

[6] Ingrid Mitten zwei: *Die Sprache als Thema. Untersuchungen zu Fontanes Gesellschaftsroman.* 1970, S. 86. Vgl. auch S. 135f.
[7] Vgl. dazu Hubert Ohl: *Bild und Wirklichkeit. Studien zur Romankunst Raabes und Fontanes.* Heidelberg 1968, S. 159.
[8] *Effi Briest* a.a.O., S. 38.
[9] ebd. S. 124.

»Es war ein König in Thule« stehen.[10] Crampas sucht sich bei einem Picknick mit Effi ein besonders billiges Wasserglas aus, worauf Effi bemerkt:
D: »›Wenn ich Sie recht verstehe, so haben Sie vor – es ist zum Lachen, und ich geniere mich fast, es auszusprechen –, so haben Sie vor, sich vor der Zeit auf den König von Thule hin auszuspielen.‹ Er nickte mit einem Anflug von Schelmerei.«[11]
A: Die Art der Anspielung ist nicht nur unter dem Gesichtspunkt einer »Vorausdeutung« von Interesse, sondern sie eröffnet zugleich eine Perspektive auf die Geschichte zwischen Effi und Crampas. Steht nämlich der Goethetext für die Innigkeit und Absolutheit hohen Liebes- und Todespathos, so wird durch die im Text enthaltene Gegenüberstellung von »goldenem Becher« und »billigem Wasserglas« die Liebesbeziehung zwischen Effi und Crampas als eine triviale, ein wenig klägliche gedeutet. Zumindest als eine, die Pathos, Duell und Tod gar nicht mehr zuläßt.
C: Hier nun ist die Ebene der Analyse erreicht, in der die Frage nach den gesellschaftlichen Absichten des Romans gestellt werden kann. Denn ohne Zweifel läßt die erkennbare Unverhältnismäßigkeit zwischen dem Konflikt und dessen Bereinigung diese Frage als eine, die der Roman selbst aufwirft, erscheinen.
B: Man hat den Roman in der Forschung sehr unterschiedlich beurteilt. In einem aber herrschte immer Einigkeit: in der Klassifizierung des Werkes als Gesellschaftsroman.
A: Aber was meint das? Soll hier, gleichsam wie in einem Spiegel, das Wirklichkeitsbild der preußischen Gesellschaft des späten 19. Jahrhunderts abgebildet werden? Und wenn ja, in kritischer oder in glorifizierender Absicht? Oder gibt die Adelswelt, die hier im Zentrum steht, nur den Rahmen ab für die Darstellung ganz allgemeiner menschlicher Konflikte? Gerade das letztere ist immer ein wichtiger Gesichtspunkt der Interpretation gewesen und der Klappentext einer erst kürzlich erschienenen Ausgabe des Romans bestätigt es erneut:
E: »Alles verstehen, heißt auch alles verzeihen«, das ist die tiefste Erkenntnis, die gewinnt, wer mit dem Dichter durch die lebendige menschliche und natürliche Landschaft der Dichtung wandert.[12]
A: Die national-germanistische Deutung hat demgegenüber den Autor und Erzähler Fontane immer verstanden als Anhänger und Verehrer des preußischen Königstums und Adels, der Heeres-

[10] vgl. die Geschichte vom Calatravaritter ebd. S. 139ff.
[11] ebd. S. 141.
[12] Klappentext der Manesse-Ausgabe (Nachwort von Max Rychner) Zürich 1962.

und Beamtentradition mit ihren klaren Prinzipien von Recht und Ordnung.[13]

C: Die DDR-Forschung wiederum hat an die Adelskritik, die es bei Fontane ja auch gibt, angeknüpft, und hat sein Werk als Anklage gegen die preußisch-feudal geprägte Gesellschaft aufgefaßt:[14]

A: Um im Streit der Auffassungen eine Position zu gewinnen, ist es nötig festzustellen, in welchem Verhältnis der reale Vorfall, wie er dem Autor vor Augen stand, und die erzählte Wirklichkeit, wie sie der Roman präsentiert, zueinander stehen. Wir gehen dabei aus von der Duellszene.

B: Effi Briest beruht stofflich auf einer aufsehenerregenden Ehebruchaffaire der 80er Jahre des vorigen Jahrhunderts. Die Beteiligten waren der Rittmeister Armand von Ardenne, seine Ehefrau Elisabeth geb. von Plotho und der Düsseldorfer Amtsrichter Emil Hartwig, der im Duell mit Ardenne fiel.[15]

C: Auf der Ebene des Romans weicht die Handlungs- und Motivationsführung in entscheidenden Punkten von dieser tatsächlichen Geschichte ab: im Unterschied zu Effi überlebte Frau von Ardenne ihren Geliebten um mehr als 50 Jahre; im Unterschied zu Instetten hat der Rittmeister Ardenne zur Pistole gegriffen, während das außereheliche Liebesverhältnis noch bestand.

A: Unterstellt man einmal, daß es Fontane – wie auch anderen Autoren der Erzähltradition – primär darum ging, das Handeln seiner Gestalten so gut wie möglich zu motivieren, so müßte man urteilen, daß die Einführung der Verjährungsfrist kein sehr glücklicher Einfall war. Denn zweifellos wird die Motivation dadurch erschwert. Dem spontan und pathetisch handelnden, gesellschaftlich legitimierten Ardenne tritt ein Instetten gegenüber, der, statt gleich zu handeln, erst einmal im Gespräch mit Wüllersdorf die Lage überdenkt. Und seine Reflexion läßt erkennen, daß er, Jahre nach der Verfehlung seiner Frau, nicht mehr zu handeln vermag. Gerade das Verjährungsargument, das eigentlich eine Entscheidungsmöglichkeit verspricht, führt ihn zwangsläufig in die Aporie: indem er sich auf die juristische Denkbahn begibt, hat er nämlich bereits akzeptiert, daß das tyrannische Gesellschafts-Etwas, von dem er spricht und dessen Zwängen solche Argumentation folgt, auch ihm keine Wahl, keine Alternative läßt.

E: Ich habe es mir hin und her überlegt. Man ist nicht bloß ein einzelner Mensch, man gehört einem Ganzen an, und auf das

[13] Vgl. dazu Reuter: *Fontane* Bd. II.

[14] Vgl. dazu Reuter: *Verspätung,* S. 672ff.

[15] Walter Schafarschik: *Theodor Fontane – Effi Briest, Erläuterungen und Dokumente.* Stuttgart 1972, S. 83.

Ganze haben wir beständig Rücksicht zu nehmen ... Im Zusammenleben mit den Menschen hat sich ein Etwas gebildet, das nun mal da ist und nach dessen Paragraphen wir uns gewöhnt haben, alles zu beurteilen, die anderen und uns selbst ... Jenes, wenn Sie so wollen, uns tyrannisierende Gesellschafts-Etwas, das fragt nicht nach Charme und nicht nach Liebe und nicht nach Verjährung. Ich habe keine Wahl. Ich muß.[16]

C: Die Funktion dieses Gespräches ist es, auch Instetten als einen letztlich Nicht-Handelnden, als einen bloß Reagierenden zu zeigen und die Alternative, die sich auf der juristischen Ebene mit dem Verjährungsmoment ergibt, als scheinhaft zu entlarven. Nur vor sich selbst als moralischer Person vermag sich Instetten, der in Wahrheit nur vollstreckt, was das unerbittliche Gesellschafts-Etwas ihm diktiert, in diesem Gespräch den Schein einer Legitimation zu verschaffen.

A: Man möchte nun meinen: wenn eine Gestalt sich gegen eben jene Normen, an denen sie scheitert, auflehnen müßte, so wenigstens Effi. Und in der Tat. Nach dem Gespräch mit ihrer Tochter Anni brechen, allerdings nur ein einziges Mal, die heftigsten Anklagen gegen Instetten aus ihr hervor:

D: Ehre, Ehre, Ehre ... und dann hat er den armen Kerl totgeschossen, den ich nicht einmal liebte ... Dummheit war alles, und nun Blut und Mord. Und ich schuld. Und nun schickt er mir das Kind, weil er einer Ministerin nichts abschlagen kann, und ehe er das Kind schickt, richtet er es ab wie einen Papagei und bringt ihm die Phrase bei »wenn ich darf«. Mich ekelt, was ich getan; aber was mich noch mehr ekelt, das ist eure Tugend. Weg mit euch. Ich muß leben, aber ewig wird es wohl nicht dauern.[17]

A: Doch auch hier setzt sich sogleich wieder Resignation an die Stelle des Protestes. Effi fügt sich dem gleichen Zwang der Verhältnisse wie Instetten und erkennt an, daß auch er sich nur so verhalten konnte, wie er es tat:

D: In der Geschichte mit dem armen Crampas – ja, was sollte er am Ende anderes tun? Und dann womit er mich am tiefsten verletzte, daß er mein eigen Kind in einer Art Abwehr gegen mich erzogen hat ... Er hat auch darin recht gehabt ... Denn er hatte viel Gutes in seiner Natur und war so edel, wie jemand sein kann, der ohne rechte Liebe ist.[18]

A: Ein Widerspruch? Nur scheinbar. In Wahrheit zwei Seiten ein und derselben Medaille. Wie ist das zu erklären?

C: Keinesfalls im Sinne einer konsequenten und direkten Gesell-

[16] *Effi Briest*, a.a.O., S. 236.
[17] ebd. S. 275.
[18] ebd. S. 294.

schaftskritik. Denn dann hätte eine andere Opposition näher gelegen: auf der einen Seite Instetten, der Prinzipienreiter, der Rationalist, der Vertreter Preußens, der traditionellen Gesellschaftsnormen und Konventionen und auf der anderen Seite Effi, als Vertreterin der natürlichen Freiheit und irrationalen Spontaneität des Herzens. Aber der Roman erlaubt es nicht, die Fronten so eindeutig zu ziehen.

Wie sich nämlich bereits zeigte, ordnen sich die Gestalten, freilich in unterschiedlicher Weise, jeweils beiden Seiten des Gegensatzes zu.

A: Während aber den Männern in ihrer Berufswelt noch ein – freilich fragwürdiger – Handlungs- und Entscheidungsraum bleibt, ist den Frauen diese Alternative verwehrt. Angesichts von Oppositionen wie Natur/Konvention, deren Widerspruch sie nicht wenigstens durch eine besondere Aktivität im Berufsbereich ausgleichen können, bleibt ihnen nur Passivität und unausgefüllte Langeweile. Gerade dies aber verleiht ihren Erscheinungen das Künstliche, um dessen Darstellung es Fontane offenbar in besonderem Maße auch ging, das es aber dem Leser bei der Lektüre eines Romans wie »Effi Briest« so schwer macht, einer Gestalt wie Effi eine festere Kontur zu geben. Sie bleibt vielmehr schillernd, in ihren Verhaltensformen unstet, jeweils dem stärksten Eindruck und der Verführung des Augenblicks unterworfen. Und selbst dort, wo sie partiell aus den gesellschaftlichen Zwängen auszubrechen scheint, bleibt sie gefangen in ihrer Passivität:

E: Effi schrak zusammen. Bis dahin waren Luft und Licht um sie gewesen, aber jetzt war es damit vorbei und die dunklen Kronen wölbten sich über ihr ... Sie fürchtete sich und war doch zugleich wie in einem Zauberbann und wollte auch nicht heraus.[19]

A: Allerdings, das Gesellschafts-Etwas, dem die Gestalten des Romans sich zu unterwerfen haben, steht keineswegs mehr in unbezweifelter Größe da. Die vielfältigen Gespräche mit ihren immer wieder angespielten Beziehungs- und Bedeutungsgeflecht von Gegensätzen, symbolischen Zusammenhängen und Aussparungen zeigen eine Gesellschaft, deren Prinzipien selbst von denen, die sie am striktesten befolgen, letztlich schon als fragwürdig empfunden bzw. erfahren werden. Zu groß ist der Anteil an unbegründeten Zwängen, denen der einzelne sein Glück zu opfern hat. Ja, die Gesellschaft kann, wie es die Geheimrätin Zwicker unübertrefflich formuliert, ihre Prinzipien nur noch durchhalten auf Kosten einer massiven Unmoral:

D: Es ist unglaublich, erst selber Zettel und Briefe schreiben und

[19] ebd. S. 161f.

dann auch noch die des anderen aufbewahren! Wozu gibt es Öfen und Kamine?[20]

A: Moral ist dieser Gesellschaft: was nicht herauskommt und nicht herauskommen darf. Und im Namen solcher »Moral« sehen wir Effi geächtet, ja geopfert.

C: Brüchig erweist sich die preußische Konventionsgesellschaft jedoch noch unter einem zweiten Aspekt, der durch den ganzen Roman hindurch wichtig bleibt und am Ende noch einmal deutlich markiert wird. Effis Mutter stellt ihrem Mann die Frage, ob sie denn nicht vielleicht am Unglück Effis schuld seien, weil sie nicht streng genug mit ihr gewesen seien und sie zu jung in die Ehe gegeben hätten.

E: Rollo, der bei diesen Worten aufwachte, schüttelte den Kopf langsam hin und her und Briest sagte ruhig: »Ach Luise, laß ... das ist ein zu weites Feld.«[21]

A: Was meint dieses Kopfschütteln des Hundes? Das Recht der Natur gegen die Konvention? Sicherlich ist dies eine mögliche Interpretation. Denn auch Rollos Geste ist in das große Geflecht von symbolischen Bedeutungen integriert, das der Roman darstellt. Ebenso bedeutungsschwer und zugleich offen bleibt allerdings an dieser Stelle auch die Lieblingswendung des alten Briest. Wenn sie überhaupt etwas Bestimmtes meint, dann vielleicht, daß der Riß, den die gesellschaftliche Konvention in die ursprünglichen Verhältnisse der Natur gebracht hat, an der allgemeinen Aushöhlung von Handlungs- und Sprachformen zwar wahrnehmbar, nicht aber mehr aufhebbar ist.

An keiner Stelle des Romans wird vielleicht deutlicher, daß dem verläßlichen Verhalten der Kreatur das unverläßliche-facettenreiche der gesellschaftlich-konventionell sich verhaltenden Menschen in ironischer Brechung gegenübergestellt wird, als in einem kleinen Gespräch, in dem der alte Briest, lange vor der Katastrophe, zu seiner Tochter sagt:

E: »Gott vergib mir die Sünde, aber mitunter ist mirs doch, als ob die Kreatur besser wäre als der Mensch.«

D: »Aber Papa, wenn ich das Instetten erzähle ... «

E: »Nein, das tu lieber nicht, Effi ... «

D: »Rollo würde mich ja natürlich retten, aber Instetten würde mich ja auch retten. Er ist ja ein Mann von Ehre.«[22]

A: Es ist die Ironie dieser Gesellschaft, daß der Mann von Ehre hier eben nicht retten darf, sondern zerstören muß – auch wenn er es persönlich nicht will. Das spontane Verhalten der Kreatur ist

[20] ebd. S. 258.
[21] ebd. S. 295f.
[22] ebd. S. 120.

dem Menschen nicht mehr möglich. Die Konsequenz, die Fontane in der Vielfalt seiner Bild- und Symbolzusammenhänge zeigt, ist für Instetten wie Effi Resignation zum konventionellen Dasein, oder wie es in einer neueren Fontane-Interpretation heißt:
B: Das Leben selbst kann nicht mehr natürlich gelebt werden. Fontane hat in den letzten Worten, die der Erzähler über Effi sagt und von ihr sagen läßt, deutlich gemacht, daß die Befreiung nur mit absoluter Lebensabstinenz zu erkaufen ist.[23]
E: Ein Gefühl der Befreiung überkam sie. »Ruhe, Ruhe.«[24]
C: Fassen wir zum Schluß noch einmal die beiden Romane, die in dieser Kollegstunde behandelt worden sind, in den Blick, um die Gemeinsamkeiten und Unterschiedlichkeiten etwas genauer zu betrachten. Gerade der Vergleich zweier oder mehrerer ähnlich strukturierter Werke hat in der Literaturwissenschaft seit alters zur gegenseitigen Verdeutlichung und Beleuchtung erklärungsbedürftiger Texte gedient. Flaubert »Madame Bovary« und Fontanes »Effi Briest« haben solchen Vergleich immer wieder herausgefordert. Denn auf den ersten Blick kommt es einem vor, als seien beide Romane außerordentlich ähnlich gebaut, daher auch ähnliche Aussagen über sie möglich ...
A: Sicher, denn beide Romane haben ein durchaus vergleichbares Sujet – Ehebruch einer Frau, Unglück und Tod – beide werden, wie wir gehört haben, dem Realismus zugeordnet und beide lassen eine gesellschaftskritische Dimension erkennen.
C: Das ist richtig. Aber diese Merkmale reichen eben doch nicht hin, beide Romane »in den gleichen Topf« zu werfen ...
A: Das war auch gar nicht die Absicht! Denn ohne Zweifel ist Flaubert unerbittlicher, während der Erzähler Fontane immer wieder Erklärungen für die Verhaltensweisen seiner Gestalten liefert und damit beim Leser ein Gefühl von Sympathie aufkommen läßt, das sich ja sogar auf Instetten erstreckt. Und diese Erklärungen sind eben nicht nur individualpsychologischer Art, sondern gesellschaftlicher: die Verhaltensweisen der Figuren erscheinen als Konsequenz einer durch Konvention und Moralgesetze verblendeten Gesellschaftsschicht, die das Recht auf Individualität verweigert.
C: Dies ließe sich noch weiter ausführen. Aber fragen wir doch einmal präziser, textbezogener. Dann nämlich wird sich erweisen, daß die Unterschiede weitaus gewichtiger sind als die Ähnlichkeiten. Nehmen wir z. B. die Haltung des Erzählers: auf der einen Seite bei Flaubert die »impassibilité«, die erstrebte Objek-

23 Diethelm Brüggemann: ›Fontanes Allegorien‹, in: *Neue Rundschau* 82, 1971, S. 491.
24 *Effi Briest,* a.a.O., S. 294.

tivität gegenüber den Figuren, und auf der anderen Seite bei Fontane, wie man sagen könnte, eine teilnehmende Haltung gegenüber den Figuren. Flaubert, das wurde in der Sendung wohl deutlich, macht den Erzähler zum Monteur verschiedenster Redeweisen, die er so zusammensetzt, daß sie sich gegenseitig als klischeehaft, als leer denunzieren. Das frappierendste Beispiel dafür ist zweifellos die auch oben interpretierte »Comices agricoles«, die Szene der landwirtschaftlichen Ausstellung. Dagegen ist die Instanz des Erzählers bei Fontane ganz anders eingeführt. Man braucht unter diesem Gesichtspunkt nur etwa die montierte Gegenüberstellung des Goethe-Gedichtes vom »König in Thule« mit der Erzählung der Liebesgeschichte zwischen Effi und Crampas zu betrachten.

A: Es ist wahr. Diese Gegenüberstellung erweckt beim Leser ein tiefes Mitgefühl. Wie sich ja auch der Erzähler gelegentlich mit einem »arme Effi! –« zu Wort meldet. Also reicht die Bezeichnung »Sympathie, Anteilnahme« offenbar nicht aus. Es ist mehr, fast so etwas wie Mitleid.

Fontane zeigt, im Unterschied zu Flaubert, was ein Ehebruch für die beteiligten Personen bedeutet, welchen gesellschaftlichen Zwängen sie unterworfen sind, wie sich Glücksanspruch und bürgerliche Moral zueinander verhalten, während Flaubert, wie wir bemerkt haben, die Normen der kleinbürgerlichen Gesellschaft von Yonville erst durch das Verhalten seiner Einzelpersonen konstituiert, gerade dadurch aber auch ihre Erbärmlichkeit und ihre Schwächen bloßlegt und so schärfer unterstreicht.

C: Gut, aber jetzt stellt sich doch die Frage, ob in der Mitleidshaltung Fontanes, wie sie sich beim Leser herstellt, doch nicht auch ein affirmatives, ein zustimmendes Moment enthalten ist, das wir mit dem Begriff »Sentimentalität« belegen müßten. Versöhnung durch Mitleid, melancholische Tröstung – das heißt eben auch: da kann man nichts tun, das ist unabänderlich, damit muß man sich abfinden. Aber angesichts solcher sentimental passivischen Haltung drängt sich doch eine Frage auf, die hier zum Schluß nur als Problem aufgeworfen werden soll: Ist unter dem Gesichtspunkt der Darstellungsmöglichkeiten eines Romans aus der zweiten Hälfte des 19. Jahrhunderts die Unerbittlichkeit der Erzählhaltung und des Stils, dem die Figuren bei Flaubert zum Opfer fallen, nicht doch ästhetisch wirkungsvoller als die Erzählhaltung Fontanes, die immer auch Mitleid mit den Opfern fordert?

Auslegung fiktionaler Texte (III) Zur Vieldeutigkeit von Texten der literarischen Moderne

Das letzte Kapitel der Interpretationen gilt einer Reihe von Texten, die uns vor besondere Schwierigkeiten stellen. Oft genug klagen nicht nur oberflächliche Leser, daß moderne Lyrik ihnen dunkel, ja unverständlich bleibe. Ihre Bildersprache läßt keine einfache Aufschlüsselung mehr zu wie noch die Naturmetaphorik unserer klassischen Gedichte; der häufig aufgelöste Satzbau hebt logische Beziehungen zwischen den einzelnen Ausdrücken und Versen auf, und das Ausbleiben vertrauter Reimklänge macht auch noch unsicher, wie Poesie von Prosa eigentlich zu unterscheiden sei. Um zu sehen, daß auch hier historische Entwicklungen und Konflikte im Spiele sind und nicht nur die Willkür dieses oder jenes Autors, fassen wir in diesem Kapitel eine literarische Epoche von rund hundert Jahren Dauer ins Auge, deren Anfang etwa bei dem Jahr 1857 und deren Ende etwa um das Jahr 1960 angesetzt werden kann.

A: Der Anfang soll markiert sein durch Charles Baudelaires Gedichtband *Die Blumen des Bösen* (Les Fleurs du Mal), das Ende durch Hans Magnus Enzensbergers Anthologie *Museum der modernen Poesie* (das Wort ›Museum‹ ist wichtig). Man nennt diese Epoche gelegentlich ›die Moderne‹, darf dann aber keinen Anstoß daran nehmen, daß aus einem relativen Epochenbegriff, bei dem die jeweils Modernen gegen die jeweils Alten stehen, ein absoluter Epochenbegriff werden kann, bei dem die Autoren der Moderne relativ alt sein können. Der Sprachgebrauch ist hier übrigens im Fluß.
In dieser modernen Epoche, seit etwa 1857 also, wird die Literatur prinzipiell zeitgenössisch. Mochten andere Epochen ihre Gedanken der Antike, dem Mittelalter oder irgend einem anderen Idealzustand zugewandt haben, diese Epoche hat genug daran zu tun, sich mit ihren eigenen Zuständen zu beschäftigen, die sich so atemberaubend schnell verändern. Denn in dieser Zeit wirkt sich, zumal in den Städten, die zunehmende Beherrschung der Naturkräfte durch die Wissenschaften und ihre Technologien mit unwiderstehlichen Zwängen, aber auch mit ungeahnten Befreiungen auf die Lebensgewohnheiten der Bevölkerung aus und entwertet mit wachsender Beschleunigung die Erfahrungsmuster der vorhergehenden Generation. In dieser Situation übernimmt die Literatur Orientierungsaufgaben, die in früheren, beständigeren Zeiten entweder gar nicht nötig waren oder von den traditionellen

Ordnungsmächten Familie, Kirche, Obrigkeit ohne weiteres wahrgenommen wurden.

B: Wie bitte, Orientierungsaufgaben? Sollte man nicht eher sagen: Desorientierungsaufgaben? Wenn man die Literatur der letzten hundert Jahre mit der Literatur früherer Epochen vergleicht, hat man nicht selten das Gefühl, die Autoren wollten ihren Lesern auch noch die letzten Gewißheiten nehmen. Diesen Eindruck hat man ganz besonders in der Lyrik. Wenn also jemand Schwierigkeiten hat, sich in der schnellebigen Welt von heute zurechtzufinden, ist er bei der Lektüre eines modernen Gedichtes erst recht verloren.

A: Lassen Sie uns einen Augenblick überlegen. Angenommen, diejenigen hätten recht, die von der Literatur sagen, sie sei Nachahmung (Mimesis) der Wirklichkeit oder Widerspiegelung der gesellschaftlichen Verhältnisse, oder sie solle das alles doch wenigstens sein: wie kann eine überstürzt sich verändernde Welt in der Literatur anders zur Erscheinung kommen, als indem die Literatur selber entweder diese Veränderungen mit kühler Beobachtung registriert oder sie im Gleichklang mit der Epoche in ihrem eigenen Medium erzeugt! Das eine geschieht mehr im realistischen Roman, das andere mehr in der modernen Lyrik.

B: Halten Sie das für eine zureichende Erklärung?

A: Nein. Man kann allenfalls den (in Deutschland geborenen, nach Frankreich übergesiedelten) Komponisten Jacques Offenbach damit erklären, der gerade um die Zeit, als der Präfekt Haussmann die Großstadt Paris in das Abenteuer einer gigantischen Stadtsanierung stürzte, das Tempo dieser Pariser Gründerjahre ungefiltert in Musik übersetzte: Orpheus in der Unterwelt – Paris 1858:

A: Gewiß, und man möchte wissen, ob unter den applaudierenden Zuschauern dieser Opera Buffa auch die Richter und Advokaten waren, die sich zur gleichen Zeit über die soeben erschienenen *Blumen des Bösen* von Baudelaire beugten, um seine Gedichte nach strafbaren Tatbeständen abzusuchen. Gedichte, die möglicherweise Delikte sind, weil sie sich weit von allen gewohnten und erlaubten Erfahrungen entfernen: das wird von nun an noch öfter die Gerichte und die Literaturgeschichte beschäftigen. Denn für die Gesellschaft und häufig auch für ihr eigenes Bewußtsein sind diese Dichter ›verruchte Dichter‹ (poètes maudits), die ein Leben ohne Rücksicht auf die Billigung ihrer Umwelt führen und ihre Gedichte ohne Respekt vor den Normen einer etablierten Poetik schreiben wollen: Bohème und Avant-Garde zugleich.

B: Gibt es denn in der Moderne keine Poetik mehr? Sind diese Dichter Anarchisten der Literatur? Wenn das der Fall ist, erklärt sich ja recht leicht die Dunkelheit vieler moderner Gedichte, so daß man es bei der Lektüre oft mit dem heiligen Hieronymus halten muß, der bei der Bibelübersetzung, als er einmal an eine ganz und gar unverständliche Stelle kam, schließlich verzweifelt ausrief: »Wenn du nicht verstanden werden willst, will ich dich auch nicht verstehen!«

A: Wenn man so viel von Philologie versteht wie der heilige Hieronymus, darf man das ruhig einmal ausrufen. Aber zunächst einmal kann der Literaturwissenschaftler einem noch unerfahrenen Leser ohne Bedenken den Rat geben, sich auch durch das schwierigste und auf den ersten Blick ganz dunkel erscheinende Gedicht auf keinen Fall verblüffen zu lassen. Manche Texte wollen tatsächlich, wie der heilige Bibelübersetzer schon befürchtete, nicht einfach verstanden werden, wenigstens nicht in dem Sinne, wie man Informationen über einen Sachverhalt verstehen soll. Aber auch solche Texte sind beschreibbar. Äußerstenfalls kann man zugleich mit dem unverständlichen Gedicht die Unverständlichkeit des Gedichtes beschreiben.

B: Das ist ein hermeneutischer Trick. Damit kann ich mich nicht anfreunden.

A: Sie haben mindestens insofern recht, als der Literaturwissenschaftler gerade bei modernen Gedichten der Versuchung widerstehen muß, die Methode allzu schnell über den Gegenstand triumphieren zu lassen. Es ist sicherlich nicht gestattet, schon nach der ersten flüchtigen Lektüre den Verstehensversuch abzubrechen und genüßlich die gescheiterte Rezeption nachzuzeichnen. Man darf sich gerade bei schwierigen Gedichten die Interpretation nicht zu leicht machen.

B: Hören wir uns einmal ein Gedicht an. Vielleicht eines aus Frankreich. Denn Gottfried Benn hat gesagt: »Die neue Lyrik begann in Frankreich«.[1] Und da wir eben von den ›verruchten Dichtern‹ gesprochen haben, sollten wir vielleicht ein Gedicht von Rimbaud auswählen. An Rimbaud denkt man ja wohl zuerst, wenn von einem ›poète maudit‹ die Rede ist.

A: Arthur Rimbaud hat tatsächlich mehr als andere dazu beigetragen, daß wir noch heute bereit sind, in den Attributen dieser ›Verruchtheit‹ Zeichen des Genies zu sehen. Wie ein Barbar brach er im Alter von 15 Jahren in die Literatur ein, und als er im Alter von 19 Jahren ebenso abrupt das Schreiben wieder aufgab, um sich von nun an nur noch in allerhand Gelegenheitsberufen durch die Welt zu treiben, war die Poesie durch ihn verwandelt. Das Prosa-

[1] Gottfried Benn: *Probleme der Lyrik*, in: *Gesammelte Werke.* Hrsg. von Dieter Wellershoff, Bd. 4, Reden und Vorträge. Wiesbaden 1968, S. 1061.

gedicht »Barbarisch« (Barbare), etwa 1873 entstanden, ist eine charakteristische Äußerung dieses ungestümen Genies.

Z: *Barbare*
Bien après les jours et les saisons, et les êtres et
les pays,
Le pavillon en viande saignante sur la soie des mers
et des fleurs arctiques; (elles n'existent pas.)
Remis des vieilles fanfares d'héroïsme – qui nous
attaquent encore le cœur et la tête – loin des anciens
assassins –
– Oh! Le pavillon en viande saignante sur la soie
des mers et des fleurs arctiques; (elles n'existent pas.)
Douceurs!
Les brasiers, pleuvant aux rafales de givre, – Dou-
ceurs! – les feux à la pluie du vent de diamants jetée
par le cœur terrestre éternellement carbonisé pour nous.
– O monde! –
(Loin des vieilles retraites et des vieilles flammes,
qu'on entend, qu'on sent,)
Les brasiers et les écumes. La musique, virement des
gouffres et choc des glaçons aux astres.
O Douceurs, ô monde, ô musique! Et là, les formes,
les sueurs, les chevelures et les yeux, flottant. – Et les
larmes blanches, bouillantes, – ô douceurs! – et la
voix féminine arrivée au fond des volcans et des grottes
arctiques.
Le pavillon . . .

B: Ob man das Gedicht hat verstehen können?
A: Beim ersten Lesen hat das Gedicht sicher eher Verwirrung ausgelöst. Aber diese Verwirrung soll nur der Anfang, nicht auch das Ende des Verstehensprozesses sein, der im Anschluß an das Lesen über das Wiederlesen weitergehen muß. Einstweilen wollen wir die wahrscheinliche Verwirrung beim Hören des Gedichtes bewußt mit in die Rezeptions-Erfahrung aufnehmen und erklären uns damit für eine »Irritations-Ästhetik«.[2] Das besagt, daß wir bereit sind, den Text nicht nur als blanke Mitteilung über einen Sachverhalt zu nehmen, sondern darüber hinaus und manchmal im Widerspruch dazu auch als Störung unseres gewöhnlichen Umgangs mit Sachen und Sachverhalten. Wir »rebarbarisieren« uns, wenn man so will. Darum also jetzt noch

2 Vgl. Heinz Ludwig Arnold: *Innovation und Irritation als Prinzip. Über Peter Handkes Kaspar*, in: Akzente (1971), S. 310 - 318.

einmal Rimbauds Prosagedicht »Barbarisch«, diesmal in der Übersetzung von Walther Küchler:

Z: *Barbarisch*
Lange nach den Tagen und den Zeiten und den Wesen
und den Ländern,
Die Flagge von blutigem Fleisch über der Seide der
Meere und den Blumen des Nordpols; (es gibt sie nicht)
Erholt von den alten Fanfaren des Heroismus, – die
noch immer uns Kopf und Herz bestürmen, – weit weg von den
alten Mördern –
– Oh! die Flagge von blutigem Fleisch über der Seide
der Meere und den Blumen des Nordpols; (es gibt sie nicht)
Süße Lust!
Die Gluten, regnend in den eisigen Böen. – Süße Lust!
Diese Feuerbrände im Regen des Diamantenwindes, geworfen
aus dem Herzen der Erde, das ewig zu Kohle verbrannt wird
für uns. – O Welt!
(Weit weg von alten Zapfenstreichen und den alten
Flammen, die man hört, die man riecht.)
Die Gluten und die Schäume. Die Musik, Kreisen der
Abgründe und Anprall der Eisschollen gegen die Sterne.
O süße Lust, o Welt, o Musik! Und dort, die Gestalten,
die Schweißtropfen, das lange Haar und die Augen, wie das
dahintreibt. Und die weißen Tränen, siedend heiß, – o
süße Lust! – und die Stimme der Frau, eingedrungen in die
Tiefe der Vulkane und der Grotten des Nordpols.
Die Flagge …

B: In das Gedächtnis prägen sich wohl am nachhaltigsten die kraftvollen Bilder ein, die zudem im Text noch wiederholt oder variiert werden. Besonders: »Die Flagge von blutigem Fleisch über der Seide der Meere und den Blumen des Nordpols«. Ich weiß nicht, ob ich es beruhigend oder beunruhigend nennen soll, daß Rimbaud gleich zweimal hinzusetzt: »es gibt sie nicht«.
A: Es gibt sie doch, würde ich vor allem dagegen halten. Es gibt sie zunächst in der Sprache. Natürlich hat die Sprache ihren Benutzern immer schon die Möglichkeit geboten, in Metaphern zu sprechen. Aber die Metaphern der Alltagssprache halten sich doch gewöhnlich in den Grenzen bekannter und vertrauter Bildfelder, und wir sprechen etwa von der Flagge der Tyrannei, dem Meer der Verzweiflung oder den Blumen der Hoffnung. Aus diesen Bildgewohnheiten tritt Rimbaud unbekümmert heraus und zwingt in seinen kühnen Metaphern Sinnbezirke zusammen, die wir sonst

nie zusammengebracht hätten, vielleicht nicht einmal im Traum.[3] Außer den genannten sind es noch solche Metaphern wie:

Z: »die Gluten, regnend in den eisigen Böen«,
»diese Feuerbrände im Regen des Diamantenwindes«,
»die alten Flammen, die man hört, die man riecht«,
»Kreisen der Abgründe«,
»der Anprall der Eisschollen gegen die Sterne«.

A: Eine durch keine Konventionen der Rede mehr gehemmte Phantasie hat sich der Sprache bemächtigt und fordert ihr Leistungen ab, die sie alltäglich nicht erbringt.

B: Eine gewalttätige Phantasie, würde ich sagen.[4] Hat es das nicht immer schon gegeben, solche Halluzinationen und Visionen? Ich denke an die Mystiker und schließlich an die Romantiker, etwa an Novalis, der schon 1798 gefragt hat, ob ein Schriftsteller vielleicht »wohl nur Sprachbegeisterter« ist.[5] Oder an E. T. A. Hoffmann, der in seinen ›Kreisleriana‹ schon 1814 den an »Spuren des Wahnsinns« leidenden Kapellmeister Johannes Kreisler sagen läßt:

Z: Nicht sowohl im Traume, als im Zustande des Delirierens, der dem Einschlafen vorhergeht, vorzüglich wenn ich viel Musik gehört habe, finde ich eine Übereinkunft der Farben, Töne und Düfte. Es kommt mir vor, als wenn alle auf die gleiche geheimnisvolle Weise durch den Lichtstrahl erzeugt würden und dann sich zu einem wundervollen Konzerte vereinigen müßten.«[6]

B: Was ist da bei Rimbaud anders?

A: Wir wollen zunächst das Gemeinsame festhalten. Die »Übereinkunft der Farben, Töne und Düfte« bei E. T. A. Hoffmann und die »alten Flammen, die man hört, die man riecht« bei Rimbaud lassen sich beide unter einen Begriff bringen, der seit langem dafür bereit liegt. Es handelt sich, so kann man in einer formalen Beschreibung sagen, um eine Sonderform der Metapher, die man ›Synästhesie‹[7] nennt. Sie besteht darin, daß die Erfahrungen der verschiedenen Sinne in der Metapher zu einer ›Korrespondenz‹

---

3 Vgl. Harald Weinrich: *Semantik der kühnen Metapher,* in ders.: *Sprache in Texten, Stuttgart 1976, S. 295 - 316.*

4 Hugo Friedrich: *Die Struktur der modernen Lyrik. Von der Mitte des neunzehnten Jahrhunderts bis zur Mitte des zwanzigsten Jahrhunderts.* (1956), Erweiterte Neuausgabe Hamburg 1967 (rde 25/26/26a), S. 73.

5 Novalis (= Friedrich von Hardenberg): *Monolog* (1798), *Werke,* Hrsg. von G. Schulz, München o. J., S. 427.

6 E.T.A. Hoffmann: Kreisleriana Nr. 5: »Höchst zerstreute Gedanken« (1814), in: *Werke,* Bd. I, Frankfurt 1967, S. 46.

7 Vgl. Ludwig Schrader: *Sinne und Sinnesverknüpfungen. Studien und Materialien zur Bewertung der Sinne in der italienischen, spanischen und französischen Literatur.* Heidelberg 1969.

zusammengeführt werden. Ich sage deshalb ›Korrespondenz‹, weil Baudelaire, übrigens in direktem Anschluß an die ›Kreisleriana‹ von E. T. A. Hoffmann, in einem berühmten Gedicht unter dem Titel ›Correspondances‹[8] die synästhetischen Erfahrungen für die moderne Lyrik erschlossen hat. So sind sie auch zu Rimbaud gekommen, dem dieses Mittel gerade recht war, um den Taumel seiner Phantasie auszudrücken. So weit das Gemeinsame, das uns berechtigt, die moderne Lyrik als Fortsetzung der Romantik anzusehen, und zwar entweder – so versteht es der Romanist Hugo Friedrich – als eine »entromantisierte Romantik«[9] oder – so würde ich lieber sagen – als eine bis in ihre äußersten Konsequenzen vollendete Romantik.
Und nun das, was bei Rimbaud (und vor ihm schon bei Baudelaire und anderen Modernen) neu ist, wenn sie der Phantasie gestatten, mit der Metaphorik ihr freiestes und verwegenstes Spiel zu treiben. Im Unterschied zu Hoffmann nämlich, der diese sinnverwirrenden Zustände einem überspannten Musiker zuschreibt, wenn er diesem auch einige Züge seiner eigenen Persönlichkeit leiht, identifizieren sich diese modernen Lyriker in ihrer ganzen Existenz mit entgrenzenden Erfahrungen solcher Art und schreiben ihre Gedichte ohne den Vorbehalt einer außerhalb der Poesie intakt gebliebenen gesunden Vernunft. Sie sind nämlich sicher, daß ihre halluzinatorischen Bilder nicht abwegige Vorstellungen krankhafter Naturen ausdrücken, sondern mit dem Geist des modernen Zeitalters unmittelbar korrespondieren.
B: Das müßte dann aber an unserm Gedicht zu belegen sein. Ich habe den Eindruck, daß dieses Gedicht, wenn man einmal von seiner nicht-metrischen Form absieht, auch in einer anderen Epoche hätte entstehen können, etwa zur Zeit des Manierismus im 16. und 17. Jahrhundert. So lautet ja auch die These des Kulturhistorikers Gustav René Hocke, der mit den gleichen Argumenten die Modernität des Manierismus und den Manierismus der Modernität vertritt.[10]
A: Das eben ist nicht der Fall. Die Ähnlichkeit besteht, soweit sie überhaupt vorhanden ist, nur formal und oberflächlich. Achten

8 Charles Baudelaire: *Correspondances,* in: *Œuvres complètes* (Bibliothèque de la Pléiade). Paris 1961, S. 11: Comme de longs échos qui de loin se confondent
Dans une ténébreuse et profonde unité
Vaste comme la nuit et comme la clarté
Les parfums, les couleurs et les sons se répondent.

9 Hugo Friedrich: *Die Struktur der modernen Lyrik.* a. a. O., S. 58.

10 Gustav René Hocke: *Manierismus in der Literatur. Sprach-Alchimie und esoterische Kombinationskunst. Beiträge zur vergleichenden europäischen Literaturgeschichte.* Reinbek 1967 (rde 82/83).

wir in unserem Gedicht auf das Thema des Nordpols, das dreimal anklingt, jedesmal eingebunden in eine kühne Metapher. Weitere Wendungen lassen sich als verwandt anfügen, etwa

Z: »die Seide der Meere« –

A: – man darf vielleicht an den seidigen Glanz gefrorener Meere denken,

Z: »die eisigen Böen«, »der Diamantenwind«,

A: den man sich vielleicht als einen scharfen, schneidenden Wind vorstellen darf,

Z: »die Schäume« und »der Anprall der Eisschollen gegen die Sterne« –

A: wobei man zur Veranschaulichung vielleicht an das Bild ›Das Eismeer‹ von Caspar David Friedrich in der Hamburger Kunsthalle denken darf – das alles aber nicht in schöner Bildfeldharmonie, sondern metaphorisch gestört durch Wörter mit der Bedeutung des Warmen und Heißen, die in diesem Kontext ganz unverträglich sind, zum Beispiel:

Z: »die Gluten«, »diese Feuerbrände«, »zu Kohle verbrannt«, »die alten Flammen«, »siedend heiß«.

A: Wir dürfen nun bei diesem nicht nur synästhetischen, sondern auch antithetischen Metaphernwirbel nicht vergessen, daß das ganze 19. Jahrhundert, in dem unser Gedicht entstanden ist, fasziniert war von der Idee, ein Mensch werde endlich den Fuß auf den Nordpol setzen: Abschluß und Triumph von fünf Jahrhunderten der Erfindungen und Entdeckungen. Es sollte, nach den ersten Expeditionen von Cook am Ende des 18. Jahrhunderts, noch bis zum Anfang des 20. Jahrhunderts dauern, bevor Peary oder Scott (die Priorität ist umstritten) den Nordpol erreichten – von einem Flug zum Mond war damals nur in utopischen Romanen die Rede. Dieser unerhörte Elan, der im 19. Jahrhundert die Menschen zu immer neuen Anstrengungen, zu immer größeren Leistungen und immer kühneren Expeditionen antrieb, derselbe Elan ist auch diesen Gedichten innerlich, allerdings auf die Formung des Sprachmaterials gewendet, an dem nun mit der gleichen Evidenz wie in der technischen Zivilisation der Modernitätsbeweis geführt wird, daß alles in der Welt erfahrbar, erkennbar, machbar und beherrschbar ist. Modern sein heißt nun, wenn nicht Schöpfer, so doch Mitschöpfer (Demiurg) einer immer neuen Welt zu sein. In diesem Sinne – und das unterscheidet diese Dichter von ihren manieristischen Vorläufern – sind die kühnen Metaphern und andere Sprachexperimente in der modernen Lyrik vor allem Chiffren ihrer eigenen Modernität.

B: Wird da nicht die Bourgeoisie ein bißchen stark dämonisiert? Wenn ich mir statt des schwarzen Schafes Rimbaud den immer gepflegten, von Gräfinnen und Fürstinnen umhätschelten Rilke vorstelle ...! Ich habe überhaupt Schwierigkeiten, mir einen Begriff von *der* modernen Lyrik zu bilden, wenn ich zu diesem Zweck zwei so grundverschiedene Autoren wie Rimbaud und Rilke unter einen Begriff bringen muß. Das dürfte auch Hugo Friedrich empfunden haben, der sich in seinem Buch *Die Struktur der modernen Lyrik* ganz an modernen Autoren wie Rimbaud orientiert und Rainer Maria Rilke nicht einmal die Ehre zukommen läßt, ihn bei seinem schönen Namen zu nennen.

A: Da können Sie auch noch einen Schritt weiter gehen und gleich die Kritik der Innerlichkeit nennen, die zum festen Argumentations-Repertoire der Kritischen Theorie[11] gehört. Man darf sich aber die Innerlichkeit, wie sie zweifellos im europäischen, zumal deutschen Bürgertum kultiviert worden ist, nicht unbedingt als einen beruhigten und befriedigten Zustand vorstellen. Diese bewegungssüchtige Moderne ist oft (jedoch nicht immer!) auch dann von rastloser Unruhe erfüllt, wenn ihre Söhne und Töchter, scheinbar untätig, neue Wirklichkeiten im eigenen Innern suchen. Andere Autoren werden in der Novalis-Nachfolge von Expeditionen nach innen[12] sprechen und – um sie zu befördern – bisweilen auch zu Drogen greifen. Bei Rilke ist es wenigstens »die Ungeduld nach einer Wirklichkeit«.

B: Aber in demselben Rilke-Gedicht ›Übung am Klavier‹, in dem dieses Zitat steht, reimt sich auch »Etüde« auf »müde«:[13]

Z: Der Sommer summt. Der Nachmittag macht müde;
sie atmete verwirrt ihr frisches Kleid
und legte in die triftige Etüde
die Ungeduld nach einer Wirklichkeit ...

B: Chopin, der Chopin der Bürgertöchter, Hausmusik im gepflegten Intérieur, das paßt natürlich zu Rilke.

A: Es paßt auch zu Gottfried Benn, der ganz unbestreitbar alle Merkmale der Modernität erkennen läßt und der sogar durch seinen Marburger Vortrag ›Probleme der Lyrik‹ (1951) der – allerdings verspätete – Wortführer dieser Modernität für

11 Theodor W. Adorno: *Ästhetische Theorie*. Frankfurt/M. 1970, (Gesammelte Schriften, Bd. 7), S. 176.

12 Vgl. besonders von Henri Michaux die Gedichtbände *Qui je fus* (1927), *Lointain intérieur* (1938), *L'Espace du dedans* (Gedichtsammlung 1944). Vgl. H. Michaux: Dichtungen, Schriften, (bisher) 2 Bde., Frankfurt 1966/1971. Ferner: W. Weyrauch (Hrsg): *Expeditionen. Deutsche Lyrik seit 1945*. München 1959. – Ders. (Hrsg.): *Neue Expeditionen. Deutsche Lyrik von 1960 – 1975*. München 1975.

13 Rainer Maria Rilke: *Werke in drei Bänden*. Eingeleitet von B. Allemann. Frankfurt 1966, Bd. I, S. 377.

Deutschland geworden ist. Schauen wir uns sein Gedicht ›Chopin‹ aus dem Zyklus ›Statische Gedichte‹ (1948) an:

Z: Nicht sehr ergiebig im Gespräch,
Ansichten waren nicht seine Stärke,
Ansichten reden drum herum,
wenn Delacroix Theorien entwickelte,
wurde er unruhig, er seinerseits konnte
die Notturnos nicht begründen.

Schwacher Liebhaber;
Schatten in Nohant,
wo George Sands Kinder
keine erzieherischen Ratschläge
von ihm annahmen.

Brustkrank in jener Form
mit Blutungen und Narbenbildung,
die sich lange hinzieht;
stiller Tod
im Gegensatz zu einem
mit Schmerzparoxysmen
oder durch Gewehrsalven:
man rückt den Flügel (Erard) an die Tür
und Delphine Potocka
sang ihm in der letzten Stunde
ein Veilchenlied.

Nach England reiste er mit drei Flügeln:
Pleyel, Erard, Broadwood,
spielte für zwanzig Guineen abends
eine Viertelstunde
bei Rothschilds, Wellingtons, im Strafford House
und vor zahllosen Hosenbändern;
verdunkelt von Müdigkeit und Todesnähe
kehrte er heim
auf den Square d'Orléans.

Dann verbrennt er seine Skizzen
und Manuskripte,
nur keine Restbestände, Fragmente, Notizen,
diese verräterischen Einblicke –
sagte zum Schluß:
»Meine Versuche sind nach Maßgabe dessen vollendet,
was mir zu erreichen möglich war.«

Spielen sollte jeder Finger
mit der seinem Bau entsprechenden Kraft,
der vierte ist der schwächste
(nur siamesisch zum Mittelfinger).
Wenn er begann, lagen sie
auf e, fis, gis, h, c.

Wer je bestimmte Präludien
von ihm hörte,
sei es in Landhäusern oder
in einem Höhengelände
oder aus offenen Terrassentüren
beispielsweise aus einem Sanatorium,
wird es schwer vergessen.

Nie eine Oper komponiert,
keine Symphonie,
nur diese tragischen Progressionen
aus artistischer Überzeugung
und mit einer kleinen Hand.

A: Die Elemente dieses Gedichtes sind, soweit sie das Leben Frédéric Chopins betreffen, nicht Benns Erfindung. Sie stammen – mit teilweise wörtlichen Anlehnungen – aus einer Chopin-Biographie von Guy de Pourtales. Sogar daß Chopin mehrere Flügel brauchte, weil er je nach seinen Stimmungen das Instrument zu wechseln pflegte, ist, wie man sagt, historisch gesichert.[14]
B: So historisch nun doch wohl nicht. Vom Square d'Orléans zog er bis zu seinem Tod noch zweimal um, und ob die schöne Gräfin Potocka tatsächlich an seinem Totenbett eine Arie von Bellini oder von Pergolesi oder vielleicht auch überhaupt keine Arie gesungen hat, ist umstritten. Immerhin weiß man sicher, daß Chopin Veilchen geliebt hat.[15]
A: Halt, um Gottes willen, so genau will ich das gar nicht wissen. Philologie soll man nur betreiben, wo sie am Platze ist, und hier ist sie nicht am Platze.
B: Und warum nicht, bitte schön, wenn das Gedicht doch biographisches Material verwertet? Man versteht das Gedicht doch sicher besser, wenn man den verschiedenen Spuren mit philologischer Akribie nachgeht, oder? Daß dabei auch Anekdoten zu

14 Guy de Pourtalès: *Der blaue Klang. Friedrich Chopins Leben.* Deutsch von Hermann Pauler. Freiburg 1928 (Hinweis von Herrn Dr. Jost Andreas Müller/Zürich).
15 Vgl. Camille Bourniquel: *Frédéric Chopin in Selbstzeugnissen und Bilddokumenten.* Hamburg 1959 (rowohlts monographien, 25), mit weiterführender Bibliograhie.

ihrem Recht kommen müssen, ist leicht einzusehen; der Klaviervirtuose Chopin, schon in frühester Jugend als musikalisches Wunderkind gefeiert, dann als romantische Künstlernatur vergöttert: ein herrlicher Stoff für Anekdoten!

A: Dieser Eindruck täuscht. Auf das Anekdotische kommt es Gottfried Benn gerade nicht an, und ganz allgemein kann man wohl von der modernen Lyrik sagen, daß sie an der Anekdote nicht interessiert ist. Wenn also Benn etwa die drei Flügel, mit denen Chopin nach England gereist ist, bei ihren Markennamen nennt – Pleyel, Erard, Broadwood – oder seine englischen Gastgeber bei ihren glanzvollen Familiennamen, und wenn er Chopin schließlich nicht einfach nach Paris, sondern zum Square d'Orléans zurückkehren und in seiner letzten Stunde Delphine Potocka um ihn sein läßt: mit all diesen bekannten oder unbekannten, jedenfalls aber fremd klingenden Namen löst Benn auf seine Art ein künstlerisches Problem, das Problem nämlich, wie ein musikalischer Eindruck sprachlich ausgedrückt werden kann. In Benns eigenen Worten:

Z: »... zunächst muß der Autor seine musikalischen Eindrücke und kompositorischen Analysen in das Medium der Sprache übertragen und da mit Worten etwa ausdrücken, was die Musik ihrem Wesen nach eben nicht enthält.«

A: Chopins Musik ist also in diesen Versen nicht durch die immer unzureichenden termini technici einer Beschreibungssprache, sondern durch das Äquivalent suggestiver, klingender Namen anwesend. Wieviel oder wie wenig man aus anderen Quellen von Delphine Potocka weiß, ist hier gleichgültig; in Benns Gedicht vertritt dieser faszinierende polnische Name, wie auch die anderen Namen, die Klangwelt Chopinscher Musik. Die Musik als Thema dieses Gedichtes wird hier nicht beschrieben oder gepriesen, sondern evoziert, d. h. mit sprachlichen Mitteln sinnlich vergegenwärtigt. Die Wörter oder wenigstens einige Wörter haben, so drückt es Benn selber aus, einen gewissen Wallungswert, und zum Dichter ist nur derjenige geboren, der ein besonderes Sensorium (Benn sagt: »Flimmerhaare«) für bestimmte Wörter, zumal Substantive hat. In seinem Marburger Vortrag sagt Benn weiterhin:[16]

Z: »Wir werden uns damit abfinden müssen, daß Worte eine latente Existenz besitzen, die auf entsprechend Eingestellte als Zauber wirkt und sie befähigt, diesen Zauber weiterzugeben.«

B: »Zauber« sagt Benn, andere sagen »Evokation«, ist das nicht einfach Semantik, dazu vielleicht noch etwas Phonetik?

[16] Gottfried Benn: *Probleme der Lyrik*, in: *Gesammelte Werke* a. a. O., S. 1077.

A: Gewiß, wenn es nur die richtigen Wörter an der richtigen Stelle sind. Wenn die Gedichte, in Benns Sprache, »statisch« sind.
B: Gehört auch das Wort »Schmerzparoxysmen« zu diesem evokativen Vokabular? Der praktizierende Arzt Dr. Gottfried Benn liebte es ja wohl auch sonst, Ausdrücke der medizinischen Fachsprache in seine Gedichte aufzunehmen. Kann die Verwendung von Fachsprachen zu den Merkmalen der Modernität gerechnet werden?
A: Ja, mit Vorbehalt. Richtig ist zunächst, daß bestimmte Beschränkungen der poetischen Sprache, wie sie für klassizistische und epigonale Epochen charakteristisch sind, seit der expressionistischen Lyrik weitgehend aufgehoben sind. Heutzutage sind in der Lyrik alle Wörter möglich, die überhaupt in der Sprache möglich sind, und vielleicht noch einige mehr. Das gilt auch für die Vokabeln der Fachsprachen. Im Unterschied zum realistischen Roman jedoch, der sich seit dem 19. Jahrhundert ebenfalls in großem Umfang fachsprachliches Vokabular angeeignet hat, dienen die fachsprachlichen Elemente in der modernen Lyrik in der Regel nicht der Wirklichkeitstreue und Genauigkeit der Information. Sie werden vielmehr deshalb an bestimmten Stellen in die umgangssprachliche Wortfolge eingelassen, damit kein allzu glatter Textfluß entsteht. Denn Wörter, die nur einen vorübergehenden Moment in der Abfolge des Textes bilden, können ihre Bedeutungskraft nicht voll entfalten. Aber man täuschte sich da nicht; die Evokation liegt in unserem Gedicht nicht bei solchen medizinisch-fachsprachlichen Wörtern wie ›Blutungen‹, ›Narbenbildung‹, ›Schmerzparoxysmen‹, sondern bei dem zwischen diesen Fachtermini eingeschlossen liegenden, aus ganz unscheinbaren Wörtern gebildeten Vers: ›stiller Tod‹.
B: Ich habe überhaupt den Eindruck, daß es in diesem Gedicht, das den Titel ›Chopin‹ trägt, in Wirklichkeit um das Sterben geht. Chopin ist ja sehr jung, mit 39 Jahren, an der Schwindsucht gestorben, ›frühvollendet‹ wie es heißt.
A: Es geht tatsächlich um die Vollendung.
C: »Dichtung ist Vollkommenheit und Faszination«,[17]
A: sagt Benn an anderer Stelle. So ist auch dieses Gedicht als ganzes um die zwei Verse herum gebaut, in denen Chopins letzte Worte zitiert werden:
Z: »Meine Versuche sind nach Maßgabe dessen vollendet, was mir zu erreichen möglich war.«
A: Das entspricht zum Teil wörtlich einer Prosa-Stelle, wo der alternde Benn den Autoren der jüngeren Generation, seinen

17 Gottfried Benn: *Soll die Dichtung das Leben ändern?* in: *Gesammelte Werke*, a. a. O., S. 1157.

»Herren Nachfolgern«, wie er sagt, den Rat gibt:

Z: »Formulieren Sie Ihre Thesen auf das rücksichtsloseste, denn Sie sind nur nach Maßgabe Ihrer Sätze vertreten, wenn die Epoche zur Rüste geht und dem Gesang ein Ende macht.«

A: Der Text nun, in dem dieser Rat steht, ist der Vortrag ›Altern als Problem für Künstler‹, der überhaupt als ein Selbstkommentar zu diesem Gedicht von Chopin als dem nicht alt gewordenen Künstler gelesen werden kann.[18] Jedenfalls, ob früh- oder spätvollendet, es besteht für Gottfried Benn und viele Autoren der Moderne kein Zweifel, daß die Lyrik mehr als jede andere literarische Gattung unter dem sublimen, aber auch gnadenlosen Anspruch der Vollkommenheit steht. Der eine oder andere unter ihnen – in Frankreich ausdrücklich Mallarmé, in Deutschland insgeheim wohl Rilke und Celan – hat sogar den Gedanken erwogen, er könne vielleicht eines Tages das absolute, das vollkommene Buch schlechthin schreiben, das zugleich das letzte Buch wäre und das natürlich nur als ein poetisches Werk gedacht werden kann. Mallarmés *Ein Würfelwurf* (*Un Coup de dés*), Rilkes *Duineser Elegien* und Celans Spätwerk müssen vor diesem Anspruch gelesen werden.

B: Ein eigenartiger Kontrast: auf der einen Seite der unerhörte Anspruch des vollkommenen Gedichtes und vielleicht letzten Buches, und auf der anderen Seite die nervöse und hektische Abfolge der -ismen: Futurismus, Expressionismus, Dadaismus, Surrealismus, Lettrismus und was sonst noch alles ebenso schnell gekommen wie gegangen ist.

A: Schnell gekommen, ja; ob ebenso schnell gegangen, ist die Frage. Denn diese vielen -ismen sind eigentlich nur verschiedene Akzentuierungen der Modernität, deren Unterschiede wir vielleicht etwas weniger stark betonen sollten, als die Autoren es selber getan haben. Denn in der Neuzeit gelten die Gesetze des Marktes auch für die Dichter oder, wie manche sagen, für die Lyrik-Produzenten, die bei einem ständig wachsenden Reiz- und Konsumangebot immer lauter auf sich aufmerksam machen müssen oder doch wenigstens unter diesem Zwang zu stehen meinen. Es häufen sich daher in der modernen Epoche die Schul- und Sektenbildungen, die mit einem eigenen Manifest beginnen und mit dem Manifest der nächsten Gruppe enden.

B: Das Futurismus-Manifest aus dem Jahre 1909, in dem der Franko-Italiener Marinetti den Rausch der Bewegung, der mechanisch beschleunigten Bewegung zum Motor der modernen

[18] Gottfried Benn: *Altern als Problem für Künstler*, in: *Gesammelte Werke*, a. a. O., S. 1123 und 1144.

Poesie machen wollte, wirkt auf heutige Leser, die an ganz andere Geschwindigkeiten gewöhnt sind, ziemlich belustigend.

A: Das mag sein, wenn auch der Mythos der Bewegung mit dem Verschwinden des Futurismus für die moderne Literatur und Kunst nicht erledigt ist. Auch die exaltierte Sprache der Expressionisten, die sich um die gleiche Zeit im deutschen Sprachraum zusammentaten, um sich in der lauten Welt laut Gehör zu verschaffen, entspricht nicht immer dem heutigen Geschmack. Die Titel, unter denen Kurt Pinthus in seiner berühmten Anthologie *Menschheitsdämmerung* (1919) die wichtigsten expressionistischen Gedichte sammelte, sind charakteristisch für das starke und überstarke Register: ›Sturz und Schrei‹ – ›Erweckung des Herzens‹ – ›Aufruf und Empörung‹ – ›Liebe den Menschen‹. Im ersten Weltkrieg wurden beide Register, das des Futurismus ebenso wie das des Expressionismus, durch das Kriegsgetöse schnell übertönt.

B: Und nach dem Krieg ging es dann einfach weiter?

A: Schon während des Ersten Weltkrieges ging es weiter. In Zürich bildete sich 1917 eine neue poetische Gruppe, die ohne das Absurditätserlebnis des Krieges kaum vorstellbar ist. Sie nannten sich die Dadaisten, nach dem sinnlosen, nichts bedeutenden »Da-da« der Kindersprache. Die Poesie sollte nun versuchen, von den Bedeutungen der Wörter und Sätze ganz abzusehen und im Ausbruch aus der Zeichenhaftigkeit der Sprache neue, unerhörte Klangerfahrungen freizusetzen. Das waren schon *happenings*, in Szene gesetzte ästhetische Ereignisse, die schockieren sollten, lange bevor dieses Wort der Pop-Szene da war.

Von dieser äußersten Konsequenz bewegte sich der Surrealismus, der sich in den zwanziger Jahren aus dem Dadaismus entwickelte, wieder einen Schritt zurück zur Verstehbarkeit sprachlicher Zeichen. Sigmund Freud begeisterte damals die Zeitgenossen, und die Dichter versuchten nun, im Einklang mit seiner Tiefenpsychologie, das rationale Ich aus seiner beherrschenden Rolle zu vertreiben. Traumprotokolle und ungefilterte ›automatische Niederschrift‹ innerer Erfahrungen sollten nun die Authentizität der Poesie gewährleisten. Die poetische Form trat dabei in ihrer Bedeutung zurück und war nur noch Dokumentation eines passiv registrierten poetischen Zustandes. André Breton, der die Surrealisten wie ein strenger Zuchtmeister zusammenhalten wollte, mußte jedoch bald erleben, daß die begabtesten Mitglieder der Gruppe ihre eigenen, auch politisch eigenen Wege gingen. Eine Verfeinerung der Erlebnisfähigkeit und eine bisweilen spielerisch gelöste Spontaneität des lyrischen Ausdrucks ist vom Surrealismus in die ganze moderne Lyrik eingegangen – Am meisten bei denen, die sich am frühesten wieder von der Sekte der Surrealisten abwandten.

Der Zweite Weltkrieg bedeutete auch hier wieder ein Ende. Die Nachkriegszeit war sodann, vor allem in Deutschland, durch einen lange verzögerten Rezeptionsprozeß gekennzeichnet: es mußte überhaupt erst wieder die Erinnerung an die moderne Lyrik hergestellt werden. Als neue Bewegung trat dann um die Mitte der fünfziger Jahre die ›Konkrete Poesie‹ auf, die den bereits bei Benn besprochenen semantischen Charakter der Poesie zu ihrem einzigen Programmpunkt verabsolutierte. Die Wörter sollten nichts als sich selber bedeuten: das eben ist mit dem Adjektiv ›konkret gemeint‹. Helmut Heißenbüttel schreibt daher einmal:[19]

Z: »Es scheint heute etwas in Vergessenheit geraten zu sein, daß Literatur nicht aus Vorstellungen, Bildern, Empfindungen, Meinungen, Thesen, Streitobjekten, ›geistigen Gebrauchsgegenständen‹ usw. besteht, sondern aus Sprache, daß sie es mit nichts anderm als mit Sprache zu tun hat.«

A: Wir können bei der Konkreten Poesie die beiden Spielarten der Phonetischen und der Visuellen Poesie unterscheiden, je nachdem, ob die poetische Selbstdarstellung der Sprache, mehr im akustischen Medium oder mehr auf der mit typographischen Mitteln interessant gegliederten Papierseite stattfindet. Hier ein Text von Eugen Gomringer, der das Entstehen solcher Sprachgebilde wie aller Gebilde schlechthin zum Thema macht, indem er es konkret vorführt.[20]

Z: sich zusammenschließen und
sich abgrenzen

die mitte bilden und
wachsen

die mitte teilen und
in die teile wachsen

in den teilen sein und
durchsichtig werden

sich zusammenschließen und
sich abgrenzen

A: In jedem Fall besteht das Gedicht aus einer rein formalsprachlichen ›Konstellation‹ – mit diesem Ausdruck bezeichnet Gomringer im Anschluß an einen berühmten Vers von Mallarmé Texte

[19] Helmut Heißenbüttel: *Über Literatur.* Olten 1966, S. 219.
[20] Eugen Gomringer: *Worte sind Schatten.* Reinbek 1969, S. 59.

wie den vorgeführten und überhaupt die geglückte Form solcher Konkreten Poesie.[21]

B: Ich kann gut verstehen, daß jemand bei diesem Panorama der -ismen kalt bleibt. Das hört sich alles so professionell an. Man hat den Eindruck, die Autoren sind hauptsächlich mit sich selber und mit ihren Kollegen beschäftigt. Haben sie denn außer der Literatur von ihrer Umwelt nichts wahrgenommen? Die Welt hat sich doch in diesen Jahrzehnten von Grund auf verändert, und zwar nicht nur im Sinne einer stetigen Progression zu immer mehr Modernität. Ist diesen Autoren entgangen, daß sie mit ihren Gedichten nicht nur zeigen können, wie alles in der Welt erfahrbar und erkennbar, machbar und beherrschbar ist, sondern daß sie in ihnen auch zeigen müssen, wie schnell dieses alles zerstörbar ist? Wie verhält sich die moderne Lyrik also zu diesen anderen -ismen: Nationalismus, Faschismus, Imperialismus, Kolonialismus ...? Kann man nach dem 30. Januar 1933 oder – mit Adorno sei's gefragt: nach Auschwitz überhaupt noch Gedichte machen?[22]

A: Wenn wirklich irgendwann eine schlechte Zeit für Lyrik ist, so ist immer noch und vielleicht gerade dann ein Gedicht möglich wie jenes Gedicht von Bertolt Brecht, das den Titel trägt: ›Schlechte Zeit für Lyrik‹.[23] Es ist im Exil entstanden. Brecht, der neben seinen anderen Werken auch seine Lyrik als politische Literatur begriff, hatte vor der Hitler-Diktatur ins Ausland emigrieren müssen und schrieb nun von Dänemark aus weiter gegen Hitler und für den Sozialismus.

Z: *Schlechte Zeiten für Lyrik*

Ich weiß doch: nur der Glückliche
Ist beliebt. Seine Stimme
Hört man gern. Sein Gesicht ist schön.

Der verkrüppelte Baum im Hof
Zeigt auf den schlechten Boden, aber
Die Vorübergehenden schimpfen ihn einen Krüppel
Doch mit Recht.

[21] Eugen Gromringer, in: *Gesammelte Manifeste*. St. Gallen 1966, S. 30; nach Stéphane Mallarmé: Un Coup de dés, in: Œuvres complètes, hg. von H. Mondor/ G. Jean-Aubry, Paris 1945, S. 455 - 477, hier besonders S. 477.

[22] Theodor W. Adorno: *Negative Dialektik*, Frankfurt 1966, ²1970, Teil III, 1, S. 352 ff.

[23] Bertolt Brecht: *Gesammelte Werke,* Bd. 9, Frankfurt/M. 1967, S. 743.

Die grünen Boote und die lustigen Segel des Sundes
Sehe ich nicht. Von allem
Sehe ich nur der Fischer rissiges Garnnetz...
Warum rede ich nur davon
Daß die vierzigjährige Häuslerin gekrümmt geht?
Die Brüste der Mädchen
Sind warm wie ehedem.

In meinem Lied ein Reim
Käme mir fast vor wie Übermut.

In mir streiten sich
Die Begeisterung über den blühenden Apfelbaum
Und das Entsetzen über die Reden des Anstreichers.
Aber nur das zweite
Drängt mich zum Schreibtisch.

B: Daß dieses Gedicht gegen Hitler geschrieben ist, kann man schnell verstehen; Hitler wird ja, wenn auch umschrieben, als der ›Anstreicher‹ direkt genannt. Aber für den Sozialismus? Davon ist doch gar nicht die Rede.

A: Indirekt wohl. Man muß auf die zweite Strophe achten:

Z: Der verkrüppelte Baum im Hof
Zeigt auf den schlechten Boden...

B: Brecht spricht über Bäume? Mir fällt da jenes bekannte, vielzitierte Gedicht ›An die Nachgeborenen‹[24] ein, wo Brecht sagt:

Z: Was sind das für Zeiten, wo
ein Gespräch über Bäume fast ein Verbrechen ist.
Weil es ein Schweigen über so viele Untaten einschließt!

A: Es kommt offenbar darauf an, wie man über Bäume spricht. Brecht sagt ja nicht, daß er »die Begeisterung über den blühenden Apfelbaum« nicht empfindet oder sie verdrängt. Er läßt sie nur nicht als poetisches Thema zu. In den finsteren Zeiten, in denen diese Gedichte entstanden sind, kann die Lyrik, wenn ich es einmal mit einem in Adornos Ästhetik vielverwendeten Ausdruck sagen darf, nicht affirmativ[25] sein. Der blühende Apfelbaum, der an Volksliedseligkeit erinnern würde, wäre affirmativ. Eine kritische, und zwar gesellschaftskritische Ästhetik, die man auch Negativitäts-Ästhetik[26] nennen kann, läßt dergleichen Beschönigungen der Wirklichkeit nicht zu. Wenn überhaupt Bäume, dann

24 Bertolt Brecht: *Gesammelte Werke*, Bd. 9, a. a. O. S. 723.
25 Theodor W. Adorno: *Ästhetische Theorie*, a. a. O. S. 239 f.
26 Vgl. die Beiträge bei Harald Weinrich (Hrsg.): *Positionen der Negativität* (Poetik und Hermeneutik 6). München 1975.

ist allenfalls »der verkrüppelte Baum im Hof« wirklich poetisch, weil er nämlich Zeichen für »schlechten Boden« ist und insofern das Verstehen des Hörers oder Lesers von den sinnfällig erscheinenden Gegenständen ablenkt auf die dem ersten Sinneseindruck verborgenen, nämlich gesellschaftlichen Bedingungen.

B: Wenn der schlechte Boden dafür verantwortlich ist, daß der Baum verkrüppelt ist, dürften die Vorübergehenden ihn nicht einen Krüppel schimpfen. Wieso sagt Brecht: »Doch mit Recht«?

A: In dieser kurzen Zeile haben Sie den ganzen Brecht. Das Gedicht scheint auf den ersten Blick völlig eindeutig zu sein, klar verständlich und mit offen zutageliegender Parteilichkeit. Aber über diese vieldeutige Zeile in der zweiten Strophe muß der Leser, wenn er das Gedicht aufmerksam liest, stolpern und an Brecht irre werden. So ist der Lesevorgang von dem immer listigen Brecht gewollt. Der Leser soll nämlich daran gehindert werden, dieses Gedicht in erbaulicher Rezeptionshaltung aufzunehmen. Er soll hier nichts bedauern und gefühlvoll beklagen. Er soll überhaupt – so hält es Brecht einmal seinen Zuschauern auf einem Bühnentransparent vor Augen – nicht so romantisch glotzen.[27] Er soll handeln. Denn was in der Welt nur verkrüppelt heranwächst, weil der Boden schlecht ist, das wächst zu Recht verkrüppelt heran, wenn keiner etwas dafür tut, daß der Boden gut wird. Die Bodenverhältnisse müssen folglich verändert werden. Hier enthält das Gedicht ein politisches Programm, dessen Konsequenzen bekannt sind. Wer die vieldeutige Verszeile in diesem Sinne verstanden hat, der hat das ganze Gedicht eindeutig verstanden.

B: Ist dieses Gedicht nicht gleichzeitig ein Gedicht vom Glück? Darf man bemerken, daß dieses Gedicht die freundlichen und glücklichen Empfindungen, indem es sie weit von sich weist, dennoch nennt? In der alten Rhetorik wurde diese Kunst sogar schulmäßig gelehrt.[28]

A: Auch das ist eine poetische List von Bertolt Brecht. Es gehört zur Technik der Verfremdung. Brecht hat diesen Begriff der Verfremdung aus der Ästhetik des russischen Formalismus übernommen, einer poetologischen Schule, die sich in Rußland gegen Ende des Ersten Weltkrieges bildete. Bei Šklovskij besagt Verfremdung vor allem, daß die Gegenstände aus ihrem Kontext herausgenommen werden. Dadurch erscheinen sie fremd und unvertraut. Jurij Striedter schreibt von diesem poetischen Verfah-

[27] Bertolt Brecht: *Glosse für die Bühne zur Komödie Trommeln in der Nacht, Gesammelte Werke,* Bd. I. Frankfurt 1967, S. 70. Vgl. auch: Helmut Jendreiek: *Bertolt Brecht.* Düsseldorf 1969, S. 79.

[28] Heinrich Lausberg: *Handbuch der literarischen Rhetorik. Eine Grundlegung der Literaturwissenschaft.* 2 Bde., München 1960, zur praeteritio, §§ 882-886.

ren der Verfremdung, das Brecht bei der Theaterarbeit manchmal auch etwas salopp den V-Effekt nennt:

Z: »Verfremdung soll dazu dienen, die durch Tradition und das heißt Gewöhnung in ihrer Rezeption automatisierten Bilder und Sichtweisen zu durchbrechen, um dadurch nicht nur ein intensiveres, sondern auch ein sachgemäßeres Sehen der Phänomene zu ermöglichen.«[29]

B: Durch Verfremdung die Umwelt sachgemäßer sehen! Liegt da nicht ein Widerspruch auf der Hand? Und wie steht es eigentlich mit der selbstbewußten, unternehmerischen Schöpfermacht und -allmacht, von der schon bei Rimbaud und noch bei Gottfried Benn die Rede war?

A: Beides ist nicht so weit voneinander entfernt, wie es auf den ersten Blick scheint. Die Befreiung der poetischen Texte von ihrer Verpflichtung, außersprachliche Phänomene nachzubilden, hat in der Verfremdungs-Theorie Šklovskijs und ihrer Weiterverwertung bei Brecht nur ihre poetologische Verfestigung gefunden, allerdings auch einen neuen Zweck. Die Eigenwilligkeit der poetischen Aussage dient nicht mehr nur der Selbstbestätigung produktiver Unabhängigkeit, sie dient dazu, auch das, was alle um sich sehen, neu zu sehen und damit neu erkennen und zum Wohle der menschlichen Gesellschaft handhaben zu können. So wird mit einem neuen praktischen Zweck ausgestattet, was in den früheren Stadien der Moderne zunächst vor allem als Entbindung von konventionellen Zwecken erscheint. Das Ganze ist eine historische Entwicklung, wie sie seit der Epoche der europäischen Romantik, seitdem also die volle Entbindung der Einbildungskraft ein poetisches Gebot wurde, immer wieder mehr oder weniger heftig, vor sich geht: Die autonome, nur auf sich selbst noch hörende Poesie soll aus ihrer selbst verantworteten Einsamkeit zurückgeholt werden und auf neue Weise gesellschaftsdienlich sein. Brechts Lyrik kann uns für solche Versuche in der ersten Hälfte des 20. Jahrhunderts als Beispiel dienen.

B: Zum Abschluß sollten wir uns noch kurz überlegen, wie es eigentlich dazu gekommen sein mag, daß die moderne Poesie die Mehrdeutigkeit, die in einem gewissen Maße allen poetischen Texten eingegeben ist, noch einmal forciert, ja fast zu einem Vieldeutigkeitsgebot verfestigt hat. Ist Vieldeutigkeit möglicher-

[29] Diskussionsbeitrag von J. Striedter zu Cl. Heselhaus: Brechts Verfremdung der Lyrik, in: W. Iser (Hrsg.): *Immanente Ästhetik – Ästhetische Reflexion. Lyrik als Paradigma der Moderne.* München 1966 (Poetik und Hermeneutik 2), S. 307-326, 518-523, hier S. 521. – Vgl. auch: *Texte der russischen Formalisten,* Bd. I, Hrsg. von J. Striedter, Bd. II, Hrsg. von W.-D. Stempel/I. Paulmann, München 1969/1972 (Theorie und Geschichte der Literatur und der schönen Künste, 6).

weise schlechthin poetischer als einfacher Doppelsinn (wie in der alten Metaphorik und Allegorik) oder gar als Eindeutigkeit?
A: Diese Überzeugung findet man bei nicht wenigen Literaturwissenschaftlern dieses Jahrhunderts, angefangen bei Roman Ingarden[30], der in den ›Unbestimmtheitsstellen‹ eines poetischen Textes ebensoviele Chancen des Lesers sieht, den uneindeutigen Wortlaut nach seinen höchst persönlichen Gewichtungen eindeutig zu machen: eine schöpferische oder wenigstens mitschöpferische Tätigkeit. Was die Manieristen früherer Jahrhunderte mit ihren ausgesuchten Wortspielen oder dem ›geblümten Stil‹ nur für wenige Kenner zugänglich machten, bieten heute die Autoren ihrem Publikum schlechthin als Rätselspiel zur Lösung oder aber als freies Spiel zur Aktivierung eigener Vorstellungskräfte an. Womöglich kann man hier sogar eine sozialgeschichtliche Entwicklung konstatieren und in den zugleich wachsenden und sich ausbreitenden Forderungen an die Leser wachsende Leistungsansprüche, in diesem Fall Leseleistungsansprüche der Autoren an ihr Publikum erkennen. Ebenso ist aber die These möglich, daß viele Autoren gar nicht mehr um ihre gesellschaftliche Wirkung besorgt sind und sich stattdessen – der eine mehr, der andere weniger – in einen ›elfenbeinernen Turm‹ zurückziehen und es noch mit Genugtuung betrachten, wenn sie einem größeren Publikum unverständlich bleiben. Doch muß man, ehe man solche Schlüsse zieht, mindestens auch die Parallelentwicklung der bildenden Künste bedenken, die sich ebenfalls um die Mitte des 19. Jahrhunderts durch die neuartige, verblüffende Eindeutigkeit der Photographie stärker als je zuvor darüber belehrt sahen, daß eine technisch herstellbare Eindeutigkeit in der ›Nachahmung‹ der Umwelt ein lohnendes Ziel künstlerischer Darstellung nicht mehr sein kann. Der Gedanke ist also nicht auszuschließen, daß auch die Dichtung durch die im 19. Jahrhundert zur Großmacht anwachsende Wissenschaft mit ihrer nicht mehr überbietbaren Rationalität ebenso zur Auswanderung in ein Land unbestimmbarer Vieldeutigkeit getrieben worden ist wie die bildenden Künste durch die Photographie. Die Frage bleibt, ob dies eine Auswanderung auf Zeit oder auf Dauer ist.
B: Jetzt haben Sie aber selber Ihre Frage nicht eindeutig beantwortet. Das müßten Sie aber, als Wissenschaftler.
A: Nun ja, zugestanden. Doch ist es manchmal auch korrekt, globale Antworten nicht genauer geben zu wollen, als die Sachlage zuläßt. Eine weitere Prüfung dieser Sachlage ist jedenfalls nicht

30 Wolfgang Iser: *Der Akt des Lesens. Theorie ästhetischer Wirkung.* München 1976 (UTB 636).

möglich ohne eine genauere Betrachtung der historischen Bedingungen, unter denen sich die Literatur im letzten Jahrhundert und in früheren Epochen entfaltet hat.

Wieder werden wir, am Ende einer mehrstündigen Reihe ausgiebiger Textinterpretationen, darauf hingewiesen, daß wir noch mehr von der Geschichte wissen müssen, um im Einzelfall die Entstehung wie auch die Wirkung literarischer Texte gründlich beurteilen zu können. Dabei haben uns schon die Auskünfte über den Umgang mit der Bibel und mit Gesetzestexten darauf aufmerksam gemacht, daß in ihrer Auslegung, wie in den Texten selbst, historische Erfahrungen und Interessen zu Wort kommen. Am wenigsten konnte nach der vergleichenden Interpretation von zwei Gesellschaftsromanen des 19. Jahrhunderts noch ein Zweifel zurückbleiben, daß historische Realität in ihnen, kunstreich aufbereitet, zur Geltung kommt und daß der Leser gleichwohl in vergangenen Geschichten auch gegenwärtige und andauernde menschliche Konflikte gespiegelt finden kann. Diesen doppelten Wunsch, zugleich Vergangenheit aufzuarbeiten und dabei womöglich schockierend neu zu sein, treffen wir in der Epoche, die den freien Schriftsteller hervorgebracht hat, also in den letzten beiden Jahrhunderten regelhaft, als eine förmliche historische Nötigung an, und wir sehen, daß diese Nötigung ihre Spuren auch den modernen Schreibarten der Literatur tief eingeprägt hat. Auch die Forcierung der Vieldeutigkeit oder Schwerdeutbarkeit, die uns im Umgang mit moderner Lyrik so zu schaffen macht, gehört zu den Äußerungsformen, die sich einem Autor nahelegen, wenn er nunmehr einem anonymen Publikum gegenübertritt. Zugleich wird die Lyrik dieses Zeitraums introvertierter als je zuvor, und dagegen wieder finden die harten Kehrtwendungen statt, von denen Brechts Lyrik uns Beispiele gibt.
In dieser gleichen Zeit entwickelt sich jedoch auch ein bürgerliches Kulturbewußtsein, das literarische Bildung zum Kern der Bildung überhaupt erhebt. Allerdings hält sich dieser literarische Bildungsehrgeiz häufig mehr an die Verehrung der Toten, als an den vertrauten Umgang mit lebenden Dichtern. Im Zusammenhang damit bringt auch der Name und der Nimbus des Dichters Berg- und Talfahrten von der Verehrung als Halbgott bis zur Verachtung als »Pinscher« hinter sich. So werden wir uns von der nächsten Woche an mit der Geschichte der literarischen Bildung und mit den Lebens- und Arbeitsverhältnissen der Schriftsteller beschäftigen, aber auch mit den Erwartungen, die die Öffentlichkeit zu verschiedenen Zeiten an sie stellte. Der Vergleich mit nah und mit fern zurückliegenden Epochen wird dabei hilfreich sein, das Bewußtsein vom Zusammenhang zwischen dem literarischen Leben und den allgemeinen Lebensumständen einer Epoche wachzuhalten.

Literaturhinweise

1 u. 2 Lesen und Schreiben als alltägliche Erfahrung

Ernst Bloch: *Tübinger Einleitung in die Philosophie I und II.* Frankfurt 1963 f. (edition suhrkamp 11 und 58)
ders.: *Literarische Aufsätze.* Frankfurt 1965.
Walter Benjamin: *Das Kunstwerk im Zeitalter seiner technischen Reproduzierbarkeit.* Frankfurt 1963. (edition suhrkamp 28)
Bertolt Brecht: ›Der Dreigroschenprozeß‹. In: B. Brecht. *Schriften zur Literatur und Kunst* (1). Frankfurt 1967.
Martin Walser: *Erfahrungen und Leseerfahrungen.* Frankfurt 1965. (edition suhrkamp 109)
Arnold Hauser: *Sozialgeschichte der Kunst und Literatur.* München 1972
Jürgen Habermas: *Strukturwandel der Öffentlichkeit.* Neuwied 1962. (Sammlung Luchterhand 25)
Oskar Negt/Alexander Kluge: *Öffentlichkeit und Erfahrung.* Zur Organisationsanalyse von bürgerlicher und proletarischer Öffentlichkeit. Frankfurt 1972. (edition suhrkamp 639)
Karla Fohrbeck/Andreas J. Wiesand: *Der Autorenreport.* Reinbek 1972. (das neue buch 11)
Manfred Bosch/Klaus Konjetzky: *Für wen schreibt der eigentlich?* München 1973. (Serie Piper 55)

3 ›Sprechen‹ und ›Hören‹, ›Lesen‹ und ›Schreiben‹ als Formen der literarischen Kommunikation

Kommunikation, 11 Wissenschaftler berichten über technische, physiologische, psychologische, politische, soziologische und linguistische Aspekte. Vorwort von Karl Steinbuch. Frankfurt 1973
Kommunikation, Bd. 3 Forschung und Information. (Hrsg. von O. W. Haseloff). Berlin 1969
Rolf Grimminger: ›Abriß einer Theorie der literarischen Kommunikation‹. In: *Linguistik und Didaktik 12* (1972), S. 277–293; 13 (1973), S. 1–15.
Rolf Engelsing: *Analphabetentum und Lektüre.* Zur Sozialgeschichte des Lesens in Deutschland zwischen feudaler und industrieller Gesellschaft. Stuttgart 1973.
Hermann Bausinger: *Formen der ›Volkspoesie‹.* Berlin 1968. (Grundlagen der Germanistik, Bd. 6).
Peter Rühmkorf: *Über das Volksvermögen.* Exkurse in den literarischen Untergrund. Reinbek 1969. (rororo 1180).

Helmut Brackert: *Bauernkriege und Literatur*. Frankfurt 1975. (edition suhrkamp 782).
Leander Petzoldt: *Bänkelsang. Vom historischen Bänkelsang zum literarischen Chanson*. Stuttgart 1974. (Sammlung Metzler 130).
Karl Riha: *Moritat, Bänkelsang, Protestballade*. Zur Geschichte des engagierten Liedes in Deutschland. Frankfurt 1975.
Wilfried Berghahn: ›In der Fremde‹. In: *Trivialliteratur* (Hrsg. von G. Schmidt-Henkel u. a.). Berlin 1964.

4 »Direkte« und »indirekte« Formen der literarischen Kommunikation

a) Das Medium Buch. Zur funktionalen Bedeutung von Verlag, Buchhandel und Kritik in der literarischen Kommunikation

Helmut Schanze: *Medienkunde für Literaturwissenschaftler. Einführung und Bibliographie*. München 1974. (UTB, Bd. 302).
A. C. Baumgärtner (Hrsg.): *Lesen – Ein Handbuch*. Lesestoff, Lesen und Leseverhalten, Lesewirkungen, Leseerziehung, Lesekultur. Hamburg 1973.
M. Naumann u. a.: *Gesellschaft, Literatur, Lesen*. Literaturrezeption in theoretischer Sicht. Berlin/Weimar [2]1975.
P. A. Bloch (Hrsg.): *Gegenwartsliteratur*. Mittel und Bedingungen ihrer Produktion. Eine Dokumentation. Über die literarisch-technischen und verlegerisch-ökonomischen Voraussetzungen schriftstellerischer Arbeit. Vorlesungszyklus von O. F. Walter an der Universität Basel. Umfrage unter Autoren und Verlegern aus dem ganzen deutschen Sprachgebiet. Bern/München 1975.
H. Widmann (Hrsg.): *Der deutsche Buchhandel in Urkunden und Quellen*. 2 Bde. Hamburg 1975.

b) Kommunikative Aspekte von Drama und Theater

Antonin Artaud: *Das Theater und sein Double*. Deutsch von Gerd Henniger. Frankfurt 1969.
Margot Berthold: *Weltgeschichte des Theaters*. Stuttgart 1968.
Reinhold Grimm: *Bertolt Brecht*. Stuttgart [3]1971. (Sammlung Metzler)
Jens Heilmeyer, Pea Fröhlich: *now. Theater der Erfahrung*. Material zur neuen amerikanischen Theaterbewegung. Köln 1971.
Marianne Kesting: *Panorama des zeitgenössischen Theaters*. München [2]1969.
Franz Norbert Mennemeier: *Das moderne Drama des Auslandes*. Düsseldorf [3]1976.
Cesare Molinari: *Theater*. Freiburg 1975.
Horst Oppel (Hrsg.): *Das englische Drama der Gegenwart*. Interpretationen. Berlin 1976.
Ina Schabert (Hrsg.): *Shakespeare Handbuch*. Stuttgart 1971.

5 Die literarische Kommunikation und die anderen Medien

Helmut Schanze: *Medienkunde für Literaturwissenschaftler. Einführung und Bibliographie.* München 1974. (UTB, Bd. 302)

Friedrich Knilli/Knut Hickethier/Wolf-Dieter Lützen (Hrsg.): *Literatur in den Massenmedien, Demontage von Dichtung?* München 1976. (Reihe Hanser, Bd. 221)

Klaus Schöning (Hrsg.): *Neues Hörspiel, Essays, Analysen, Gespräche.* Frankfurt 1970. (edition suhrkamp, Bd. 476)

Peter von Rüden (Hrsg.): *Das Fernsehspiel.* München 1975. (Reihe Kritische Information, Bd. 22)

Friedrich Knilli: *Das Hörspiel.* Stuttgart 1961. (urban taschenbücher, Bd. 58)

Tony Kellen: *Aus der Geschichte des Feuilletons.* (Sonderabdruck aus der Essener Volks-Zeitung) Essen/Ruhr 1909.

Hans Bender: ›Ortsbestimmung der Kurzgeschichte‹. In: *Akzente 9* (1962), S. 205–225.

6 ›Die Einheit des Textes‹

J. L. Austin: *How to Do Things with Words.* Cambridge, Mass. Zuerst 1962, dt. Ausgabe: *Zur Theorie der Sprechakte.* Übers. v. E. v. Savigny. Stuttgart 1972. (Reclams Universalbibliothek)

E. Gülich und W. Raible (Hrsg.): *Textsorten.* Differenzierungskriterien aus linguistischer Sicht. Frankfurt 1972. Darin bes. W. D. Stempel, ›Gibt es Textsorten?‹, S. 175–179.

W. Kallmeyer/W. Klein/R. Meyer-Herrmann/K. Netzer/H. J. Siebert (Hrsg.): *Lektürekolleg zur Textlinguistik.* 2 Bde. Frankfurt 1974 (Fischer Athenäum Taschenbücher). Darin bes. I. Bellert, ›Über eine Bedingung für die Kohärenz von Texten‹ (On a Condition for the Coherence of Texts), Bd. 2, S. 212–245.

J. R. Searle: *Speech Acts.* An Essay in the Philosophy of Language. Cambridge 1969. Dt. Übersetzung v. R. Wiggershaus, Frankfurt 1971.

S. J. Schmidt (Hrsg.): *Pragmatik* (I). München 1974. Darin bes. J. R. Searle, ›Was ist ein Sprechakt?‹ (What is a Speech Act?), S. 84 - 102.

S. J. Schmidt: *Texttheorie.* München 1973. (UTB)

K. Stierle: *Text als Handlung.* München 1974. (UTB)

Ph. Wegener: *Grundfragen des Sprachlebens.* Leipzig 1885.

7 Fiktion und Nichtfiktion

Wolfgang Iser: *Der Akt des Lesens.* München 1976.

Wolfgang Iser: ›Die Wirklichkeit der Fiktion‹. In: Rainer Warning (Hrsg.): *Rezeptionsästhetik – ein Reader zur Einführung.* München 1975, S. 277 – 324.

Gottfried Gabriel: *Fiktion und Wahrheit – eine semantische Theorie der Literatur*. Stuttgart 1976.
Jürgen Landwehr: *Text und Fiktion – zu einigen literaturwissenschaftlichen und kommunikationstheoretischen Grundbegriffen*. München 1975.
Elisabeth Plessen: *Fakten und Erfindungen – Zeitgenössische Epik im Grenzgebiet von fiction und nonfiction*. München 1971.
Siegfried J. Schmitt: ›Ist »Fiktionalität« eine linguistische oder eine texttheoretische Kategorie‹. In: Elisabeth Gülich/Wolfgang Raible (Hrsg.): *Textsorten*. Frankfurt 1972, S. 59–71.
Siegfried J. Schmitt: ›Textrezeption, Textinterpretation, Fiktionalität‹. In: ders.: *Literaturwissenschaft als argumentierende Wissenschaft*. München 1975, S. 136–190.
John R. Searle: ›The logical status of fictional discourse‹. In: *New literary history 6* (1974/75), S. 319–322.
Sprache im technischen Zeitalter 31 (1969) Diskussion ›Fiction/Non-Fiction‹ S. 219 - 231.
Karlheinz Stierle: ›Der Gebrauch der Negation in fiktionalen Texten‹. In: Harald Weinrich (Hrsg.): *Positionen der Negativität, Poetik und Hermeneutik VI*. München 1975. S. 235–262.
Karlheinz Stierle: ›Was heißt Rezeption bei fiktionalen Texten?‹ In: *Poetik 7* (1975), S. 345–387.
Harald Weinrich (Hrsg.): ›Fiktion und Nichtfiktion‹. Diskussionsbeiträge aus: *Positionen der Negativität, Poetik und Hermeneutik VI*. München 1975. S. 519–540.

8 Die Struktur narrativer Texte

a) Zu Hebel

W. Benjamin: ›Johann Peter Hebel. Zu seinem 100. Todestag‹. In: W. Benjamin, *Schriften, Bd. 2*, Frankfurt 1955, S. 279–283.
U. Däster: *Johann Peter Hebel. Studien zu seinen Kalendergeschichten*. Aarau 1968.
L. Wittmann: *Johann Peter Hebels Spiegel der Welt*. Interpretationen zu 53 Kalendergeschichten. Frankfurt 1969.
W. Zentner: *Johann Peter Hebel*. Karlsruhe 1965.

b) Zur Struktur narrativer Texte

R. Barthes: ›Introduction à l'analyse structurale des récits‹ (Einleitung in die strukturale Analyse der Erzählung). In: *Communication 8* (1966), S. 1–27.
A. C. Danto: *Analytische Philosophie der Geschichte* (Analytical Philosophy of History, 1965). Übers. v. J. Behrens. Frankfurt 1974.
D. Janik: *Die Kommunikationsstruktur des Erzählwerks*. Bebenhausen 1973.

A. Jolles: *Einfache Formen*. Darmstadt ²1958.
A. J. Greimas: ›Eléments d'une grammaire narrative‹ (Elemente einer narrativen Grammatik). In: ders.: *Du sens* (Vom Sinn). Paris 1970.
E. Lämmert: *Bauformen des Erzählens*. Stuttgart ²1967.
C. Lévi-Strauss: ›Die Struktur der Mythen‹. In: ders.: *Strukturale Anthropologie* (Anthropologie structurale, 1958). Übers. v. H. Naumann. Frankfurt 1969.
V. Propp: *Morphologie des Märchens* (1928). Aus d. Russ. übers. v. Ch. Wendt, hrsg. v. K. Eimermacher. München 1972.
K. Stierle: ›Geschehen, Geschichte, Text der Geschichte‹ (auch abgedr. in: Reader Literatur I). In: ders.: *Text als Handlung*. München 1975. (UTB)
T. Todorov: ›Les catégories du récit litteraire‹ (Die Kategorien der literarischen Erzählung). In: *Communications 8* (1966), S. 125–151.

9 Das lyrische Gedicht als Paradigma des überstrukturierten Textes

Die im vorliegenden Text exemplarisch und propädeutisch (einführend) benutzten Gedichte und Analyseverfahren wurden vom Vf. andernorts mit genauerer, auch historischer Begründung und in einem weiteren theoretischen Rahmen behandelt:

J. L: *Die Struktur des literarischen Symbols*. Theoretische Beiträge am Beispiel der späten Lyrik Brechts. München 1975.
J. L: *Literaturwissenschaftliche Grundbegriffe*. Eine programmierte Einführung auf strukturalistischer Basis. München 1974.
An weiterer Literatur sei (neben den entsprechenden Lektionen des vorliegenden Funkkollegs) genannt:
Roman Jakobson: ›Der Doppelcharakter der Sprache. Die Polarität zwischen Metaphorik und Metonymik‹. In: *Literaturwissenschaft und Linguistik*, hrsg. v. Jens Ihwe, Bd. 1. Frankfurt 1971, S. 323 ff.
ders.: *Poesie und Sprachstruktur*. Zürich 1970.
Emil Staiger: *Grundbegriffe der Poetik*. 8. Aufl. Zürich 1968.
Walther Killy: *Wandlungen des lyrischen Bildes*. 4. Aufl. Göttingen 1956.
Rolf Kloepfer/Ursula Oomen: *Sprachliche Konstituentien moderner Dichtung*. Bad Homburg 1970.
Jurij M. Lotman: *Die Struktur literarischer Texte*. Dt. München 1972.

10 Auslegung nichtfiktionaler Texte

a) Auslegung der Bibel

1. Zur Entstehung des biblischen Kanons

Artur Weiser: *Einleitung in das Alte Testament*. Göttingen ⁵1963.
Gerhard von Rad: *Theologie des Alten Testaments*. 2 Bde. München 1965.

Paul Feine/Johannes Behm/Werner Kümmel: *Einleitung in das Neue Testament.* Heidelberg [13]1964.
Martin Dibelius: *Die Formgeschichte des Evangeliums.* Tübingen [4]1961.
Rudolf Bultmann: *Die Geschichte der synoptischen Tradition.* Göttingen [5]1961.
Rudolf Bultmann: *Theologie des Neuen Testaments.* Tübingen [4]1961.

2. Zur Auslegungsgeschichte und theologischen Hermeneutik
Karl Barth: *Kirchliche Dogmatik.* Bd. I, 2. Halbbd. ›Die Lehre vom Wort Gottes‹. Zollikon-Zürich [5]1960. S. 509–523.
Rudolf Bultmann: ›Das Problem der Hermeneutik‹. In: R. B.: *Glauben und Verstehen.* Bd. 2. Tübingen [3]1961. S. 211–236.
Rudolf Bultmann: ›Ist voraussetzungslose Exegese möglich?‹ In: R. B.: *Glauben und Verstehen.* Bd. 3. Tübingen 1960. S. 142–150.
Gerhard Ebeling: Artikel ›Hermeneutik‹. In: *Religion in Geschichte und Gegenwart.* 3. Aufl. Bd. III. Tübingen 1959. Sp. 242–262 (mit sehr ausführlichem Literaturverzeichnis)
Gerhard Ebeling: ›Wort Gottes und Hermeneutik‹. In: G. E.: *Wort und Glaube.* Tübingen 1960. S. 509–523.
Ernst Fuchs: *Hermeneutik.* Tübingen [3]1959.
Oswald Loretz/Walter Strolz (Hrsg.): *Die hermeneutische Frage in der Theologie.* Freiburg 1968.
J. M. Robinson/J. B. Cobb (Hrsg.): *Die neue Hermeneutik.* Zürich/Stuttgart 1965 (Neuland in der Theologie Bd. 2)

3. Zur allgemeinen Hermeneutik
Karl-Otto Apel u. a.: *Hermeneutik und Ideologiekritik.* Frankfurt 1971. (Theorie-Diskussion)
Hans-Georg Gadamer: *Wahrheit und Methode.* Tübingen 1960.
Hans Jörg Sandkühler: *Praxis und Geschichtsbewußtsein.* Frankfurt 1973. (mit Literaturzusammenstellung über Hermeneutik, S. 438ff)

b) Auslegung von Gesetzestexten
Emilio Betti: *Allgemeine Auslegungslehre als Methodik der Geisteswissenschaften.* Tübingen 1967.
Helmut Coing: ›Die juristischen Auslegungsmethoden und die Lehren der allgemeinen Hermeneutik‹. In: *Arbeitsgemeinschaft für Forschung des Landes NRW,* Geisteswissenschaften, Bd. 14 (1959), S. 5–25.
Heinz Wagner: ›Interpretationen in Literatur- und Rechtswissenschaft‹. In: *Archiv für die civilistische Praxis 165* (=NF 45) (1965), S. 520–558.
Karl Larenz: *Methodenlehre der Rechtswissenschaft.* Berlin 1960.
Friedrich Müller: *Juristische Methodik.* Berlin 1971.
Karl Claus: ›Semantik im Dienste des Rechts‹. In: *Archiv für Rechts- und Sozialphilosophie 49* (1963), S. 375ff.
Ernst Forsthoff: *Recht und Sprache. Prolegomena zu einer richterlichen Hermeneutik.* Darmstadt (Wissenschaftliche Buchgesellschaft) 1964. Reihe Libelli 147 (erstveröffentlicht Halle 1940).

Dietrich Jesch: ›Unbestimmter Rechtsbegriff und Ermessen in rechtstheoretischer und verfassungsrechtlicher Sicht‹. In: *Archiv des öffentlichen Rechts 82* (=NF 43) (1957), S. 163–249.
Axel Mennicken: *Das Ziel der Gesetzesauslegung.* Hamburg/Berlin/Zürich 1970. (Studien und Texte zur Theorie und Methodologie des Rechts 4)
Hubert Rottleuthner: *Richterliches Handeln. Zur Kritik der juristischen Dogmatik.* Frankfurt 1973.
Bernd Rüthers: *Die unbegrenzte Auslegung. Zum Wandel der Privatrechtsordnung im Nationalsozialismus.* Tübingen 1968.
Wolfgang Siebert: *Die Methode der Gesetzesauslegung. Erläutert an § 34 des Niedersächsischen Arbeitsschutzgesetzes für Jugendliche.* Heidelberg 1958, 47 S.
Gerhard Struck: *Topische Jurisprudenz. Argument und Gemeinplatz in der juristischen Arbeit.* Frankfurt 1971. (Studien und Texte zur Theorie und Methodologie des Rechts 9)

11 Auslegung fiktionaler Texte (I)

Interpretation eines Dramas: William Shakespeare, »Hamlet«
Harley Granville-Barker: *Prefaces to Shakespeare:* Hamlet (1930). London 1963.
Jan Kott: *Shakespeare heute.* München/Wien 1964.
André Müller: *Lesarten zu Shakespeare.* Berlin und Weimar 1969.
H. H. Rudnick (Hrsg.): *William Shakespeare. Hamlet. Erläuterungen und Dokumente.* Stuttgart 1972.
L. L. Schücking (Hrsg.): *William Shakespeare. Hamlet.* Englisch und deutsch. Mit Einleitung und Anmerkungen herausgegeben von L. L. Sch. Leipzig 1941.
Robert Weimann: *Shakespeare und die Tradition des Volkstheaters.* Berlin [2]1975.
John Dover Wilson: *What happens in Hamlet* (1935). London 1964.

12 Auslegung fiktionaler Texte (II)

a) Gustave Flaubert: »Madame Bovary«

Erich Auerbach: *Mimesis. Dargestellte Wirklichkeit in der abendländischen Literatur.* Bern/München [4]1967, bes. S. 450–459.
Hugo Friedrich: *Drei Klassiker des französischen Romans. Stendhal, Balzac, Flaubert.* Frankfurt [5]1966, bes. S. 119–155.
Manfred Hardt: Nachwort zu: Gustave Flaubert: *Madame Bovary.* (Reclam Universalbibliothek 5666) Stuttgart 1972, S. 437–453.
H. R. Jauß: *Literaturgeschichte als Provokation der Literaturwissenschaft.* Frankfurt 1970, S. 177–183.

Manfred Naumann: ›Flaubert, Madame Bovary und der Realismus‹. In: *Sinn und Form 21* (1969), S. 984–994.
J. P. Sartre: *L'idiot de la famille. Gustave Flaubert de 1821 à 1857*, 3 Bde. Paris 1971 ff.

b) Theodor Fontane, »Effi Briest«

Richard Brinkmann: *Theodore Fontane. Über die Verbindlichkeit des Unverbindlichen.* München 1967.
Peter Demetz: *Formen des Realismus. Theodor Fontane.* München 1964.
Georg Lukács: ›Der alte Fontane‹. In: G. L.: *Deutsche Realisten des 19. Jahrhunderts.* Berlin 1952, S. 262–307.
Walter Müller-Seidel: *Theodor Fontane. Soziale Romankunst in Deutschland.* Stuttgart 1975.
Hans Heinrich Reuter: ›Die Geschichte einer Verspätung‹. In: *Sinn und Form 16*, 1964, S. 653–674.
Hans Heinrich Reuter: *Fontane.* 2 Bände. Berlin 1968.
Heinz Schlaffer: ›Das Schicksalsmodell in Fontanes Romanwerk‹. In: *Germanisch-Romanische Monatsschrift 16* (NF) 1966, S. 392–409.
Kurt Wölfel: ›Man ist nicht bloß ein einzelner Mensch‹. Zum Figurenentwurf in Fontanes Gesellschaftsroman. In: *Zeitschrift für deutsche Philologie 82*, 1963, S. 152 - 171.

13 Auslegung fiktionaler Texte (III)

Zur Vieldeutigkeit von Texten der literarischen Moderne

Theodor W. Adorno: ›Rede über Lyrik und Gesellschaft‹. In: ders.: *Noten zur Literatur I*, Frankfurt 1958. (Bibliothek Suhrkamp)
Beda Allemann (Hrsg.): *Ars poetica. Texte von Dichtern des 20. Jahrhunderts zur Poetik.* Darmstadt 1966. (Wissenschaftliche Buchgesellschaft)
Walter Benjamin: *Charles Baudelaire. Ein Lyriker im Zeitalter des Hochkapitalismus* (1938/39). Hrsg. von R. Tiedemann. Frankfurt 1969.
Gottfried Benn: *Probleme der Lyrik. Gesammelte Werke in acht Bänden.* Hrsg. von D. Wellershoff, Bd. IV, S. 1058–1096. Wiesbaden 1968.
Hilde Domin: *Wozu Lyrik heute. Dichtung und Leser in der gesteuerten Gesellschaft.* München 1968.
Hans Magnus Enzensberger (Hrsg.): *Museum der modernen Poesie* (1960). München 1964. (dtv, Sonderreihe 35/36)
Hans Magnus Enzensberger: ›Weltsprache der modernen Poesie‹. In: ders.: *Einzelheiten.* Frankfurt 1962, S. 255–272.
Hugo Friedrich: *Die Struktur der modernen Lyrik. Von der Mitte des neunzehnten bis zur Mitte des zwanzigsten Jahrhunderts* (1956). Erweiterte Neuausgabe. Hamburg 1967. (rowohlts deutsche enzyklopädie, 25, 26, 26a)
Clemens Heselhaus: *Deutsche Lyrik der Moderne von Nietzsche bis Yvan Goll. Die Rückkehr zur Bildlichkeit der Sprache.* Düsseldorf [2]1962.

Wolfgang Iser (Hrsg.): *Immanente Ästhetik – ästhetische Reflexion. Lyrik als Paradigma der Moderne.* München 1966. (Poetik und Hermeneutik, 2)

Hans Robert Jauß: ›Zur Frage der »Struktureinheit« älterer und moderner Lyrik‹. *Germanisch-romanische Monatsschrift 10* (1960) S. 231 – 266. Auch in: *Zur Lyrik-Diskussion,* Darmstadt 1966, S. 347–367. (Wege der Forschung, 111)

Peter Horst Neumann: ›Akazien sind keine Akazien‹. Schwierigkeiten mit unpolitischen Gedichten. *Neue Rundschau 86* (1975), S. 448–458.

Wolfgang Raible: *Moderne Lyrik in Frankreich. Darstellung und Interpretation.* Stuttgart 1972. (Sprache und Literatur, 77)

Harald Weinrich: *Literatur für Leser. Essays und Aufsätze zur Literaturwissenschaft.* Stuttgart 1971. (Sprache und Literatur, 68)

Harald Weinrich: *Semantik der kühnen Metapher. Deutsche Vierteljahresschrift für Literaturwissenschaft und Geistesgeschichte 37* (1963), S. 325–344. In ders.: *Sprache in Texten.* Stuttgart 1976, S. 295–316.